LA TERRASSE DES FEUILLANTS

DU MÊME AUTEUR

Les Wallenberg

* SI DIEU NE MANQUE

** LES DERNIERS FEUX DU PLAISIR

LE ROI NU
(Prix des Trois Couronnes 1984)

FLORENCE MOTHE

Les Wallenberg

★★★

LA TERRASSE DES FEUILLANTS

roman

ÉDITIONS ROBERT LAFFONT
PARIS

ISBN 2-221-04711-7

A ma mère
dont Valdec de Lessart
fut le lointain ancêtre

« La Terrasse des Feuillants, ce ci-devant parloir des amours, maintenant arène des passions, antichambre du Manège, prêtait aux hurleurs ses chaises qui sont les rostres de Royal Guenille ; la Terrasse des Feuillants qui plus tard d'un ruban tricolore garera le peuple de l'espace laissé aux pas enchaînés du Roi. »

EDMOND et JULES DE GONCOURT
Histoire de la Société Française
pendant la Révolution.

« Arrivés sous les arbres des Tuileries, vis-à-vis le café de la Terrasse des Feuillants, nous marchions sur des feuilles qui étaient tombées dans la nuit et que les jardiniers venaient de rassembler en différents tas sur lesquels la marche du cortège faisait passer le Roi. On y enfonçait jusqu'aux jambes.

— Voilà bien des feuilles, dit le Roi. Elles tombent de bonne heure cette année.

Quelques jours avant, Manuel avait écrit dans un journal que le Roi n'irait que jusqu'à la chute des feuilles.

Je fis remarquer que la garde du Roi ne pouvait monter sur la terrasse parce que là commençait le territoire de l'Assemblée Nationale. La colonne s'arrêta au bas de l'escalier qui conduit au passage des Feuillants. »

La dernière heure de liberté du Roi.
par PIERRE LOUIS ROEDERER,
Procureur Général Syndic du Département de Paris.
10 août 1792.

1

Antoine-Claude de Valdec de Lessart laissa pesamment errer son regard sur le décor qui l'entourait. Le crépuscule commençait à envahir la pièce, et les flambeaux que son valet venait d'allumer la peuplaient d'étranges créatures. Il s'appuya contre le dossier du fauteuil canné dont il avait inventé la forme, et que le bon Jacob avait mis si longtemps à ciseler. Il ferma les yeux. Parfois, en fin d'après-midi, il se sentait envahi d'une curieuse lassitude. Rien qui ressemblât au dégoût, ni au mépris des êtres, mais plutôt une sorte d'inappétence qui assaillait son corps encore jeune et beau.

Il pouvait être cinq heures. On était en janvier 1784. Ce soir, encore, comme chaque soir, il travaillerait tard, pour s'étourdir de chiffres et de puissance avant de se retrouver seul, face à lui-même.

La solitude d'ailleurs, le poursuivait. Elle avait été la constante alliée de sa réussite, et lui avait appris qu'on ne gouverne pas sans laconisme. Le bonheur était-il compatible avec le secret ? Antoine-Claude s'interrogea. Souvent, il aurait voulu parler, comme il le faisait enfant, auprès de son maître Jean-Jacques Rousseau, qui, face à lui, et portraituré par Latour, continuait à lui sourire avec bienveillance. Mais il avait vite compris qu'il y avait loin des préceptes de l' « Émile » à la vie politique, et plus encore des terrasses enchantées de Mongenan aux milieux financiers de Paris.

Certes, sa réussite avait été exemplaire. Qui aurait pu se douter, qu'en vingt ans à peine, ce petit bâtard d'un baron de province, qui avait acquis sa charge de Maître des Requêtes comme on gagne à la loterie, serait devenu un des hommes les plus riches, les plus puissants et les plus respectés de France ?

Antoine-Claude aimait le pouvoir. Non pour lui-même, ni

pour asservir les autres, mais pour les subtiles combinaisons que permettait l'autorité. Quel jeu était plus enivrant que de voir ainsi ployer un à un devant soi tous les gens de ce pays-ci ? C'était pitié que de vérifier chaque jour la bassesse des hommes, leur appétit de paraître et leur cupidité.

Antoine-Claude soupira. Sa vie s'achèverait probablement quand il aurait soupé de ces médiocres certitudes. Casser, briser, tout cela n'a qu'un temps. Il faudrait bien un jour construire, et ce jour-là, le Roi aurait besoin de lui.

Depuis longtemps, il caressait cette éventualité qui devenait une échéance. Dans sa vie, il s'était toujours fixé des butoirs. Il savait aujourd'hui que Louis XVI l'appellerait avant longtemps.

Il se leva et s'approcha de la fenêtre. Le jour finissant renvoyait des images imprécises. Antoine regarda Paris, et se souvint à cet instant de son premier émerveillement : les lumières des rues s'allumant toutes ensemble dans la capitale. Comme c'était loin ! Dix ans, vingt ans, un siècle… Il fouilla dans sa mémoire pour y découvrir d'autres instants d'émotion. L'émotion à la cour se faisait rare. La princesse de Lamballe s'évanouissait devant un homard en peinture, mais ne cultivait guère plus avant la sensibilité. Comment aurait-elle pu ? Comment auraient-ils pu ? Antoine se surprenait à être parfois plus dur que la pierre. « Comme un suzerain, comme un banquier », murmura-t-il.

François Garodeau, son commis, entrebâilla légèrement la porte.

— Monsieur le Comte reprendra-t-il ses audiences aujourd'hui ?

— Entre, répondit Valdec. Qu'avons-nous encore à voir, deux mariniers perdus, une duchesse à l'agonie, un envoyé de M. de Choiseul qui demande grâce ?

— Rien de tout cela, monsieur le Comte. Seulement un planteur qui vient des îles Sous-le-Vent et qui depuis trois jours sollicite.

— Son nom ?

— Claude Fournier-l'Héritier dit l'Américain.

— Bon, eh bien, qu'il entre, mais préviens-le que je n'ai guère de temps.

Antoine de Lessart se rassit derrière son bureau, jugeant une fois de plus admirable le travail de son ébéniste. Il s'appliquait, dans la vie, à réussir les moindres choses et comptabilisait les plus petits bonheurs, éprouvant depuis longtemps la certitude que les gros lui seraient dérobés à jamais.

Alors, entra Fournier-l'Américain.

C'était un grand diable brun, aux cheveux frisés et sans perruque. Par un mimétisme assez commun aux êtres ayant vécu longtemps dans les îles à sucre, le visiteur avait pris l'apparence de leurs habitants autochtones, ou, tout au moins, de ces Noirs marron qui, après s'être libérés de leurs fers, s'étaient fondus avec le paysage.

Antoine-Claude considéra ce sapajou comme il aurait jaugé une pièce d'Inde[1] *. Son maintien indécis, orgueilleux et goguenard, son regard mi-cruel, mi-mielleux, et ses airs faussement accablés ne lui dirent rien qui vaille.

Négligeant de se lever à l'approche du visiteur, le Directeur-Syndic de la Compagnie des Indes indiqua un siège à son hôte.

— Vous m'avez sollicité, monsieur, à quel sujet je vous prie ?

Valdec de Lessart sentit peser sur lui un lourd regard de maquignon.

— C'est en raison de certaine supplique que j'ai remise naguère à votre seigneurie, et dont elle ne m'a point fait encore porter la réponse.

— Une supplique, je n'en ai point été instruit. De quoi s'agit-il donc ?

Le visiteur s'ébroua en avançant un premier pion.

— Il s'agit, monseigneur, de l'affreux sinistre dont j'ai été l'innocente victime dans ma guildiverie de Saint-Domingue.

— Précisez, dit sèchement Valdec.

Fournier se tortilla, et reprit, pour le faire tourner entre ses doigts, un chapeau noir et sans forme que le comte de Lessart n'avait point remarqué lorsque son visiteur l'avait posé à terre.

— Je suis, monseigneur, natif d'Auzon, au cœur de la France, où je vis le jour, voilà quarante ans. Et il est bien triste de se retrouver si démuni à pareil âge, après avoir mené une existence aussi remarquable que la mienne.

— Au fait, reprit Valdec.

— Mon père, qui était cadissier, après m'avoir placé comme domestique chez un officier de cavalerie à Clermont, m'instruisit dans les pratiques d'un officier de marine[2] qui me donna le goût des voyages.

* On trouvera les notes en fin de volume.

— J'entends bien, mais au fait, répéta Valdec.

— A l'âge de quinze ans, je m'embarquai donc sur les navires de votre compagnie pour combattre sous de nouveaux cieux.

— Pour combattre, demanda le comte de Lessart, vous possédez donc le métier des armes ?

— Non, monseigneur, mais j'avais le courage, et mon sabre, pour défendre le Roi.

Le banquier haussa les épaules. Comment Garodeau avait-il laissé pénétrer dans son bureau pareil énergumène ?

— J'ai passé vingt et une années à Saint-Domingue, monseigneur, ce que j'ai fait là-bas est à peine croyable : tout seul, j'ai formé les dragons des milices bourgeoises, tout seul, j'ai créé la distillerie du ratafia, j'ai eu plus de deux cents esclaves, j'ai conquis des terres nouvelles, j'ai creusé des ports, j'ai arasé des collines.

— Avec quel argent ? demanda ingénument Valdec.

— Sans argent, monseigneur, mais avec ces deux bras.

— Et alors, reprit le comte de Lessart, tout cela a dû vous enrichir. Que venez-vous solliciter ?

— Le remboursement d'une assurance que j'ai souscrite, monseigneur, et que la Compagnie ne peut point retrouver dans ses livres.

Valdec devint songeur... Le visage de Fournier-l'Américain et sa relation de Saint-Domingue lui rappelait bien quelque chose, mais quoi ? Ce n'est pas la première fois qu'il entendait parler de ce grand escogriffe, mais il conservait une impression désastreuse de ce condottiere à mine de goujat. Avec qui donc s'était-il abouché et quand ?

— Les registres de notre compagnie sont tenus heure par heure et sa comptabilité est faite au denier près. Si l'on n'y retrouve rien, c'est vous qui devez faire erreur, observa le banquier.

Alors, Fournier s'échauffa.

— Monseigneur, cria-t-il, voilà trois jours que je fais antichambre, et pour dévoiler des manœuvres dont j'ai été le témoin occulaire et le coopérateur. Je suis venu dans le but de vous éclairer, parce qu'on m'avait dit que vous croyiez encore, entre autres prodiges, à l'énergie et au courage des âmes libres. Mais pour moi, le moment est venu de briser mes chaînes, et je suis las de réclamer vainement justice auprès du Roi et de ses ministres contre l'oppression la plus criminelle et la plus inouïe qui se fût jamais trouvée à Saint-Domingue et que j'ai éprouvée, moi, Fournier-l'Américain, dans ma personne et dans mes biens [3]

— Auprès du Roi et de ses ministres, attendez donc, dit Valdec de Lessart.

Il avait tout à coup retrouvé la mémoire et sonna François Garodeau.

— Apportez-moi, je vous prie, le dossier de M. Wallenberg de Vallemont, le dossier Saint-Domingue.

A ce nom, Fournier-l'Américain pâlit.

— Je vois, dit-il, que votre siège est fait par les corrompus de la cour et par tous ceux qui ont pris le parti de se jouer de moi et de ma fortune.

— Doucement, objecta Valdec de Lessart. Je me souviens, en effet, de vos réclamations. Elles m'avaient bien été adressées, voilà six ou sept ans, mais non en tant que Directeur-Syndic de la Compagnie des Indes. Vous réclamiez à cette époque auprès de monsieur le ministre de la Marine au service duquel j'étais attaché. Et je crois me souvenir mais... voilà le dossier...

François Garodeau déposait sur le bureau de son maître une chemise de maroquin rouge assez épaisse dont chaque feuillet, à peu près, était annoté de la belle et large écriture ronde d'Antoine de Lessart.

— Eh bien, reprit le comte, vous avez de la chance, je retrouve encore mes cotes. Voilà les renseignements qu'à l'époque, j'avais pu obtenir sur vous[4] : « Il habita longtemps l'île de Saint-Domingue où il fut chef d'atelier dans diverses habitations et, comme tel, chargé de la correction des nègres. C'est sans doute dans ces fonctions — à moins qu'elle ne lui fût native — qu'il contracta la férocité qui caractérise les principales actions de sa vie. Privé de place, à la suite de son inconduite et de ses chapardages, il parvint à s'emparer de l'esprit et de la fortune d'une créole qu'il assassina peu après. Grâce à l'héritage qu'il fit de cette particulière, l'intéressé put établir une guildiverie ou fabrique de tafia. Mais, par suite de révoltes successives de ses esclaves, exposés aux pires sévices, ses affaires périclitèrent et il conçut le dessein coupable de mettre le feu à son établissement qui se trouvait à proximité de nombreuses autres fabriques. Non content d'avoir communiqué l'incendie à celles-ci, il fit accuser de ce crime les gens de M. Louis Donatien de Vallemont. Lequel se trouva en partie ruiné du fait de cette entreprise. » Vous le voyez vous-même, cela n'est guère encourageant, conclut Valdec de Lessart.

— Mais c'est indigne, immonde, rugit Fournier-l'Américain qui s'était dressé en sortant un pistolet de dessous son chapeau. Je vous ferai payer ce discours, je vais me brûler la cervelle pour vous montrer mon désespoir d'être accusé par de pareils mensonges. Ah ! Monsieur, la perfidie poursuivit l'homme d'honneur que je suis et qui vient auprès de vous réclamer un juste secours. Vingt et un ans de domicile aux colonies, vingt et un ans de labeur, de sueur et de larmes, vingt et un ans d'actions éclatantes pour me réduire, à la plus noire indigence par l'action de quelques pervers.

Il se tordait les mains, sanglotait en brandissant son pistolet, et faisant des cabrioles grotesques.

— Prenez garde, observa Valdec de Lessart, vous pourriez vous blesser.

La voix de Fournier-l'Américain se fit étrangement douce. Il s'était approché du bureau du banquier, bousculant sans ménagement et à grands coups de botte les sièges qui lui faisaient face. Valdec sentait contre son visage le souffle de la canaille et respirait son haleine chargée d'alcool.

— Si tu ne me paies pas, murmura le monstre, si tu ne me paies pas, je te retrouverai où que tu sois, et aussi puissant que tu sois, et moi, je te le ferai payer, fût-ce en enfer.

Antoine de Lessart se dressa. Il n'était pas très grand, mais une force peu commune se dégageait de sa personne. Un puissant courage physique émanait de son calme et de son noble maintien.

— Je pourrais vous faire jeter dehors par mes gens, dit-il, d'un ton uni, mais ce serait lâche, et je vais le faire moi-même. Aucun être, ni Roi, ni manant, ne m'a jamais impressionné. Alors, reprenez votre pistolet, ou tuez-moi, cela n'a aucune importance. Sachez seulement que vous n'obtiendrez rien.

La brute s'écroula, en larmes, à genoux.

— Soyez sensible, monseigneur, sensible au désespoir d'un homme qui a tout perdu, certes d'une manière exécrablement familière, mais qui ne fut jamais le tyran de personne[5].

— Relevez-vous, dit sèchement Valdec. Et estimez-vous heureux que je ne vous fasse pas arrêter sur-le-champ. Allez cuver votre gueusaille dans quelque cabaret, et puis finissez aux galères, c'est bien le seul navire sur lequel il vous convienne encore d'appareiller.

Et, bousculant l'intrigant qui s'accrochait à ses jambes, le comte de Lessart se dirigea vers la porte qu'il ouvrit à deux battants.

Fournier-l'Américain ramassa son chapeau, son pistolet qu'il fit rapidement disparaître dans ses chausses et rafla, d'une détente prodigieuse, la chemise de maroquin rouge restée ouverte sur le bureau du banquier qu'il glissa sous son habit en s'enfuyant à toutes jambes.

Antoine-Claude referma la porte calmement et retourna s'asseoir derrière son bureau. Il ne se sentait pas ébranlé. Son cœur battait à peine et il ne s'émerveillait guère de reprendre aussitôt le fil brisé de ses pensées. L'affaire Fournier-l'Américain lui était revenue tout à coup en mémoire. Il avait retrouvé le visage bourrelé d'inquiétude et de doute du comte de Vallemont auquel l'unissaient de si tendres instants[6].

Les plantations de Saint-Domingue représentaient à coup sûr une part importante de l'empire Wallenberg, fondé sous la Régence par le patriarche Hermann[7], un Religionnaire Hanséate établi à Bordeaux, aux Chartrons. Antoine de Lessart lui devait beaucoup, peut-être tout. D'abord sa charge de Maître des Requêtes généreusement offerte, et plus encore, un certain art de vivre et de dominer l'existence. Il ne s'était pas rassasié, tant que la mort de Wallenberg ne l'y avait pas contraint, des conseils et des conversations qu'il avait eus avec ce vieil homme qui lui enseignait le monde, dans la dignité et la sagesse. On subit ses pères par la chair, on choisit ses pères par l'esprit. Le petit Antoine de Valdec, devenu comte de Lessart par les bienfaits du Roi Louis XVI, avait élu Hermann Wallenberg comme étant digne d'appartenir à sa lignée. Il avait savouré du vieillard toutes les becquées intellectuelles que le huguenot ponctuait de versets de la Bible, et d'une étrange philosophie où ni l'argent, ni le labeur ne faisaient déchoir.

Dans sa jeunesse, Antoine de Valdec avait sucé d'autres laits auprès de son père, le baron Antoine de Gascq, magistrat libertin et folâtre. De lui, et du maréchal-duc de Richelieu dont il était le complice, il avait appris les roueries et les déduits de la politique. Cela ne ressemblait pas au bien, ni à son antichambre. De sa mère, Marie Bonnaventure, princesse de Valdeck, il avait appris le courage et le goût du bonheur, le sens fragile et parfumé de l'instant qui passe, et cette hardiesse naïve qui le poussait encore vers son destin comme un aimant. Du reste, les circonstances de la naissance d'Antoine-Claude avaient été suffisamment imprécises pour inspirer les libellistes. Aujourd'hui qu'il possédait la gloire, tous les plumitifs de Paris ne se privaient guère de lui attribuer le feu Roi pour père, à moins que ce ne fût quelque laquais, mirebalais[8] de Richelieu ou de la Compagnie des Indes. Longtemps affecté par cette énigme, Antoine-Claude avait résolu de se choisir définitivement un géniteur selon le cœur, et d'ailleurs, probablement le sang. Ayant répudié le Roi Louis XV pour diverses raisons qui n'étaient pas toutes politiques, il avait désigné Antoine de Gascq, dont le visage, la liberté et l'impertinence lui convenaient assez. Après avoir soldé, une bonne fois pour toutes, le compte de son hasardeuse généalogie, le jeune banquier s'était mis en tête de réussir dans la vie et y était parvenu à merveille. Sa droiture et sa hardiesse, son art consommé de choisir toujours le meilleur parti en ayant pris le soin de persuader l'adversaire qu'il restait de son bord, son extrême sens du commerce, et son dévouement au comte de Provence, tout d'abord, puis au Roi Louis XVI, l'avaient conduit, malgré les revers successifs de Necker dont il restait l'obligé, si ce n'est le vassal, à gravir allègrement le sentier d'ordinaire abrupt des offices et des privilèges.

Avocat — et le plus jeune de France —, Maître des Requêtes, Directeur-Syndic de la Compagnie des Indes, Surintendant des finances de Monsieur, comte de Provence, Antoine-Claude, comte de Lessart, baron de Portets, Castres, Beautiran, seigneur de Razac, de Cocumont, de Tartifume, qui affectait de ne plus porter, depuis qu'il était entré au service du Roi son titre hollandais de prince de Valdeck[9], était en outre titulaire d'une infinité de charges, toutes en rapport avec le commerce des monnaies, les affaires des Indes orientales et occidentales, l'administration des impôts et celles des villes, dans les provinces, que l'on baptisait depuis peu, « municipalités ». Comme son maître Necker, il avait l'élégance de remettre au Trésor Royal tout ou partie de ses émoluments, tandis que les navires portant son pavillon et sa devise « Pro deo et libertate » cinglaient vers toutes les Indes.

Cependant, M. de Lessart n'était pas heureux.

Si l'orgueil qui s'attache à réussir de grands desseins était en lui comblé, ce qui fait vraiment l'agrément de la vie lui avait été refusé. Très vite, il avait ressenti l'erreur que représentait son union avec Mlle de la Sablonnière. L'estime, quand on aime, ne supplée point les transports. Quelques erreurs annexes s'étaient ajoutées à cette erreur première et, de ces fièvres passagères, Antoine n'avait retiré que des déconvenues. Le temps passant, il avait élaboré une philosophie ambiguë, qui aurait pu, si on l'en avait prié, constituer un merveilleux chapitre pour l'Encyclopédie.

Cette philosophie tenait en deux principes fondamentaux :

« Dieu existe, et il est le fondement de toute justice. Pour le reste, tout est affaire de calendrier. »

Pour cela, Antoine-Claude n'avait guère le temps, comme sa mère, de consulter les astres pour y découvrir les instants favorables. Il éprouvait cependant la certitude que, tôt ou tard, ceux-là ne lui seraient point ménagés. C'est pourquoi, curieusement, il se sentait toujours neuf pour de nouvelles aventures, comme si le commerce des hommes, et l'hypocondrie habituelle à la vieillesse ne le convainquaient point que rien, en ce bas monde, n'arrive jamais de ce que l'on attend.

A quarante-cinq ans[10], le comte de Lessart attendait le bonheur, encore. Et ce n'était point comme un mourant, s'enivrant d'un ultime parfum de tubéreuse. C'était le paiement d'une créance, d'un trop long dû de son existence qu'il fallait à tout prix solder pour que les comptes soient en ordre.

— Monsieur le Comte, s'écria François Garodeau en faisant irruption dans la pièce escorté d'une escouade de valets, vous n'êtes point blessé ?

— Non, dit Valdec, ce n'est rien. Mais quelle rage t'a donc pris d'introduire cet énergumène ?

— Hélas, monseigneur, répliqua François Garodeau, il faisait le naïf et le bon apôtre depuis plus d'un mois à tous nos guichets. Nous l'avons fait arrêter par le guêt, mais à l'instant qu'il est, il s'est échappé et court encore, armé et vociférant.

— Laisse donc, dit Valdec, ce n'est pas grave. J'espère au moins que tu réduiras, pour ce soir, à ce particulier, la visite de ta ménagerie.

— C'est que... monseigneur, il y a de si longs jours que nous faisons antichambre...

La voix était douce et flûtée. Curieux, le comte de Lessart leva le flambeau posé sur son bureau pour voir à quelle jolie bouche appartenait cette voix.

Elle pouvait avoir dix-huit ans, et le maintien simple des grisettes.

— Vous me proposez de l'onguent, de l'orvietan, ou des dentelles ?

— Rien, je l'espère, monseigneur, qui puisse vous fâcher, répondit la jeune femme en ployant dans une souple révérence. Rien pour moi, en tout cas, mais pour mon amie qui vous attend dans le hall et dont les malheurs exciteront sans nul doute votre compassion.

Il n'était pas si courant que deux femmes, jeunes et probablement jolies demandassent à être reçues par un banquier abrupt, défendu par le rempart de ses chiffres. Songeant, peut-être, que cette visite le détendrait, Antoine de Lessart congédia ses valets et, se tournant vers François Garodeau :

— Va donc voir dans notre antichambre s'il y demeure quelque chose qui ressemble à une gazelle.

Alors, précédé par un exquis bruissement de robe, Anne-Catherine Grand fit son entrée.

Dans la pénombre du cabinet, Antoine-Claude découvrit une haute silhouette, sinueuse et mince. Puis il vit deux mains agiles et volubiles qui jaillissaient d'un manchon de fourrure. De longs cheveux, dépourvus de poudre, aux admirables boucles rousses, encadraient un visage à l'ovale parfait. Les yeux, violets, uniques étaient d'une expression intense, mi-implorante, mi-rieuse.

Alors que la visiteuse plongeait dans une gracieuse révérence, le banquier remarqua ses poignets fins, sa grâce nonchalante, et le charme trouble et violent qui émanait de toute sa personne.

D'un geste, il congédia François Garodeau qui hésitait, devant cette nouvelle intrusion sur le parti à tenir, et fit signe aux deux femmes de s'asseoir devant lui.

Aussi loin qu'il cherchât dans ses souvenirs, Antoine de Lessart n'avait jamais rien vu d'aussi ravissant que Mme Grand. Il détaillait chacun de ses gestes, la plus infime partie de son visage et de son corps comme on découvre un écrin de médailles.

Tout dans la jeune femme lui semblait émouvant plus encore que désirable. Sa respiration précipitée, les quelques larmes qui donnaient un éclat inusité à son regard, l'abandon délicat de sa tenue où l'on discernait tout à la fois le goût et une certaine gêne, tout concourait à faire de Mme Grand la plus étourdissante apparition qui se pût concevoir.

— Je ne saurais, monsieur, vous remercier suffisamment, dit-elle, de la bonté que vous me témoignez en m'ouvrant votre porte. Rien ne peut me combler davantage que l'espoir que je mets dans cette entrevue. Un sort néfaste s'attache depuis si longtemps à mes pas que je n'ai plus aujourd'hui d'espérance qu'en vous.

— S'il est en mon pouvoir, madame, de vous aider, sachez que je m'y attacherai avec tout le dévouement dont je suis capable.

— Eh bien, monsieur, reprit l'autre femme qui avait jusque-là gardé le silence, Mme Grand a été victime de bien grands malheurs. Elle est d'Inde, et plus exactement native de Pondichéry où son père, M. Werlée, fut directeur du port pour le compte de votre compagnie.

— Voilà, déjà, qui crée des liens, observa Valdec de Lessart.

— Mon père, indiqua Mme Grand, quitta bientôt Pondichéry pour Chandernagor où il devint capitaine pour le roy en cette colonie.

« Ce bienfait de sa majesté qui aurait dû nous plonger dans l'opulence nous conduisit au contraire à la gêne. C'est là — j'avais quinze ans —, que mon père me maria à un employé de votre compagnie, un Anglais du nom de George François Grand. Hélas, cette union ne fut pas heureuse, et après avoir dévoré ma dot, cet indélicat personnage qui avait cependant tenu, et voyez là, monsieur, un signe de sa fourberie, a être béni par un prêtre catholique et par un ministre protestant [11], se mit à me battre et à me quereller.

« Nous étions mariés depuis un an à peine que la vie me devint un enfer.

— Quel désespoir, murmura Valdec, dut être le vôtre !

— Ah, monsieur, vous ne sauriez le dire. Le plus profond de cet enfer fut atteint le jour où, voulant pénétrer dans ma chambre où je demeurais recluse, M. Grand escalada la fenêtre grâce à une échelle de bambou dans le désir évident de m'assassiner [12].

— Ah ! le monstre, s'écria le banquier.

— Oui, le monstre, monsieur, poursuivit Mme Grand en versant maintes larmes et en se tordant les mains. Le monstre qui possédait en moi la plus dévouée et la plus vertueuse des épouses.

De lourds sanglots secouaient les épaules rondes de la jeune femme. La cape de taffetas qui les couvrait glissa, découvrant un col superbe.

— Que puis-je pour vous, madame ? demanda le banquier. Congédier de ma compagnie le plus nigaud des hommes, le provoquer en duel et le transpercer proprement, ou bien vous apporter de la manière qui vous plaira un secours quelconque ?

— Hélas, monseigneur, s'écria Mme Grand en redoublant ses pleurs, voilà bien ce que je viens chercher auprès de vous. Depuis un an que je suis à Paris, ma vie n'est qu'une suite de lamentations déchirantes. Je manque de tout, dans une existence monotone et fade. Si mon amie Marion Bouchut n'avait eu la bonté de m'héberger dans sa chambre du Palais-Royal, je serais probablement morte de faim et de froid.

— Soyez assurée, madame, reprit Antoine-Claude, que la

Compagnie des Indes ne saurait supporter plus longtemps pareil désagrément. J'ai trop le souci du renom de notre Maison pour ne point lui appliquer le vieux principe qui veut que « noblesse oblige ».

Mme Grand s'inclina, et éloignant de ses yeux un mouchoir de dentelle, elle leva vers le comte de Lessart un regard chaviré. Ce regard, le banquier le saisit comme un muet acquiescement.

Sur les joues d'Anne-Catherine, la lumière des flambeaux dessinait des reliefs, géographie imprécise et voluptueuse. Il savait déjà qu'il désirait cette femme comme un fou, et qu'il l'aimerait jusqu'à la mort.

Le silence qui plana un instant sur la pièce n'était altéré que par le grésillement des chandelles et leurs respirations, un peu haletantes, qui déjà, se mêlaient.

Soudain, Antoine-Claude se leva.

— Je vais faire reconduire madame, dit-il en montrant l'autre femme qui, durant toute la scène, était restée muette et en retrait.

Mme Grand se leva à son tour et offrit au directeur de la Compagnie des Indes une révérence qu'elle voulait être de cour :

— Il serait malséant, monsieur, que j'abuse plus longtemps de vos instants.

— Vous reverrai-je ? demanda Valdec, tout à coup éperdu.

— Il me serait agréable, monsieur, de m'appuyer un peu sur vous, répondit joliment Mme Grand en tendant au banquier une main si fine que l'on aurait cru la patte d'un oiseau.

Elle se tourna à demi, comme pour lui faire admirer un visage qu'il voulait déjà couvrir de baisers sur toutes les facettes.

— Si, grâce à vous, poursuivit-elle, je puis bientôt m'établir un peu mieux, je vous ferai aussitôt connaître le lieu de mon séjour, où, j'espère, vous viendrez constater vous-même tout l'agrément que votre bonté me cause.

En disant cette dernière phrase, elle n'avait pas retiré sa main et Valdec tremblait déjà, durant cet instant suspendu, au bonheur espéré qui comblerait, il le savait déjà, plus son corps que son âme.

2

Anne-Catherine et Marion avaient leurs pratiques en l'hôtel de Cherbourg rue du Four-Saint-Honoré. Quand il faisait froid, elles se promenaient, le cœur vide, dans le jardin du Palais-Royal, nouant des intrigues à l'instant et des espoirs à la demingue. Elles songeaient que leur vie serait courte, parce qu'elles vivaient jour et nuit, et ne se nourrissaient au hasard des rencontres que de glaces, d'oranges, de liqueurs fraîches et de sucreries.

Pour ainsi dire, elles tenaient boutique.

Depuis qu'il avait pris fantaisie au duc d'Orléans de faire édifier par Victor Louis le nouveau quartier du Palais-Royal, tout ce qu'il y a de galant à Paris se donnait rendez-vous sous ces galeries.

Le Palais-Royal, à vrai dire, était un endroit délicieux. En été, l'ombre des marronniers adolescents composait un entour poétique aux ébats de l'amour et aux charmes de la conversation.

On y bavardait dans tous les idiomes. Certains soirs, des Hollandais, des Suisses, des Turcs, des Japonais et même des Français s'y trouvaient réunis. Les insurgents du fin fond de l'Amérique, et les Hurons, peut-être, savaient qu'en se rendant en ce jardin, ils avaient toute chance d'y trouver le négociant à qui ils avaient donné parole de leur lointain Eldorado.

Les oisifs, les spéculateurs, les joueurs, les prétentieux, les liseurs de feuilles à la lueur des lampes à la Quinquet, les officiers, les avocats et les élégants qui buvaient au comptoir un verre d'huile de rose composaient la pratique ordinaire des jeunes femmes.

Chaque soir, un nouvel ami de rencontre les régalait d'une

bavaroise au lait et d'un petit pain, parfois escortés d'un verre de bière dégusté dans les entrailles de la « Grotte flamande ».

Cependant, Mme Grand était lasse de ces accommodements de brocante. Depuis qu'elle avait quitté l'Inde où l'indolence du climat seyait à ravir à sa nonchalance native, Anne-Catherine n'avait rencontré que des désagréments.

A Paris, sans viatique, ce n'était guère la vogue pour les étrangères, et elle avait beau répéter que son père était décoré de la croix de Saint-Louis, ses grands yeux violets et ses longs cheveux blonds résumaient à l'instant tout son douaire.

Dans le carrosse qui la reconduisait vers son garni, Anne-Catherine méditait donc sur la manière de bien s'attacher sa nouvelle conquête. Au premier coup d'œil, le comte de Lessart lui avait paru homme d'expérience, et le véritable miracle était qu'elle soit parvenue, à force de coquineries d'antichambre, à être reçue par lui.

Hier encore, un tel succès lui semblait un mirage. Depuis qu'elle avait percé les hommes, leurs désirs et leurs secrets, elle avait appris à discerner ceux qui lui seraient à jamais innaccessibles. Pour cette race-là, elle se faisait une raison. Elle s'appliquait en revanche à séduire, non les vaincus d'avance, mais ceux dont elle ressentait, à la première minute, qu'ils étaient animés envers elle d'une sorte de curiosité.

Ah ! la curiosité ! c'est un petit démon qui vous guette et vous taraude, une démangeaison délicate qui ne laisse jamais en repos. Intriguer, telle était la recette première de la séduction. Ne pas laisser percevoir quelle pensée trouble ou quel obscur penchant se traînait au fond de ces yeux d'améthyste, qu'elle avait appris à rendre vagues, comme un regard indéfiniment posé avec lassitude sur les beautés de la nature.

— Te voilà casée, dit Marion.

— Pas encore. La faute serait de donner l'impression d'être libre.

— Et pourquoi donc ?

— Un homme riche aime forcément surenchérir.

Marion ouvrit de grands yeux. La stratégie de sa compagne, les lenteurs calculées qu'elle présentait lui révélaient autant d'abîmes.

— Mais enfin, Cathy, reprit-elle, dois-je te rappeler que nous avons faim ?

— Je suis d'Inde, observa Mme Grand. Et l'on raconte dans mon pays que les indigènes qui ne peuvent se rassasier sont des amants d'une virilité surprenante.

Marion ouvrit la bouche, et la referma sans avoir rien trouvé à répondre. Le monde d'Anne-Catherine la dépassait.

— C'est égal, reprit-elle après un silence. Tu te serais contentée du portier pour dîner à sa table. Nous pourrions souper au champagne avec le Directeur et voilà que tu fais des mines !

— Souviens-toi, mon amie, dit Mme Grand, qu'il ne faut jamais accepter un verre de vin de champagne quand on peut avoir la bouteille, ni une invitation à dîner, si l'on peut se faire établir.

— Établir ! s'écria Marion, établir par le comte de Lessart. Et pourquoi pas le Roi ? Tu es folle !

— Laisse-moi dans ma folie, murmura Catherine qui rêvait déjà aux engageantes de dentelles, aux paletots bordés de cygne, aux venez-y-voir constellés d'émeraudes, aux éventails d'ivoire et aux parures de diamants que le comte de Lessart ne manquerait pas de lui offrir.

Antoine-Claude de Lessart s'était fait reconduire dans son nouvel hôtel de la rue du Sentier. Longtemps, il avait continué d'habiter la demeure du baron de Gascq, énorme bâtisse Louis XIV, dominant la Seine sur le quai de Bourbon et dont le jardin, semblable aux perspectives italiennes, s'ornait d'innombrables statues.

Ce n'est que plus tard, l'âge venant, quand il avait pris ses distances avec ce père tant et si mal aimé qu'il avait fait bâtir le logis de la rue du Sentier.

Au coin du boulevard Poissonnière, Victor Louis, l'architecte devenu confident, avait imaginé une sorte de chef-d'œuvre.

— L'homme riche, professait-il, ne doit point montrer sa richesse. La réussite n'est pas dans la grandeur, elle est dans l'harmonie.

L'harmonie était partout dans cette bâtisse qui n'avait de lourdeur que ce qu'en révèlent les villas palladiennes [1].

Un escalier à double révolution, ourlé de ferronneries somptueuses, conduisait à l'étage noble où Antoine-Claude s'était fait aménager tout ce qui faisait le charme de sa vie. A côté de sa chambre, tendue de cuir de Cordoue et éclairée de girandoles de cristal de roche, était un cabinet où il travaillait souvent une partie de la nuit. La pièce, à vrai dire, tenait dans un meuble, dont le financier avait dicté les mesures à l'ébéniste Jacob dont il ne se lassait pas d'admirer la minutie, quand il lui rendait visite dans son atelier tout proche. L'odeur de bois des îles dispensait sur l'établi, des senteurs épicées.

Pour le bureau à cylindre du comte de Lessart, Jacob avait choisi un acajou moucheté de Cuba, opulent et superbe. Le meuble, immense, ventru, obèse, avait été enrichi de galeries en bronze. Chaque tiroir était à secret, et de la dimension exacte des fiches que le banquier souhaitait y ranger.

Parfois, en faisant jouer ces mécanismes, Antoine-Claude songeait qu'il détenait là toute la mémoire de la France. Il observait, non sans vanité, qu'il possédait aussi beaucoup plus que cela. Car chacun de ces papiers, dans la froide noirceur des chiffres, dévoilait pour le lecteur averti ses secrets politiques.

Les bilans de la Compagnie des Indes, à partir de 1763 ? c'était les preuves d'un contrôle Royal étroit et paralysant. La guerre de Sept Ans ? C'étaient des milliers de morts sacrifiés à la suprématie sur les Mascareignes et au droit de conserver les comptoirs de l'Inde, tardivement restitués par le traité de Paris. Et cette assemblée du 3 août 1763 ? Son compte rendu donnait la preuve des fraudes de Necker, de son habileté diabolique à rouler dans la farine quelques grands seigneurs actionnaires et liés à Choiseul, le comte de Guerchy, le comte d'Estaing, le duc de Charost[2].

Quant à la lettre du Roi Louis XV de février 1764, et l'édit de Compiègne, c'étaient les marques évidentes de ce que les finances d'un pays ne sont que dérisoires monnaies de singe dans la main des princes !

En relisant ces documents, Antoine-Claude soupirait. Il ne lui plaisait guère, à la réflexion d'avoir été si fin manœuvrier et d'avoir si vite et si complètement acquiescé aux leçons de son maître Necker. A vrai dire, il s'interrogeait parfois en se demandant s'il aimait être riche. Mais un regard sur le décor qu'il s'était choisi le rassurait définitivement : quels que soient ses scrupules, il appartenait bel et bien à ce « pays-ci ». Dès lors, il lui fallait en accepter les rites. Et il cessait de s'interroger sur le bien-fondé du commerce en droiture et du commerce circuiteux[3]. Il vendait des esclaves et gagnait de l'argent avec cela. Il trafiquait des monnaies et y puisait sa fortune. Il imprimait des toiles, substituait la campêche au pastel et à l'indigo, et faisait ainsi tourner ses fabriques. Il mettait à la mode le vin de Graves, et observait sur sa baronnie de Portets les bienfaits de son opulence.

Qui s'en plaignait ? Quelques philosophes acariâtres qui estimaient qu'il n'était point digne du monde nouveau qu'un esclave se vende à 1 800 livres coloniales quand le sucre se trouvait brut à 30 livres le cent pesant[4]. Antoine-Claude n'en avait cure. Il s'amusait comme un fou à échanger 60 quintaux de sucre contre une « pièce d'Inde »[5], et entassait les nègres sur ses navires à raison de deux par tonneau de jauge.

Et puis, tout ceci n'était pas si simple ! Les philosophes avaient beau dire, ce qui importait à ses yeux, c'était la suprématie de la France dans tous les domaines, et tous se rejoignaient dans la richesse.

Un beau jour, il avait écrit à Louis XVI cette phrase qui résumait sa philosophie : « De la destination des colonies suivent deux vérités qui contiennent toute la théorie de nos établissements. Les colonies doivent être tenues dans le plus grand état de richesses possible. Elles doivent être soumises à la loi d'une sévère prohibition en faveur de la métropole. Sans la richesse, elles n'atteindraient pas à leur fin. Sans la prohibition, ce serait pis encore, car elles manqueraient également leur destination, mais ce serait au profit de nations rivales. »

De cela, Valdec de Lessart était sûr. C'est pour cette raison qu'il répétait sans cesse au Roi une formule que Sa Majesté avait fini par comprendre et faire sienne : « Les Anglais ont plus de commerce que de colonies, la France a plus de colonies que de commerce. Il faut tenir compte, pour garder la suprématie, non de l'étendue territoriale de nos possessions, mais de leur richesse relative. »

En gouvernant la Compagnie des Indes, le commerce des monnaies, la fabrication de diverses denrées, et en ayant acquis la confiance du Roi, Antoine-Claude, savourait parfois comme un fruit défendu le goût étrange et enivrant de sa gigantesque puissance.

Mais il aimait aussi à se retrouver tel qu'en lui-même, jouant du violon, herborisant comme son maître Rousseau le lui avait enseigné[6], en reniflant les plantes une à une pour les reconnaître, plus encore par l'odorat que par la vue.

De ces sensualités médiocres ou quotidiennes, il tirait ses plus grandes joies.

Les autres lui étaient-elles interdites ? Il ne s'était jamais interrogé. Un homme qui possède tout peut-il acheter le bonheur ?

Depuis qu'il avait vu Mme Grand, il pouvait, sans grands risques de se tromper, répondre oui à cette question. Mais encore fallait-il savoir s'offrir la plus belle femme du monde, ou tout simplement de Paris, ce qui revenait au même.

Antoine-Claude imaginait le premier baiser qu'il lui donnerait, le temps béni des premières caresses. Il dessinait d'un geste de la main dans l'espace la courbure de ce corps qu'il voulait cambrer de désir. Rien ne l'excitait davantage que la chasse qu'il allait entreprendre ; le gibier en était une enfant pétrie de grâces dont il ferait la fortune et le bonheur, peut-être malgré elle.

Le comte de Lessart soupira : qui savait à quels expédients une aussi jolie créature avait dû être réduite pour vivre dans la capitale ?

Un certain ordre qui émanait de sa personne indiquait suffisamment que nombre de protecteurs avaient suppléé le mari défaillant.

— Que ferais-je d'une vertu ? murmura Antoine-Claude. Moi-même je ne la goûte guère.

Il tira d'un des secrets du bureau un petit miroir de vermeil ciselé et se regarda. Cheveux bouclés, yeux verts, nez droit, bouche gourmande, une fossette au menton rendant malicieux ce visage qui aurait pu, sans elle, demeurer austère[7]. Décidément, outre l'argent, Antoine-Claude était paré de séduction.

Il soupa seul, comme il avait coutume de le faire quand il se laissait absorber par les dossiers de la Compagnie.

François Garodeau le servit, avec cette précision et cette pudeur qu'observent les valets qui sentent leur maître au tournant d'une vie.

Lessart traîna un peu, gardant à la main un verre de vin de Graves qu'il dégustait à petites gorgées. Il songeait à son domaine de Mongenan, aux brouillards qui devaient enlacer la Garonne. Il vit Mme Grand sous les traits d'un fleuve, interminable et doux.

Garodeau l'aida à se dévêtir.

Le banquier s'allongea dans son lit, plus décidé à rêver qu'à dormir tout de suite.

Deux yeux violets, curieusement surmontés de sourcils bruns s'obstinaient à lui sourire.

Pour la première fois, à cette image, Antoine-Claude de Lessart sentit monter en lui l'éclatante morsure du désir.

Depuis que ses colonnades avaient été élevées par Victor Louis, le jardin du Palais-Royal était devenu le tourbillon des promeneurs de tous les âges et de toutes les provenances. Nulle curiosité, nul instinct qui ne s'y trouvât satisfait.

Dans cette vie ardente et éphémère, le jeu tenait une place essentielle. Au salon des Arcades, où régnait l'ancien colonel de Champagnard, la cagnotte, cette petite boîte à roue numérotée, était chaque jour plus féconde.

L'abbé de Périgord avait coutume de s'y rendre, pour l'excellente raison qu'il fréquentait assidûment la loge maçonnique voisine, celle des Philalèthes.

Tout ce qui se faisait de galant dans Paris avait eu la rage de se faire initier à cette loge. Qui, mieux encore que celle des « amis réunis » à laquelle appartenait également le prélat[8], avait adopté un nouveau rite importé d'Allemagne par le marquis de Mirabeau.

En cette nuit de janvier, cet abbé de trente ans à peu près parcourait donc les arcades glacées du Palais-Royal. C'était un homme étrange que Charles-Maurice de Périgord. Il ne détestait rien autant que le produit spontané des instincts qui causait à ses yeux la ruine de la raison. Il partageait allégrement avec l'abbé de Boisgelin la charge d'Agent Général du Clergé, bien que les ordres lui aient pesé dès qu'il les eut endossés.

Car rien n'aurait dû le pousser vers l'église, rien si ce n'est un de ces accidents d'enfance qui changent le cours d'un destin.

Charles-Maurice était né, en effet, pour devenir un jeune dieu de la Victoire et de la Chance. Prince de Chalais, appartenant à la plus haute noblesse du Périgord depuis qu'il est des hommes, et qui combattent, il avait tiré son fier patronyme de Talleyrand de cette ardeur que mettaient ses ancêtres à tailler dans les rangs de la piétaille et de la chevalerie.

Depuis ces temps médiévaux, la famille de Périgord s'était adoucie au velours des salons et rien n'agaçait autant Charles-Maurice que d'entendre prononcer son nom à la manière gothique. Sa bouche petite, qu'entouraient des joues et un menton imberbes, murmurait d'un timbre flûté Tal-ran. Ce nom, ramené à deux syllabes principales, rapides et vives, sonnait comme un aller-retour dont le prince aurait souffleté les manants.

L'abbé de Périgord avançait lentement sous les voûtes, comme il convient à un prélat ou à un séducteur. Son maintien supérieur, son air calme, ses gestes rares et comme arrondis dans une amplitude monastique lui auraient donné l'air d'un philosophe si deux yeux si bleus qu'ils semblaient de glace n'avaient démenti l'affabilité du sourire.

Au reste, un nez étrange, retroussé, un nez de femme, agrémentait cette physionomie laiteuse d'une impertinence peu commune.

L'abbé n'avait rien d'un ecclésiastique.

Vêtu d'un habit de soie gris réséda, souliers à boucles et bas blancs, il glissait plus qu'il ne marchait sur les dalles de pierre. Cette manière d'avancer lui donnait une démarche ondulante qui renforçait l'ambiguïté du personnage.

L'observateur attentif, attiré par ces mouvements ondoyants, remarquait au bout de quelques instants que M. de Périgord était infirme et qu'il avait fallu bien de l'art à ce prince pour dissimuler sous un pas qui ressemblait à l'amble des chevaux, un déhanchement qui relevait de l'orthopédie. De son infirmité, Charles-Maurice s'était fait une élégance, et c'est tout naturellement que l'on s'inclinait sur son passage comme on se prosterne devant les créatures douées de tous les dons terrestres.

L'attrait que le Palais-Royal exerçait sur le prélat ne devait pas grand-chose à la bassette ni au biribi. Certes, il jouait gros sur les tables du colonel de Champagnard, gâchant parfois en une nuit ce que sa charge lui offrait pour un mois de dîmes nonnales et solites, le mettant à la portion congrue comme un vulgaire curé de campagne.

La fructueuse conversation des philalètes, la passion froide de leurs raisonnements, la fascination qu'exerçaient sur lui les espérances politiques qu'il se plaisait à susciter ne l'attachaient point autrement que par des aises au domaine du duc d'Orléans.

En fait, c'est à l'hôtel de Cherbourg que se rendait chaque nuit le prélat.

Cette passion l'avait saisi, depuis quelques mois à peine, comme une foucade ou comme un désespoir. Il s'était avéré que, brûlant l'étape de l'habitude, elle était devenue beaucoup plus. Ce rendez-vous du soir avait naturellement un visage, le plus beau qui se puisse rêver. Et Charles-Maurice, que tant d'autres profils avaient appelé, demeurait attiré par celui-là, même s'il savait parfaitement ne pas être le seul à acheter, au prix d'un verre au café de Foix, le privilège d'un sourire.

Quand on constate que l'on aime, il est généralement trop tard pour se faire inoculer.

L'abbé de Périgord était dans cette sorte d'état où la réparation d'un mal ferait plus de mal que le mal en lui-même. Aussi se laissait-il porter par la folie d'une aventure qui lui révélait enfin, et il en était le premier surpris, les exigences douces amères de la volupté. Quand avait-il rencontré Mme Grand pour la première fois ? Il s'en souvenait à peine.

Elle avait dit se nommer Cathy, mendiant un regard à deux sous de violettes.

L'abbé de Périgord savait que la rencontre avait eu lieu sous le passage du Perron[9], non loin du café du Caveau, gîte des beaux esprits et des agents de change. C'est là qu'il avait attiré sa conquête, le temps d'un chocolat dégusté sous l'œil goguenard de quatre musiciens statufiés dans une éternité de brasserie : Gluck, Sacchini, Piccinni et Grétry.

Elle avait peu parlé car les commis de bourse s'interpellaient dans un grondement effroyable.

Il avait vu ses yeux et s'était senti pris d'une envie inconnue : celle de prendre cette femme dans ses bras.

La soudaineté de ce désir, l'unicité de cette sensation lui avaient semblé si incongrues qu'il lui en avait fait la confidence. Cathy s'était mise à rire d'un petit rire de gorge qui la renversait à demi et avait entraîné l'abbé.

Ce n'était pas une mansarde, mais un appartement perché dont le prélat en raison de sa boiterie avait franchi les degrés avec peine. Il avait songé que cette ascension ressemblait à une acrobatie et avait regretté un instant d'avoir cédé à la curiosité. Puis elle s'était dégrafée, et l'abbé avait pénétré dans un monde pour lui encore tout à fait inconnu. La découverte de sa virilité, jusque-là indécise et inquiète, l'avait à ce point émerveillé, étonné et surpris, qu'il aurait payé sur-le-champ mille fois le prix demandé. Mais comme en toute chose, il avait songé au lendemain, c'est-à-dire qu'il avait borné sa générosité à l'honnête moyenne.

Cathy avait-elle espéré davantage ? Elle avait enfoui ses espoirs sous ses draps. Charles-Maurice les avait découverts, en même temps que deux épaules rondes, des seins harmonieux, un ventre laiteux, des cuisses fuselées. Et pour la seconde fois, le désir l'avait emporté sur l'excitation de la caresse.

L'abbé avait alors connu une exaltation grandiose et terrible. S'il eût été croyant, le spectre de la mort lui eût sans doute apparu à l'instant.

Mais il ne l'était pas. Le merveilleux qui l'étreignait était d'un autre monde. Après en avoir été si longtemps spectateur il venait enfin d'apprendre la vie et cette découverte faisait de lui le plus heureux des hommes.

Sans doute est-ce par jeu, ou par l'attrait d'on ne sait quelle mélancolie, qu'il avait exigé de sa conquête qu'elle lui vendît à prix d'or un cache-corset. Cette lingerie, il l'avait gardée sur lui, la respirant parfois et ressentant une volupté particulière à la savoir contre sa peau, dans les moments les plus officiels de sa vie.

Depuis, et c'était devenu un jeu, il achetait chaque nuit un jupon de perse, un mouchoir d'indienne, une chemise de tulle anglais [10].

Il enfouissait ses prises répétées dans une armoire de sa chambre entre deux camails de satin violet avec une obscure jouissance.

Mais, ce soir-là, en rejoignant Cathy, l'abbé de Périgord l'avait trouvée changée. Talleyrand était doué de cette sorte d'esprit qui rend les hommes circonspects à mesure qu'ils découvrent le mensonge.

Les rêveries de la jeune femme, sa bouderie passagère, et la rapidité qu'elle avait voulu mettre à le contenter lui avaient suffisamment murmuré qu'un autre amant venait d'entrer dans son existence et qu'elle souhaitait l'y maintenir. Mais Charles-Maurice n'était pas homme à se laisser manœuvrer en pareille circonstance. Il éprouva en un instant l'évidence fulgurante d'une jalousie si physique que s'y glissaient des voluptés nouvelles.

Et, bien que la jeune femme voulût écourter leurs transports, l'abbé de Périgord s'attacha à l'irriter par de nouveaux désirs.

Loin d'être affaiblis, ses sens s'égarèrent, et il se mit à acquitter des obligations que, quelques jours auparavant, il aurait été lui-même bien en peine d'espérer. Dans les gestes de l'amour, comme dans la plupart des moments de la vie, Mme Grand était douée d'une nonchalance native si suave et si douce qu'elle finissait toujours par céder aux effervescences du cœur.

Elle s'offrit donc au prélat qui, plus encore que d'ordinaire, se prit à contempler avec un délice inavouable les progrès de la volupté sur son visage innocent et candide.

Pour la première fois, et avec le déchaînement que l'on met à courir après une chimère, Talleyrand éprouvait la volonté de possession et de jouissance. A mesure que Mme Grand lui dérobait ses lèvres, il la regardait d'un œil fixe et animé, s'enfiévrant de son regard humide, de ses seins haletants. Il la quitta cependant, pour ne pas céder une nouvelle fois au trouble que ces transports lui inspiraient.

— D'honneur, l'abbé, dit-elle, vous êtes un monstre.

Elle restait allongée sur le lit, pendant qu'il se vêtait, couronnée d'une mer de cheveux blonds qui l'inondait en vagues, encore parcourue des tressaillements du plaisir, à la fois si implacable, si imprévisible et si désarmée, que Périgord fut pris de compassion pour son excessive jeunesse[11].

Il se pencha sur elle, dans l'alcôve, l'effleura d'un baiser à l'épaule qui se voulait la tendre conclusion du délire. Elle s'écarta à demi. Il comprit qu'il faudrait se battre et sut qu'il s'y résoudrait. Il quitta le logis et réfléchit quelques instants sur le parti à tenir. Ses porteurs de flambeaux l'attendaient. Il eût bien préféré des bâtons de chaise.

Guetter dans son carrosse[12] lui sembla une manœuvre indigne de son rang. Il se détacha de ce projet avec peine et ordonna qu'on le reconduisît rue de Belle-Chasse, dans le silence des parcs et la sérénité du couvent des chanoinesses du Saint-Sépulcre. Rentré au logis, il s'attarda à fouiller dans sa bibliothèque et caressa le cuir vénérable et les fers dorés des ouvrages infâmes qu'il se plaisait à parcourir[13].

Son choix s'arrêta sur l' « Histoire de Dom B... portier des chartreux » dont les gravures et le texte étaient d'une obscénité également insoutenable.

Il s'assit, le livre à la main, évitant par une familiarité de mauvais goût d'en confondre les illustrations avec les images encore tièdes qu'il voulait conserver de Cathy. Il ferma les yeux, cherchant dans sa mémoire les moiteurs de cet autel où il venait de sacrifier. Il savait qu'il tenait à elle et se demanda un instant si son infidélité ne lui procurait pas une délicieuse jouissance. Il se laissa glisser dans le sommeil qui le prit, comme un enfant. « L'Histoire de Dom B...[14] » roula à terre où le livre resta, écartelé.

*
* *

Mme Grand avait soupiré de joie au départ de Talleyrand. La singularité de tout ce qui se passait dans sa vie la faisait désormais hésiter sur le parti à prendre.

Une lascivité naturelle l'avait conduite à se laisser porter par les événements, et, appliquant à la lettre ces stratégies d'antichambre que l'instinct dicte souvent aux femmes sottes, elle avait décidé de ne rien tenter pour revoir d'elle-même le comte de Lessart.

Ayant assuré le coucher de son maître comme à l'accoutumée,

François Garodeau avait décidé, pour sa part, de venir traîner du côté du Palais-Royal.

Le valet connaissait trop le banquier pour n'avoir pas compris au premier regard quel empire la jolie visiteuse entendait conquérir sur le directeur de la Compagnie des Indes. Mais en paysan madré de la Province de Guyenne, François Garodeau y avait vu un grand inconvénient : celui qui réside toujours à mêler son cœur aux affaires, y compris aux affaires de cœur. Aussi avait-il décidé de se renseigner plus avant sur la jeune femme, ayant jugé hâtif l'engouement de son maître et exagéré l'élan dont il le voyait animé.

Dans la nuit froide de janvier, seul, et sans porteur de flambeaux, il s'était mêlé à la foule minaudière qui se pressait sous les arcades et jouait au plaisir, à l'argent ou à la vertu.

Il entra au « Couvert Espagnol » et grignota sans appétit un repas à quatre francs par tête.

N'ayant découvert dans la taverne rien qui ressemblât à Mme Grand, il se glissa pour vingt-quatre sous au dernier rang du Théâtre des Ombres Chinoises où se jouait « Rothomago ». Le spectacle faisait fureur et les yeux de François Garodeau s'accoutumèrent bientôt à l'obscurité de la salle. Il médita, au son du clavecin tenu par Morin aîné et reconnut des figures de connivence. Depuis si longtemps qu'il était le valet du comte de Lessart il connaissait presque tout le monde à Paris, et avisa dans un coin sombre, François Séraphin, le directeur du théâtre, qui veillait chaque soir, par crainte de l'incendie, sur ses trois représentations. Garodeau se coula jusqu'à lui et l'interrogea à mi-voix.

Le dessinateur saltimbanque, qui avait été élève de Carmontelle et connaissait son Palais-Royal sur le bout du doigt, ne fut pas long à le renseigner.

Mme Grand habitait à l'hôtel de Cherbourg, Garodeau décida de s'y rendre.

Il savait le comte de Lessart séduisant, attachant et sincère. Cette troisième qualité était devenue aux yeux du valet un défaut, tant le maître attirait, par sa fonction même, tout ce qui à la cour comme à la ville brillait, volait, brûlait. Au poids des sentiments qu'il exprimait parfois, Garodeau avait compris que le comte changeait plus difficilement de lit que de charge ou de portefeuille. Aussi veillait-il scrupuleusement sur cette partie intime de sa vie.

Le visage langoureux de Mme Grand lui avait inspiré les plus vives alarmes. Il craignait que Valdec ne s'engageât à aimer et qu'il ne mît dans cette affaire toute la clarté de vue qui aurait suffi à son bien.

François Garodeau n'entra même pas à l'hôtel de Cherbourg. La simple allure du logis l'avait conduit à une religion qui rendit bientôt sa préoccupation plus intense. Il songea d'emblée que sa clarté de vue ne lui serait pas comptée par son maître comme un bienfait et cette évidence le rendit furieux.

Il se tapit dans l'ombre et attendit.

Au bout d'une demi-heure, il vit sortir de la maison, avec contrariété, une silhouette claudicante qu'il ne connaissait que trop bien. Il laissa l'abbé de Périgord s'éloigner, jura tout bas sur son passage pour conjurer le mauvais sort, sortit une bourse de sa poche et pénétra dans l'hôtel. Il s'enquit, offrit la bourse à une servante et apprit que l'abbé avait ses pratiques auprès d'une des pensionnaires. Il n'en demanda pas davantage, il en savait déjà trop. Il médita avec rancœur sur la manière la plus courtoise de neutraliser cette soutane déniaisée par une sultane, et conclut à son impuissance.

Il imaginait déjà Valdec de Lessart, le visage fermé, apprenant de sa bouche son infortune préalable. Il décida de procéder par touches insidieuses, s'obligeant à espérer que l'affaire ne prendrait pas des proportions tragiques. Mais il avait déjà compris que l'irréparable s'accomplirait et jaugeait à cet instant le frêle rempart qu'il pourrait opposer à la fatalité.

3

Le comte de Lessart présidait, dans les murs de la Compagnie des Indes, un important conseil qui devait mettre un terme aux procédures entreprises après l'ouragan de 1766[1]. Il écoutait d'une oreille distraite ce qu'on lui décrivait de l'hivernage[2] et de ses tourbillons subits et dévastateurs. Il songeait aux espérances que détruisent ces tempêtes et hochait la tête au récit de leur irrégularité désastreuse.

Depuis qu'il dirigeait la Compagnie des Indes, il avait fini par s'identifier à cette maison et la coïncidence d'un cyclone dans son intempestivité climatique lui semblait un symbole pour sa propre vie.

Il médita. Les paysans de la Guyenne, dans leur grande sagesse, ne décrivaient-ils pas l'amour comme un orage à la particularité de n'être point passager ?

Depuis trois jours, il ne songeait qu'à Mme Grand. Il n'avait jamais désiré aussi ardemment aucune autre femme. Toutes ses forces étaient tendues vers la volonté de revoir Catherine au plus tôt et de la posséder.

Le désir le submergeait par vagues, comme un adolescent. Il répondait par habitude aux questions qui l'assaillaient sur l'interruption saisonnière de la navigation au fond du golfe de la Gonave, mais son esprit s'évadait bien loin des carreaux[3], des moulins à bagasse[4], du vesou[5] et de leur roulaison[6].

Ses partenaires tendaient à lui faire adopter un décret aux termes duquel les sirops pourraient être traités sur place dans les guildiveries, cette première transformation du vesou ayant pour but d'éviter une partie des droits énormes qui grevaient le prix des sucres en pain.

Antoine-Claude écoutait et hochait la tête. Il n'avait jamais eu que des déboires avec les sucres des îles Sous-le-Vent. Quand les fourmis en 1763 avaient attaqué les cannes à sucre, on avait consulté les planteurs et les naturalistes et mis en concours au plus offrant les procédés de défense les plus ingénieux. Mais les fourmis avaient été les plus fortes, et la Compagnie en avait été réduite à ordonner aux planteurs l'abandon des secteurs les plus touchés, ceux, précisément, où l'appât du gain avait conduit à un défrichage et un déboisement trop hâtifs.

Face à l'amour qui l'ensevelissait, le comte de Lessart se sentait, lui aussi, en état de capitulation.

Il balbutia quelques réponses convenues sur les taxes qu'il convenait d'affecter aux guildiveries, brûla l'étape des indigoteries de Port-au-Prince, dont on lui affirmait qu'elles étaient en déclin, haussa les épaules à l'énoncé du problème des cacaoyers de la Martinique, et n'accepta de s'attarder un court instant que sur les cotonniers de Saint-Domingue dont l'expansion lui tenait à cœur depuis qu'il s'était mis en tête d'établir des fabriques de marquage de toiles dans sa baronnie de Portets [7], afin d'apporter l'abondance aux paysans des Graves.

La simple évocation du village de son enfance le remit de bonne humeur et il se leva en ordonnant au secrétaire de faire attribuer aux esclaves de petites parcelles potagères qu'ils pourraient cultiver lors du samedi nègre.

— Mais, s'écria-t-on de toutes parts, le samedi nègre est proscrit !

— Eh bien, répliqua Valdec, il sera désormais légal puisque j'en décide ainsi !

Il ne voulait plus rien entendre, plus rien répondre. Il sacrifiait tout à son espérance de retrouver bientôt ce visage qu'il voulait caresser comme on en prend l'empreinte, pour l'emporter deux fois.

Il retourna dans son cabinet et sonna François Garodeau.

— N'a-t-on point reçu, demanda-t-il, de nouvelles de ces deux pauvres femmes que tu introduisis ici l'autre soir ?

Le valet soupira. Il prit un temps de réflexion et répondit :

— Je ne crois pas, monseigneur, que le cas soit aussi touchant que vous l'aviez cru tout d'abord.

Le banquier leva les yeux et regarda Garodeau avec un courroux débonnaire.

— Veux-tu bien te mêler de ce qui te regarde ?

— C'est que, reprit le valet, je ne puis guère m'accoutumer au goût que monsieur le Comte professe pour des pudeurs de guenon abritées derrière un éventail.

— Macaque toi-même ! s'écria Valdec. Qu'ai-je à faire de ce mentor de caricature qui s'entend à régler ma vie comme un âne, et s'obstine à m'imposer son goût pour les grosses académies !

— Bien, bien, monseigneur, observa Garodeau. Le comte de Lessart est libre après tout de se mettre en ferme. Mais qu'il me pardonne un dévouement qu'il costume en effronterie.

Le banquier se radoucit.

— Où demeure-t-elle ?

— En l'hôtel de Cherbourg, au Palais-Royal.

— Seule ?

— C'est-à-dire qu'on lui rend fréquemment visite.

— Qui ?

— Entre autres l'abbé de Périgord.

Valdec de Lessart se mit à rire. Vaincre ce prélat vaniteux qu'il surnommait « Pied-Court » lui semblait la bataille la plus agréable du monde.

— Va la chercher.

— Non.

— Pourquoi ?

— Parce qu'il me déplairait que mon maître s'abandonnât dans une pareille aventure avec une demoiselle du Palais-Royal.

Valdec soupira. Le valet avait raison. S'il voulait s'attacher Cathy, il convenait de tisser d'autres liens, d'établir d'autres modes. Il réfléchit un instant à la manière de les accomplir et ordonna :

— Que Victor Louis vienne aussitôt.

Une heure plus tard, l'architecte du duc d'Orléans entrait dans le cabinet du comte de Lessart.

L'artiste tendit au banquier une main aux doigts repliés comme il convenait entre deux membres d'une même loge maçonnique [8].

L'amitié qui unissait Valdec de Lessart et Victor Louis ne se limitait d'ailleurs pas à cette religion commune. Elle s'était forgée au long des mois d'apprentissage et des années de pèlerinage, dans cette estime qu'impliquent les talents mutuellement appréciés.

Depuis que Antoine de Valdec avait été porté au 33e degré [9] de la loge de la Concorde Universelle, son affection fraternelle pour le maçon Victor Louis s'en était trouvée renforcée.

— Je voudrais, dit le banquier, que vous imaginiez dans un de mes hôtels un appartement qui soit le plus tendre du monde. Je le destine à une dame et je veux que l'affaire soit menée rondement.

L'architecte sortit un fusain de sa poche, prit un feuillet sur le bureau et, s'installant sur une petite table, commença de dessiner.

— Que faites-vous donc ? s'écria Lessart.

— Mais, répondit Victor Louis en riant, je conçois un avant projet pour l'étage noble du petit hôtel que vous venez d'acquérir à côté du vôtre, rue du Sentier[10]. Voilà un emplacement bien commode pour y établir une dame, chez qui, à ce que je comprends, vous aurez tôt ou tard vos pratiques. Si cela vous convient, je vais tracer des treilles d'ornement pour cette jolie compagnie. Vous y donnerez des danses et des bacchanales. Il faut donc que l'immeuble soit libre et léger comme son modèle. Je respecterai le murmure de la rue avec ses passants et son spectacle, ses costumes et ses chansons, ses marchands et ses marchandes, tout ce Paris vendeur et hurleur que vous aimez autant que je l'aime. Et en allant voir votre amie, en vous disposant à l'aimer peut-être, à la chérir sans doute, vous croiserez les petites laitières, les petites harengères, les veilleuses et les écosseuses, les marchandes de fleurs, enfin, qui vous mettront en appétit.

— Voilà qui est bien, concéda le comte de Lessart, mais le temps presse.

— Certes, monseigneur, reprit Victor Louis, je comprends votre hâte, et me plais à discerner dans cette précipitation, la promesse d'un bonheur prochain, mais souvenez-vous donc de la maxime de notre protecteur le maréchal de Richelieu : « Rien de trop ». Nous irons aussi vite que Bellanger pour Bagatelle, mais pas plus.

En fait, Victor Louis bâtit, pour la petite maison du Sentier, le record établi pour le pavillon du comte d'Artois. N'ayant à se préoccuper que de décoration intérieure, il réunit tous les corps de métier ensemble et dirigea le chantier lui-même en braillant et gesticulant. Il fit allumer d'immenses feux pour faire sécher les gypseries, fit céruser les boiseries devant qu'elles ne soient posées et, aiguillonnant l'un et l'autre, et d'impromptus et de saillies, obtint en neuf jours l'écrin le plus délicat qui se puisse décrire.

Le corps du logis, qui s'ouvrait sur une porte carrée, avait tous les agréments d'un petit domicile, conciliant la ville et la campagne.

L'hôtel donnait sur un jardin, dérobant aux regards curieux une lointaine perspective.

Victor Louis avait donné, en chaque pièce, une muette leçon.

Les murs étaient balayés par des grappes, des feuilles, des paraphes de verdure. Sous sa main, contournés d'un trait large, les ornements avaient des caresses de chair. Les secrets des plus grands décorateurs avaient été, par lui, surpris et publiés.

Par un raffinement plein de tendresse, le comte de Lessart avait ordonné que la décoration s'inspirât de l'Inde dont Mme Grand était originaire. Rideaux, cantonnières et couvre-lits étaient donc taillés dans ces tissus fleuris qui faisaient la richesse du pays de Travancore.

Il ne restait plus qu'à convaincre Catherine d'accepter ce logis pour le sien.

Lessart ordonna à François Garodeau de l'y conduire.

Il goûta, dissimulé dans un cabinet, l'éblouissement de la jeune femme, son feint étonnement et les mots de surprise qu'elle adressa au valet. Il n'abandonna sa cachette que lorsqu'il fut sûr qu'elle en éprouverait du bonheur.

Mme Grand pleura un peu, remercia beaucoup, et se renversa à demi sur un canapé de soie beige.

Le banquier se pencha sur ses lèvres et crut mourir de joie à ce premier baiser.

Elle ne répondit rien à ses serments, rien si ce ne sont des caresses. La nuit les prit en cet état et l'émerveillement ne les quitta qu'au matin.

Antoine de Valdec crut qu'il avait mis la main sur quelque joyau. Mme Grand sut qu'elle avait mis la main sur un joyau plus précieux encore. Elle redoubla de gestes et de baisers jusqu'à ce que son amant en déduise que le plaisir, pour elle, devenait un refrain.

Cette découverte le plongea dans une telle exaltation qu'il se déclara bien sot d'avoir attendu si longtemps avant de constater par lui-même que le sublime, parfois, couronnait le voluptueux.

Il s'enfiévrait de ce corps si rond et si souple qui lui offrait toutes les libertés et toutes les aises.

Il découvrait un charme étrange qui n'avait rien du pétillement un peu grossier des caillettes ou des précieuses, mais qui le bouleversait par sa spontanéité même. C'est dans cette qualité que Mme Grand plaçait son exotisme. Chacun de ses gestes semblait à la fois déférence et accomplissement.

Et l'ondulement naturel et sauvage avec lequel elle préparait la montée du plaisir, les mots qu'elle murmurait dans ces instants révélèrent au comte de Lessart l'ampleur de continents encore inconnus.

Mais, plus que d'une autre manière, Mme Grand le retenait par sa douceur. Elle n'avait envers son amant que roucoulades et pépiements d'oiseau. Ses phrases devenaient babil et murmure. Si l'esprit lui faisait défaut, elle possédait tout de même celui de ne point faire mine d'en être dotée. Si bien qu'elle ne captivait que par la volupté qui émanait de tout son être et qui invitait, telle une source inépuisable, au commerce de l'amour et aux effluves de la tendresse.

De cette manière si nouvelle pour lui d'être et d'aimer, Antoine de Valdec ne parvint pas à se rassasier. Le désir succédait au plaisir et au désir encore. Il ne quittait qu'avec peine le corps offert et humide de Mme Grand, incapable de résister à l'appel qu'il ressentait aussitôt dans sa chair.

Cette première nuit le bouleversa au point de le rendre éperdu.

François Garodeau constata les ravages que l'amour avait déjà accomplis sur son maître, et qui le consternèrent. Il savait le comte doué d'une ténacité suffisante pour arracher sa conquête au Diable, ou à Dieu lui-même, mais il devinait aussi que Cathy n'avait point ses pratiques à l'Enfer ni au Paradis.

Dieu et le Diable étaient d'ailleurs tout aussi étrangers à l'abbé de Périgord qu'ils étaient inconnus à sa maîtresse. S'il lui arrivait parfois de porter la soutane violette et les rochets de dentelle, c'était davantage pour dissimuler sa claudication que pour affirmer sa religion.

Parfois, et par goût du blasphème, il permettait qu'on le nommât « Carolus Mauricius » [11] aux petites maisons. Il avait demandé à Cathy de l'appeler ainsi, pour lui apporter plus de jouissance.

Le départ de la jeune femme pour la rue du Sentier avait laissé l'abbé interdit.

En se rendant à l'hôtel de Cherbourg, il avait appris le lendemain, par une confidence de Marion Bouchut que Mme Grand était dans ses meubles. Quelque chose qui réunissait la fureur et la honte l'avait alors saisi. Il sentait que les jeux étaient faits, mais il pouvait encore, avec un peu d'habileté, arrêter la roue fatale. Mme Grand appartenait à lui, et à lui seul.

Le prélat, dont l'assemblée du Clergé venait de consacrer les mérites exceptionnels pouvait difficilement se livrer lui-même à une enquête. Sa livrée était trop connue pour en charger quelqu'un de sa maison. S'il n'avait jamais interdit à Mme Grand de nouer des liaisons avec d'autres, il se voulait le mieux aimé, et toutes les fibres de sa chair se rebellaient devant sa disgrâce. Il se traita de « Monstre Mitré » et conçut pour elle, à l'instant, un mépris sans bornes. Aussi étrange, surprenant, et stupide que cette phrase lui paraisse, elle monta cependant à ses lèvres : « Je suis marié de cœur ». Il comprit que la frivolité et la débauche n'avaient plus rien à voir dans ce qui lui arrivait, et s'en trouva affecté. Il se sentit doublement infirme et maladroit d'avoir perdu cette créature dont il voulait à toute force qu'elle fût établie par ses soins, et demeurât sa propriété.

Dès lors, il convenait de se lancer sur ses traces.

L'abbé de Périgord venait de recevoir une gratification de vingt-quatre mille livres [12], des mains de monseigneur Champion de Cicé, archevêque de Bordeaux. Il songea qu'au lieu d'affecter cette somme, comme il l'avait prévu, à l'embellissement de sa bibliothèque, elle récompenserait à merveille, celui qui se montrerait capable de retrouver Mme Grand.

Certes, il était plus facile à Paris d'avoir des femmes que des abbayes, mais Talleyrand, peut-être par vanité, venait de décider qu'il posséderait Cathy, ne serait-ce que pour éprouver l'orgueilleux plaisir qu'elle tint de lui seul toute son existence.

Il chercha un peu dans les cabarets du Palais-Royal qui pouvait être assez malin et assez gueux pour retrouver la jeune femme. Dans un premier temps, il ne croisa que des hommes d'excellente noblesse et d'une exécrable moralité qui ne lui semblèrent pas remplir les conditions souhaitées.

Puis, un soir qu'il avait descendu péniblement les vingt marches qui conduisaient à la statue de Moïse ornant l'entrée de la « Grotte flamande », il remarqua parmi les acteurs des Beaujolais et les marchands endimanchés une sorte de commis beau parleur qui lui sembla, pour son affaire, posséder le visage le plus agréable du monde.

L'abbé de Périgord lui parla, apprit qu'il était démuni et amer, deux inconvénients qui devenaient des avantages pour accomplir la mission qu'il désirait confier.

L'autre le grisa de ses malheurs et des injustices du temps. Talleyrand n'écouta rien de ces grondements enfiévrés. Ce qu'il voulait, c'est que ce Fournier-dit-l'Américain fouille tous les endroits propices.

Le marché fut conclu au prix de l'interlope et Talleyrand trouva la confirmation de son jugement selon lequel la France dépensait bêtement pour quelques demi-nègres les revenus qu'elle eût plus justement affectés aux menus plaisirs de ses grands.

Comme tous les habitués du Palais-Royal, Claude Fournier-dit-l'Américain connaissait Marion et Cathy. Il avait eu plus de goût pour la première que pour la seconde qu'il jugeait mièvre, mais les ayant éprouvées toutes les deux [13], il trouva fort accommodant d'avoir à les rejoindre.

Le condottiere n'aimait guère la débauche. Il lui arrivait de courir le gros plaisir en compagnie de friponneaux et de petits coquins. Le Palais-Royal était alors une source riche, neuve, et inépuisable.

Avec quelques babioles, on était sûr d'éprouver toutes les aises de l'esprit et du corps.

Le rustre commença par jouer quelques-unes des deux mille livres que l'abbé de Périgord lui avait remises à titre d'acompte. N'étant parvenu qu'à se faire de nouvelles dettes, il consacra le reste de son jour à orner de louanges emmiellées quelques vieilles coquettes dont il souhaitait tirer, si ce n'est sa fortune, tout au moins sa réputation.

Le soir venu, le créole se rendit à la Taverne anglaise. Il attendit assez longtemps, et finit par distinguer, dans une des cases décorées de treillage peint et de rocailles qui formaient de petits cabinets, le minois chiffonné de Marion Bouchut. Il se mit alors à rouler des yeux terribles et s'en fut chasser l'infortuné qui lui contait fleurette.

Fournier-l'Américain savait bien qu'avec Marion Bouchut, il ne traquerait pas une oisiveté héroïque. Menaces, sollicitations, promesses, rencontrèrent une oreille d'autant plus attentive que la fille était mortifiée d'avoir été laissée pour compte. Éprouvant la certitude de jouer un excellent tour à Cathy qu'elle jalousait pour être mieux façonnée, pleine de grâce et de finesse, elle s'empressa de relater la scène de la Compagnie des Indes et les espoirs, si ce ne sont les projets que la jeune femme nourrissait envers le comte de Lessart.

Mais elle ne savait rien de la maison de la rue du Sentier. Rien si ce n'est qu'un valet qui jouait au petit maître s'était montré si persuasif que Mme Grand l'avait suivi pour cette demeure qui lui offrirait tous les plaisirs, y compris celui de ne plus complaire qu'à un seul homme, et, accessoirement, c'est Marion qui l'ajoutait, à certains de ses camarades, s'il en exprimait le désir.

La fierté submergea Fournier-l'Américain.

Il lui suffirait de suivre le carrosse de Valdec de Lessart au sortir de la Compagnie des Indes pour connaître la retraite de Catherine à moins qu'il n'allât errer, dès le matin, rue du Sentier pour y déguster avec gourmandise, sur le visage du banquier qu'il ne manquerait pas d'y croiser, la marque des veilles, les émotions du jeu et les ravages du vin de champagne qui ne tarderaient pas à miner ce corps que ni le travail ni le plaisir ne voulaient laisser en repos.

A tout prendre, le rebelle jugea que ce spectacle lui serait une première et délicate vengeance. Il imaginait même d'insulter son ennemi au saut de son lit galant. Et il aurait probablement mis son projet à exécution si une ivresse bien méritée par une pareille embellie ne l'avait conduit, après moult flacons, à un sommeil aussi profond que tardivement réparateur.

4

Valdec de Lessart ne parvenait point à s'arracher des bras de Mme Grand. Il aurait voulu tout connaître d'elle et posséder jusqu'à son âme mais s'était arrêté aux prémices de ces découvertes. Il ne lui avait pas posé de questions sur le passé, et encore moins sur l'avenir, sachant que les jolies femmes ne sont pas faites pour les jolis sermons.

Il se contentait de se pencher sur son corps et d'espérer qu'il n'eût point été caressé par trop de mains roturières. Le charme lascif de la jeune femme lui laissait un goût si étrange qu'il lui semblait que le miracle en résultât.

Alors que l'amour était pour lui, comme pour bien d'autres, et depuis longtemps, un jeu de cour, il venait de découvrir une compagne qui avait su rompre en un instant l'ennui de cette uniformité.

Rien ne l'émerveillait davantage que la surprise de cette douceur où rien n'était un retour d'habitude.

Sa deuxième nuit rue du Sentier avait été précédée, non d'une fièvre mais d'un recueillement. Ce repli sur lui-même était assez dans sa manière, bien qu'il soit l'homme le plus accordé du monde et aux mœurs de la ville et de la cour.

Mme Grand l'avait accueilli dans ce lieu dont elle était désormais la déesse et il lui était venu une sorte d'hésitation à l'idée ou à l'espoir de faire d'elle une recluse.

Certes, l'atmosphère des cloîtres ne prévalait pas rue du Sentier où tout respirait le vent du monde et le souffle des choses du temps. C'était simplement un rêve, un rêve d'homme qui traversait la nuit et que Valdec dégustait, jusqu'à l'ivresse.

Mme Grand parlait peu, et surtout ne disait rien de sa société et de ses aventures. Son passé était lettre morte, son ailleurs, un monde où nul ne se glissait parmi ses ambitions, ses insomnies, et ses fièvres d'avenir.

Lessart, qui était d'expérience, ne se trompa point sur les raisons de ce mutisme qu'il savait un plan médité. Mais il ne s'en souciait guère.

Il avait résolu d'enlever Mme Grand à l'abbé de Périgord, et mieux encore, en mettant à ses pieds sa fortune, de lui offrir une autre vie.

Preuve bien singulière de cette décision, il osa lui demander ce qu'elle souhaitait de rente. Elle répondit un chiffre qui n'était ni trop ni trop peu, auquel le banquier se dépêcha d'ajouter une parure de diamant de quatre mille huit cent seize livres [1] et d'une eau admirable qu'il était allé choisir dès le premier matin, chez le joaillier de Monsieur, au Palais-Royal.

Sans doute, alors qu'il la caressait dans les ténèbres, trouvait-il déjà une douce morsure à son inconstance, et éprouvait-il une volupté plus amère à faire constater à cette ingrate l'étendue de son ingratitude.

A dire vrai, il l'aimait d'après nature, se laissant porter par le goût très vif qu'il avait d'elle, le désir qu'il en éprouvait et que les étreintes ne pouvaient rassasier, enfin la curiosité qu'il ressentait envers ce destin de rencontre.

Depuis longtemps, le comte de Lessart proclamait : « Une femme laide est un être qui n'a point de rang dans la nature, ni de place dans le monde. » Il négligeait désormais de se pencher sur un corps grossier, fût-ce par dévouement, et le corps de Mme Grand, dans toutes les perfections de la beauté, joignait à celles-ci une imperfection majeure qui à ses yeux en faisait peut-être le charme : on aurait cherché vainement à y voir battre un cœur.

Une des rares paroles de Mme Grand avait été cette saillie, prononcée entre deux paradoxes du comte que grisaient déjà quelques nuits et beaucoup de champagne : « La pudeur ! Ne me parlez point de cette vertu qu'on attache avec des épingles. »

Valdec de Lessart s'était étourdi de la justesse du propos.

Les docilités cavalières de Mme Grand dissimulaient peut-être un esprit, et pourquoi pas une âme.

Après les jolies horreurs des premières heures d'alcôve, il s'était attaché à cette femme qu'il aimait comme un joujou, peut-être parce qu'une telle passion n'était déjà plus de son âge. Quoi de plus merveilleux, lorsqu'on croit avoir touché à la paix des sens, de pouvoir encore irriter les appétits de sa fantaisie et les curiosités de son caprice ?

Il avait songé qu'il ne serait point noble de garder cette tentation pour lui seul. Mme Grand, dont les séductions ne se cachaient pas sous l'innocence de l'âge, devait être offerte à tous les yeux.

Aussi avait-il chargé François Garodeau de la conduire sous toutes les enseignes, ce qui, tout naturellement, avait ramené Cathy vers le Palais-Royal.

Cette promenade avait entraîné sous les voûtes mêmes du jardin l'amusant cache-cache du jeu de cligne-musette, Mme Grand souhaitant, tout à la fois, éblouir son ancien voisinage et ne rien lui faire partager de sa nouvelle renommée.

C'est cependant sous les arcades mêmes du bijoutier Poix-Menu que Fournier-l'Américain, à peine revenu de son ivresse, l'avait surprise, admirant esclavages et rivières, et méditant à cette embellie qui avait fait, en quelques heures, d'une cherche-dîner une des femmes les plus enviables de Paris.

Le rustre s'était approché, mais François Garodeau l'avait fait tournoyer comme une mouche, d'un revers de chapeau.

— Qu'est-ce donc ? avait demandé Cathy.

— Rien, madame, un mirliton qui est venu mendier l'autre jour à la Banque et pour lequel monsieur le Comte fut plus patient que de raison.

Mme Grand était retournée à ses emplettes, soupirant devant le Grand Dunkerque au similor dont elle rêvait naguère et que Valdec, en une nuit, avait métamorphosé en diamants.

Les bras chargés de bonnets de gaze, de rubans, de plumes, de fleurs, de jupons de soie rose, de robes à la turque, d'agrafes d'argent et de boucles de cristal sur liens de velours noir, Cathy avait regagné son équipage, un carrosse bleu ciel et or, tiré par quatre chevaux.

Cette voiture, Fournier-l'Américain l'avait suivie, plus venimeux encore que de coutume car sa fureur s'était trouvée augmentée par la débauche d'acquisitions dont il avait été le témoin.

Après avoir noté l'adresse de l'hôtel de la rue du Sentier, il en avait profité pour s'enquérir des aîtres, et avait appris que le comte de Lessart résidait non loin de là, au coin du faubourg Poissonnière. C'est vers l'hôtel de Lessart donc qu'il avait poursuivi ses recherches, hélant de-ci de-là une livrée, payant à boire à tous les valets du quartier, jusqu'à apprendre ce qu'il ignorait encore : le comte de Lessart était marié, avait une fille, et, pour autant que cela se sût, abandonnait chaque nuit son domicile, son carrosse dont les portières arboraient la fière devise : « Pro Deo et libertate » l'attendant jusqu'au petit jour face au délicieux logis que Victor Louis venait d'achever et dont on murmurait qu'il formait pour une belle la retraite la plus aimable du monde.

Tout glorieux de ces nouvelles, Fournier-l'Américain était parti d'un bon pas vers la rue de Belle-Chasse, non sans s'être arrêté auparavant rue des Bons-Enfants chez un bourrelier pour y acquérir un fouet de baleine dont l'achat avait fait fondre à demi l'acompte offert par l'abbé de Périgord.

Talleyrand n'avait que médiocrement apprécié que le créole osât ainsi troubler sa retraite.

— Je les ai retrouvés, l'abbé, et, par ma foi et par ce fouet, je ne les lâche plus.

M. de Périgord avait hoché la tête.

— Le reste m'appartient, mon ami. Votre rôle s'arrête là.

Puis, le prélat avait ergoté un peu sur la note, sentant que sa générosité ou le simple respect de leurs conventions conduirait immanquablement Fournier-l'Américain à le confondre avec une fontaine inépuisable de revenus.

Le condottiere avait brandi au-dessus de sa tête son fouet de baleine tout neuf, heurtant dans ce geste de menaces les pampilles d'améthyste d'un lustre dont deux ou trois s'étaient brisées avec un joli bruit de cristal.

Talleyrand aimait les objets plus encore que les femmes. L'injure faite à son lustre lui dicta de congédier le coupable que ses domestiques battirent comme plâtre, bien qu'il ruât fort, et longuement.

Sans se divertir du spectacle, l'abbé de Périgord revint s'asseoir sur une bergère et laissa errer, au-delà de la croisée, un regard vague sur les frondaisons orphelines du parc. Il étendit sa jambe malade et se mit à réfléchir.

L'affaire de Mme Grand lui mettait le cœur en diable à quatre et cela l'incommodait fort. Il professait depuis longtemps que « la véritable primatie est de rester maître de soi en toute circonstance ». La jolie Cathy était la première à donner du branle à cette belle prétention.

Dans tous les transports de la vie, l'abbé de Périgord préférait les détours circuiteux au commerce en droiture. Ses réflexions ne le conduisirent donc pas vers la vengeance directe, encore moins vers le combat.

Depuis que les plaisirs, quels qu'ils fussent, tenaient une partie importante dans son existence, il s'était forgé une théologie édoniste dont quelques distingos des plus subtils avaient remplacé les dix commandements. Son impiété phénoménale, ou plus exactement l'inintérêt profond dans lequel il tenait la morale et toutes les choses de l'âme, le conduisait à un mépris universel des êtres.

Il se surprit à évoquer Cathy en ces termes : « une fille de rien qui a trouvé à se vendre alors qu'elle ne sut jamais se donner ». Mais il ressentait sa trahison comme une injure, un crachat, au regard dans sa dignité éminente. « Ainsi donc, conclut-il, nous emploierons les grands moyens. »

Il tira vers lui un écritoire de maroquin rouge, qu'il ouvrit et commença de rédiger un court billet.

Il fit quelques ratures, froissa deux ou trois feuilles, et sûr enfin de ses formules, s'arrêta au texte suivant :

« Il me plairait, Madame, de déposer bientôt, aux pieds d'une presque mère, les hommages de l'Église et de votre serviteur. Le goût si vif que j'éprouve à vous voir ne saurait porter ombrage à M. le Baron de Staël, non plus qu'à ceux de vos admirateurs dont la bavarderie des salons m'indique qu'ils soupirent toujours après votre bel esprit.

« Je brûle d'ajouter un codicille à la gazette des nouvelles de la société dont raffole, à ce qu'on me dit, Sa Majesté Gustave III de Suède. Nous verrons-nous un jour prochain? Votre affectionné.

Périgord »

Il scella le billet d'un cachet de cire bleue et sonna afin qu'on porte aussitôt sa missive à l'ambassade de Suède.

La réponse ne fut pas longue à venir, et dans l'après-midi du lendemain, l'abbé de Périgord, bouclé de frais et poudré à frimas faisait son entrée, dans le boudoir de Germaine Necker, baronne de Staël, ambassadrice de Suède.

Bien que l'on fût en plein hiver, et qu'elle fût grosse de trois mois à peu près, la jeune femme, vêtue de linon blanc, était étendue sur le sofa, auprès d'une fenêtre. Son regard traversait les carreaux embrumés pour se perdre, dans le lointain de la rue du Bac[2].

L'abbé glissa jusqu'à elle, baisa ardemment sa main et s'assit.

— Chère Louise...

— Vous commencez bien mal, monsieur l'Abbé.

— Quelle fureur avez-vous eue, reprit Talleyrand, de changer tout à coup de prénom ?

— C'est pour ne rien devoir au Roi Louis XVI qui fait endurer à mon père le tourment qu'on réserve aux damnés.

Talleyrand sourit. L'imagination enfiévrée de Mme de Staël la plaçait toujours au-delà des strictes évidences.

— Vous conviendrez, monsieur l'Abbé, que le carême n'est nécessaire qu'à ceux qui le peuvent supporter.

— Je retrouve bien là, votre esprit, chère amie, reconnut Talleyrand en baisant le poignet de Mme de Staël.

Germaine s'alanguit un peu plus sur son sofa et soupira :

— La cour et la ville s'attendent au retour de mon père. Cela nous viendra tôt ou tard. Le génie de M. Necker peut seul sauver la France qui, sans lui, est perdue.

L'abbé, qui voyait la conversation dépérir vers ce tour politique, interrompit Mme de Staël.

— Je vous trouve, quoi qu'il en soit, dans le meilleur état du monde. Vos yeux sont brillants, votre chair ferme, votre teint excellent. Le retour de M. Necker vous permettra de savourer bientôt votre triomphe.

Mme de Staël possédait à ce point la religion de la gloire que la moindre allusion aux espérances de son père la faisait hoqueter de bonheur.

— Il faut, poursuivit Talleyrand, que M. Necker prépare ce retour, et compose autour de lui une petite ménagerie d'intrépides qui feront merveille dès qu'il sera au pouvoir.

— Rien n'est plus vrai, reconnut la baronne. Son cabinet doit être constitué en toute hâte.

— Jouons un peu aux portraits, reprit l'abbé de Périgord. Je ne sollicite rien pour moi-même, ayant épousé l'Église, je me contente d'avoir un œil sur l'apoplexie de l'évêque de Bourges, qui va tout à fait mal, ce qui me permettrait d'obtenir son diocèse que Choiseul n'osera pas me refuser, à moins qu'il ne me préfère l'évêque de Nancy dont le siège est déjà promis à l'abbé de la Fare, ce qui rendrait bien infortuné un homme de trente-quatre ans, dont les mérites ordonnent qu'on le traite un peu mieux. Mais il me semble que M. Necker, trop abîmé de théories, a moissonné moins hardiment ses commis qu'il n'aurait dû le faire. J'ai appris par hasard l'autre jour je ne sais quelle vilaine affaire sur ce petit Lessart, bâtard de rien et de tous, que le Roi a fait comte à l'étourdi.

Mme de Staël se redressa et approcha sa main du poignet de Talleyrand.

— Racontez-moi donc votre histoire, l'abbé.

— Oh ! Ce n'est rien, à peine des on-dit. Cet homme a le goût du louage et la nature le prend, n'importe où, comme on va à la chaise. Pour satisfaire ses penchants, j'ai la conviction qu'il commettra un jour quelque bévue, que nous paierons, ma chère, car il n'est point homme à assumer ses balourdises. Je le soupçonne même d'avoir déjà enfoui un joli capital brigandé çà et là et que nous ne reverrons jamais.

Mme de Staël resta un moment silencieuse.

Le jour baissait dans le boudoir et les traits un peu rustres de Germaine se trouvaient affinés par le fusain de l'ombre.

Au bout d'un instant, elle leva les yeux et, regardant Talleyrand avec une certaine cruauté, elle siffla entre ses lèvres :

— Je déteste Valdec de Lessart.

L'abbé de Périgord sut qu'il avait visé juste. Il ignorait encore les raisons de cette haine, mais n'allait pas tarder à en être instruit.

— La marque d'un grand esprit, d'un esprit comme le vôtre, reprit benoîtement l'abbé, c'est de faire violence à ses rancunes.

— Permettez, dit Mme de Staël, qui sonnait pour qu'on apporte les flambeaux, tout dépend où se situe l'injure. M. de Valdec a ruiné ma vie.

L'abbé de Périgord s'approcha d'elle.

— L'Église peut tout entendre et doit tout écouter.

— Eh bien, dit Mme de Staël, ce petit Lessart, qui fut jadis le commis de mon père qu'il berna et qui découvrira sans doute tôt ou tard ses prévarications, ce petit Lessart est à l'origine de l'échec de mon mariage avec M. Pitt.

Talleyrand dégustait les confidences à petites gorgées, comme un très vieux marc de sa province. Chaque parole de Germaine le plongeait dans une exquise volupté. Il sentait en lui la montée d'un plaisir dont il entrevoyait déjà la jouissance.

— Ce n'est rien vous apprendre, l'abbé, reprit Mme de Staël que William Pitt, par sa beauté, sa noblesse, la distinction de son esprit était en Europe, le seul parti qui me soit comparable. Second fils de Lord Chatham, le grand ministre, il était à vingt-trois ans chancelier de l'Échiquier, lorsque je le connus en 1783. Il me vit, il me plut, nous nous aimâmes et quoique la perspective d'abandonner M. Necker me plongeât dans le désespoir, je lui offris un cœur que, jamais, d'ailleurs, je ne lui repris.

— Mon Dieu ! s'écria Talleyrand qui devait évoquer le Seigneur pour la première fois de sa vie, ce petit Lessart, qui devait vous désirer aussi a fait quelque imprudence...

— Que Lessart m'ait aimée lui aussi, en secret, cela ne fait aucun doute, poursuivit Mme de Staël, en se rengorgeant, mais c'est davantage, ce me semble, pour plaire au Roi que cet intrigant ramena un jour à mon père le refus de ce monarque de me doter d'une île que la France aurait offerte à l'Angleterre à l'occasion de son mariage, comme il sied quand on unit une fille de grande maison.

— Vous n'étiez pas exactement de sang, objecta l'abbé de Périgord.

— Et quand cela serait ! s'écria Mme de Staël, le génie de M. Necker et son dévouement pour la France n'auraient-ils pas dû être, aux yeux du Roi, plus précieux que tous les quartiers du monde ?

— Si fait, reconnut Talleyrand qui se divertissait fort du double bonheur de cette confidence.

— Lord Chatham, ulcéré par ce refus indigne, poursuivit Mme de Staël, ordonna donc à son fils de reprendre sa parole, ce que, respectueux de son père, ce malheureux accepta, la mort dans l'âme.

— Mais, dit Périgord d'une voix mielleuse, Lessart dans tout cela a convaincu Louis XVI, ou il n'a fait que porter le message ?

— Que m'importe à moi, répliqua la baronne, c'est par lui que mon père apprit ce refus, il en est donc coupable !

La lumière des flambeaux dessinait depuis quelques minutes, une ronde infernale sur le visage rond et presque hommasse de Germaine de Staël. Ses yeux bruns, à fleur de tête, lançaient des éclairs. Sa poitrine, déjà opulente, se soulevait au rythme d'une respiration oppressée. Pour ponctuer sa dernière phrase, elle donna un coup de son éventail de nacre sur le bras du canapé. L'objet lui échappa.

Bien qu'il ne fût point ingambe, Talleyrand se leva, ramassa l'éventail et le remit à la baronne en caressant ses cheveux d'un revers de main.

— Votre perfection, madame, ne peut s'accommoder d'un tel

outrage. Voulez-vous que nous trouvions ensemble un moyen ingénieux pour vous débarrasser de ce petit Lessart ?

Mme de Staël sourit et tendit sa main à baiser au prélat.

Galamment, Talleyrand se pencha vers elle et murmura :

— Je plains ce pauvre Pitt, voyez-vous. Combien a-t-il dû consommer de femmes sottes pour oublier votre intelligence !

Valdec de Lessart ne fut pas long à apprendre ce qui se tramait contre lui. Le surlendemain soir, l'architecte Victor Louis demandait à être reçu. Il relata en peu de mots ce qu'il avait appris par un bruit qui courait déjà tout Paris. Mme de Staël s'était confiée à Mme de Genlis dont l'épouse du maçon se trouvait être dame de musique et de compagnie[3].

Le comte de Lessart sourit et haussa les épaules. Il se souciait peu des cabales et des persiflages, et avait pris le parti d'en badiner toujours.

— Vous avez tort, monseigneur, dit Victor Louis, vous disposez aujourd'hui d'une immense fortune que vous devez à la faveur du Roi. Rien n'est plus versatile que l'esprit des grands. Si j'en juge par le Roi de Pologne, dont j'eus l'honneur d'être l'architecte, par le Maréchal-Duc de Richelieu, que je servis de mon mieux, ou par le Duc d'Orléans, mes roches Tarpéïennes furent toujours proches des Capitoles que j'avais moi-même édifiés.

Valdec vint s'asseoir auprès de son ami et lui dit posément :

— Comparaison n'est pas raison. Je dois plus à mon ardeur et à ma vertu qu'au Roi Louis XVI, ou à aucun autre monarque. Et puis, en ce moment, je ne veux pas combattre.

L'architecte haussa les épaules.

— On peut dire que vous n'êtes pas un financier ordinaire. Si vous ne donniez pas votre cœur, il se donnerait tout seul !

— Je t'écouterais peut-être, et veillerais à mes ennemis si nul ne m'obsède et si rien ne m'assiège, répondit le comte, mais je suis heureux, sais-tu ce que cela veut dire ?

— Eh ! Pardieu, si je le sais, s'écria le maçon. Je vous vois galant, éperdu, pressé et empressé, parce qu'il est cinq heures du soir et que vous allez rejoindre une dame, qui vous attend tout le jour, en polisson, et vous ouvre son lit devant que le jour baisse. Je peux vous dire, monseigneur, que vous confondez amour et bonheur. L'amour, ce ne sont que passades, fantaisies, épreuves, unions dont, si l'on était dégrisé, on prévoirait le dernier jour dès le premier. Mais voilà, vous êtes encore dans les transports où l'on écarte les inquiétudes, les jalousies, les chagrins, le sérieux, et jusqu'au simple bon sens. Prenez garde à ces arrangements. Ils ne sont que des trompe-l'œil.

Mais Valdec de Lessart n'en avait cure. Il dégustait Mme Grand jusqu'à l'ivresse. Il s'enfiévrait des mystères de son corps, de l'attrait de ses charmes, des folies qu'elle lui inspirait. Il s'émerveillait de se découvrir autre, dans la persuasion si intime de ses sentiments. Il n'avait jamais donné tant d'amour à personne, et, loin de juger ces bontés comme l'effet d'un caprice heureux et passager, il envisageait de régler sa vie là-dessus, sans s'imaginer que sa compagne, entre autres vieux métiers, exerçait celui de cruelle. Chaque fois qu'il en épuisait les grâces, il lui semblait qu'elle faisait de lui — un des hommes de France les plus recherchés et les plus las — un être si neuf, si étourdi d'impertinences, qu'il en restait émerveillé. Et les jours succédaient aux jours, et les nuits succédaient aux nuits, et les murmures aux transports, et les caresses aux faveurs. Chaque heure apportait de nouveaux soupirs, chaque minute un instant de langueur ou de tendre rêverie.

Antoine-Claude en était au moment des lenteurs et des tremblants aveux. Il se perdait dans l'illusion de la générosité et de la galanterie.

Cathy, objet de tant de largesses, se sentait transportée dans le songe des vieux romans. Et malgré toute sa niaiserie, la vie de clincaillerie qui fut la sienne lui avait offert un instinct très sûr de sa destinée qui lui faisait, pour l'instant, préférer ces doux fers à une feinte liberté.

Chaque soir, le comte de Lessart était pris de nouveaux élancements de tendresse. La grande comédie qu'il se jouait à lui-même jusqu'au jour faisait se succéder les soupirs, les insomnies et les fièvres. Cathy, par ses leçons muettes, lui enseignait qu'au lit, réside une grande niaiserie dans les grands sentiments. Et avec son impertinence, sa coquetterie folâtre, son rire de femme faite, Mme Grand en était arrivée à ce point de coquetterie, qu'il lui restait bien peu de scrupules à dépouiller.

Elle voyait le comte de Lessart chaque jour plus assidu et attendait le jour prochain où, par une loge à l'opéra, il aurait signé sa présentation officielle. Une telle révolution de société s'était faite en elle que c'est avec un vif déplaisir qu'elle apprit un jour, par un de ses laquais, que Marion Bouchut s'était fait annoncer.

Mme Grand se contraignit à la recevoir, non sans gêne. Elle ne traita guère de sa vie présente que la visiteuse considérait avec autant d'insolence que d'envie. Elle se laissa estorquer quelques promesses, notamment celle d'associer, autant que cela se pourrait, son ancienne compagne à sa nouvelle destinée.

— Eh bien, s'écria Cathy, tu voudrais que je te recueille, toi qui roules toujours dans les chutes ! Sache que je n'ai pas pris un amant comme un meuble à la mode, mais que j'éprouve l'étonnante rareté d'un homme de cœur. Il veut du sentiment ? Je lui en donne. Et il y aurait une certaine indécence à le mêler à toi, toute honte bue.

Marion Bouchut rougit sous l'insulte, mais la rougeur convenait à son teint. Elle accepta la bourse qu'on lui tendait et quitta Mme Grand bien assurée que sa nouvelle vertu ne rachèterait guère son ancienne inconduite. Elle se fit un allié, puis un amant du portier de la Compagnie des Indes, jugeant, non sans raison, que certaines femmes ne gagnent rien à sortir des petitesses de leur sexe.

Au reste, elle avait donné ce qui lui restait de cœur au créole Fournier, dont les allures martiales et les airs de débauche lui semblaient le marché d'achat le plus admirable du monde.

5

La baronne de Staël n'était point femme à rester en repos. Dans chaque territoire de son esprit, qu'elle avait immense, s'agitaient et se pressaient mille propos, mille pensées. La fille du banquier Necker, élevée par la rapide fortune de son père au rang des plus hautes instances de la société, préférait l'intrigue au bien et au beau.

Tout en s'en défendant, elle ne se mêlait, que d'amour et de politique, mélangeant souvent l'un et l'autre, et proclamant : « Mes opinions ne sont que des noms propres ».

Elle avait celui de Valdec de Lessart en particulière aversion et le despotisme qu'elle faisait régner sur autrui ne s'adoucissait guère envers elle-même quand il s'agissait d'assouvir une vengeance si longtemps espérée.

Autant qu'elle admirât et chérît son père, le comparant selon les instants à un ange, un dieu, un lion, un volcan ou un éléphant, Germaine savait que l'ancien ministre n'aurait guère compris, ni admis qu'elle s'acharnât sur un commis pour lequel il éprouvait, non sans raison, amitié et estime.

L'affection unissant Valdec de Lessart au banquier Necker remontait aux jours, aujourd'hui bien lointains, où le financier était encore résident de la République de Genève. Il avait accueilli, en son hôtel de la rue de Cléry un jeune Maître des Requêtes dont son correspondant bordelais, et principal actionnaire, le vieil huguenot Hermann Wallenberg de Vallemont lui avait dit le plus grand bien. Et comme cette recommandation avait été adressée sur le ton tout à la fois doux et comminatoire dont Wallenberg avait le secret[1],

Necker avait ouvert son cœur et son salon à ce jeune homme qu'il avait jugé le mieux instruit et le plus accordé du monde à ses vues.

Une affection réciproque, une entente mutuelle, et une bonne centaine de manœuvres politiques menées et réussies en commun avaient tissé entre les deux hommes des liens auxquels ni l'un ni l'autre n'envisageaient d'être infidèles.

C'est tout naturellement qu'accédant au Contrôle général des Finances, Necker avait choisi Valdec de Lessart comme second, continuant à s'émouvoir, si ce n'est à s'émerveiller, des réactions du jeune homme, qu'il jugeait si semblables aux siennes et qui, à l'image de son maître, avait par exemple, en arrivant au pouvoir, fait abandon des rentes de sa charge [2] au trésor Royal qui en avait déjà le plus cruel besoin.

Mais Germaine Necker, qui vivait toujours hors d'elle-même, dans la haine comme dans la caresse, n'avait jamais partagé les sentiments de son père sur ce point.

Elle accablait de quolibets le jeune Maître des Requêtes, attendant peut-être de lui de grisantes compensations. Valdec de Lessart n'en avait cure, lui ayant fait observer, un jour au cours d'une dispute : « L'instant présent et chacun pour soi, voilà les deux devises de ce siècle ».

Cette indifférence qui ne lui laissait guère épancher le trop-plein de son âme avait semblé à Mlle Necker plus qu'un manquement à la règle. Cette négligence avait été élevée au rang de faute grave et Germaine s'était surprise plusieurs fois à morigéner son père, d'ailleurs sans succès, à propos du petit Lessart.

Quand Necker, après l'affaire du Compte Rendu [3], avait été écarté du pouvoir, et que Valdec de Lessart y avait été maintenu, la haine de Mme de Staël ne connut plus de bornes. Elle s'y dévoua corps et âme, avec l'incroyable pénétration dont la franchise de son caractère et le naturel de son esprit la rendaient capables.

Aussi, l'abbé de Périgord était-il venu, en s'adressant à elle, frapper à la bonne porte.

Germaine ne souhaitait que complaire à l'abbé et mettre à ses pieds, si l'on peut dire, toute l'étendue de sa puissance. Au reste, cette affaire Lessart dévoilait dans le cœur de la jeune femme, et à ses propres yeux, des replis insoupçonnés.

Elle songeait à William Pitt, revivait sa passion et s'aveuglait de cette comédie.

La vengeance qu'elle voulait opérer sur Lessart serait donc éclatante, exemplaire.

Aussi résolut-elle de ne point appliquer pour l'abattre les sophismes commodes ni les apologies de haine qui étaient la gloire du temps. L'impulsif n'était pas dans sa manière. Elle y préféra le piège, longuement préparé, ardemment prémédité et qui lui permettrait à coup sûr de jouir de la perte d'une réputation.

Tout commença donc quelques semaines plus tard par un entrefilet, publié dans le « Mercure Galant »[4], parmi des nouvelles diverses et qui annonçait la saisie de plusieurs navires, goélettes et brigantins, très exactement la « Chance », la « Marie Françoise », la « Petite Nancy », le « Nicolas », et le « Superbe », frétés par la Compagnie des Indes, mais, en fait, appartenant en propre à son Directeur-Syndic, Antoine-Claude de Valdec de Lessart.

Une semaine après cette première indication, le « Mercure Galant » publiait derechef le commentaire suivant :

« Notre regard exercé s'étonne de n'avoir pas relevé parmi les nouvelles, toujours si diligentes, qu'il apporte, le récit par notre confrère, le " Journal de Paris ", de la prise de cinq navires, puis des jugements sur saisie qui ont été rendus à leur endroit.

« Ces navires arraisonnés dans les eaux de la Guadeloupe se livraient à des commerces illicites et interlopes. Ils établissaient, notamment, prétextant le défaut de numéraire, un commerce de troc à destination de l'île de Saint-Barthélemy et de Tabago.

« Ce commerce qui vise à se soustraire aux taxes françaises par le biais d'une francisation frauduleuse des navires et des marchandises serait mené sur place par plusieurs correspondants de la Compagnie des Indes.

« On croit savoir, d'autre part, que les bâtiments n'appartiennent point à cette illustre maison, mais en propre, tout comme le " Journal de Paris "[5], à son Directeur-Syndic, le comte de Lessart. »

Antoine de Valdec réfléchit un instant, puis réunit un conseil de crise dans son cabinet de la Compagnie des Indes. Les questions et les insinuations affluaient des quatre coins de l'univers. Le ministre de la Marine avait demandé des éclaircissements pour les transmettre au Roi, fort irrité de cette affaire qui arrivait à point nommé pour donner du branle à l'arrêt de Sa Majesté du 30 août 1784, sur la répression de l'interlope[6].

Tous les bureaux, à Paris, à Londres, à Amsterdam, dans les îles du vent et autres îles Sous-le-Vent, s'étaient arraché les deux numéros du « Mercure Galant ».

Le Roi, sans attendre les résultats de l'enquête ordonnée par le ministre de la Marine, avait pris un édit ordonnant que tous les chefs de stations navales et capitaines de vaisseaux en poste depuis plus de deux ans soient immédiatement relevés pour éviter une trop grande contamination par le milieu colonial, réputé coutumier de l'interlope.

Au Maréchal de Castries, ministre de la Marine, Valdec de Lessart avait répondu, en effet, qu'il s'agissait là d'une sage précaution, car s'il était en mesure de répondre comme de lui-même de ses commis parisiens et de leurs comptes, il ne pouvait être aussi affirmatif sur les capitaines de rang subalterne qui avaient la charge de ses comptoirs lointains.

La cabale parut se calmer sous la fréquence et la minutie de la correspondance ministérielle. On conclut à la cour que le comte de Lessart n'était point coupable, mais simplement convié aux facilités par le système et comme ce n'était point l'heure d'apurer les sociétés, il y trouva autant d'agréments que d'avantages.

Mais Mme de Staël et l'abbé de Périgord veillaient. Ils avaient fondé une coterie qui se voulut bientôt une société. Le prélat visitait chaque soir l'ambassadrice, aiguillonnant tout son monde et la rappelant à ses serments.

— Il faudrait, dit-il un jour, pour que notre victoire soit complète, que nous empêchions à tout jamais ce petit Lessart de devenir ministre.

— Je vous aime, l'abbé, dans vos coquetteries, répondit Mme de Staël, mais, pour qu'il soit proscrit, il faudrait l'accuser de haute trahison.

— Fouillons dans ce sens, Madame. Il est bien quelque part des registres ou des noms. Quelque habitude que nous ayons de la politesse, gardons-nous de ses galanteries.

— Et au profit de quelle nation, demanda Mme de Staël, le petit Lessart nous aurait-il trahi ?

— Eh bien, répondit Périgord, puisque vous aimiez l'Angleterre, allons pour l'Angleterre. Ce sera en quelque sorte le bon souvenir de M. Pitt.

La baronne se mit à l'ouvrage, elle et sa secte, et poussa son travail jusqu'à l'extrémité.

Il n'est point de vie d'homme sans ombre ni mystère. A force de fouiller dans celle de Lessart, de s'enquérir de sa parenté, de suivre à tâtons les filières, Mme de Staël finit par découvrir auprès d'un ancien secrétaire du Maréchal-Duc de Richelieu, le document qu'elle cherchait. Toute fière de sa trouvaille, qu'elle avait acquise au prix du diamant, elle convoqua l'abbé de Périgord pour lui en faire la surprise.

Le prélat crut danser malgré sa boiterie, releva son nez en trompette et, dardant sur la baronne un regard pétillant de malice, lui déclara en baisant ses deux mains :

— Mon amie, nous sommes de même race, mon instinct ne m'avait point trompé !

Le surlendemain, un nouveau texte fut inséré dans le « Mercure Galant » sous le titre « Nouvelles de France et de divers endroits ». Il relatait des confidences attribuées à deux commis du duc de Castries, MM. La Luzerne et Marbois qui, selon le rédacteur de l'article, auraient confié à une oreille digne de foi que l'interlope se poursuivait au profit du comte de Lessart, et au départ du port de Bordeaux, son associé, Louis Donatien Wallenberg de Vallemont jouant de sa double qualité de français et de huguenot, sur la francisation simulée des navires.

« Mais il ne s'agit point, poursuivait l'article, de l'introduction frauduleuse de cinquante-neuf Noirs de la Jamaïque aux Gonaïves, ni de la nique faite aux juges, procureurs, greffiers et autres officiers de l'Amirauté. Il s'agit d'une pratique frauduleuse qui vise à mettre en danger le principe de l' « exclusif mitigé »[7] et plus encore à substituer la trahison à la contrebande. On sait en effet que les navires qui pratiquent l'interlope et la complaisance de pavillon transportent, non seulement des marchandises prohibées, mais des lettres et des renseignements au profit de l'Angleterre. Cette dernière nation sous-traite des navires caboteurs qui font leur relâche à Sainte-Lucie, île dont de nombreux espions augmentent l'insécurité. La présence d'agents anglais, tolérée dans nos colonies, et notamment à Saint-Domingue, ne peut qu'y créer des troubles et conduire tôt ou tard à une insubordination de la main-d'œuvre noire qui mettra en péril les possessions françaises d'Outre-Mer. »

Cette nouvelle insolence saisit par surprise le ministre de la Marine qui courut chez le Roi, le « Mercure Galant » à la main.

— C'est singulier, observa Louis XVI, tout se passe comme si quelqu'un s'acharnait dans l'ombre sur le comte de Lessart.

— N'imaginez point, Sire, que nous voulions, un seul instant, faire de Lessart un martyr à la cause de Votre Majesté.

— Non, dit le Roi, mais cette brusque attaque, ces liaisons

dénoncées, cela sent la cabale. Toute cette violence qui trouble et remue les têtes, il y a là un raffinement de cynisme et une délicatesse d'impudeur. Je me tromperais fort si cette affaire en restait là, et si quelque nouvel imbroglio ne venait nouer ou dénouer à propos les fils de cette tragédie.

Quelques jours plus tard, en effet, un nouvel article du « Mercure Galant » venait ajouter un nouveau secret à ces confessions successives. Il s'agissait de la publication d'une lettre présumée du baron Antoine de Gascq au Maréchal-Duc de Richelieu.

Le Président du Parlement de Guyenne s'adressait à son ami et confident en ces termes :

« Cher seigneur, rien ne fut plus doux à mes sens que le geste que vous eûtes. Si vous fîtes le pari d'arriver jusqu'à mon cœur, et de me rendre en un instant tout le goût que j'eus pour vous au long de ma vie, sachez que votre réussite est extrême et que je demeure à jamais votre débiteur.

« L'arrangement que vous venez de prendre avec M. de Vallemont pour ce " bambino " auquel je suis attaché de toute ma tendresse me comble et me ravit. J'éprouve pour le petit Valdec plus d'amour et de sentiment que j'en aurais à coup sûr pour un fils dont j'aurais la certitude d'être père. Les hasards de la destinée me l'ont donné, qu'il soit ou non de mon sang. Si une lignée plus haute, la plus haute, s'était penchée sur son berceau, je n'en voudrais point à sa mère, la seule femme que j'ai aimée et à qui je conserve au seuil même de la vieillesse une estime et une passion éperdues. Mme de Valdeck était fille de prince. Ce détour anglais ne parut, dans notre famille, que la marque d'une excessive et hasardeuse galanterie.

« J'y vois un autre objet pour Antoine-Claude. S'il est fils et petit-fils de Roi, à moins qu'il ne fût de mon sang, je voudrais qu'il épousât la charge de servir son pays, dans les principes et les moyens qui furent les miens et les vôtres et qui nous demeurent, au-delà des années, une commune philosophie.

« L'acquisition de cette charge de Maître des Requêtes, guidée par vos soins, lui ouvre la porte du monde qui est le sien et où il mènera un train dont il est digne et que je ne puis plus soutenir.

« Vous êtes, cher seigneur, celui qui lui a épargné le long supplice des concessions successives et des ascensions préméditées.

« Pour cela, soyez remercié de toute la tendresse d'un père qui demeure respectueusement votre ami et votre affectionné. »

La lettre non signée [8] n'était pas datée, mais on pouvait la situer sans peine à l'entrée en fonctions du petit Lessart auprès du banquier Necker. Nul ne jugea qu'elle fût apocryphe, mais tous se récrièrent avec les rédacteurs du « Mercure Galant » que le scandale était d'autant plus grand quand l'homme d'infamie et de bassesse était prince, fût-il bâtard. Et qu'à tout prendre, s'il voulait éprouver une à une les branches de sa douteuse généalogie, il pouvait partir aussitôt pour l'Angleterre offrir à M. Pitt les services dont n'avait point voulu la dynastie de Hanovre, et qui seraient probablement marqués de la même réussite que ceux de ses ancêtres les Prétendants James II et Charles Edouard Stuart [9].

Ce nouveau coup affecta Antoine de Lessart plus que tous les autres. Peut-être, et surtout, parce qu'il touchait aussi son père et sa mère. Il songea au premier, qui l'avait récemment quitté, et alla rendre visite à la seconde dans son hôtel de la rue Vivienne.

La princesse de Valdeck ne dit rien qui le puisse heurter, rien qui le puisse contraindre. Elle avait encore malgré son grand âge des traits d'une inaltérable beauté. Grande, et un peu forte, Marie Bonnaventure était assise dans un de ces fauteuils coquille que son ami Voltaire avait mis à la mode.

Elle parla de tout et de rien, pendant que le dernier numéro du « Mercure Galant » traînait sur sa chiffonnière. Son fils se jeta à ses pieds, elle le bénit, en disant : « Laisse, mon enfant, et sache bien que leur honnêteté n'est pas la mienne. » Puis elle recommença à parler de choses et d'autres comme si rien ne s'était passé.

Bien que nonagénaire, le maréchal-duc de Richelieu avait fait savoir aussitôt, proclamer, et publier partout, qu'il n'était pour rien dans la divulgation de la lettre de son ami Gascq, encore qu'elle fût pensée et écrite par un être d'une grande noblesse. Son secrétaire Plocques, qu'il avait congédié, avait dû la dérober, avec de nombreux autres documents dont le vieil homme s'acharnait, par voie de justice, à réclamer la restitution.

Il se dévoua même jusqu'à demander une audience au Roi Louis XVI qui la lui accorda.

Le maréchal qui avait passé sa vie dans l'effronterie, et gagné par l'esprit autant de batailles que par l'épée, dit au monarque : « Sire, il ne viendrait point à la tête du vieux serviteur que je suis, car la mienne n'est point encore gâtée, d'évoquer devant le Roi une affaire dont je ne sais rien et dont il jugera, dans son infinie sagesse.

En revanche, je puis éclairer Votre Majesté, si elle le permet, sur le petit Lessart que je connais dès le berceau et même un peu avant. Le Roi a sans doute en mémoire ce petit conte de mon ami Voltaire et qui parlait d'un farfadet. " Il avait le cœur le plus noble et l'esprit le plus droit, c'est, je crois, pour cette raison qu'on le nommait Candide. " Je ne saurais retoucher de Voltaire ce portrait du comte de Lessart. »

Louis XVI rit beaucoup ; et comme le Bureau de la balance du Commerce, qu'avaient créé Necker et Lessart lui indiquait que ce dernier rapportait plus d'argent à la France qu'il ne lui en coûtait, le Roi convoqua son ministre le marquis de Castries.

— Je crois me souvenir, monsieur le Ministre, dit le Roi, que vous fûtes premier secrétaire d'État à la Marine quand M. Necker était encore Contrôleur général des Finances ?

— C'est exact, Sire, balbutia l'infortuné maréchal.

— Vous avez donc fort bien connu à l'époque M. de Lessart qui fut votre collègue et que vous estimiez ?

— Oui, Sire, reprit Castries plus mort que vif.

— Eh bien, conclut le Roi, conservez-lui donc votre estime, jetez ces libelles aux orties et priez-le à mon petit lever pour un de ces matins.

Valdec de Lessart s'y rendit. Il eut la surprise d'être prié de passer non par le grand escalier, mais par le petit degré et d'être introduit non dans la chambre de parade, mais dans la chambre de sommeil.

Cette entorse à l'étiquette, qui le faisait précéder les grandes entrées, réservées aux princes de sang et aux grands officiers de la Couronne, était la marque d'une faveur extrême et tout à fait inusitée.

Alors que Louis XVI dévorait déjà une copieuse collation, faite de côtelettes, d'œufs et de tranches de jambon, le Roi dit au financier :

— Voyez donc, monsieur de Lessart, ce plan en couleurs de Versailles que vient de m'adresser le sieur Contant de la Motte qui se dit géographe. Les jardins qui sont entre la rue de Maurepas et le parc ne sont pas conformes, l'étang n'est pas si grand. Il y a une friche oubliée. Qu'en pensez-vous ?

— Sire, répondit Lessart, je ne connais point assez Versailles pour pouvoir apporter quelque éclaircissement sur ce sujet à Votre Majesté.

— C'est un tort, monsieur, dit le Roi, en partant de son gros rire. Puisque nos affaires de famille s'étalent dans les gazettes, je vous veux mon cousin. Sachez que lorsqu'on est assez misérable pour vivre éloigné de moi, non seulement on est malheureux, mais on est ridicule. Je veux donc vous voir chaque jour.

Antoine de Lessart crut que la tête lui tournait. Les marques d'une telle familiarité rachetaient toutes les brusqueries et toutes les violences. Il baisa la main de Louis XVI aussi bouleversé de sa victoire que le Roi semblait l'être de sa propre bonté.

Il était devenu malgré lui le héros heureux de l'aventure. Il pouvait donner libre cours à sa passion de la multitude et céder par une coquetterie extrême aux exigences de la sérénité.

6

Non content de régner sur la Cour, Valdec de Lessart voulut encore régner sur la ville et faire partager sa victoire à Cathy. On railla que, venant d'obtenir le blanc-seing de Louis XVI, le financier fit contresigner ses lettres à Cupidon. Tout le monde jugea derechef la situation périlleuse, d'autant plus que les sentencieux faisaient chorus avec la baronne de Staël et l'abbé de Périgord, plus mortifiés qu'on ne le saurait dire.

Talleyrand avait, un instant, cru à sa victoire pour l'avoir éprouvée auprès de Cathy.

Il lui avait rendu visite, rue du Sentier et la jeune femme, après quelques larmes mêlées de sourires, s'était donnée à lui dans la gaieté.

L'abbé avait constaté : « Cathy n'est d'aucune ressource et son esprit est comme l'espace. Il y a étendue, profondeur, et toutes dimensions convenues, mais il n'a que le vide pour usage. »

Cependant, il avait passé quelques heures à jaboter auprès d'elle en regrettant que cette femme qui ne pensait que par boutades poussât plus de cris de plaisir que de cœur.

Et lui, dont la conversation allait et venait, à travers les traits, les images, les facéties et les portraits au vif, s'accommodait cependant, parce qu'il l'aimait peut-être, de ces platitudes et de ce barbouillage de pensée. Tout l'esprit de Mme Grand tenait dans de beaux yeux violets et une bouche purpurine qui débitait chaque jour quelque médisance nouvelle. Mais elle possédait la fièvre du corps, l'éveil perpétuel du regard, et l'impatience à révéler chez chacun de ses amants l'inapaisement, la vivacité et le tumulte d'humeurs qui allaient jusqu'à l'emportement.

— Pourquoi m'as-tu quitté ? avait demandé Périgord.

— Je ne sais, mon ami, ce fut la peur du froid et l'appât de quelque pâture.

— Si tu voulais plus d'argent, poursuivit le prélat, il fallait m'en demander.

Mme Grand haussa ses jolies épaules, fit la moue, versa quelques larmes que séchèrent les baisers de l'abbé dont le cœur gagnait sur la tête.

— Ne vous enfiévrez point, lui dit-elle, M. de Lessart est absent tout le jour, nous pourrons donc passer quelques heures ensemble.

Périgord s'émerveilla de ce protocole tant qu'il eut cours. Il venait rue du Sentier sans brigue, sans étiquette, sans amour-propre, pour prendre un plaisir vif et toujours répété. Il fouettait sa muse et lui narrait des contes heurtés qui la faisait rire aux éclats.

Et puis le comte de Lessart s'éleva dans la faveur royale. Cathy qui avait le bon sens d'un apothicaire ferma son volet à l'abbé. Il se sentit berné, en dette de vengeance, et passa quelques jours en gronderies incessantes qui s'adressèrent aussi à Mme de Staël.

La baronne, dont la grossesse s'avançait avec l'été, devint elle aussi acariâtre, d'autant plus qu'elle avait commis l'imprudence de laisser traîner un billet où elle déclarait bien regretter de ne point avoir épousé William Pitt. M. de Staël le découvrant, s'en était offusqué et avait menacé de la faire enfermer en Suède.

C'est à ce moment qu'Antoine de Lessart décida de présenter sa compagne à la société. L'abbé de Périgord railla qu'il s'agissait là de manières de petit-maître. Le financier passa outre l'avis des salons. Cathy se faisait une fête, et ne parla plus que de grâces sans nombre et de perfections sans fin.

Pour cette grande affaire, il fut ordonné à Victor Louis que l'hôtel du Sentier soit orné à miracle. L'architecte mit tout le monde en combustion et dispersa tant de dorures, de statues, de fleurs et de guirlandes, que les épithètes, étonnant ! Miraculeux ! Divin ! fusèrent de toutes parts.

L'artiste avait conçu pour cette fête une orgie échevelée de velours, de tapis, de vaisselle précieuse, de meubles, de colifichets ruineux. Il avait eu recours, pour ce faire, à tous les prodiges de l'art et à toutes les prodigalités de l'industrie. Il avait orné le vestibule de six statues de marbre commandées à Caffieri et peint en trompe l'œil la galerie qui conduisait aux salons, et aux chambres. Partout brillaient dans de grands vases de Chine des roses de Bengale au milieu de feuillages exotiques. Tout était galant, riche, élégant, jusqu'à la table où l'on servit cent soixante-quinze plats, vingt-cinq dormants et quatre-vingt-huit relevés, huit potages moyens, quatre grandes entrées de poisson pour relever les potages, trente-deux entrées moyennes, douze entrées de relevée, quatre hors-d'œuvre, deux grands entremets, trente-deux plats de rôti, quarante entremets froids et quarante-huit entremets chauds.

Mme Grand apparut à minuit [1] portant un fourreau de taffetas blanc bordé d'une frange de soie rose, une jupe de crêpe blanc rayé de ruban de satin blanc pailleté d'argent, bordé de même ruban, les parements bordés idem et fleurs de laurier, les manchettes à deux rangs de blonde bâtarde, les moignons de crêpe blanc pailletés rattachés par un bracelet de pied-d'alouette rose, une guirlande de mêmes fleurs pour la taille et une ruche de tulle au bord du corset. Elle avait au cou et dans les cheveux les plus beaux diamants de Paris et Lessart qui avait payé la maison, la fête, la robe, les diamants et les violons avait simplement orné son habit de velours bleu de nuit à parements d'or d'un nœud d'épée de ruban violet à mouche souci.

Cathy traversa la soirée comme un songe. Sa taille souple et gracieuse s'abandonnait dans la danse comme sous la caresse. Ses grands yeux candides semblaient suivre à travers l'espace le sillage d'un rêve heureux.

Les galants arrivèrent comme à la curée. Tous les chanteurs, musiciens, poêtes, magistrats, abbés, princes, ducs, marquis, le jeune Frémilly, le beau Dillon, les frères Lameth, et jusqu'au comte de Provence qu'escortait l'abbé de Périgord faisant pâle figure, se pressèrent jusqu'au matin.

Mme Grand sembla se donner à tous ou plutôt se prêter à chacun. Antoine-Claude la regardait, éperdu, rachetant par ce regard d'amour toutes les faiblesses de son passé et assassinant à travers lui les fantômes de la modestie et de la bienséance.

Le scandale fut immense. Mme de Staël trompa sa fureur en raillant « ces victuailles où s'engloutissait la fortune du financier ». Le Roi fut sourd aux médisances, mais la Reine, à qui l'on avait affirmé que cette orgie avait atteint, dans sa plus extrême hauteur, les voûtes de la luxure, en garda envers Antoine de Valdec un mépris dont elle ne se départit plus jamais.

La honte de cette soirée n'avait pas heurté seulement le parti dévot et les prudes de la bourgeoisie. En courtisant ainsi le Roi des Ténèbres, le comte de Lessart s'était attiré, dans sa propre maison, mille paroles malsonnantes. Son épouse, dont un long divorce de vie avait effacé dans son cœur jusqu'au souvenir, lui fit procès de ses outrances, pour elle-même, et pour sa fille. La discussion fut vive. Le comte jura, parla de liberté, renvoya sa femme à l'abri des galants et des philosophes. La comtesse poursuivit son propos sur un ton d'autant plus dangereux qu'elle se sentait sur le terrain de l'honnêteté outragée. Son mari lui répondit sur un air tel qu'elle aurait dû rester à distance, mais elle envenima, et se fit foudroyer.

— Il ferait beau voir, madame, lui dit Antoine-Claude, que vous veniez me faire partager les leçons que vous prenez, sans les comprendre, chez une demi-douzaine de beaux esprits. Contentez-vous de recevoir de moi des agréments de toutes espèces, d'en tenir une maison opulente et de porter un nom fameux. Pour le reste, laissez-moi vivre à ma guise, c'est bien tout ce que je vous demande.

— Eh bien, puisqu'il en est ainsi, répondit Mme de Lessart, et comme exil n'est point faute, je préfère m'en aller mourir avec ma fille dans votre terre de Mongenan où me parviendront assourdis les échos de votre débauche.

Antoine la laissa partir en grommelant. Il était l'homme le plus entêté du monde, et cet entêtement lui tenait lieu, en l'occurrence, de raisonnement et de réflexion.

La comtesse partit donc pour la Guyenne, plus malheureuse et plus morfondue que jamais.

Elle revivait son union improvisée avec le comte, imaginée et conclue selon les préceptes du bon M. Rousseau. Elle revoyait leur grande jeunesse, leur affection sévère, leur tendresse sans épanchements, leur plaisir sans familiarité. Elle se reprochait d'avoir été docile, aveugle, aimante. Son éducation l'avait portée de Dieu à un maître d'agrément, d'une leçon de méditation à une leçon de révérence. C'était un bien maigre viatique pour s'opposer aux talents du siècle.

Elle se blottit dans sa baronnie de Portets, recevant communautés et couvents. Une telle attitude étonna et surprit les braves paysans de Guyenne que le baron de Gascq n'avait point habitués, sa vie durant, à ce genre de dévotion.

Somme toute, en prenant congé de son époux, la comtesse de Lessart relevait la coutume d'aller consommer le mariage dans une terre. Mais il s'agissait là d'un divorce, ce n'était que la marque du temps.

Antoine de Valdec dut aussi affronter sa mère. Le combat fut plus rude. Marie-Bonnaventure, quoique septuagénaire, n'avait rien perdu de sa verve, ni de son autorité. Elle heurta son fils de plein fouet lui reprochant non de chercher le bonheur, mais d'en faire l'étalage.

— Qu'avez-vous donc, Madame, répondit Antoine-Claude, à blâmer une attitude qui applique ce que vous m'avez enseigné. Après tout, votre vie tout entière proclame que la volupté fut votre secret, votre charme, votre âme. Ne vous étonnez donc pas qu'elle soit mon élément et l'inspiration de mon existence.

— Tu te trompes, objecta la princesse. Certes, j'ai mené ma vie à ma guise, peut-être parce que j'estimais que ma naissance me plaçait au-delà des lois de la morale courante ; mais je ne l'ai jamais conduite sans grandeur ni générosité, sans courage ni délicatesse. Le libertinage est une chose, la débauche en est une autre. L'un participe de la liberté, donc de l'intelligence, l'autre du vice, par conséquent de la sottise. J'ai aimé, plus que toi peut-être, le parfum du plaisir, mais non jusqu'à y perdre le sens.

Aime cette femme, si tu ne puis t'en empêcher, couvre-lui les bras de dentelles, le cou de diamants, les mains de rubis, cela n'a, à mes yeux, aucune importance, mais ne promène pas de par la ville cette provocation de la chair que tous caressent, et pas seulement du regard, comme tu le sais bien.

Antoine haussa les épaules. Il ressentait l'appel de Mme Grand et ce chant était plus fort que lui. Il n'aspirait qu'à ces instants où les respirations se mêlent, où les jambes s'enlacent. Il était fou du demi-jour de l'alcôve, de la douceur du boudoir, du mielleux des sourires, et de cette peau blanche qui semblait attaquer tous les caprices de l'homme et aller au devant de ses sens.

C'est à peu près au même moment que M. de Calonne, successeur de M. Necker au Contrôle Général des finances, eut l'idée, la situation économique de la France s'aggravant, de convoquer une assemblée de Notables au mois de février 1787 pour recueillir leur avis sur les remèdes à apporter au déficit chronique dont le pays était atteint.

Durant son discours d'ouverture, le ministre, par malice, vengeance ou inadvertance, en profita pour rétablir quelques-unes des erreurs comptables qu'il avait relevées dans le « Compte Rendu » de M. Necker.

Tout en dénonçant les privilèges pécuniaires et en se plaignant de l'inégalité des vingtièmes, tout en proposant d'établir une subvention territoriale qui frapperait toutes les propriétés sans exception, M. de Calonne rappela que la France avait emprunté en dix ans un milliard deux cent cinquante millions de livres et affirma en même temps que le déficit de cent treize millions pour la seule année 1786 était imputable en grande partie aux arriérés de M. Necker, lequel, par le biais de son compte rendu, avait sciemment trompé le Roi.

Le scandale fut immense. Les notables refusèrent de voter le déficit. Le Roi tenta, en vain, de les y contraindre.

Necker rua dans sa retraite, menaça de répondre à Calonne. Louis XVI lui intima l'ordre de se taire, et, dans sa colère, à la demande de Calonne, destitua le garde des Sceaux, M. de Miromesnil, que son collègue accusait de monter les notables contre lui. M. de Miromesnil rua à son tour, tant et si bien que, pour mettre tout le monde d'accord, le Roi destitua, enfin, M. de Calonne en exigeant qu'il rendît son cordon bleu de Trésorier de l'ordre du Saint-Esprit.

C'est ce moment que Necker choisit pour passer à l'attaque et, outrepassant l'interdiction du Roi, il rendit public un mémoire aussi justificatif que tonitruant.

Le Roi, fort irrité de ce combat de coqs, de ces cris et de ces répliques, signa aussitôt une lettre de cachet qui exilait Necker à quarante lieues de Paris.

Alors, un immense cri d'indignation s'éleva, dans la France entière, contre cet acte d'autorité. Les murmures furent éclatants et universels. Les harangères elles-mêmes [2] qui ne savaient pas lire se disputèrent la presse de M. Necker éditée à grands frais à l'étranger.

La gent robine se porta au secours du financier, et il ne fut pas un président à mortier qui ne lui proposât une retraite commode à quarante lieues de Paris. Tout cela renforça l'influence du Parti Necker, trop retors pour être joué et qui, par l'indécision du monarque et son impuissance à se faire respecter, resta, par la fronde de la rue, et bien qu'il donnât l'apparence de l'abattement, maître du champ de bataille.

M. Necker lui-même se prit à admirer la tournure inattendue que le sort donnait à cette affaire. Il jugea que c'était de nouveau un merveilleux effet de son orviétan et conclut, voyant son armée si nombreuse, que son heure sonnerait avant longtemps.

Mme de Staël, frémissante de fureur, et autant abattue par son état que par ces péripéties politiques, en profita pour proclamer que tout cela n'aurait pu avoir lieu si elle avait épousé son cher

William Pitt, le Roi Louis XVI ayant observé plus de ménagements pour le beau-père du Premier ministre anglais.

Et quoique l'on continuât d'accabler Necker de libelles[3], condamnant sa vanité excessive, son charlatanisme infatigable, son ambition insatiable, ses vues étroites et son prodigieux orgueil, il apparut à tout le monde que son exil serait bref et qu'il occuperait avant longtemps la place que méritaient ses talents.

Antoine de Lessart partageait cet avis et demanda un beau jour à sa mère les sentiments qu'elle éprouvait sur ce point.

La princesse ne goûtait guère M. Necker qu'elle jugeait assez effronté. Il lui arrivait même de s'emporter contre les drôleries du Genevois qui faisaient rire le public et les soldats de garde. Elle avait vu un grand scandale à ce qu'on le portât en triomphe sous prétexte que sa vertu était faite d'attendrissement.

Mme de Valdeck possédait, entre autres dons, celui de prédire clairement l'avenir. Elle voyait dans le futur comme en elle-même, et ce qu'elle y découvrait la faisait frémir.

Longtemps, elle avait repoussé cette perversité qui la conduisait à tout savoir des êtres et des choses. Cette clairvoyance la laissait désenchantée chaque fois qu'elle sondait un cœur. Quand elle découvrait au fond des âmes la royauté du vice, Marie Bonnaventure s'abîmait dans de sombres constatations.

— Bien des vies, disait-elle, me rappellent ces spectacles que l'on voyait à Bordeaux dans ma petite enfance où les filles publiques mariées à des voleurs étaient embarquées pour le Mississippi. La dernière miséricorde qu'on leur accordât tenait dans le carnaval indigne, cette mascarade de noces où les oripeaux cachaient les chaînes et les rubans liaient les poignets à la place des cordes.

C'est la sorte de clincaillerie qui va adoucir l'exil de M. Necker, mais son beau rire s'achèvera avec le nôtre.

— Que voyez-vous, Madame ? lui demanda Antoine-Claude. Si M. Necker est rappelé au pouvoir, je serai ministre à coup sûr.

La princesse de Valdeck quitta alors la sérénité singulière qui était la sienne. Cette femme qui avait toujours pratiqué le courage gai, l'héroïsme enjoué fut prise de tremblements convulsifs.

Alors que le rappel de sa vie ne lui avait jamais inspiré ni un murmure, ni une plainte, ni un soupir, ni un regret, Mme de Valdeck éclata en sanglots.

— Oui, malheureux enfant ! s'écria-t-elle, tu auras le pouvoir, et même le pouvoir suprême, pour ton malheur et pour le nôtre.

« Je vois deux scènes qui se superposent et me glacent d'horreur. La première, je la sens toute proche. Elle se déroule dans une salle de Versailles soutenue par vingt colonnes doriques. Au fond, dans les niches, des statues supportent des globes fleurdisés. Tu es là, près du Roi. Et voici également le Clergé, sur ta droite, revêtu de son plus riche costume. A ta gauche, les députés de la Noblesse en chapeaux à plumes rutilantes, en manteaux noirs tout brodés de dorures et qui portent l'épée dans un nœud de diamant. Et regarde ! le Duc d'Orléans n'est point parmi les princes, mais à mi-chemin de la Noblesse et d'une foule noire qui se presse sur six rangs.

« Voilà que je les distingue. Ils ont des mines de robins avec leur manteau de laine et leur cravate blanche. Tu es près du trône, placé sous un dais éblouissant. Et le Roi, couvert, et la Reine, éclatante de plumes, à peine en dessous de lui, et la cour, parée de gaze, d'or, d'émeraudes et de rubis.

« Tu es à la table des ministres que préside M. Necker, en habit de ville, pluie d'argent sur fond cannelle. Et maintenant, cette image se brouille, poursuivit la princesse de plus en plus oppressée. C'est comme si je voyais plus loin, encore plus loin, au-delà de ta mort et au jour de la mienne, et pourtant, comme cette image, elle aussi, semble proche !

« Je vois une autre salle, aux longues tribunes latérales, et aux banquettes en demi-cercle.

« Nous sommes en hiver. Les hommes s'assemblent auprès des poêles hydrauliques qui surgissent à ras de terre. Je crois bien que je n'en connais aucun.

« Qu'est-ce que cette crinière noire ? Ce pantalon de coutil, ce bonnet rouge ? Et ces drapeaux tout déchirés ? Mais ce sont des drapeaux d'Autriche et de Prusse !

« Et voilà que se lèvent un à un ces hommes si misérablement vêtus. La scène n'est que hurlements et rumeurs. Les lueurs des lampes à la Quinquet l'éclairent. Les hommes montent un à un à la tribune. Écoute ce qu'ils clament, ce qu'ils hurlent, ce qu'ils murmurent : la mort, toujours la mort !

« Et là-bas, tout en haut dans les gradins, des hommes s'enivrent et des filles fardées en roues de carrosse se livrent à leurs caresses et parfois s'interrompent pour piquer leur carte d'une aiguille[4], la mort, toujours la mort !

« Et je sens leur odeur, et je sens leur haleine, et je vois la mort qui vendange les rues.

« Ah ! Antoine, tu tiendras le pouvoir dans tes mains et la mort s'échappera de tes paumes comme du sanglier fendu de Trimalcion ! »

Le comte de Lessart réconforta sa mère du mieux qu'il put. La princesse ne parvenait pas à se calmer de l'horreur de cette vision qu'elle savait une prophétie. Il lui fit prendre de l'eau des Carmes et des dragées comme on donne à un petit enfant. Mais Marie Bonnaventure ne trouvait plus aucun secours dans ces marques de tendresse et pleurait sans relâche sur son malheureux fils « perdu de politique ».

Elle lui fit jurer de prendre garde à lui, de se défier des intrigues et des manœuvres et de préférer la disgrâce au scandale.

Antoine-Claude promit tout ce que l'on voulut. Mais la vieille dame savait bien que tous ses efforts seraient vains et elle se déchirait déjà d'éprouver la certitude que le destin du comte de Lessart s'accomplirait, quoi qu'elle fît.

7

Tandis que l'abbé de Périgord se consumait dans sa défaite et qu'il soutenait, par de nombreux billets, l'exil du parti Necker, Cathy s'était définitivement apprivoisée à la vie que lui offrait le comte de Lessart.

Plus rien, si ce ne sont les laques de Coromandel et les porcelaines précieuses que l'on avait fait venir d'Asie à grands frais, ne lui rappelait son enfance dans les lointains comptoirs. Au reste, et lorsqu'elle y songeait, cette jeunesse avait été si bousculée, qu'elle en préférait oublier les méandres.

Parfois, et surtout parce qu'il éprouvait la rage de la connaître et de la comprendre, le comte de Lessart lui faisait évoquer cette partie abolie d'elle-même.

Elle décrivait alors son enfance à Tranquebar.

— Le sort, voyez-vous, disait-elle, m'a fait d'emblée cosmopolite. Je suis née danoise, puisque Tranquebar était possession du Danemark. J'aurais dû naître anglaise, puisque mon père, huguenot, descendait de huguenots français émigrés en ce pays. Le hasard voulut que je fusse française car mon père s'attacha pour finir au Roi en sa colonie de Pondichéry, devint capitaine du port et fut fait chevalier de Saint-Louis.

Et elle ajoutait :

— Comment voudriez-vous, monsieur, que je fusse semblable aux autres, alors que toute mon enfance fut bercée, non de comptines et de fables, mais du récit mille fois répété de l'exécution de Lally-Tolendal[1].

Valdec de Lessart, à ces mots, la caressait et la calmait en répétant la phrase de Voltaire : « Tout le monde avait le droit de tuer Lally, excepté le bourreau. »

Mais Cathy avait conservé de son pays une légèreté d'humeur qui était une grande faute.

Elle confessait :

— Je ne puis me conduire autrement que je le fais.

Et elle ajoutait :

— Parce que je suis d'Inde, je ressemble à cette contrée qui vit et meurt si misérable devant des mines de diamant et des richesses fabuleuses. Je suis comme ces « portes du soleil » dont l'Europe a eu la crédule vision. J'ai besoin que s'approche de moi la main toute frémissante du profane, parce que je ne veux pas ressembler à ces vieux et gigantesques dieux d'or massif qui me regardaient, enfant, avec leurs yeux impassibles d'escarboucles. Pour les ignorer, il me faut des mains fébriles et rapaces comme les vôtres, qui jonchent le sol de monceaux de dentelles. Il me faut une sueur d'or pour me faire oublier les sueurs de sang, sang sous le harnais des vainqueurs, sang encore dans l'aridité des déserts, sang toujours, dont les plaines étaient couvertes, par les famines et les moussons.

— Cathy, protestait Antoine-Claude, l'Inde aussi fut, pour notre compagnie, le pays des déconvenues et des chimères.

— Ah ! ne dites pas cela ! répliquait la jeune femme. Vous oubliez l'opiniâtreté singulière de vos gens à sauver le trésor des vaincus soudain accommodants sur leur suzeraineté. Vous avez donné l'extension et la cruauté, on vous a rendu des traités sans foi et des alliances perfides. Ne vous plaignez point d'avoir ainsi établi la balance de vos comptes. Mais vous savez bien que ces richesses n'étaient en fait que des richesses simulées, qui, par la guerre et les violences ont trahi les sources de l'aisance et perpétué la pénurie et la pauvreté.

Antoine s'émerveillait d'entendre ainsi parler la jeune femme, que tous croyaient de peu d'esprit.

En fait, elle n'en avait point la prétention, ce qui revenait à ne pas en faire étalage, mais elle voyait juste dans le danger qui avait consisté à laisser les Anglais lier leurs possessions du Carnatic à celle du Bengale. Et ce n'est peut-être pas par hasard que sa jolie tête avait lancé la mode du bonnet « à la caisse d'escompte ».

Mme Grand, à dire vrai, ne conversait guère avec le comte de Lessart sur les événements de sa charge. Sans doute ne le souhaitait-il pas, se contentant de trouver auprès d'elle le repos et le plaisir.

A mesure qu'elle s'était établie rue du Sentier, la jeune femme avait pris l'habitude de courir les enseignes, escortée de François Garodeau, son mentor. Le valet, qui ne l'aimait guère, grommelait à chaque dépense, mais exécutait cependant à la lettre les ordres du comte qui voulait que, sur ce chapitre, on payât tout comptant.

Cathy avait depuis quelque temps changé de coiffure et adopté une coiffure à boucles lâches, qu'elle agrémentait de quelques fleurs, ou d'un petit bonnet de dentelle, s'envolant sur les tempes et couvrant joliment son front. Telle était sa toilette du matin, relayée à midi d'une robe à manchettes d'Angleterre, survolée d'une jupe de plumetis relevée par de gros nœuds.

Souvent, même en hiver, et comme en souvenir de sa lointaine enfance, Mme Grand se parait de blanc ou de couleurs claires et portait le plus fréquemment un des bijoux offerts par Lessart, qu'entre tous elle affectionnait : un collier de trois rangs de perles roses d'où pendait une grosse perle et d'où descendait en rivière, un autre collier, glissant entre les seins qui formait sur son corsage deux ou trois gros nœuds lâches.

Cette coquetterie du déshabillé, cette grâce du négligé lui convenaient mieux que toute autre parure. Antoine-Claude était fou de cette liberté qui rendait caduques et empesées toutes les autres femmes, fardées de parade et de magnificence.

Il lui prit un jour la lubie de faire faire le portrait de Cathy. La jeune femme fit la moue. Elle n'imaginait guère de s'enhardir aux séances de pose, d'achever, par cet ornement obligé, le parcours de sa renommée.

Le comte tint bon et choisit le costume.

Cathy porterait une robe de taffetas gris, à fines rayures d'un bleu pâle, un fichu de mousseline blanche, un nœud de soie bleue dans les cheveux et un autre sur la poitrine[2]. Il choisit également pour peintre sa voisine, Mme Élisabeth Vigée-Lebrun qu'il avait en particulière estime depuis qu'elle avait osé peindre son amant le ministre Calonne assis et coupé à mi-jambe, ce qui avait permis au comte de Lessart cette remarque : « Mme Lebrun est une femme d'expérience. Elle a coupé les jambes de Calonne afin qu'il reste en place. »

Un peu contrariée, Mme Grand se rendit donc chaque jour dans l'atelier de l'artiste, en l'hôtel Lubert, rue de Cléry.

Mme Vigée-Lebrun vivait déjà presque séparée de son mari, petit-fils du célèbre peintre. Il était lui-même critique d'art et expert en tableaux, ce qui l'avait conduit à rentrer dans l'intimité du duc d'Orléans quand ce prince, pour satisfaire ses coûteuses passions de la politique et de l'architecture [3], avait été contraint de négocier certaines des toiles de sa superbe collection [4] dont Lebrun avait effectué l'estimation. La jeune femme, fort à la mode et fort en vue en raison de sa liaison avec le Contrôleur général, dégustait tout en peignant des bonbons que les fâcheux nommaient des « papillotes » parce qu'on les affirmait enveloppés dans les billets de caisse de M. de Calonne. Elle vivait encore dans deux pièces de l'appartement de son mari dont la rusticité contrastait avec les lambris dorés et les toiles précieuses de Lebrun.

Cathy pénétra dans la petite antichambre, et le peintre l'installa dans la chambre qui lui servait d'atelier et dont les murs, tendus de papier, étaient semblables à la toile de Jouy des rideaux et du lit.

— Voyez, Madame, dit Élisabeth Vigée-Lebrun en riant, Dieu sait si l'on me reproche dans les libelles de recevoir ici, et la ville, et la cour. Je me demande où je ferais asseoir, quand je peins et que je suis contrainte d'offrir un fauteuil à mon modèle, les maréchaux de France et les duchesses à tabouret.

Elle installa Cathy au fond d'un grand fauteuil, le bras droit appuyé sur un fond de velours vert.

— Ah ! dit-elle, quel tourment, j'ai pour saute-ruisseau un gamin qui manque sans cesse à mes œuvres. Tenez, le voici avec des pinceaux neufs.

— Allons, Tallien, ajouta-t-elle en s'adressant au jeune homme, arrangez-moi ce coussin et trouvez un morceau de musique que vous pourrez donner à Madame pour qu'elle fasse semblant de lire.

Le jeune homme s'empressa, rapporta la partition, tourna l'affaire du mieux qu'il put.

Mme Vigée-Lebrun s'assit sur un tabouret et saisit son fusain.

— Ah ! j'oubliais, s'écria-t-elle, il me faut maintenant, pour améliorer l'ordinaire, donner quelques leçons. Accepteriez-vous, madame, que je fasse mon cours tout en réalisant votre portrait ?

— Volontiers, dit Cathy.

— Eh bien, Tallien, puisque Madame a la bonté de le permettre, courez vite place des Victoires et ramenez aussitôt cette demoiselle de Cabarrus dont la mère m'a priée, l'autre jour, à lui enseigner le dessin.

Le garçon partit comme une flèche et Mme Vigée-Lebrun se mit à esquisser le portrait de Cathy.

Elle prenait ses mesures dans l'air, du bout d'un pinceau facile, et les rapportait sur la toile.

— Voyez-vous, dit-elle à Mme Grand, la peinture est supérieure à tous les autres arts, parce que tout murmure l'abandonne. Elle confesse la vie et la mort. Pinceaux, plumes, burins sont les instruments de l'éternité. Ils conspirent pour montrer aux siècles nos profils rayonnants. Faites-vous mystérieuse, c'est ce que vous êtes.

Mme Grand s'accouda un peu plus nonchalamment encore dans cet air de rêverie qui lui était familier.

— C'est parfait, poursuivit le peintre. Je perçois sur votre visage ces ombres masquées qui me parlent de l'inconnu.

Et comme entrait la jeune élève :

— Venez là, mademoiselle, et écoutez-moi. Tallien va vous préparer un fusain, une feuille, un carton, et vous vous essaierez à faire le portrait de Madame. Commencez donc à découper son visage en autant de volumes qu'il a de perspectives. Voilà, c'est parfait. Un portrait, c'est la nuit de la coquetterie. Quand on le réussit, il faut que le personnage jaillisse de la toile, qu'on ait envie de le toucher de la main et des yeux.

— Comment choisissez-vous, Madame, demanda l'élève, la position que vous donnez à vos modèles ?

— C'est bien simple, mademoiselle...

— Thérésia.

— C'est bien simple, Thérésia. J'applique quelques règles. Je tâche autant que possible de donner aux femmes que je peins l'attitude et l'expression de leur physionomie. Celles qui n'en ont pas vraiment, comme Madame, je les peins, rêveuses et nonchalamment appuyées. Je sépare les cheveux en boucles irrégulières.

« Avez-vous noté, madame, ajouta-t-elle en s'adressant à Cathy, combien les cheveux sont importants pour la beauté d'un visage ? La soie des vôtres est admirable. Rien ne m'enrage plus que de passer dans la rue Basse, près de la porte Saint-Denis. Et savez-vous pourquoi ? Parce qu'il y a, là, l'enseigne d'un perruquier qui représente Absalon accroché par ses cheveux à une branche pendant que Joad le transperce d'un coup de lance. Et savez-vous ce que ce poudreur de sots à gravé sur l'enseigne ?

« Ici, contemplez la douleur
d'Absalon pendu par la nuque
Il eût évité ce malheur
S'il avait porté la perruque »

Cathy éclata de rire ainsi que Thérésia.

Mme Vigée-Lebrun reprit à mi-voix :

— J'ai manqué rompre avec M. de Calonne, parce qu'il portait des marteaux[5] ridicules. C'est ce que j'appelle sa « perruque fiscale ». Mais je dis surtout cela pour le petit Tallien. Ce n'est point un mauvais enfant, mais il se croit si déshonoré par la tache de vin qu'il a sur la joue qu'il la dissimule sous des boucles postiches.

— Il a une tache de vin ? observa Thérésia, je ne l'avais point remarquée.

— C'est qu'il la cache, répondit Mme Vigée-Lebrun. Il ne vous parlera jamais que de profil.

Le portrait avançait. De l'esquisse modeste, dérobée, voilée, l'artiste était passée à l'audace, à l'éclat. Elle avait chamarré le visage de Cathy des premières touches de rouge, qui lui conféraient la légèreté d'un congé d'amour. Tout se lisait sur le portrait : l'intrigue, la nonchalance, le libertinage.

Mlle de Cabarrus l'admirait en soupirant :

— Il me sera impossible, madame, de vous égaler jamais.

— Eh oui, mademoiselle, reprit Mme Vigée-Lebrun, je ne vais pas dilapider avec vous toutes les ressources de mon art. Vous prendrez quelques leçons qui vous apprendront les usages et manières du métier. Pour le reste, je vous enverrai Tallien. Vous verrez, il est meilleur qu'on ne le croit.

— C'est un charmant jeune homme, dit Cathy.

— Il m'est surtout très dévoué, répondit Mme Vigée-Lebrun. Mais je crois qu'il n'a pas eu de chance. On le dit fils naturel du comte de Bercy et il a fait de bonnes études chez l'abbé Lhomond. Mais parfois il indispose ceux qui le connaissent mal par sa parole orageuse et caressante, ses accès de fièvre, sa pâleur amère et railleuse. Au fond, voyez-vous, c'est un Parisien qui croit à tout et qui ne croit à rien.

Thérésia de Cabarrus regarda plus attentivement le garçon qui venait d'entrer dans la pièce. Il était grand, svelte, élancé. Les yeux clairs avaient de l'éclat, mais la perruque peignée en broussaille et ses longs favoris bouclés lui donnaient l'air du peuple.

— C'est pour faire artiste, gronda Mme Vigée-Lebrun, que notre Tallien se coiffe ainsi. Cela lui donne le profil grec, du moins le croit-il. Moi, je pense surtout que cet arrangement vous a un air de pousse-au-crime !

Thérésia et Cathy ne purent garder leur sérieux. Furieux, le gamin avait lancé les pinceaux en désordre et jeté les palettes à même le sol.

— Madame, dit-il à Mme Vigée-Lebrun sur un ton de fureur à peine contenue, je ne puis souffrir que vous me ridiculisiez ainsi devant les gens !

Thérésia le regarda en souriant. Son regard croisa celui de Tallien, chargé de haine. Elle se leva, et vint, à ses pieds, d'un joli mouvement de bras rattrouper palettes et pinceaux. Elle avait de charmantes rondeurs, un col gracieux sans rien de frêle, offrant une gorge pleine et des épaules exquises. Son visage était dominé par des yeux fascinateurs, une petite bouche à peindre et d'admirables cheveux bruns et brillants.

— Bon, dit Tallien en lui tendant la canne d'ébène à pommeau d'ivoire que les femmes portaient toujours en promenade, je me calme, mais qu'on n'y revienne pas.

Mlle de Cabarrus s'effaça devant Mme Vigée-Lebrun dans une fort jolie révérence.

— Escortez donc cette jeune fille jusqu'à son logis, dit l'artiste à Tallien. Et vous, mademoiselle, revenez surtout autant qu'il vous plaira. Vous êtes très douée pour le dessin.

Le jour commençait à tomber et Mme Grand frissonna.

— Laissez-moi réveiller ce feu, dit Mme Vigée-Lebrun, je ne me chauffe qu'au bois d'aloès à cause de son parfum et de la pureté de sa flamme, mais il ne tient guère.

Elle revint s'asseoir près de son modèle, l'interrogeant sur tout et sur rien, sur les sabots à « petits bonshommes » qui faisaient fureur cette année-là et sur son goût pour les palatines de fourrure.

— Cette Thérésia de Cabarrus est bien curieuse, reprit Mme Vigée-Lebrun. L'avez-vous vue avec son chapeau au « char de Vénus » ? Elle est délicieuse. On m'a confié qu'elle nous venait d'Espagne et qu'elle était à Paris pour se marier. Pour se marier... enfin. Je crois qu'elle s'attarde un peu sous les ombrages de son parc avec M. de Méréville, fils du marquis de Laborde. Mais cela n'a que peu d'importance...

La confidence de Mme Vigée-Lebrun avait marqué Cathy. Elle dit le soir même à son amant :

— J'ai rencontré tout à l'heure chez l'artiste qui fait mon

portrait une charmante amie, Mlle de Cabarrus qu'on dit la maîtresse du comte de Laborde. La connaissez-vous ?

— Ah ! Pardieu oui ! s'écria Valdec de Lessart. N'amenez jamais chez moi ces gens-là ! Votre demoiselle de Cabarrus doit être la fille d'un financier véreux du Roi d'Espagne, né français à ce qu'on m'a dit, et qui a fait fortune en quelques mois dans les billets Royaux[6]. Quant à votre marquis de Laborde, il a vingt navires d'interlope à Saint-Domingue qui lui rapportent six cent mille livres par an, mais cela ne suffit pas à son train. Il en profite pour trafiquer des piastres et a conclu l'autre jour avec moi une affaire qui m'a coûté au bas mot dix millions.

Cathy, habile, fondit en larmes.

— Ne pourrai-je la revoir jamais ? Loin de vous, les journées sont si longues !

— Bien, dit Antoine-Claude cédant sur ce point comme il avait cédé sur tous les autres. Revois-la si tu veux, mais vois-la seule. Je ne veux point de ce Laborde ici.

Folle de joie à l'idée que Thérésia lui deviendrait tôt ou tard complice ou alliée, Cathy couvrit de baisers Antoine-Claude, froissant le « fagot de fleurs » qu'elle portait à la ceinture pour retenir sa polonaise en taffetas des Indes à petites raies.

Au reste, le comte de Lessart n'avait guère l'opportunité de surveiller efficacement les relations de sa compagne. Un orage prévisible, héritage de M. de Calonne, était en train de gronder au-dessus de sa Compagnie et le tonnerre, répandu par les gazettes, foudroyait le peuple tout entier.

Avant son renvoi du Contrôle général, Calonne avait eu l'idée, en effet, pour pallier une baisse inquiétante des valeurs cotées en bourse depuis le mois d'octobre 1786, d'organiser une intervention officielle du Trésor sur certains titres.

Frappé de ce que l'agiotage se portait presque exclusivement sur les actions de la Compagnie des Indes et sur celles de la Compagnie des Eaux de Paris, le ministre, sans plus de réflexion, avait conclu qu'il fallait donc spéculer sur ces valeurs.

Jugeant que, plus on est gros joueur, plus on a de chances de multiplier ses bénéfices, il abandonna à une bande d'agioteurs de ses amis le soin de réaliser l'affaire en leur enjoignant de ne jouer que Compagnie des Indes et Compagnie des Eaux.

D'abord, l'équipe joua à la hausse, ce qui constitua une première imprudence. Sans surveillance d'aucune sorte, le ministre-linotte remit à ses gagne-deniers onze millions et demi en assignations payables à terme dans les derniers mois de 1787. Pendant ce temps, les financiers demeuraient libres de jouer, d'acheter, ou de vendre, selon leur instinct ou leur sagacité. Les agioteurs déposèrent donc les assignations en gage chez des banquiers complices afin qu'elles servent de caution pour les billets à ordre qu'ils émettaient. Puis, avec ces billets à ordre, ils achetèrent par petits lots une quantité énorme d'actions de la Compagnie des Indes, si bien, qu'à la fin de décembre, ils se trouvèrent propriétaires sur le papier de trente-deux mille cinq cents actions[7] dont ils n'avaient jamais eu l'intention de prendre livraison et encore moins la possibilité d'acquitter le prix.

C'est alors que l'histoire vint aux oreilles de l'abbé de Périgord, qui était fort impécunieux, mais qui cherchait toujours à nuire. Par le biais d'un autre ecclésiastique, l'abbé d'Espagnac, il fit convaincre les agioteurs affolés, de se couvrir auprès d'un spéculateur plus audacieux encore, qui, sans qu'il l'avouât, se trouvait être l'abbé d'Espagnac lui-même.

Pour les sauver de l'embarras, d'Espagnac, sur ordre de Talleyrand, proposa de racheter à terme les trente-deux mille cinq cents actions à mille cinq cents livres l'une.

Comme, pas plus que Périgord, d'Espagnac n'avait un sou vaillant, son propos était seulement de réaliser un bénéfice énorme sur le dos des vendeurs qui s'étaient engagés à lui fournir des titres qu'ils ne possédaient pas encore.

Dans un premier temps, la manœuvre réussit et d'Espagnac et Périgord empochèrent d'assez grosses sommes. Puis, ne pouvant plus faire face à leurs échéances, les vendeurs, se sentant floués, firent appel au Trésor. L'affaire s'ébruita dans l'opinion publique, d'autant plus que la bande avait pris conseil d'un des plus illustres avocats de Paris, Tronçon-Ducoudray[8], qui hurla partout qu'il fallait annuler le marché comme contraire aux édits sur l'agiotage.

Interdit, le ministère ne dit rien et l'abbé d'Espagnac continua d'acheter en monnaie de singe. Une émotion générale s'empara alors du monde financier, d'autant plus que de nombreuses brochures[9] dénonçaient l'association de malfaiteurs, la bande protégée d'une main invisible, la surexcitation de l'agiotage ordonnée par des ministres lâches, incapables et emprunteurs.

Le Trésor, affolé, finit donc par prendre à son compte tous les marchés frauduleux de l'abbé d'Espagnac, ce qui coûta six millions comptant pour parer aux pertes, et six autres millions, offerts à

Valdec de Lessart, pour faciliter l'acquittement d'effets venant à échéance.

Le scandale voulut qu'une commission déterminât l'indemnité due à l'abbé d'Espagnac[10] et qu'elle fût fixée à quatre millions quarante-cinq mille livres pour le dédommager des quarante-cinq mille six cent cinquante-trois actions de la Compagnie qu'il avait cédées à l'État.

Pour Antoine-Claude de Valdec, l'alerte avait été chaude.

Durant quelques mois, le banquier n'avait pas touché terre. Si le Roi l'avait publiquement félicité de son courage et de sa ténacité dans cette affaire, il s'était senti seul et forcé de combattre sur tous les fronts.

Une nouvelle attaque, si soudaine et si imprévue, l'avait convaincu de ce que ses ennemis ne négligeraient rien pour l'abattre.

Le plus tragique, dans cette affaire, était qu'il se sentait seul.

Ne voulant point troubler la princesse, sa mère, par le récit incessant de ses difficultés, ne correspondant plus que par maigres billets avec la comtesse, sa femme, toujours exilée à Mongenan, étant repoussé par sa fille que courtisait déjà un financier bordelais, M. de Lamolère qui jugeait fort sévèrement l'attitude du comte, ne trouvant auprès du Roi qu'un lâche secours et un mutisme répété auprès des ministres, laconique enfin envers ses commis de la Compagnie des Indes qu'il voulait, par ce secret, protéger de la fièvre et de la panique, le comte de Lessart ne pouvait donc en ces heures d'angoisse que s'appuyer sur lui-même, et lui-même n'était sûr de rien.

Cathy avait bien compris que quelque tracas affectait le comte de Lessart. Mais cette caillette ne s'entendait guère à partager l'ennui. Sans nerfs, sans cervelle, ne présentant que les fièvres et les inconstances de son sexe, elle avait d'abord cherché à se consoler de la morosité de son amant dans un grand caprice de dépense.

Son âme extérieure, les mille bruits des petits riens de la vie l'avaient provisoirement consolée des dédains du monde qui l'entourait. Elle couvrait d'un sourire le refus des choses graves et voltigeait de-ci de-là pour échapper au moindre devoir.

Une telle étourderie l'avait bientôt conduite à se lasser d'un homme moins généreux et plus taciturne. Elle, dont l'existence n'était faite que de récréations courantes, de petitesses, de brièvetés et d'agréments, avait cherché à grappiller ailleurs ses jacasseries.

C'est alors qu'avec le concours de Mlle de Cabarrus elle avait trouvé un charme vif aux deux frères Lameth [11] tout auréolés de l'aide qu'ils avaient apportée aux Insurgents durant la guerre d'Amérique.

Allant les voir au chaud du lit, elle s'était grisée avec eux des paradoxes des soupers et des mots d'amour pétillants. Mlle de Cabarrus avait partagé ce papillotage et y avait pris bientôt une telle part que le marquis de Laborde, irrité, avait mis fin à une liaison qu'il ne souhaitait pas, de toute façon, conduire jusqu'au mariage.

Dans un furieux appétit de plaisir, Thérésia et Cathy avaient donc couru au-devant des distractions, des visages nouveaux et des aventures passagères.

Elles cherchaient autour d'elles, et dans ce tourbillon, une sorte de délivrance. Quelque chose d'inapaisé, d'inassouvi, les faisait sortir d'elles-mêmes.

Écœuré, François Garodeau avait tenté de mettre un frein à ces menées en prévenant le comte, mais Antoine de Lessart était trop ligoté de soucis pour pouvoir s'opposer à cet égarement.

Pendant quelques mois, Cathy se brûla donc aux apparences du monde. L'abbé de Périgord, qu'elle avait revu chez les Lameth dont il était l'ami, trouva un triomphe éclatant dans la proclamation de cette débauche.

Comme il n'était guère délicat de sentiments, et qu'il prenait plus de plaisir aux occupations de tête et aux libertinages de la pensée qu'à leur assouvissement véritable, il convainquit Mme Grand de dîner, avec son amie Thérésia, et quelques autres jeunes femmes, « In naturalibus » chez les frères Lameth, non loin du Luxembourg.

L'abbé de Périgord s'y rendit en voisin, et admira Cathy, vêtue de ses seuls cheveux blonds [12] et de cette grâce qui lui tenait lieu d'esprit.

Chacun se désaltéra du mieux qu'il put, l'un par les yeux, l'autre par le vin, l'autre enfin, par la caresse.

Le lendemain, le récit de la fête courait la moitié de Paris, et chacun, qui n'y avait point assisté, consolait sa rancœur par le récit mille fois colporté de ce bréviaire.

Trop abîmé dans ses soucis, le comte de Lessart n'apprit l'affaire que bien plus tard, par une de ces révélations familières du temps qui circulaient sous forme de libelle.

« Est-il acceptable, disait le pamphlet, que ceux qui ont en charge les plus grosses finances de l'État dilapident le scandale comme ils le font des bons d'épargne ?

« Ce n'était point assez au comte de Lessart et à ses complices agioteurs d'accaparer par leurs lâches et douteuses menées plus de six millions grugés sur le Trésor. Encore fallut-il qu'ils fêtassent, avec le concours de l'Église, et de quelques catins, ce vol manifeste. Leur effronterie est donnée désormais au peuple en manière de spectacle, avec le corps nu de Mme Grand qui servit l'autre soir de dormant [13] dans un souper servi chez les frères Lameth. On ne peut mieux comparer cette démesure qu'aux orgies de la feue Montespan et de son acolyte Voisin qui répandirent l'ordure jusque dans la ruelle de Versailles comme le fait aujourd'hui la Catin de Lessart. »

Le premier réflexe du comte fut de déchirer les feuillets imprimés. Mais comme il lui en arrivait de toutes parts, il songea que cette cabale était encore de ses ennemis et chargea François Garodeau d'en découvrir la source.

— Ce doit être Londres, monseigneur, mais la vraie source est à Paris, indiqua le valet.

— Comment cela, à Paris ? fit Antoine-Claude. Encore et toujours l'abbé de Périgord ?

Garodeau garda le silence.

— Eh bien, réponds ! reprit le comte.

— Hélas, monseigneur ! se contenta de soupirer Garodeau.

— Mais vas-tu parler, à la fin ? s'enfiévra Valdec de Lessart. Me diras-tu ce que tu sais, et peut-être la vérité ?

— Hélas, monsieur, je ne goûte guère le spectacle de votre souffrance, dit le valet en se tordant les mains.

— Tu oses insinuer que ce qui est écrit dans ce torchon est vrai ? hurla Lessart.

— Hélas, répéta doucement Garodeau.

Antoine-Claude le congédia, et s'effondra sur son bureau, la tête dans ses mains.

Il resta ainsi, immobile, un long moment, comme hébété. Il se sentait plus seul que jamais, plus perdu que l'on ne saurait dire.

Il réfléchit une heure, à peu près, fit le vide en lui-même. Sa main, qui aimait la caresse, erra sur les cuirs vénérables du meuble, hésita vers la plume et le sablier. Et puis Antoine-Claude renonça à écrire. Il renonça même à penser. Il se fit reconduire, le soir, rue du Sentier, et dit à Cathy :

— Vous m'avez déshonoré, Madame.

— Oh, dit-elle légèrement, ce n'est rien, à peine une peccadille.

— Eh bien, il me plaît à moi, reprit douloureusement le comte, que cette peccadille soit la dernière. Gardez tout, diamants, équipages, fourrures, mais sortez d'ici à l'instant même, et que je ne vous revoie plus jamais.

Cathy pleura, promit, jura, tempêta, sanglota et s'évanouit, mais le comte resta inflexible. Il était déjà hors de lui-même, cet état d'où on ne revient pas.

8

Claude Fournier-l'Américain quitta, ce jour-là, le Palais-Royal de bonne heure. L'air de juin était léger en 1787. Il croisa quelques élégantes qui faisaient courir leur chien sur la terrasse des Feuillants en criant « Viens, Zémire, viens. »

Le créole tira de sa poche une chaîne de montre, chargée de pendeloques et qui supportait un oignon, orné de figures obscènes. Il était sept heures. A Versailles, le Roi devait être à son petit lever. Fournier-l'Américain n'en avait cure. Il se rendait à un rendez-vous autrement plus important. Il traversa la Seine, en face de la rue de Bièvre qui puait le tan et déversait dans le fleuve de gros crachats bleu et rouge.

Il tomba sur une charrette, sortant de l'Hôtel-Dieu, et, par un réflexe surgi du fond de l'enfance, se signa. C'était la charrette qui, chaque matin, apportait au cimetière de Clamart sa quotidienne moisson de cadavres. Précédant la charrette, un prêtre en soutane graisseuse et un enfant de chœur en sabots dévoraient un quignon de pain frotté d'ail.

Fournier-l'Américain soupira. On n'était plus aux îles.

Le rhum, et même le moindre gobelet de café étaient inabordables. On osait vous refuser, dans les tavernes, pour deux sous au moins, un petit verre.

Rien n'allait vraiment pour lui depuis quelque temps. La Marion Bouchut n'était pas une bonne gagneuse. Il avait beau la tarauder, elle était plus rebelle au labeur que les esclaves en corvées des régions tropicales. Il maugréa. On serait bientôt obligé de payer une bouteille de vin douze sous, et encore une saloperie de Suresnes ou d'Argenteuil ! Il serra sa pipe dans sa poche. Il la gardait par jeu, comme fétiche, bien qu'il risquât de la casser. Mais comment fumer avec le hollande pur à trente-huit sols la livre !

Rien ne le mettait davantage en fureur que de remonter, le soir, le ventre toujours creux, les rues des Halles. Le spectacle des buffets des ramponneaux gorgés de viandes, de cervelas et de jambons le rendait ivre de rage.

— Tous ces salauds qui se gogaillent, jura Fournier-l'Américain en crachant sur le sol.

Bientôt, on en viendrait à bout de ces saturnales, et on fêterait, dans les cabarets, la venue d'un monde meilleur.

Il longea les fabriques de meubles d'où jaillissait déjà le bruit rythmé des scies et des rabots. Il grommela en voyant passer des écuyers en suspens sur leurs selles et des laquais étincelants sur des marchepieds, précédés de piqueurs sur des bêtes ardentes.

Bientôt, peut-être, il roulerait carrosse lui aussi. Si cette fripouille de Lessart lui avait remboursé son assurance, il aurait pu, se régaler de crêpes arrosées de cidre et d'un plat de haricots à vingt-quatre sous. Fournier-l'Américain, depuis sa visite à la banque, fermentait dans sa tête.

Il avait eu beau s'envilenir avec la Marion Bouchut, tout cela l'avait fait Turlupin.

— Gueux je suis, murmura-t-il, gueux je reste !

La fille, pourtant, s'appliquait au Palais-Royal à racoler l'homme qui passe. Et dans ce Paris hennissant, Fournier jouait les demi-Castors.

A l'entrée des galeries, il distribuait l'adresse de Marion, qu'il avait inscrite sur de petites cartes blanches, comme étant celle d'une enseigne où se tenait l'exposition d'estampes d'Italie.

En fait d'estampes, Marion attendait le client, tous charmes au vent étalés.

Il avait tenté de doubler son pécule en vendant quelques brochures sales, mais les refrains obscènes couraient trop les rues de Paris pour que son commerce marchât très fort. Et puis Marion n'était pas la seule. Le long des boutiques de fripier du Palais-Royal, devant l'étal des marchands de jouets, des libraires, des faïenciers, des lingères, des fruitiers et des marchands de saucisson, elle comptait pas mal de sœurs promeneuses, beaucoup trop en tout cas pour que sa boutique soit rentable.

De ce côté-là, Fournier-l'Américain en voulait drôlement à Cathy. Elle aurait pu penser à sa pareille, et lui faire cadeau de ses fourreaux, de ses pelisses de satin bleu brodées d'hermine, et des dentelles dont elle ne faisait rien.

Tout cela, pour Fournier, avait représenté un investissement. Il fallait que les filles soient mises en robes traînantes, qu'on appelait « les vrais balais du Palais-Royal ». Cela faisait des mètres de tissu pour s'harnacher comme cela, même à l'économie. Et puis, le prix était fonction du lit et des poêles. Inutile de se laisser confondre avec Zéphire, Zélia, Giroflée, Aurore, ou Amarante [1], petites sultanes gangrenées. Il fallait posséder un boudoir établi, une adresse, et quelques clients sérieux que l'on pouvait recevoir de neuf heures du soir au milieu de la nuit.

Si Fournier-l'Américain n'avait nourri l'espoir de voir sa situation rapidement améliorée, il aurait, à coup sûr, sombré dans l'hypocondrie.

Il atteignit enfin le café Parnasse, au coin de la place de l'École et des quais.

L'endroit, assez proche du Châtelet et du Palais de Justice, était le rendez-vous des robins et de la basoche.

Il s'approcha du comptoir, et, baissant la voix comme il seyait à un conspirateur, murmura du bout des lèvres :

— Je voudrais voir le sieur Dantone.

La fille désigna du menton un grand diable, qui rassemblait des dominos à grand bruit en donnant des bourrades au patron.

Fournier s'approcha du colosse et l'attira à l'écart. S'étant assis à une table, il dit à l'hirsute vérolé qui lui faisait face :

— *Mister Dantone, how are you, my name is Fournier, from America.*

L'autre partit d'un grand rire qui le secoua tout entier.

— *Fine, very well. Thank you.* Mais ne vous fatiguez pas, je suis d'Arcis-sur-Aube.

Fournier resta interdit.

— Vous êtes français, avec un nom pareil, Dantone ?

— Non, reprit l'autre toujours hoquetant. Pas Dantone, Danton, comme caneton [2].

Fournier leva pour la première fois les yeux sur ce visage. Un orage de grêle l'avait assailli sur toutes les faces. Une lèvre, déchirée [3] avait été recousue à la diable. Le nez, épaté, semblait avoir été écrasé [4] dans quelques bagarres. Mais ces différentes injures donnaient à la figure, une sorte de rusticité qui créait l'épouvante. Malgré cela, l'homme s'attendrissait souvent dans la générosité d'un sourire. Et dès qu'il parlait, le verbe, en torrent, emportait l'adhésion.

— Vous vous appelez Fournier, reprit l'homme.

— L'Américain, pour vous servir.

— Hum, grommela Danton. Ce n'est point un si bon exemple d'avoir servi M. de la Fayette.

— Eh Diantre ! ce n'est point mon cas ! répliqua le créole. J'ai combattu aux Amériques, mais seulement aux îles Sous-le-Vent. Je n'ai point trafiqué avec Lafayette, ni ses insurgents. Pensez donc ! J'ai pris bien tôt le parti de jouer seul, de moi et de ma fortune.

— C'est bien, dit Danton. Voilà un homme qu'il me faut. Que savez-vous donc faire ?

— Tout et rien. Soupirer après le moment qui me conduira à briser mes chaînes, inculquer à d'autres les prodiges de l'énergie, réclamer justice aux corrompus de la Cour, me soustraire au couteau de la tyrannie, me placer sous la protection du peuple souverain, massacrer des vieillards paisibles, satisfaire mon inclination sanguinaire, déranger tous les noirs projets des oppresseurs de la terre, me faire aveuglément féroce pour tous ceux qui m'empêcheront d'accéder à mes ambitions.

— Bravo ! répondit Danton. Voilà qui est une saine philosophie. Mais, présentement, de quoi vivez-vous donc ?

— De tout et de rien, répondit prudemment Fournier. Et vous-même ?

— De la basoche. Ma femme, fille de ce cabaretier, m'a apporté en m'épousant les quinze mille livres qui m'ont permis d'acheter une charge [5]. Mais cela ne nous suffit pas. La puissance s'acquiert par la violence. Dans quelques jours, demain peut-être, le trône des tyrans sera ébranlé, j'aurai remué le globe et piqué tous les peuples pour marcher à la liberté.

— En quoi puis-je vous être utile ? demanda Fournier-l'Américain.

— Pour l'instant, rien ne presse. Qui va piano va sano. Vous serez payé dix livres par jour, et si je suis content de vous j'élèverai votre salaire jusqu'à cinquante livres [6].

— Cinquante livres, diable ! C'est une somme ! s'écria Fournier-l'Américain.

— Tu ne les as pas encore, dit Danton. Hurle avec nous, tu gagneras beaucoup d'argent, et tu seras libre ensuite de choisir ton parti [7].

— Tiens, donc, fit Fournier en tendant la main à l'avocat.

Mon parti est tout choisi. C'est celui de ceux qui me payent. Et que devrai-je faire pour gagner ces cinquante livres ?

— Dix d'abord, vingt ensuite, et cinquante si je suis très content de toi, reprit Danton. Il faudra d'abord que tu apprennes à ne pas te faire remarquer. Tu habites au Palais-Royal, à ce qu'on m'a dit. Où donc ?

— Chez une fille.

— Très bien, restes-y. Tu iras dans les cafés, et tu parleras à chacun. De la lourdeur de l'impôt, de la cherté de la vie, et des cuisses de l'Autrichienne.

— Eh, pour sûr ! s'écria Fournier. Ce n'est pas difficile, mais les cuisses de l'Autrichienne, je ne les ai jamais vues.

— Eh bien, justement, dit Danton. Tu diras qu'elle s'est acoquinée avec un de tes amis, laquais du comte d'Artois, et qu'il te les a décrites.

— Mordieu, voilà qui est le mieux du monde, répliqua le condottiere, je dirai tout ce que vous voudrez. Et pour le même prix, je le ferai répéter aux clients de la Marion.

— C'est bien, dit Danton. Attention à qui tu parles, et veille à qui tu embauches. Mais si tu es assez malin pour m'amener une recrue sûre, tu auras cinquante livres par homme.

L'avocat se leva, et se dirigea vers l'arrière-boutique du café. Il revint quelque temps plus tard avec un paquet de brochures qui répandaient encore l'âcre parfum de l'encre d'imprimerie.

— Tu vas distribuer ces journaux, dit Danton. Mais attention ! ne les offre pas. Laisse-les traîner plutôt ou donne-les sous le manteau. Tu vas voir comme avec une plume on va foutre à bas tous ces plumets ! Allez, je veux te voir partout, beuglant, cornant, hurlant, comme une bête à mille voix !

— Eh pardi, que je vais vous la trousser, votre affaire, dit Fournier ravi. J'en boirai à votre santé !

— Un dernier mot, sais-tu écrire ? demanda Danton en tendant au créole une poignée de craies.

— Pour l'alphabet ça va encore, répondit Fournier. C'est pour l'orthographe que ça se gâte.

— Tu es parfait, conclut Danton en éclatant de rire. Ce sont des lettres qu'il me faut. Le soir, en rentrant chez toi, n'importe où, tu traceras des lettres sur les murs : L.P.D. et M.A.C.L. Tu as compris ?

— Oui-da, s'écria Fournier. Mais point ce que cela veut dire.

— Aucune importance, L.P.D., c'est du latin pour les initiés [8] quant à M.A.C.L.[9], c'est Marie-Antoinette cocufie Louis. Ça, tu peux le comprendre.

— Bien, voilà le haricot qui me plaît, hurla Fournier, tout joyeux. Cinquante livres pour cela, c'est le plaisir pour boire.

— Va-t'en, dit Danton. Je ne veux plus te voir ici. Désormais, c'est moi qui te contacterai.

Le créole partit tout heureux, serrant dans la poche de ses chausses les morceaux de craies, et dans celle de son habit, le paquet de brochures.

Tout à son nouveau travail, il s'arrêta sur un banc qu'il croisa en chemin et défit le paquet. Il commença à lire péniblement les journaux qui étaient plutôt des prospectus, ponctués de « Bordel » et de « Foutre ». Il n'y comprit pas grand-chose, si ce n'est qu'ils contenaient un adroit allèchement pour le populaire. De cette prose guenilleuse, de ce langage canaille, il tira cependant quelques reparties, de quoi éclabousser au comptoir des cafés. Il se dit qu'il se ferait décidément orateur, un pistolet en main et un journal de l'autre, pourvu qu'avec ses cinquante livres, il ait de quoi se payer suffisamment de cette eau-de-vie d'Hendaye, faite à Suresnes, qu'il affectionnait tout particulièrement.

Depuis qu'elle avait été congédiée par Antoine de Valdec, Cathy faisait pâle figure. Elle avait tenté de se faire abriter par Édouard Dillon[10] qui l'avait rejetée malgré ses agaceries. D'ailleurs, le beau Dillon partait le lendemain même pour l'Égypte, tentant, par ce périple exotique, d'endiguer les rumeurs qui lui prêtaient la Reine pour maîtresse.

Elle s'était rabattue sur les frères Lameth, mais n'avait guère été plus heureuse. En effet, Théodore s'était mis en tête, pour jouir de bénéfices ecclésiastiques auxquels sa dignité de chevalier de Malte lui donnait droit, d'être tonsuré comme c'était la règle.

Et comme aucun évêque de France n'avait voulu se prêter à cette douteuse et risible cérémonie, le jeune homme avait dû partir en Allemagne où l'évêque souverain de Paderborn avait consenti à se livrer à ce sacrilège[11] contre une honnête rétribution. Le jeune capitaine de cavalerie, à grands coups de vin de Champagne et de gais propos, avait levé les dernières réticences du prélat qui s'enhardissant dans l'ivresse avait tant et si bien tonsuré le nouveau dignitaire qu'il lui avait tondu la tête tout à fait.

Le malheureux jeune homme était donc, pour quelque temps,

contraint de porter perruque et de cacher par ce biais sa calvitie à tout l'univers.

Quant à l'abbé de Périgord, que Cathy était allée visiter rue de Bellechasse, il était demeuré à son égard dans une prudente réserve. Il avait répondu à la jeune femme « qu'une affaire d'exception n'était point l'affaire de tout le monde ». Ce qui l'avait mise très en colère.

Fort exercé dans la circonspection, le prélat avait aigri la conversation en comparant Cathy à une soutane dont il regrettait l'inutilité « puisqu'elle ne lui garantissait ni le ciel ni un ministère ».

Désespérée, la jeune femme avait donc été contrainte de vendre un bijou pour pouvoir s'établir pour quelque temps dans un petit logis, du côté du Palais-Royal.

La situation de Mlle Thérésia de Cabarrus n'était guère plus enviable. Bien que nul n'ait osé affirmer qu'elle fût aussi dévêtue que sa compagne, sa présence au souper des Lameth avait cependant jeté un voile sur sa réputation.

Ce paradoxe avait eu pour conséquence de faire fuir M. de Laborde qui, de désespoir, était parti faire naufrage sur les brisants d'une île de l'Alaska[12].

La jeune fille, éplorée, s'était alors regardée dans une glace, et ce qu'elle y avait discerné lui avait rendu du courage.

Malgré les larmes, elle conservait de beaux yeux largement ouverts, des dents d'une blancheur éclatante, et un air de gaieté, de sensualité, d'idéalisme, d'assurance, d'ironie et de grâce qui lui donnait le plus charmant visage du monde.

Forte de cette certitude, elle avait donc fouillé dans la liste de ses adorateurs et y avait découvert Jean-Jacques Devin, marquis de Fontenay, non par la grâce du Roi Louis XVI, et encore moins par celle de ses ancêtres, mais par celle d'une maison, sise dans la grand-rue de Fontenay qu'il avait baptisée la « Seigneurie » et érigée tout seul en marquisat.

Dotée de cinq cent mille livres, Thérésia avait donc épousé aussitôt[13] M. de Fontenay auquel elle avait apporté pour faire bonne mesure trois maisons sises rue des Gourdes et allée des Veuves et dont la situation même lui semblait un nantissement.

Bien que le Roi Louis XVI en ait été averti et qu'il ait qualifié le comte de Lessart de « sot paraphé d'indécence », le souvenir du souper des Lameth s'était peu à peu estompé dans toutes les mémoires, excepté dans le cœur d'Antoine-Claude où il demeurait une ardente blessure.

Le banquier avait réfléchi longtemps aux causes de son infortune et n'avait opposé à ses désagréments que des réponses vagues.

Correspondances, mémoires, confessions, toutes les révélations familières du temps ne l'avaient point sauvé d'un malaise pour lequel il n'était point d'épanchement. Il avait tenté d'engourdir sa peine dans le travail et il y était maladroitement parvenu.

Avec l'été, il avait décidé d'aller prendre quelque repos dans sa terre de Mongenan où lui étaient arrivés, assourdis, les échos de l'opposition du Parlement de Paris à propos de l'impôt du timbre et de la subvention territoriale [14].

A Mme de Lessart qui le questionnait, le comte avait répondu :

— C'est singulier, Dieu sait si j'ai vu mon père, le baron de Gascq, s'élever contre le pouvoir et dresser, puis casser le parlement de Guyenne. Mais rien n'était comparable à ce que nous vivons. Cette fronde, on le dirait, va tout submerger.

Mme de Lessart, qui vivait depuis quelque temps à Mongenan, avait ajouté :

— Savez-vous, mon ami, que la misère du peuple est immense ?

— Et Pardieu, avait répliqué le comte, ils réclament du pain en refusant de manger la croûte du pâté.

— Ne dites pas cela. Depuis que je vis ici, loin de la Cour, je regarde le peuple, qui n'a rien à voir avec ce que décrit votre comité d'éloquence publique. Vous créez peut-être la richesse avec vos décrets et vos banques, mais pour quoi en faire, mon Dieu ! J'ai eu la curiosité de me faire conduire à Bordeaux sur les marchés. Sachez d'abord que le pain manque. Il est vendu à douze sols les quatre livres, mais comme nul ne peut en avoir, les ouvriers font la queue durant une journée entière et perdent ainsi leur salaire de trois livres, ce qui fait fait, si je compte bien, trois livres et douze sols. Et puis, il y a les regrattiers, qui font commerce de vendre les miches de la veille à vingt sols la livre. Savez-vous que l'on parle d'un édit qui nous interdirait d'utiliser la poudre ?

— Eh ma foi, l'idée n'est pas neuve, répondit le comte. Mon maître Rousseau disait déjà : « Il faut de la poudre pour nos perruques, voilà pourquoi nos pauvres n'ont pas de pain. »

— Vous souriez, dit tristement Mme de Lessart. Vous avez

tort. Quand on entend, dans le peuple affamé, le coassement des entrailles, la révolte n'est pas loin.

— Ma chère Nicole, observa Valdec, soudain redevenu sérieux, l'acheminement des farines et le commerce des grains sont les deux grandes plaies de notre pays. On n'a jamais pu les résoudre.

— Mais, enfin, monsieur, s'exclama la comtesse, nous étions fiancés que je vous entendais déjà vous élever à ce sujet contre les « platitudes » de M. Turgot [15]. Vous envoyez des navires aux Indes et vous êtes incapable d'amener des charrettes de blé à Paris quand les hôpitaux sont pleins de scorbutiques !

— Eh oui, madame, observa sombrement Valdec. Il en a toujours été ainsi parce que les gouvernements sont toujours partis du principe suivant : moins le pain est cher, moins la populace coûte. Aussi n'est-ce un secret pour personne que des accapareurs travaillent dans l'ombre à faire monter les cours en enfouissant le blé dans les carrières de Sens et de Chantilly.

— Alors, monsieur, écoutez-moi, dit la comtesse. Je ne suis point comme votre mère qui recourt sans cesse au ton prophétique, mais je puis vous dire, moi, que tout est perdu. Vous ne le savez pas encore, parce que vous êtes grisé par votre or, vos changes, vos plumes, vos diamants et vos brocarts, comme je l'étais d'ailleurs moi-même avant de m'installer ici, mais je suis sûre, aujourd'hui que la vengeance du peuple sera immense. Oh ! je ne suis pas un bel esprit d'Athènes qui disserte au Palais-Royal. Je suis une pauvre femme, qui vit au milieu de ses paysans, et qui les voit vivre. Croyez-moi, ils nous puniront. Et nous qui n'avons rien fait, nous n'échapperons pas au massacre.

Antoine de Valdec fut si ébranlé par cette conversation qu'il se mit en quête de visiter sa baronnie. Loin de rependre les antiques coutumes de son père qui allait chaque année en pèlerinage à la source de Saint-Michel-de-Rieufret, il visita la fabrique qu'il avait créée à Beautiran et qui, grâce aux marchés d'exportation qu'il avait noués, était maintenant pour les toiles une des plus importantes de France.

Il longea les rives du Gât Mort où l'on rinçait les tissus que l'on blanchissait sur le pré.

Il interrogea ces hommes et ces femmes qui avaient passé leur vie à manier l'aune ou le balai, et ce qu'il entendit le fit frémir.

Il soupira qu'il lui faudrait bientôt immoler ses flambeaux, ses timbales d'argent et sa vaisselle d'or sur l'autel de la banqueroute.

Et il se demanda, pour la première fois, si cela serait suffisant. Il songea à son père, qui donnait à manger également du premier au vingtième commis, et ce souvenir d'enfance le fit sourire bien qu'il se demandât tout à coup pourquoi on avait arrêté tout cela.

Puis, un jour qu'il parlait avec un des paysans les plus avertis de son baillage, il lui demanda :

— Mais que veux-tu donc, à la fin ?

— La réunion des États Généraux.

— Et qu'en feras-tu donc des États Généraux ? C'est une fadaise bonne pour les robins du Parlement.

— J'en ferai, Monseigneur, répondit l'autre, que je leur demanderai la suppression des pigeons, des lapins et des moines.

— Et pourquoi donc, s'il te plaît ?

— Parce que, sauf votre respect, les premiers nous mangent en grain, les seconds en herbe, et les troisièmes en gerbe [16].

Ce jour-là, Antoine-Claude comprit que le peuple en avait assez de ce que ses paysans de Portets nommaient les « grappilleries » et qu'il désignait lui sous les termes de droit de traite, de gabelle et taxe de corvée. Il comprit qu'il serait bientôt accueilli à coups de fourche, de faux, de bâton et de pierres. Et cela lui fit mal, car il avait toujours estimé qu'il était abusif après tout qu'un paysan pour avoir braconné fût condamné aux galères.

9

Le comte de Lessart avait conservé une grande estime envers Louis Donatien Wallenberg de Vallemont qui avait été jadis lié à sa mère d'un amour impossible [1].

Le huguenot, qui avait été nommé Directeur du Commerce des Indes orientales et occidentales en la chambre particulière de Guyenne, venait de se voir attribuer des lettres de noblesse pour « faits de négoce » par le Roi Louis XVI [2]. M. de Calonne l'avait chargé cinq années plus tôt d'importer en grande quantité la quincaillerie française aux États-Unis [3] parce qu'elle était de huit à dix pour cent moins chère que l'anglaise. Tout l'art de M. de Vallemont avait consisté à ne pas laisser ses rivaux à portée de profiter de ses fautes. Si bien que son esprit de commerce l'avait poussé à établir, non seulement un échange de marchandises et d'argent, mais encore de justes combinaisons relatives aux hommes, aux mœurs, et au temps. Il bénéficiait donc dans les États-Unis de l'Amérique septentrionale d'un vaste empire, dont les ressources, enrichies par de nombreuses spéculations, lui permettaient en outre de poursuivre le commerce moins rémunérateur des Indes orientales.

Il tenait à ce commerce-là par respect pour la mémoire de son père et s'émerveillait, comme aux récits des *Mille et Une Nuits*, d'entendre ses capitaines lui affirmer qu'ils avaient chassé le lion dans l'île de Singapour où, de mémoire d'indigènes, on n'avait jamais vu que des tigres.

Jugeant, non sans raison, que les reprises qui suivent la fin des guerres sont d'autant plus rapides que les armateurs ont préparé de plus longue main les expéditions pendant la période des négociations, Louis Donatien de Vallemont n'avait pas attendu la conclusion du traité de Versailles pour préparer l'importation des sucres et des rhums de Saint-Domingue, non plus que l'apport massif et exclusif des nègres.

Il vivait aux Chartrons.

Antoine de Valdec se souvenait de ce palais hanté de mille légendes qu'Hermann Wallenberg avait fait bâtir dans les fastes et les folies de la Régence[4]. M. de Vallemont l'avait fait épurer et n'en occupait plus qu'une partie, car il avait fait le vœu de vivre seul depuis sa rupture avec la princesse de Valdeck.

Il avait néanmoins adopté un enfant, fils de religionnaires pauvres qu'il avait secourus, et à qui il abandonnerait tout ou partie de son empire.

Le comte de Lessart éprouvait un goût vif pour cet homme qui, ne s'abîmant point dans les considérations aristocratiques ou bourgeoises, avait le sens très net de la vie quotidienne.

— Que vous semble de la France ? lui demanda-t-il.

Louis Donatien de Vallemont ne répondit rien et l'entraîna vers la fenêtre de son cabinet qu'il ouvrit.

On découvrait le port et la Garonne, dans un croissant superbe. A droite, le château trompette, arasé, faisait apparaître la ville, et les espoirs, portés par Victor Louis, de la place Ludovise[5].

— Regardez, dit M. de Vallemont. Écoutez vivre la France. Son bruit n'est plus semblable à rien de ce que nous avons connu. Elle éprouve désormais la passion de la multitude. Tout émousse et broie les consciences. Il n'est pas une plainte qui ne nous revienne comme un refrain. Voilà le malaise intérieur où, bientôt, nous succomberons.

— Vous voulez rire, dit le comte.

— Hélas non, reprit M. de Vallemont. Toute la différence est que la fronde a quitté les salons, celui de votre père, du mien, où l'on assassinait d'un mot, ou d'une repartie. Elle s'est répandue dans les rues avec les brochures et les libelles que nous avons nous mêmes, avec ces messieurs du Parlement et leurs communes remontrances, contribué à publier. Nous avons appris l'irrespect au peuple, dans le murmure de cent follicules épars et de mille feuillets circonstanciels. Écoutez Bordeaux. Il bourdonnait, naguère, de la fièvre de nos plaisirs. Il s'apprête aujourd'hui pour notre chambre ardente. Regardez la Cour même. Elle porte déjà les signes avant-coureurs de son propre déclin. N'y règnent que de petits diablotins qui font les délices de ces dames, pendant que la ville, murmurante, fourmillante, mouvante, s'apprête pour nous engloutir.

— Mais enfin, s'écria le comte de Lessart, sont-ils donc si malheureux ?

— Ils le sont moins qu'avant, répliqua Vallemont, c'est là le paradoxe. Mais ils en ont conscience. Ils ont les yeux tournés vers la menace. Allez devant la nouvelle salle de spectacle que votre ami Victor Louis a si bellement édifiée et vous verrez ces éloquences de plein vent, les Diogènes du coin des rues qui courent le long des murs comme une poignée de poudre.

— Je ne savais pas, dit le comte sombrement, avant que mon épouse ne m'en ait averti, que la Guyenne était déjà tombée sous la voix de ces héros enroués de la discorde.

— Ces hurleurs de chaise ne sont pas les plus dangereux, reprit Vallemont. Ici, nous avons quelques avocats qui tiennent le haut du pavé, un secrétaire général de la ville, deux ou trois magistrats ingénus qui jettent sans cesse dans le peuple l'erreur, l'imposture, la calomnie ou bien la vérité en pâture à l'espérance.

— Qui sont ces hommes ? demanda Antoine-Claude.

— Ils ont nom Polverel, le plus dangereux, qui eut déjà maille à partir avec votre père, le baron de Gascq. C'est lui, quand le président Leberthon était revenu en triomphe [6], qui avait détaché sa voiture pour tirer seul le carrosse jusqu'au Palais de l'Ombrière. Mais il y a aussi Gensonné, Vergniaud, Barrère de Vieuzac et naturellement Guadet. Croyez-moi, il faut écouter leur voix. Ces Bordelais sont les Athéniens de la France.

Ébranlé par tous ces cris qui s'éveillaient les uns après les autres, Antoine de Lessart parcourut la ville en tout sens. Il voyait partout des affiches, éclatant le long des murs en pamphlets colorés. Les boutiques, sur deux planches ou sous un parasol, campaient avec ces libelles le long des échoppes.

Partout, des mendiants tendaient la main. La nouvelle salle de spectacle était devenue l'arène des passions. Sous ses arcades, devant le marchand de tabac et sous les enseignes, s'exprimaient les cabaleurs dans un large tumulte. Comme il parlait le pichadey, idiome de cette contrée, le comte de Lessart se mêla à la foule.

Tous réclamaient, à son effarement, la convocation des États Généraux.

Il rentra aux Chartrons et demanda à Vallemont de réunir quelques-uns de ces hommes dont il lui avait parlé.

Tous vinrent, excepté Polverel.

Guadet, qu'il avait connu dans sa jeunesse l'embrassa affectueusement.

— Je suis effrayé de l'état de Bordeaux, s'écria le comte, de celui de ma baronnie, de celui de la France.

— Eh oui, Bordeaux est un taudion répondit Guadet de son timbre sonore.

— Mais il faut arranger tout cela, faire des réformes.

— Il est bien tard, murmura sur un ton glacé et uni Arnaud Gensonné. Si j'approchais moi-même le Roi, je ne saurais que lui conseiller. C'est pour cette raison que j'ai refusé la fonction qu'il m'avait offerte [7], je n'ai pu me déterminer à devenir le représentant de ma cité sans être assuré de son avenir.

— Aujourd'hui, ajouta Vergniaud, ce ne sont plus les faubouriens qui parlent, mais bien la France entière.

— Que veulent-ils ? demanda Valdec.

— Le bonheur, répondit Vergniaud, le bonheur, c'est-à-dire l'égalité.

Le comte haussa les épaules.

— Comment voulez-vous leur payer le bonheur quand se lève devant nous le spectre hideux de la banqueroute ?

— Donnez-leur des rêves, donnez-leur l'espoir, donnez-leur le combat répliqua Vergniaud. Faites-en des citoyens.

Antoine-Claude se prit la tête à deux mains. Resté seul avec Guadet, il s'effondra tout à coup.

— Marguerite-Élie, lui dit-il, cela ne sert à rien d'avoir le débit facile et de jouer à l'orateur en veine d'ambition. Tout ce que je viens d'entendre, ce sont des discours de rouleur de nuit. Si l'on réunit les États Généraux pour les livrer à la parlote, cela ne sauvera pas la France.

— Écoute, répondit Guadet, tu vois le Roi ? Tu peux lui parler ?

— Oui, dit Lessart, fréquemment. Et il n'est pas du tout si bête qu'on le croit.

— Eh bien, conseille-lui quelques réformes. D'abord, donner l'état civil aux protestants.

— C'est une bonne idée, observa M. de Vallemont. Si cette mesure de bon sens n'est pas appliquée, il est exact que mes coreligionnaires vont entreprendre une vraie croisade huguenote, et que M. Pitt, notre meilleur et plus fidèle ami, nous aidera sans doute en ce sens.

— Ensuite, poursuivi Guadet, qu'il reprenne Necker, ce qui

fera plaisir aux protestants, et qu'il se sépare de Loménie de Brienne, ce financier médiocre qui perdrait dix empires plutôt que de compromettre son amour-propre. Crois-moi, il faut décatholiciser la France.

— Je ne suis pas papiste, dit Lessart, et cependant vous me faites frémir.

— Comment ! s'écria Vallemont, n'êtes-vous plus maçon et ne jurâtes-vous pas « le monde entier n'est qu'une grande république dont chaque nation est une famille » ? Vous savez bien que c'est pour répandre ces essentielles maximes que notre Société fut d'abord établie. Et comptez-vous pour rien que mon père ait fondé six cent vingt-neuf loges, dont soixante-trois à Paris, quatre cent quarante-deux en Province, trente-huit dans les colonies, soixante-neuf attachées à des corps militaires et dix-sept en pays étrangers ?

— Cela est vrai, dit Lessart. Et je me suis, moi aussi, subordonné à vos règles, parce qu'elles correspondent à mon idéal de fraternité.

— Alors, conclut Vallemont, soyez fidèle à notre pacte. Ne placez point par votre mutisme une couronne d'épines au front du Roi. Ne le poussez pas vers le néant. Mais attachez, en revanche, une grande gloire à votre nom. Poussez-le à réunir les États Généraux.

Pour le reste, et si le Trésor Royal est si vide, on lui trouvera bien des fonds !

Antoine-Claude ayant passé cette conversation au crible de la délibération la plus réfléchie convainquit la comtesse de Lessart de rentrer à Paris dans les derniers jours de septembre.

Le 6 août, le Roi avait tenu à Versailles un lit de justice, afin de faire enregistrer l'édit sur le timbre et la subvention territoriale. Le 13 août, le Parlement déclara les Édits contraires aux droits de la Nation. Le 15 août, le Roi exila les Parlements à Troyes et le 17 août, Fournier-l'Américain fut blessé en dirigeant les émeutiers qui avaient mission de crier : « Il nous faut le Parlement ou le feu. »

On sauva de justesse le comte d'Artois qui, d'émotion, sombra durant quelque temps dans une maladie de langueur. Calonne était parti pour l'Angleterre. Il ne fut donc brûlé qu'en effigie.

On conclut un édit d'emprunt de quatre cent vingt millions

pour cinq ans et Louis XVI promit pour 1792 l'ouverture des États Généraux.

Cathy n'avait guère subsisté bien longtemps en vendant, chez un joaillier du Palais-Royal, les boucles d'oreilles en diamant que le comte de Lessart lui avait offertes. Elle s'était résignée à se séparer de ce bijou, ainsi que d'un petit cœur de saphir bleu et d'une agrafe d'émeraude parce qu'elle avait jugé qu'il valait mieux, par ce biais, parer au plus pressé, c'est-à-dire conserver un certain train pour retrouver un autre amant.

Mais depuis sa rupture, elle avait dû se contenter d'amis de rencontre et elle errait chaque soir, tristement, d'un café à l'autre, sous les arcades du Palais-Royal.

Marion Bouchut, en revanche, semblait avoir établi son commerce à merveille.

Son indolence, son élégance, et son air de souveraine vanité laissaient supposer au spectateur le moins averti qu'elle était en de bonnes mains.

Elle avait revu Cathy, et lui avait expliqué à mots couverts qu'elle était désormais chargée d'un rôle et d'une mission et que cela emplissait son existence bien plus qu'un sentiment.

Cathy n'avait pas osé poser de questions, mais aurait donné le peu qui lui restait pour savoir quelle aventure avait conduit son amie à ce bouleversement.

Tout, en elle, proclamait que, malgré ses atours, elle avait mis fin au badinage et crispait ses mains et ses yeux sur une nouvelle intrigue.

La jeune femme avait bien compris, en voyant Fournier-l'Américain, que le créole n'était point l'homme des douces causeries, des gais épanchements et des tendres caresses. Si ce n'était point le cœur qui l'enlaçait à Marion, qu'était-ce donc ?

Cathy s'y prit tout d'abord par les grâces et les sourires, puis par les menaces, enfin par les supplications. Marion ne répondit pas.

— Tu voudrais me faire battre, pour sûr, gronda-t-elle. Les affaires de Fournier ne te regardent pas.

Mais comme elle était femme, et qu'elle aimait à se faire valoir, elle dit un soir au condottiere :

— Je crois que Cathy voudrait bien entrer dans ta compagnie.

Fournier réfléchit un instant, retroussa ses babines en un terrible sourire et dit mystérieusement :

— Je dois en parler au grand chef.

Quelques jours plus tard, il faisait à Danton la confidence de cette candidature providentielle.

L'avocat lui remit cent livres pour cette nouvelle et lui dit :

— Je ne demande rien à ton enthousiasme, mais tout à ta raison. Si tu veux que nos affaires avancent, il faut que nous composions tous une même phalange, mais que nous nous gardions d'accomplir les mêmes rôles. Dis-moi où vit cette femme, et j'irai la voir en secret.

Enchanté du marché, Fournier-l'Américain donna aussitôt l'adresse demandée et reçut cinquante autres livres de gratification tant Danton était satisfait des services d'une de ses recrues, le Polonais Joseph Félix Lazowski, condamné à mort pour avoir frappé un de ses supérieurs alors qu'il était dans l'armée française et que le Roi venait de gracier, ce qui avait permis à Danton de le sacrer aussitôt son capitaine d'artillerie[8].

L'avocat se rendit donc un soir chez Cathy.

La jeune femme, croyant à un de ses clients, fut prise d'un tremblement à la vue de son mufle sauvage et de sa taille athlétique. Mais l'homme la détrompa aussitôt.

— Ne craignez rien, ma douce agnelle, l'amour avec vous ne m'intéresse pas.

Piquée de cette originalité à peu près unique, Mme Grand prêta une oreille attentive à la conversation.

— J'ai entendu vanter votre charme, lui dit Danton, par votre amie Marion Bouchut qui m'a dépeint votre détresse. Je sais comme les temps sont durs, et il me déplairait, si je puis l'aider à trouver quelques subsides, qu'un aussi joli minois que le vôtre reste dans le besoin. Marion m'a dit que vous aviez vos pratiques chez beaucoup de messieurs de la Cour ?

— C'est exact, reconnut Cathy.

— Parlons bas, reprit Danton, car je vais vous confier un secret. J'appartiens à un nouveau corps d'État qui touche de très près la couronne. Le Roi, parmi ses courtisans, veut savoir ceux qui lui sont fidèles, ceux qui marchent avec l'Autrichienne, ceux qui sont du parti d'Orléans ou du comte d'Artois.

Je voudrais, non que vous posiez des questions trop directes, mais que vous vous contentiez de me rapporter ce que tel ou tel dit dans l'alcôve. Ce qu'il a fait de ses journées, qui il a rencontré, quelles lettres il a reçues.

— Combien gagnerai-je pour cela ?

— Allez, je vous sais dans la gêne, dit chaleureusement

Danton, et je veux vous voir sourire devant que les bougies soient consumées : cent cinquante livres par rapport. Mais ne le dites surtout pas à Marion, elle gagne le tiers à peine.

Cathy remercia l'avocat avec effusion. Elle jugea que l'arrangement qu'elle venait de conclure était le meilleur du monde et Danton la quitta, également ravi. Il ne regagna cependant qu'au petit matin le café Parnasse, ayant passé le reste de sa nuit, sous couleur d'inspecter le travail de Lazowski et de Fournier, aux agapes débraillées qu'il ne pouvait s'empêcher d'affectionner.

Vers le milieu du mois d'octobre, Antoine-Claude de Lessart fut convié par le Roi Louis XVI à la chasse.

L'étiquette prévoyait que les chasseurs dussent être vêtus de la même manière, habit gris, veste et culotte rouges, machette de bottes, bottes à l'écuyère, couteau de chasse au côté et petit chapeau à galons d'or.

Tôt le matin, on battit aux champs. Le Roi sortit du Palais, monta dans sa voiture. La Cour s'engouffra dans les carrosses de la suite et la caravane s'ébranla vers la forêt de Saint-Germain.

Les voitures s'arrêtèrent dans les aboiements des chiens et les hennissements des chevaux. Les meutes, difficilement contenues, rivalisaient de vacarme avec le bruit des trompes.

La chasse fut bonne ce jour-là. Cent dix-sept pièces furent tuées. Chacun se trouva au débotté, moment de faveur et de triomphe.

Le Roi, de très belle humeur, héla le comte de Lessart.

— Prince, lui dit-il, venez là me narrer les événements de la journée.

Antoine-Claude s'approcha de Sa Majesté et tous deux s'éloignèrent de la multitude.

— Vous m'avez manqué, dit Louis XVI. Au moins me rapportez-vous de bonnes nouvelles de mon gouvernement de Guyenne ?

— Sire, les nouvelles sont bonnes ou mauvaises selon le son qu'il plaît à Sa Majesté d'écouter.

Le Roi se rembrunit.

— Je demande que l'on me parle vrai, monsieur de Lessart, et non qu'on me complimente sur la bonne chasse que j'ai faite.

— Alors, répondit Antoine-Claude, Votre Majesté ne sera

guère enchantée de ce que j'ai à lui dire. La situation en Guyenne est grave. Le peuple y a faim et murmure.

Le Roi soupira :

— Je ne puis comprendre ces choses. Certes, la dernière récolte n'a point été fameuse, mais il y a bien assez de grain pour approvisionner nos moulins.

— Le Roi n'ignore pas, reprit Lessart, que la commercialisation des grains est un problème constant de notre économie. M. Turgot l'a compliquée, mais M. Necker lui-même n'a pu le mettre à jour.

— Ah ! ne me parlez pas de ce Genevois ! s'écria Louis XVI. J'en suis fatigué. Il n'y a pas de jour où un tel ou tel bel esprit vient me conseiller de le substituer à M. Loménie de Brienne. Aussi ai-je forgé une réponse toute prête : « Ni la Neckaille, ni la prêtraille. » Et je le dis à tous.

— Sire, dit Valdec, c'est cependant Necker que le peuple espère et qu'il demande à Votre Majesté.

Le Roi fit quelques pas.

— Je pense beaucoup à vous, monsieur. La seule valeur que je reconnaisse encore à Necker est celle de l'équipe dont il avait su s'entourer, et que vous dirigiez, ardent au travail comme mille. Je regrette parfois que, dans ces derniers temps, vous l'ayez été tout autant au plaisir, mais, après tout, cela est votre affaire.

Je voudrais vous savoir plus près de moi.

— Sire, répondit Valdec, le Roi sait bien que je me tiens toujours aux ordres de Sa Majesté pour quelque étude dont elle me charge ou quelque mission qu'elle veuille bien me confier.

Louis XVI s'assit sur un tronc d'arbre. La fatigue de la chasse creusait ses traits et la sueur avait détrempé le rouleau de ses cheveux qui tombaient médiocrement sur ses joues.

— Depuis cette histoire des Parlements, remarqua-t-il, la France n'a plus un seul souverain. Tout porte à croire qu'elle est soumise à douze aristocraties.

— Sire, hasarda Valdec, il me semble que le Roi n'a point d'autres ressources que de déployer toute la force de son autorité pour ne pas la perdre sans retour.

— Monsieur de Lessart, dit doucement Louis XVI, ce procès dure depuis trois cents ans. Nous ne pouvons le gagner en un jour. Si je fais preuve d'autorité, les Parlements, rentrant en agneaux, se comporteront comme des loups. Ils prétexteront le bien public et l'autorité royale se trouvera accablée sous le poids de leur résistance. Sachez-le, à mes yeux, le premier principe de tout bon gouvernement c'est l'humanité, la bonté et la bienfaisance. Et le premier devoir de l'humanité, pour un Prince, c'est de maintenir le droit des gens.

— Sire, reprit Antoine-Claude, la doctrine de Votre Majesté est évangélique. Mais le Roi est Roi, avant d'être très chrétien. Or, le Roi est entouré d'ennemis, dans la nation même et hors de France. Si le Roi veut être bon prince, il doit défendre la nation contre ses ennemis. Et le premier droit de la nation est d'avoir à manger à sa faim.

Louis XVI se leva et se mit à marcher de long en large.

— Monsieur de Lessart, poursuivit-il, je connais les troubles qui agitent mon royaume et je connais surtout leur cause secrète. Elle n'est point dans le peuple, mais auprès de moi, à Versailles, dans ma famille même. Les émeutes de la faim ont bon dos. Comme pendant la guerre des Farines, elles sont causées par les accapareurs. Il me faut quelques hommes auprès de moi pour les faire cesser, quelques hommes qui ne portent pas encore le bonnet à la révolte.

Le comte de Lessart écoutait le Roi passionnément.

— Il m'est venu une idée, reprit Louis XVI, sur laquelle je vous demande votre sentiment. Je voudrais créer, à côté du Conseil Royal, un bureau du commerce qui s'occuperait plus particulièrement de l'approvisionnement de Paris et de l'Île-de-France.

— C'est une bonne idée, Sire, dit le banquier, car depuis que la fonction d'intendant du commerce a été abolie [9], rien ne va plus vraiment.

— Eh bien, dit le Roi, je vais vous charger d'inventer totalement un nouveau bureau du commerce. Avec vous, à sa tête, je sais qu'un nouveau Pacte de Famine [10] n'est pas pour demain.

Antoine-Claude se sentit inondé de bonheur. Le désir de servir et le goût du pouvoir exerçaient sur lui un tel empire qu'il ne mesurait guère les difficultés qu'il allait rencontrer avant d'entreprendre cette nouvelle tâche. L'excitation et l'enthousiasme qui le saisirent furent tels qu'il se mit à travailler sans relâche à ce qu'il appelait « sa grande œuvre ».

Il se savait au solstice de sa vie.

Le Roi, en le voyant agir ainsi, jugea son choix sublime et s'émerveilla de l'activité de celui qu'il nommait « son espèce de pourfendeur ».

La nomination de Valdec de Lessart mit l'abbé de Périgord dans une telle fureur qu'il pensa en avoir une attaque d'apoplexie.

Mme de Staël le calma à grand-peine, en lui faisant remarquer :

— Nous avons vu pareille jubilation lors de l'arrivée de Turgot aux Finances. Elle n'a pas duré six mois.

Mais la fureur de l'abbé de Périgord était si forte que tous les mots lui échappaient et qu'il traitait couramment Louis XVI de « Roi des Patates » [11].

— Ah ! s'écriait-il, c'est la faiblesse qui a mis la tête de Charles Ier sur un billot, c'est la faiblesse qui a rendu Charles IX cruel. C'est elle qui a formé la ligue sous Henri III, qui a fait de Louis XIII un esclave couronné. Elle fera de Louis XVI le dernier de nos rois.

Comme, pour fortifier ses idées, il se rendait fréquemment à la loge des Philalèthes, sa rancœur, colportée, finit par courir tout Paris.

La loge était également fréquentée par tous ceux qui, s'estimant négligés, se fatiguaient de jalousies et d'intrigues contre les possesseurs heureux des crédits et des grâces. La compagnie, pour certaines tenues auxquelles l'abbé de Périgord n'avait pas toujours accès, était la plus distinguée et la moins nombreuse.

Il y avait là les frères Lameth, le maçon Victor Louis, le marquis de Mirabeau, et tous s'étaient réunis ce soir-là pour conférer à un nouvel adepte le 28e grade de l'Ancien Ecossisme.

Deux maçons bordelais, MM. Guadet et de Vallemont avaient été conviés à la cérémonie.

Le nouveau venu s'appelait Jacques Georges d'Anton ou Danton. On avait déjà éprouvé son art de combattre contre l'esprit d'hérésie.

Le Grand Maître, le Vénérable Victor Louis, avait exigé du récipiendaire un jeûne de vingt-quatre heures, ce qui avait semblé à Danton proprement héroïque.

Il l'avait ensuite forcé à boire une liqueur spiritueuse et il faisait maintenant son entrée dans une salle, tendue de noir, et éclairée par trois bougies jaunes. Cinq hommes, vêtus en magiciens, les frères Lameth, l'abbé de Périgord, Guadet et Louis Donatien de Vallemont, parurent alors et s'assirent sur des coussins. Plusieurs détonations se firent entendre et des gémissements mêlés de convulsions leur succédèrent.

Danton s'avança alors vers le Grand Maître. Il avait posé sur son front terrible un ruban couleur d'aurore et chargé de broderies d'argent. On lui passa autour du cou un autre ruban, empreint de plusieurs croix qui semblaient tracées avec du sang. On lui remit une croix, chargée de hiéroglyphes, une amulette, et un morceau d'alun qu'il devait garder dans la bouche tout le temps où il lirait le serment suivant :

« Je jure, promit Danton, de révéler au chef de l'ordre tous les secrets quelconques qui pourraient m'être confiés ou que j'aurais pu découvrir. Je jure d'explorer tout ce qu'il est important de savoir ; d'employer au besoin le feu ou le poison ; de rendre imbéciles ceux dont il serait imprudent de trancher les jours ; de soumettre toute religion, toute promesse, tout devoir, tout sentiment à la décision du Grand Maître. Enfin, de lui donner droit de mort sur moi, s'il pouvait me convaincre d'avoir trahi les secrets qui m'auraient été confiés. »

« Lilia pedibus destrue », répondirent les témoins de cette étrange scène en se séparant.

L'abbé de Périgord rejoignit le récipiendaire.

— Il est temps, dit-il que l'on sache que la liberté d'opinion est une liberté pleine et entière, une propriété réelle, non moins sacrée que toutes les autres à qui notre protection est due.

— Cela est vrai, dit Danton. Mais nous ne serons pas longs à détruire la vieille frégate. Vous verrez, nos amis anglais nous aideront à organiser quelques agitations utiles. Ensuite, le patriotisme et le patrouillotisme feront le reste.

Le rire de Danton glaça Talleyrand qui constata que cette lèvre ardente parlait, pour la première fois, tambour battant.

10

Autant qu'il fut absorbé de labeur, le comte de Lessart ne pouvait s'empêcher de songer à Cathy. Tout, de ses préoccupations, le ramenait à ce visage et au portrait qu'en avait fait Mme Vigée-Lebrun et dont il avait fait tirer une miniature qui ne quittait pas son gousset.

Étant donné les circonstances, Antoine-Claude avait négligé de suspendre le médaillon dans son cabinet, chaque visiteur n'omettant pas, en effet, de lui demander à quelle actrice appartenaient les traits charmants que le peintre avait si joliment fixés pour la postérité.

Il ne pouvait se résoudre à se faire sévère face aux égarements de la jeune femme. Même ses conduites les plus déshonnêtes attiraient une commisération de charité et d'attendrissement.

Parfois, il questionnait Garodeau :

— Où est-elle, que fait-elle ?

Le valet négligeait de répondre, laissant le comte aux déductions de son silence. Mais il voyait bien que son maître était toujours aussi éperdu de cette jolie tête, riant sous la Fontange, de ce corps vaincu et tant espéré.

Parfois, Garodeau se demandait s'il n'aurait pas dû laisser faire. Le scandale, si souvent, avait été porté en triomphe jusqu'au trône du Roi, qu'il se trouvait, après tout, bien rigoureux de vouloir être honnête.

Mais le chagrin qu'avait ressenti Antoine de Valdec, le valet ne le pardonnait pas, et il s'enfiévrait en l'entendant appeler par euphémisme une fille du monde ce qu'il qualifiait, lui, de femme de débauche.

Le nouveau bureau du commerce eut sa première séance le 17 novembre[1]. On commença par tenter de régler le problème insoluble du matériel qui devait amener les grains vers Paris. En effet, la même charrette ne venait pas des provinces éloignées jusqu'à la capitale. Il eût fallu pour cela un cheptel considérable qui n'existait pas dans une même main.

On décida donc que le centre des approvisionnements serait Corbeil et, qu'indépendamment de ce centre, on instituerait par ailleurs, une triple rangée de magasins au faubourg de la Gloire, à Choisy et à Charenton.

Puis, on en fonderait à Bray, à Lamothe Tilly, à Nogent, et à la Ferté sous Jouare.

Selon les besoins, l'intendant de Paris pouvait même faire appel aux généralités voisines, Soissons, Châlons, Dijon et Orléans.

Persuadé qu'il avait fait accomplir au casse-tête des approvisionnements un pas important, Valdec de Lessart courut chez le Roi pour lui soumettre un plan selon lequel, en cas de disette, il pourrait s'entendre avec de gros marchands, ou même avec les producteurs, de telle sorte qu'on n'utiliserait les blés du Roi qu'en dernier ressort pour ne pas peser sur les cours tant qu'ils ne seraient pas gonflés artificiellement par les spéculateurs.

Louis XVI applaudit au rapport, complimenta M. de Lessart et le couvrit, ainsi que la Reine, de mille caresses.

Valdec rentra tout heureux à son cabinet et s'y enferma pour travailler jusque tard dans la nuit. Mais son esprit s'évadait sans cesse vers Cathy. Son visage s'inscrivait au milieu des phrases et des chiffres. Vingt fois, il tira le médaillon de sa poche, et l'y replaça comme un objet maléficié.

Vingt fois, il se gourmanda de céder à ses instincts et se condamna de se surprendre ainsi en faute. Et cependant, les rêves et les désirs qu'il avait formés ne le lâchaient pas. Il revoyait les yeux si doux de la jeune femme, son expression langoureuse. Il songeait aux plaisirs passés, il écoutait ses tendres serments.

Pour tout dire, il pleurait.

A la fin, il eut hâte d'en finir et de reprendre aussitôt les festins abolis de la tendresse.

Il dit à François Garodeau :

— Va la chercher.

— Je ne sais où la trouver, monseigneur, répondit le valet timidement.

— Si, tu le sais, reprit le comte, va !

Garodeau y alla et arracha Cathy à ses cyniques passe-temps. Il la ramena chez M. de Lessart qui trembla de bonheur en l'apercevant.

La jeune femme était vêtue d'une robe blanche, serrée à la taille par un ample ruban bleu.

Elle se jeta aux pieds du comte et se mit à sangloter, comme on pleure sur quelques reliques.

Antoine-Claude la releva, la couvrant de baisers. Garodeau quitta la pièce, écœuré quand il l'entendit lui dire :

— Madame, ma mémoire ne me rappelle jamais ce que mon cœur a oublié.

Le reste se passa tout au long de la nuit.

Le comte ne cessa de s'affermir dans l'effusion et dans l'expansion, toujours émerveillé de l'instinct et de l'illusion du premier mouvement.

Plus rien ne lui apparaissait dans la réalité de son être ni de son essence. L'émotion qu'il éprouvait était si intense qu'elle triomphait de toutes les réflexions. Il lui semblait que son âme revenait au vrai. Cathy apaisa son sexe et le rasséréna. Elle le tira de l'état de convulsion et d'ivresse dans lequel elle l'avait plongé. Il crut à ce qu'elle lui jurait de sa tendresse, de sa nature, de son repentir.

Il éprouva la certitude d'aimer passionnément et s'effraya de son intrépidité.

Il repoussa les questions qui creusaient un abîme en son âme et se convainquit qu'un homme ne pouvait éprouver, en regardant une femme, autre chose que de l'illusion.

Il buvait en même temps sa liberté et sa souffrance. Il se jurait de ne pas engager l'avenir et d'épuiser le temps présent. Chaque larme lui était flamme. Il frémissait au plus secret de son être, il renaissait à des voluptés qui le pénétraient au plus profond de sa chair.

Il substituait à la galanterie et à la tendresse le ravissement de l'amour. Il éprouvait pour Mme Grand non un caprice, mais une folie presque religieuse. Il eût voulu écrire leur histoire à genoux et s'enivrait de son calvaire. Il se purifiait par ce qu'il croyait lui infliger de l'expiation de ses fautes.

Ces expansions ne s'achevèrent qu'avec un sommeil bref.

Mme Grand avait montré du sublime dans le bonheur. Elle le quitta au matin, jurant qu'elle se sentait indigne de lui et qu'elle l'attendrait désormais, toute sa vie, à jamais recluse.

Il adora jusqu'au bruit que fit sa robe froissée sur laquelle se referma la porte et, tout à son emportement, se persuada d'avoir égaré dans son carrosse ou dans le cabinet du Roi le double du rapport sur les approvisionnements qu'il avait soumis la veille à Sa Majesté.

Le matin même, il retourna au commerce des grains qu'il avait juré de rendre bénéficiaire.

Sans demander d'argent au trésor pour cela, il fit imprimer des affiches qui indiquaient au peuple que les charrettes arriveraient régulièrement dans les villages, les mardis et les vendredis. Le Roi contresigna cette proclamation[2], mais voulut faire mieux en accordant une prime à l'importation. Les blés arrivèrent massivement d'Angleterre, ruinant en grande partie tous les commerçants dont Valdec de Lessart avait encouragé les approvisionnements.

Alors, pour connaître l'état des stocks, il fallut décider des perquisitions et faire escorter les charrettes par des détachements de maréchaussée.

Au bout de trois jours, le système se bloqua de nouveau. Valdec de Lessart eut alors l'idée d'instaurer la « charité obligatoire », un impôt de vingt sous par tête qui taxait les dix citoyens les plus riches de chaque commune pour couvrir ainsi par avance la contribution des citoyens les moins fortunés.

Mais chacune de ces mesures, aussi imaginatives soient-elles, semblaient se heurter à un mur. Tout se passait comme si, en étant chargé de l'approvisionnement, le comte de Lessart avait hérité d'un dossier empoisonné.

— Monseigneur, lui dit un jour François Garodeau, dans le temps que nous vivons, c'est un grand malheur pour un homme de toucher un sac de blé et, maintenant, cela devient même dangereux de passer à côté.

Antoine-Claude se prit la tête à deux mains.

Il avait beau savoir la législation sur les grains, encore capricieuse, contradictoire et inégale, rien n'expliquait les difficultés qu'il rencontrait au jour le jour, comme si le désordre contre lequel il luttait avait été organisé.

« De tous les moyens de remuer le peuple, écrivit-il au Roi Louis XVI, il n'en est pas de plus puissant que de lui représenter l'image de la famine. »

Le Roi comprit à demi-mot, et répondit :

— La disette réelle est moins dangereuse que la disette d'opinion.

Chaque soir, Antoine de Valdec soupait avec son épouse, puis, sous le prétexte de travailler de nuit dans son cabinet, rejoignait Cathy dans le petit hôtel contigu de la rue du Sentier. Elle-même ne se rendait que très tard dans cette retraite, et comme il avait le goût de se délasser auprès d'elle, il lui racontait les murmures et les déboires de la journée.

— N'en n'avez-vous point assez de vos farines ? demandait Cathy.

— C'est un gros travail, tu sais, surtout en cette saison, où, du fait de la froidure, les moulins à eau chôment. Pour éviter les émeutes, j'avais substitué les coches d'eau aux charrettes, mais maintenant les rivières sont gelées et je suis obligé, de nouveau, de faire appel au transport terrestre.

Quelques jours après cette confidence, et bien qu'on ait prit la précaution de faire venir des chevaux d'artillerie de Flandres et du Hainaut, les charrettes de blé furent stoppées et incendiées par la populace à Dreux, Montlhéry, Arpajon, Meaux et Crécy.

Valdec de Lessart demanda alors des détachements de chasseurs et de hussards qui accompagnèrent les chargements sur les bacs des rivières et au long des grandes routes, mais on attaqua encore les charrettes. Il comprit qu'il était trahi quand, après avoir obtenu le désarmement des habitants de Cergy, on les trouva porteurs de fusils anglais à trente-six sous l'un.

La Cour tout entière se passionnait pour la partie de bras de fer qu'avait entreprise le comte de Lessart. Chaque matin, le Roi se faisait faire le récit des émeutes. Il savait qu'après les blés, ce serait le braconnage, puis l'abattage des taillis et baliveaux, enfin le chapardage du bétail.

Alors, il faudrait pendre les pillards et Louis XVI y répugnait.

Il avait appris que, dans certaines généralités, on avait déjà planté les potences au coin des ponts, et cela le désolait. Il avait compris qu'une insurrection, combinée, organisée, venait d'éclater dans toute la France puisqu'on jetait partout à la rivière les charrettes de farine en criant à la pénurie. Mais il se demandait toujours qui pouvait bien marcher à la tête de cette armée.

Pendant ce temps-là, Danton avait réussi à faire embaucher Lazowski en tant qu'inspecteur des manufactures[3].

Cette place secondaire, aux appointements modestes, l'avait tout d'abord conduit à Soissons où l'impétrant n'avait guère trouvé que des manufactures de prêtres et des fabriques de religieuses. C'est alors que l'ingéniosité de Danton avait fait merveille en imaginant une inspection ambulante qui conduisît le Polonais aux quatre coins de France.

Parfois seul, parfois escorté de son compère Fournier-l'Américain, Lazowski courait donc les chemins, faisant mine de s'informer sur l'état des arts, du commerce et des objets de l'industrie.

En fait, le seul commerce que les deux sbires s'entendaient à faire prospérer était celui des afflictions et de la ruine de la société.

Au printemps de 1788, il y eut partout des émeutes, à Bray-sur-Seine, à Lagny-sur-Marne, à Brie-Comte-Robert, à Bonnières, à Étampes, et même à Rambouillet.

Cependant, Antoine-Claude ne perdait pas courage. Ce qu'il appelait « son grand et salutaire ouvrage » l'occupait essentiellement.

La passion qu'il continuait d'éprouver pour Cathy faisait le reste. Il rêvait, au milieu de ses dossiers à cet air de nymphe, à ce visage délicat, à ces jolies joues, à ces cheveux dorés, et à ces yeux violets, légers comme son âme.

Elle-même semblait avoir abandonné ses fanfaronnades de vices. Si l'esprit ne lui était pas plus venu que l'invention, elle multipliait les attentions charmantes, et paraissait toute à son bonheur d'appartenir à un homme si disputé, si envié et si parfaitement considéré à la Cour.

Dans le courant du mois de janvier, Louis XVI avait enfin cédé aux sollicitations du comte de Lessart et rendu par un édit la liberté civile aux protestants.

Antoine-Claude s'était attaché à ce projet comme au remboursement d'une créance.

Le Roi, en voyant cet acharnement, lui avait même demandé en riant :

— Ah ça, monsieur le banquier, avez-vous emprunté sur la tête de Calvin ou celle de Luther[4] ?

— Sur aucune des deux, Sire. A peine sur celle de M. Wallenberg de Vallemont qui m'a prêté de quoi faire acheminer les farines de Votre Majesté. Ce huguenot affirme que si le Roi accorde l'état civil aux protestants, il sera couronné à l'égal de Jésus.

— Oui, répondit tristement Louis XVI, Jésus ne fut couronné de gloire qu'après sa mort. Avant ce fut d'épines. Et c'est à Jérusalem, la ville où fut plantée sa croix, que ses ennemis portèrent les premiers coups.

Le Roi cependant accorda les mêmes droits civiques aux protestants qu'aux catholiques. Leurs mariages, jusque-là illégaux, devinrent valides au regard de la loi. On leur permit d'ouvrir, partout, des cimetières, mais sur un seul point, Louis XVI ne transigea pas : celui des Saintes Assemblées. Les cultes ne furent pas reconnus pour autant, et leurs ministres restèrent au désert.

L'abbé de Périgord commenta ces mesures en disant :

— Dans cette histoire, il n'y a de sainte que la frayeur inspirée au Roi par les protestants.

Et il ajouta :

— Il est bien démodé d'avoir été écorché vif sous les dragonnades. De nos jours, un prêtre doit croire un peu pour ne pas avoir l'air hypocrite, mais pas trop, pour ne pas sembler intolérant.

Ses conversations avec Mme de Staël s'étaient espacées, d'autant plus que la baronne, toute aux émotions de l'amour, négligeait un peu l'amitié.

L'abbé de Périgord, qu'un grand attachement liait à l'objet de cet amour, le comte Louis de Narbonne, ne prenait guère ombrage de cette liaison passionnée dont il était chaque matin, dès l'aurore, le premier confident.

Consacrée à la gloire et à la proclamation de cette nouvelle tendresse, Mme de Staël n'était plus que tumultes et enivrements. Elle avait quitté les effarouchements de la pudeur dès que M. de Narbonne s'était libéré de l'attachement qui le liait à une ravissante actrice, ce qui avait fait dire aux envieux « qu'il avait laissé tomber la rose pour le bouton ».

Mme de Staël n'avait cure de ces commentaires.

Pour Narbonne, son enchantement, sa faiblesse, elle avait tout abdiqué d'emblée.

Elle disait à Périgord :

— N'ai-je pas bien fait, l'abbé, de me consacrer au bonheur ?

— Peut-être, madame, répondait Talleyrand, mais il me semble, à vous voir, avoir été d'un autre sexe.

Néanmoins, M. de Périgord n'était pas mécontent du choix fait par Mme de Staël. Il trouvait même assez ingénieux, sur le simple plan de sa stratégie personnelle, que la baronne ait distingué ce brillant officier.

Tout le monde savait à la Cour que Louis de Narbonne n'était pas le fils du duc, son père, pour la bonne et simple raison que cet infortuné soldat avait eu au siège de Namur en septembre 1746, les cuisses percées par une balle.

Cette blessure avait occasionné de si épouvantables ravages, qu'elle avait, entre autres, enlevé au duc tout espoir de postérité. Un fils lui était cependant né, dans la résidence d'été du duc de Parme et avait été simplement ondoyé à la naissance, comme il est de coutume pour les bâtards des princes.

Tout le monde, dès le baptême de l'enfant qui avait eu lieu à Versailles, dans la chapelle même du Roi [5], par les soins du Grand Aumônier de France, avait conclu que Sa Majesté Louis XV était passé par là et avait comblé de ses bienfaits la duchesse de Narbonne.

Comme il n'est point de cour sans méchantes langues, quelques vipères avaient avancé que le petit Louis n'était pas non plus le fils de sa mère, mais bel et bien le fruit d'un inceste de Louis XV avec sa fille, Mme Adélaïde, vive et ardente jeune femme, tombée sous la férule du peu scrupuleux Beaumarchais, qui, telle Judith, se serait sacrifiée pour séparer son père d'avec Mme de Pompadour.

Quoi qu'il en soit, Louis de Narbonne n'avait jamais cherché à démêler ce qu'il appelait « les contes si singuliers qui ont entouré ma naissance ».

Il se contentait d'être, comme son père, riche de tous les dons de la nature. Et comme la devise de la Maison de Narbonne, une des plus anciennes de Castille, était : « Nous descendons des rois si les rois ne descendent pas de nous », chacun avait conclu que la destinée de M. de Narbonne était décidément marquée d'un signe singulier.

L'abbé de Périgord avait jugé pour le moins piquant l'arrivée de ce nouveau venu dans le boudoir de Mme de Staël. Beau, sans tête, exquis, portant jusqu'au bout des ongles les raffinements de son illustre naissance, Louis de Narbonne était apparu comme une marionnette rêvée dans les mains de l'abbé de Périgord.

Mme de Staël, qui vivait son amour comme une épopée, avait déclaré à Talleyrand :

— J'en ferai un ministre.

Cette réflexion, dédiée à la postérité, avait mis l'abbé aux délices. Il savait que la baronne marcherait pour Narbonne sans pâlir ni frémir, et il imaginait quelle merveilleuse machinerie il allait pouvoir monter pour assouvir certaines de ses vengeances.

A Louis de Narbonne qui observait :

— J'ai de la sympathie pour M. de Lessart, c'est un homme que j'aime bien.

Talleyrand avait répondu :

— Oui-da, comme Caïn aimait Abel.

En effet, l'abbé ne se consolait pas de la trahison de Cathy. Peu importait qu'elle fût revenue, puis qu'elle ait trahi Valdec à son tour. Ce qu'il aurait voulu, c'est qu'elle demeure à lui seul, et qu'il trouve dans cette soumission plus que du badinage.

— Que vous torturez-vous pour cette fille ! s'écriait Mme de Staël.

— C'est que, disait Talleyrand, elle m'offre toujours ce qu'elle croit m'avoir vendu.

La baronne haussait les épaules. Elle comprenait la folie du sacrifice, mais non le papillotage. Elle se dévouait pour ses intrigues et faisait de ses passe-temps la grande affaire de sa vie.

L'abbé, en revanche, recherchait dans l'amour les chatouillements de la tyrannie. Il se plaisait à les attirer, à subir leur influence mystérieuse, à se crisper dans une contraction nerveuse qui l'aurait conduit jusqu'à l'orage, jusqu'au crime. Il éprouvait la certitude d'avoir assez mal manœuvré avec Cathy mais, aujourd'hui, la rancœur et la haine effaçaient son absence, et son amour, vêtu de deuil, puisait dans cette tristesse un terrible instinct de vengeance.

Tout abîmée dans sa nouvelle passion, Mme de Staël ne vit point arriver ce qui, à dire vrai, survint comme un coup de tonnerre, bien que tout le monde s'y attendît : le rappel de M. Necker.

C'était l'été, un été qui n'en finissait pas. Chacun savait qu'il fallait s'attendre, de part ou d'autre, à une échauffourée. Ce fut le ciel qui la livra. Dans la soirée du 13 juillet, un orage si violent s'abattit sur la France, que l'on crut le pays renversé et ciel pardessus tête.

On ne compta plus les maisons dévastées, les arbres arrachés, les récoltes détruites, et comme hachées, ainsi que toutes les fleurs, tous les légumes et jusqu'au feuillage des arbres par une grêle si atroce que tous y virent la fureur de Dieu.

L'abbé de Périgord ne croyait point en Dieu, mais il croyait au ciel. Par une des fenêtres de l'ambassade de Suède où il devisait avec Mme de Staël, il vit le ciel devenir noir et eut l'impression, héritée des Gaulois, que les nuages allaient lui fracasser la tête.

Si l'hôtel n'avait été protégé de la récente invention de M. Benjamin Franklin, l'abbé serait peut-être tombé à genoux avec le reste de la France.

Le lendemain de cette épouvantable catastrophe, le Roi réunit ses conseils et ordonna que l'on secourût tous les pauvres gens, particulièrement les paysans qu'il avait en estime.

— Voilà qui est facile à dire, Sire, observa Valdec de Lessart. Mais on ne disperse point la populace, pas plus qu'on ne la cajole avec un piquet de cinquante maîtres du Royal Allemand armés de mousquetons.

En fait, et dès que la tempête eut haché les récoltes, six mille brigands et autres sans-aveux accoururent à Paris par la porte d'Enfer et commencèrent à se livrer au pillage et au désordre.

A l'annonce de ces troubles, le Parlement avait encore rué et promené le pouvoir dans diverses péripéties. Au début du mois d'août, le Roi, ne sachant plus que dire, promit l'ouverture des États Généraux pour le 1er mai prochain. Aussitôt, chacun se mit à cabaler de plus belle, dans l'espoir de se faire élire ; la plupart partaient déjà pour leur généralité, afin de se préparer à la campagne.

Louis XVI, resté à Versailles, avait épuisé tous les avis. Vers le milieu du mois, il décida d'un emprunt forcé.

— Voyez-vous, confia-t-il au comte de Lessart, j'étudie en ce moment la vie de Charles Ier, votre ancêtre. J'en tire que tout peuple échauffé et soulevé ressemble au peuple d'Angleterre, que tout homme factieux et entreprenant est de l'humeur de Cromwell et que, s'il n'en a pas les talents, il en a, du moins, l'emportement et la malice.

— Rappelez Necker, Sire, dit Lessart.

— Ah ! soupira le Roi, il a toutes les qualités d'un bon capitaine et tous les défauts d'un mauvais général.

— Le Roi voit-il une autre solution ?

— Il faudrait consulter, se faire admettre dans la familiarité de personnes de différents États ; trouver deux ou trois hommes dont la religion, la probité et les lumières méritent la confiance.

— Le Roi veut-il tenter ce recours ?

— Hélas ! plus je compare les êtres entre eux et plus leurs vices et les talents me font sentir plus clairement les vices et les défauts des autres.

— Eh bien, Sire ?

— Voilà le drame : une bagatelle devient considérable quand elle vient du prince. Tout le monde ne possède pas votre pénétration singulière ni votre finesse de discernement. Voyez donc : les soupçons, les recherches, les conjonctures, tels sont l'entretien et l'occupation de la Cour, tandis que tout en France va à vau-l'eau.

— Sire, parce qu'il faut penser à nourrir le corps avant de lui procurer des ornements, je conjure le Roi de rappeler Necker.

— Très bien, répondit Louis XVI, puisque vous cédez vous aussi à cette réputation de mode et de faveur qui fait que tout le monde s'empresse de vanter les mérites et les talents de ceux qu'ils veulent mettre en place, je vais rappeler Necker. Mais prenons garde qu'on ne puisse appliquer à ce Genevois la maxime du duc de La Rochefoucauld selon laquelle il y a des hommes que l'on pourrait comparer à des vaudevilles qui sont en vogue pendant un temps et qui tombent ensuite dans un éternel oubli.

Cependant, M. Loménie de Brienne, ayant offert sa démission, Necker reçut à la fin du mois d'août[6] la charge de ministre du Roi. Il soupira, en appelant aussitôt Antoine-Claude à ses côtés.

— Que ne m'a-t-on nommé avant M. de Brienne! Aujourd'hui, il est déjà trop tard.

11

Les tenues qui réunissaient les frères Lameth, Victor Louis, l'abbé de Périgord, Guadet et Danton au Convent des Philalèthes se firent de plus en plus nombreuses à la fin de l'été. A mesure que les têtes s'échauffaient, les liaisons devenaient plus soutenues. Partout, on sentait la Révolution s'avancer, ce qui faisait dire à Georges Danton :

— Si vous ne la voulez pas à pied, elle viendra à cheval.

Lazowski et Fournier-l'Américain avaient provisoirement interrompu leurs visites en province. Mais ils étaient désormais unanimement connus et appréciés puisqu'ils distribuaient partout, où ils passaient, cinquante livres de farine blanche pour la subsistance des petits enfants.

Le blé n'était d'ailleurs plus, avec l'été, le souci principal de Danton. Ce qui l'inquiétait maintenant, c'était la préparation des États Généraux et la manière dont allaient être rédigés, à travers la France, les cahiers de doléances qui en fixeraient l'ordre du jour.

Dans les consciences, les idées n'étaient pas très claires. On prétendait adroitement certaines revendications sous formes de mystérieuses confidences, mais le gros du peuple s'en tenait à de simples demandes : réduction des impôts, suppression des corvées, droit d'avoir un pigeonnier à soi, un four à pain ou une girouette [1].

Cela ne faisait nullement l'affaire de Danton, non plus que des Lameth qui, malins comme des renards, communiquaient partout l'enthousiasme des réformes.

Durant chacun de leurs conciliabules nocturnes, les compères tramaient un projet qu'ils allaient mettre à exécution. L'abbé de

Périgord relisait avec bonheur le Cardinal de Retz et puisait dans ses Mémoires, l'essentiel de sa stratégie.

— Au fond, proclamait-il, depuis la fin de la guerre civile connue sous le nom de Fronde, il n'y a plus eu en France qu'un parti triomphant, celui de la Cour.

Or, le grand art du Cardinal de Retz, qui savait si bien conduire un parti politique qu'il a élevé cette pratique au rang d'esthétique, s'est perdu depuis par faute d'exercice.

Notre entraînement s'est borné à mettre une catin dans le lit du Roi et à cabaler contre les ministres.

Cela n'est pas de notre rang.

M. de Montesquieu avait raison lorsqu'il disait que l'on devrait, en toute chose, prendre modèle sur l'Angleterre.

Au Convent des Philalèthes, fondons comme en Angleterre, le parti des défenseurs du peuple contre le despotisme ministériel.

La Constitution sera notre mot d'ordre. Devenons monarchiens.

Et Danton répondait :

— D'accord pour l'Angleterre, mais la tête de notre parti sera la Maison d'Orléans.

L'abbé de Périgord n'était guère d'accord avec cette suprématie reconnue au Palais-Royal. Il ne croyait pas le duc capable de se distinguer par des actions éclatantes de bienfaisance et de patriotisme. Quant aux compétences militaires, l'affaire d'Ouessant [2] témoignait suffisamment de ce qu'il fallait en penser.

Mais Talleyrand avait définitivement rompu avec Versailles. L'aversion qu'il inspirait à la Reine, les vexations répétées dont il avait été l'objet, le fait qu'on ne lui accordait toujours pas d'évêché avaient conduit l'abbé de Périgord à choisir son camp, ce qu'il proclamait d'une phrase lapidaire :

— Je ne serai jamais du bord des vaincus.

Mais tout de suite après, il soupirait :

— Le gouvernement sera bien avancé quand il saura qu'il ne faut au peuple que des choses raisonnables !

Il se demandait tout de même s'il avait bien jugé de vouloir tout construire sur des bases nouvelles et, surtout, d'accepter de le faire avec de vilains gueux [3].

Cependant, Talleyrand ne pouvait s'empêcher, surtout depuis la promotion de Valdec de Lessart, d'appliquer sa doctrine qui était de se rendre agréable au peuple, redoutable au ministre et nécessaire au Roi.

Avant Danton, il évoquait parfois la technique qu'avait employée le Cardinal de Retz pour se gagner des partisans et se concilier des meneurs : une corruption, roulant sur des sommes énormes.

— Nous n'y parviendrons pas, grognait l'abbé de Périgord dont les revenus suffisaient à peine à l'agrément de sa bibliothèque.

— Si fait, répondit Danton. Nous inventerons la dépense patriotique.

Et l'avocat expliquait que le pactole tomberait sans conteste au jour dit, pour bonne et simple raison que chaque émeute lui serait payée quarante mille livres[4].

Et il ajoutait :

— M. Pitt sait parfaitement que l'Angleterre ne parviendra jamais à la suprématie des mers et du commerce tant que la dynastie des Bourbons existera.

A quoi l'abbé de Périgord répondait que l'Angleterre pouvait, tant qu'elle le désirait, acquérir la suprématie du commerce, qu'à ses yeux, le génie de France était ailleurs, dans l'image que lui en avaient léguée ses ancêtres et que les philosophes avaient achevé de lui enseigner. Ce qu'il voulait, lui, c'était le rayonnement de l'esprit et de la langue française, quant à l'économie, la solidarité européenne devait y pourvoir.

Danton hochait la tête. Il se moquait un peu de la langue et pas mal de l'esprit.

Ce qui lui importait, c'était ce petit mot qu'il serrait dans sa poche et qu'il avait reçu le matin même de son principal bailleur de fonds :

« — Mylord désire que vous ne pensiez pas à envoyer ni tenir aucun compte. Il désire même que toutes les minutes soient détruites, vu que, si elles étaient trouvées, elles pourraient être dangereuses pour tous nos amis en France[5]. »

Néanmoins, à chaque tenue de loge, le Convent des Philalèthes avançait un peu plus dans son travail.

Ses membres étaient occupés à composer une sorte de code en dix-sept articles que Lazowski et Fournier-l'Américain auraient la charge de porter dans les généralités et qui résumeraient les revendications que l'on devait retrouver dans chaque baillage. Il y était question de la liberté individuelle, de la liberté de la presse, du secret des lettres, du respect de la propriété, de l'impôt consenti, de la périodicité des États Généraux, de l'égalité de l'impôt, de la réforme de la législation civile et criminelle, de la responsabilité des fonctionnaires publics.

— En somme, disait l'abbé de Périgord, nous allons faire décider un peuple qui n'en sait rien de toutes les lois constitutives de l'État.

— Certes, répondait Danton, mais le peuple n'approuvera que ce qui lui paraît juste et raisonnable.

L'abbé de Périgord haussait les épaules.

Le prélat avait cependant fait violence aux autres membres de sa loge sur un point. Il avait exigé que soit inscrit un article[6] demandant l'établissement du divorce comme seul moyen d'éviter le malheur et le scandale des unions mal assorties.

La contagion de ces cahiers fut partout immense.

De Crespy en Valois à Villers-Cotterets, du Rouergue à la Guyenne, chaque paroisse, dont le curé avait reçu, en même temps que le texte, une lettre du duc d'Orléans le priant « d'opérer grâce à ses lumières tout le bien possible sur le canton », se mit à recopier frénétiquement les motions du Convent des Philalèthes.

Pendant ce temps-là, à Versailles, Necker continuait de sangloter sur le délabrement des finances.

— Le parti Orléans écrit à tous les curés, lui annonça un soir le comte de Lessart.

— Eh pardieu, je le sais, répondit le ministre d'État. Et nous n'avons pas, nous, de quoi faire imprimer des affiches !

Depuis que son maître était revenu au pouvoir, Claude de Lessart[7] avait eu recours à quelques remèdes éculés : l'agiotage sur les piastres et les petites loteries. Mais les maigres avantages de ces recettes de poche avaient été mal accueillies dans l'opinion.

— Il faut cependant avoir des affiches, s'indignait Necker.

— Attendez donc, j'ai une idée dit Lessart.

Et le soir même, il courait à Paris, réunissait trois notaires de sa connaissance, et les convainquait, non sans mal, de lui prêter, sur le compte de leurs clients, des fonds qui suffiraient, du moins l'espérait-il, à payer l'imprimeur.

Depuis qu'il était revenu aux affaires, Lessart résidait à Versailles dans l'aile des ministres.

On allait vers la fin de l'été, et il s'émerveillait chaque matin de cette architecture végétale qui semblait dicter par ses perspectives le rythme des saisons. Il lui arrivait d'aller méditer sous le rideau mouvant des ramures et même de s'asseoir dans l'alignement des vasques de marbre qui descendent vers le bassin du dragon et celui de Neptune.

Puis, las des divinités de pierre, du miroitement des eaux et du frémissement des roseaux, il se dirigeait vers l'orangerie, rêvant devant les prosaïques baquets de bois qui contenaient les arbustes aux pots d'argent pur que Louis XIV avait fait ciseler pour eux et qu'il avait été contraint de faire fondre.

Puis, au-delà des grilles qui fermaient l'orangerie, il interrogeait la ville, si gaie et si tranquille dans son apparence du matin. Il ne s'en tenait pas à cette peinture sommaire et continuait à s'hypnotiser sur le déficit.

Il ne voyait plus souvent Mme Grand, mais songeait toujours à elle avec la même ferveur teintée de jalousie. Parfois, il s'échappait du Palais pour passer un moment avec elle, et la serrer dans ses bras, à Paris de minuit à quatre heures du matin.

Mais ces minutes brèves, et comme dérobées, lui laissaient un goût de cendre. Cathy semblait avoir rapetissé ses exigences et les avoir accordées au temps, mais Lessart savait bien que son absence avait des suppléants, et il en souffrait comme un damné.

Au moins espérait-il que Cathy ne reçût point ses amants dans le petit hôtel de la rue du Sentier dont il lui avait laissé la jouissance, Mme de Lessart ayant rejoint son mari à Versailles.

Au mois de novembre [8], Louis XVI signa enfin le brevet de nomination de l'abbé de Périgord à l'archevêché d'Autun.

A Lessart dont le mutisme était éloquent, il dit en manière de commentaire :

— C'est dans l'espoir que cela le corrigera.

Le soir même, le comte put distraire quelques heures de ses occupations pour se rendre rue du Sentier.

Dans le carrosse qui le conduisait à Paris, il s'enfiévrait déjà du corps de Cathy et de ses caresses.

Il songeait :

— On reproche à Necker d'avoir un orviétan. J'ai aussi ma liqueur de Messmer, c'est Cathy.

Il avait passé une journée affreuse, et une soirée plus affreuse encore. Tous les désagréments du Royaume se donnaient rendez-vous dans son cabinet et semblaient l'y retenir par un pan de sa chemise.

Les petites promenades qu'il s'octroyait, le matin, dans le parc, étaient son unique délassement. Elles, et cette pensée qui le ramenait toujours à Cathy et à son carillon étourdissant. Et Claude de Lessart se passionnait tout à coup, non pour le cours des piastres ou la représentativité des trois ordres, mais pour les rubans d'un nouveau goût, la pirouette d'un talon ou la taille des mouches.

Il parvint rue du Sentier un peu après minuit. Il entra sans se faire annoncer et monta directement dans la chambre de la jeune femme.

Réveillée en sursaut, la servante de Mme Grand dit que sa maîtresse était souffrante et qu'il ne fallait pas la déranger.

Le comte la bouscula et se heurta à une porte fermée. Il frappa contre le battant, cria, tempêta et, tout à coup, pris d'une rage folle, il enfonça la porte.

Cathy était seule et ne dormait pas. Elle avait l'air chiffonné des matins contrariés.

— Pourquoi ne m'as-tu pas ouvert ? demanda le comte.

— Parce que je n'avais point entendu, mon ami, répondit-elle.

Alors, hors de lui-même, Lessart eut un geste qu'il regretta : il la gifla à toute volée.

La trace de ses doigts s'imprima immédiatement comme une fleur sanglante sur les joues de la jeune femme.

— Me voilà marquée, observa Mme Grand.

— Vous mériteriez de l'être, rugit le comte. Avec quel sapajou me trompiez-vous donc ?

— Mais avec l'Évêque d'Autun, dit Talleyrand d'une voix flûtée en sortant du réduit de toilette, toujours élégant et poudré à frimas, à cette différence près qu'il avait un pied chaussé et l'autre nu.

— Cessons ce vaudeville, monsieur, dit Lessart tremblant de fureur et de honte.

— Comme il vous plaira, monsieur, répondit Talleyrand. Pour tout, je suis votre serviteur.

— Je ne veux pas avoir le ridicule de vous envoyer mes témoins, dit Lessart.

— Étant donné les circonstances, ce serait assez piquant, en effet, reconnut Talleyrand. Aussi, comme nous sommes en train de fredonner une ariette assez courante, je vous propose un arrangement.

— Lequel ? demanda Lessart, de plus en plus glacial.

— Convenons, par exemple, d'un calendrier. Vous êtes fort occupé, mon diocèse m'appellera de plus en plus en province, je veux bien prendre le quart ou la demie qu'il vous plaira. Je relis en ce moment le Cardinal de Retz, et je serais flatté de lui rendre hommage en devenant en quelque sorte votre coadjuteur.

— Je vais vous réduire en cannelle ! hurla Lessart.

— Allons, reprit Talleyrand toujours persifleur, ne ramenez donc pas tout à une conversation de marchand[9]. Même si mon cœur se montre en négligé, je veux qu'il reste philosophe. Nous sommes là à piétiner autour de la même femme, ce n'est point affaire de gentilshommes. Si vous ne voulez point de mon arrangement, veuillez donc m'en dicter un autre, je m'y conformerai.

— Foutez le camp ! dit Lessart, vous êtes là à vous trémousser dans les ruelles et à lorgner les belles comme si vous étiez normal, mais regardez-vous donc, vous n'êtes qu'un malade, qu'un infirme, qu'un laquais de corps et d'esprit.

Pour la première fois, Talleyrand se rebiffa.

— Je puis accepter à la rigueur vos commentaires sur mon âme, mais non sur ma boiterie.

— Mais regardez-vous donc, poursuivit Lessart en le poussant violemment devant un miroir, vous vous trouvez ragoûtant ?

— Le fait est, observa doucement Talleyrand, que je plais à Madame.

— Soit, eh bien, gardez-la, dit Lessart. Nourrissez-la, habillez-la, blanchissez-la, entretenez-la, jusqu'à ce que le revenu de votre diocèse y passe tout entier, et surtout, emmenez-la à Autun. Je ne veux plus la voir !

— Autun, c'est bien loin, minauda Talleyrand. De plus, je me dois à l'église d'Autun, mon épouse. Et que dirait-elle si j'appliquais à Cathy cette phrase de l'épître de saint Paul aux Romains : « Desidero videre vos » — Je brûle du désir de vous voir ?

Le comte sentit qu'il serait bientôt libéré par les larmes. Il n'alla pas chercher consolation à son malheur dans les misérables jouissances de la vanité. Il quitta la pièce, croyant avoir rompu malgré lui une chaîne toujours redoutable.

Il se savait comptable de toutes ses actions et de tous ses instants. Il songea à cette phrase de sa mère : « Leur honnêteté n'est pas la mienne » et se surprit dans l'envie de tout aller lui dire, pour pouvoir se confier à quelqu'un. Il remonta dans son carrosse et regagna tristement Versailles.

L'abbé de Périgord, après le départ de son rival, était retourné s'asseoir au bord du lit. Cathy, appuyée sur un coude, et perdue dans de nombreux coussins, était restée muette durant toute la scène qui l'avait amusée prodigieusement.

— C'est égal, dit Talleyrand, quelle journée ! Un évêque et un héritage, c'est une date à marquer d'un caillou violet !

— Et moi, avec toutes vos disputes, que vais-je devenir ? demanda Mme Grand.

— Tu deviendras ce que tu es, catin, répondit Talleyrand.

— Oui, observa Cathy. Mais si tu veux avoir de nouveaux droits, il faut aussi accepter de nouveaux devoirs. Il faudra bien, Monseigneur l'Évêque, qu'au lit vous fassiez des progrès.

— Comment cela ? dit Talleyrand, en se penchant sur elle. Ne suis-je pas « suaviter in modo » si je ne suis pas toujours « fortiber in re » [10] ?

12

La petite Thérésia de Cabarrus avait fréquemment revu Mme Vigée-Lebrun depuis qu'elle était devenue marquise de Fontenay. Des leçons, elle en était passée à une relation plus assidue, et venait presque quotidiennement dans l'atelier de la rue de Cléry.

Elle évoquait avec l'artiste tous les potins du jour, mais Mme Vigée-Lebrun se défiait maintenant de son petit Tallien car elle avait eu par hasard un cahier tombé de sa poche et qui commençait par ces mots : « A bas la famille Royale, à bas les nobles, à bas les prêtres. »

— Comment aurais-je pu croire, disait le peintre à Thérésia, que je réchauffais auprès de moi un pareil diablotin ! Ce ne sont que litanies révolutionnaires et prédictions atroces. Je lui répète tous les jours qu'avec de pareilles idées, il ira trop loin et qu'il risque même de se perdre en chemin.

La rupture avec Tallien avait été presque consommée le jour où, d'aigreur, il avait observé :

— L'année prochaine, ils seront tous derrière leurs carrosses, et c'est moi qui serai dedans.

Mme Vigée-Lebrun n'avait rien répondu, mais elle se mettait à trembler, maintenant, devant l'intrépide perruque.

Cependant, le feu de Tallien ne déplaisait pas à Thérésia. Un emportement tout espagnol la poussait vers la folie et elle donnait parfois, à son badinage avec le jeune homme, plus d'importance qu'à un jeu.

Mme Vigée-Lebrun avait observé sans mot dire la modification de ce comportement. Elle était habituée à un milieu où l'indécence était une grâce et où la femme la plus vertueuse se devait d'avoir avec tous la docilité d'une maîtresse. Si bien qu'elle ne s'était guère effarouchée quand les frères Lameth lui avaient commandé l'esquisse d'un portrait de Thérésia.

Mme Vigée-Lebrun avait griffonné le dessin et avait ordonné à Tallien d'aller le livrer tout de suite.

Le jeune homme était parti comme une flèche, et, fort du murmure que l'on pouvait tenter autour d'un chevalet, avait exigé d'être reçu par Alexandre de Lameth.

Désœuvré comme il l'était, Lameth restait toujours à l'affût d'un beau sentiment, d'une saillie ingénieuse, d'une fine plaisanterie.

Tallien avait d'emblée trouvé les mots qui disposaient le mieux en faveur de ses grâces et de ses talents.

Avec une audace incomparable, mi-plaisant, mi-serein, il avait amusé la compagnie du ton gouailleur et sarcastique qu'il affectionnait.

Puis, avec un goût et un savoir surprenants, le jeune homme avait commenté l'esquisse, expliquant à Lameth ce que donnerait le tableau définitif, qu'il imaginait en clair-obscur, tout plein de jeux de lumières et, comme il s'agissait d'une beauté espagnole, de raffinements de tons à la Velásquez.

Subjugué, le comte avait demandé :

— Mais quel poste occupez-vous donc chez Mme Vigée-Lebrun ?

— Celui de saute-ruisseau, monsieur, avait répondu modestement Tallien.

— Il n'est point à votre pointure, avait observé Lameth. Vous me semblez doué d'intelligence et de relief.

Tallien avait souri. Et comme il primesautait de choses et d'autres, il avait obtenu au bout d'une demi-heure la promesse d'être engagé comme secrétaire puisque Alexandre de Lameth venait précisément de congédier le sien.

Tallien avait sauté de joie quand Lameth avait ajouté que ses attributions consisteraient surtout à se rendre chez différents éditeurs chez qui les frères Lameth avaient leurs pratiques et qu'ils faisaient travailler à diverses brochures en vue de la prochaine réunion des États Généraux.

Cette entrée en politique par le biais de la morasse et de la brosse d'imprimerie lui avait semblé la mieux accoutumée du monde. Elle lui ouvrait la porte de Panckoucke[1], et surtout l'occasion de briller d'un feu tout neuf parmi les prostituées, les escarpes et les poissardes qui composaient l'ordinaire de sa société. Il songeait aussi qu'elle ne serait pas sans conséquence sur l'accueil que lui réserverait un jour ou l'autre la petite marquise de Fontenay qu'il s'était juré de posséder depuis le premier jour où il l'avait vue.

Pendant tout l'hiver, l'abbé de Périgord s'était livré sans retenue aux délices de la frivolité.

La naïveté de l'amour avait fini par le saisir, bien qu'il fût malin et évêque.

— Méfiez-vous des inclinations, lui disait Mme de Staël, elles mettent l'homme au plus bas.

A quoi Talleyrand répondait :

— Madame, vous manquez de bonté, car vous dites du mal d'une pauvre femme qui ne vous en a point fait.

Néanmoins, le nouvel évêque ne se résignait pas à porter le pallium, cette bande de tissu blanc brodée de soie noire dont la laine avait été tondue sur des agneaux bénis.

En le voyant placer cet insigne honneur dans sa poche, Cathy l'embrassait sur sa tonsure, juste à l'endroit où il avait reçu le Saint Chrême et lui disait :

— Tu t'amuses bien avec ta ceinture d'évêque. Après tout, elle ne te va pas mal : chaque âge a ses hochets.

Elle n'avait pas cherché à revoir Lessart, qui s'abîmait dans sa politique.

— A quoi me servirait un ministre, puisque j'ai un évêque ? demandait ingénument Cathy.

L'évêque haussait les épaules et faisait mine de la bénir.

A Versailles, Claude de Lessart avait tenté de faire le point en lui-même. Il savait qu'il devait imposer à sa vie les mêmes réformes qu'à la France et ne pouvait s'y résoudre. C'était la fin de ce qu'il avait pris pour un bonheur et qui n'était que de la légèreté.

La passion dont il ressentait encore la morsure le faisait s'échapper à lui-même.

Aucun baume ne pouvait apaiser la blessure de son âme. Et il en était venu à se demander s'il aurait pu vivre en dehors de ce tourment.

Au lieu de procurer la réciprocité de ses actions agréables, les plaisirs se fondaient, au contraire, pour lui désormais sur de grandes douleurs. Et il déployait tous les prestiges de l'éloquence et toutes les rigueurs de la logique à s'expliquer ce phénomène.

— Après tout, songeait-il, ai-je jamais aimé autre chose que l'expression déguisée de ce système atroce mais caché ?

Il s'était offert une petite compensation en ouvrant des orphelinats pour les bandes d'enfants abandonnés qu'on lâchait sur les routes, et avait confié à sa femme, qui avait toujours eu le sens de l'œuvre, le soin de s'en occuper.

Les intrigues de la cour, les colères de Necker faisaient son ordinaire. Chaque jour apportait sa marée de catastrophes et son écume de libelles. Maintenant résigné à naviguer à la barre franche, le comte prenait simplement garde d'éviter les écueils que constituaient les recettes miracles et les plans en tout genre des sauveteurs inconditionnels de la Royauté.

Et, comme chaque soir, Necker menaçait de démissionner, le Roi disait à Lessart :

— Il m'ennuie. Est-ce que je démissionne moi ?

Tout l'hiver fut absorbé dans les querelles de procédure. Les États Généraux seraient-ils ou non convoqués selon la forme ancestrale ? Chaque ordre compterait-il le même nombre de députés, délibérerait-il et voterait-il séparément ? En d'autres termes, le tiers état se retrouverait-il à un contre deux ?

Lessart plaida pour le doublement, donc pour l'égalité. On savait que les députés seraient au nombre de mille, ce qui occasionnerait une jolie pagaille.

Le Parlement de Bordeaux en profita pour débarquer à Versailles avec armes et bagages, registres et greffiers.

— Que voulez-vous donc ? demanda le Roi.

— Justice, Sire, répondirent en chœur les cent soixante-dix-sept conseillers.

Les alluvions que M. de Lessart a fait draguer dans le lit de la Garonne pour épandre le limon dans ses vignes constituent un viol de la loi de propriété [2].

Louis XVI regarda les cent soixante-dix-sept mourants, impotents et podagres, qui tremblaient de fureur sous les perruques et leva les épaules, accablé.

Au milieu de l'hiver, qui fut le plus rigoureux qu'on ait jamais connu, Necker enleva de haute lutte le doublement du tiers.

Pour s'obliger à ne plus penser, Lessart se plongea dans la rédaction du règlement électoral. Il décida que l'on voterait dans les villages, le dimanche après la messe [3].

Dès le mois de mars, les agitations reprirent de toutes parts.

Par crainte des brigands, les paysans se constituaient en milices. Il y eut des morts et des blessés.

Lazowski et Fournier-l'Américain se trouvaient partout à la fois.

— C'est une vérité connue que le sentiment de la liberté est implanté naturellement dans tous les cœurs qui soupirent secrètement au moyen de briser leur chaîne, proclamait Fournier. Moi qui vous parle, j'ai été chicané, menacé, accusé, emprisonné, et j'ai toujours sollicité en vain la justice de mon pays.

Il déclamait ses phrases sur un ton emphatique.

Lazowski pouffait de rire quand il évoquait les débris de sa fortune spoliée et détruite par des criminels.

— C'est égal, disait Lazowski, heureusement que nous avons trouvé de l'embauche, sinon ce serait la famine.

— Laisse-moi faire, lui répondait Fournier-l'Américain. Je ne tirerai mon sabre que si le thermomètre de la liberté atteint les cent degrés.

Depuis qu'ils pouvaient s'offrir, grâce aux largesses de Danton, des coffrets de confitures sèches, des pistaches à l'impatience, et des bonbons de l'amour des dieux, les deux compères étaient moins enragés après leur état.

Ils avaient découvert, chez Noleau, un confiseur de la rue Vieille-du-Temple, une friandise qui était devenue leur délice : il s'agissait d'un pâté de marrons de Lyon, piqué de citron, bardé de melon d'eau et dont la croûte était d'amandes.

Fournier-l'Américain, gourmand comme tous les créoles, obligeait Lazowski à de longs détours pour passer près de l'objet de sa convoitise.

— Que tu m'entraînes à marcher pour une femme, passe encore, bougonnait l'autre, mais pas pour un gâteau !

Fournier le laissait dire en lui promettant qu'avant longtemps, on ne lésinerait pas sur le dramatique.

Le dramatique arriva au plus tôt, ensanglanté de barbare. C'est au faubourg Saint-Antoine que tout se passa, dans une fabrique de papiers peints de la rue de Montreuil.

Son patron, Reveillon, voulut licencier des ouvriers et fut assez inconscient pour le dire.

— Excellente affaire, dit Danton. Vous allez apprendre à ce tontissier à réveillonner.

L'opération enchanta Fournier-l'Américain, surtout quand il

apprit que Lessart avait remis quelques années plus tôt au riche Reveillon un prix destiné à « encourager les actes utiles ».

Il commença par mettre de la rumeur au faubourg Saint-Marcel qui gagna bientôt le Faubourg Saint-Antoine. Mais cela ne suffisait pas. Il lui fallait du temps pour rassembler l'émeute, réunir les intérêts vagues en un intérêt collectif.

A Danton qui le houspillait, il répondit :

— Jugez de ma perplexité. Ce n'est point si facile d'appeler au pillage quand on doit frapper tous ses coups dans les ténèbres.

— Allons, dit Danton, le temps presse. Ne reculons pas le moment de la liberté.

Fournier partit d'un bon pas et récolta ce qu'il put de mendiants et de tire-laine. Il leur paya à boire, et les incita à crier tout leur saoul.

Mais l'affaire n'était point encore assez chaude.

Malgré tous ses efforts, l'émeute tira en longueur. Il avait beau aller d'un groupe à l'autre, expliquant à chacun qu'il fallait s'armer contre les brigands et contre les pillards, la révolte demeurait molle.

Le soir du premier jour, il en fit confidence à Danton.

— Venez vous-même, lui demanda-t-il. Une émeute, c'est comme un spectacle. Il faut des vedettes à la foule.

— Je ne viendrai pas, dit Danton, car je dois pour l'instant rester dans l'ombre. D'ailleurs, nul ne me connaît encore et je ne suis point vedette. Mais, ne crains rien, j'enverrai mieux.

Le lendemain matin, Fournier et Lazowski reprirent partout leurs harangues, attisant le mécontentement dans tous les cabarets. Ils firent cabaler la rumeur grâce à beaucoup de bouteilles de vin fin, et Fournier, qui avait souvent soif, finit par trouver épuisante cette révolution trempée à la liqueur. Il déplaça vers midi l'intérêt de ses troupes sur une autre manufacture où se fabriquait du salpêtre, l'idée de Lazowski que Fournier avait trouvée géniale étant de faire péter la maison dans un grand feu de joie.

Il ameuta tant qu'il put les gens du quartier Saint-Marcel en jurant que l'ouverture des États Généraux, promise pour le 27 avril, c'est-à-dire le lendemain, serait, en fait, ajournée au 5 mai ou peut-être à jamais.

Il faisait crier en distribuant quelques pièces :

— Mort aux riches, mort aux accapareurs, à bas la calotte, et le pain à deux sous.

Mais avec la durée, les cris se firent plus rares.

Lazowski eut alors l'imagination d'apporter sur ses robustes épaules une poutre, déguisée en potence à laquelle il avait suspendu un épouvantail à oiseaux.

Cette machinerie, qu'il baptisa « mannequin Reveillon », ralluma l'émeute pour quelques heures.

A midi, comme tout le monde avait faim, la tension tomba tout d'un coup.

— Ils vont tout nous faire rater, s'écria Fournier. Et tu verras, ajouta-t-il en se tournant vers Lazowski, que si ça ne marche pas, nous n'aurons pas un louis !

— Attends ici, dit Lazowski, je cours chez Danton pour chercher sa vedette.

Le Polonais partit comme une flèche, fendant la foule encore nombreuse, mais qui déjà se dispersait.

Monté sur une barrique, Fournier s'époumonait :

— Regardez la potence, mes amis. Elle porte l'arrêt du Tiers État qui juge et condamne Reveillon à être pendu et brûlé en place publique.

Les boutiquiers du quartier avaient fermé leurs volets dès le début de l'échauffourée, si bien que les manifestants, affamés, ou une partie tout au moins, avaient enfourché le sillage de Lazowski et se dirigeaient maintenant vers la rive gauche de la Seine.

Pendant ce temps-là, le malheureux Reveillon, qui se voyait pendu et brûlé en effigie, était allé chercher protection auprès d'un sergent et de cinquante gardes françaises.

— Ce n'est là qu'une misérable mascarade, lui avait affirmé le sergent, vous n'avez rien à craindre.

Tout de même et par prévoyance, il en avait référé à ses supérieurs et ce furent trois cent cinquante gardes françaises qui se comptèrent au coin de la rue de Montreuil vers deux heures de l'après-midi.

Un tel déplacement d'uniformes eut pour effet de faire grossir la multitude, et toute une population de tanneurs, de flotteurs de bois, de mendiants et de coureurs d'aventures se retrouvèrent au point de ralliement.

Du fait que les gardes françaises étaient trop occupées à former un cordon sanitaire entre les manifestants et le mur de la tontisserie, nul ne songea à détourner la circulation, si bien que de nombreux carrosses s'engagèrent dans la manifestation. Plus les dames étaient emperruquées, et plus on les obligeait à crier : « Vive le Tiers État ».

A deux heures à peu près, Lazowski revint tout essoufflé, monta sur la barrique d'où Fournier-l'Américain, juché, haranguait la foule jusqu'à en être aphone et cria d'une voix de stentor :

— Mes amis, encore un peu de patience, et le grand jeu va commencer.

— Quand donc ? demanda Fournier, d'une voix blanche. Danton en a de bonnes. Avec toute cette police, je ne puis les tenir !

A peine une demi-heure plus tard, les premières voitures aux armes de la famille d'Orléans commencèrent à fendre la foule. Le peuple s'effaça avec respect en criant :

— Vive notre père d'Orléans !

La caravane, impressionnante, avança dans le silence retrouvé avec un tel air de majesté que cette image souveraine impressionna Fournier et Lazowski eux-mêmes. Pressentant que la vedette annoncée était proche d'entrer en scène, ils dégringolèrent de leur foudre quand ils aperçurent, au tournant du faubourg Saint-Antoine, chamarré, doré, superbe, et attelé de huit chevaux blancs, le carrosse de Louis-Philippe d'Orléans. Parvenu au cœur de la foule, le duc fit arrêter sa voiture, baisser son marchepied et mit lui-même pied à terre.

Il se dirigea vers Fournier et Lazowski, comme s'il les avait connus et, soutenu par eux, s'avança jusqu'au demi-muid qui lui servit d'estrade improvisée.

— Mes amis, cria-t-il, je vous demande le calme. Manifestez dans la dignité et dans le silence. Je vous demande aussi la paix pendant huit jours, car, je m'en porte garant, vous touchez au bonheur[4] !

Les chapeaux se mirent à voleter au-dessus des têtes. Mais quelques ouvriers se mirent cependant à conspuer le duc.

— On nous promet le bonheur depuis des années, et nous gagnons toujours quinze sous par jour !

Alors, le duc sortit ostensiblement sa bourse de son gousset et envoya une pluie de louis d'or à la volée dans la foule.

Quand la bourse fut vide, et quelques autres que ses laquais lui avaient tendues, il remonta dans son carrosse et annonça qu'il allait aux courses à Vincennes.

Averti de l'émeute, Necker avait réuni à Versailles un cabinet de crise qui envoyait au faubourg Saint-Antoine émissaires sur émissaires. On lui assura que tout était calme, d'autant plus que les gardes françaises avaient édifié une barricade dans la rue de

Montreuil, qui défendait l'entrée de l'usine et que, par conséquent, la manifestation s'éteindrait toute seule dès la tombée du jour.

Recevant ces informations vers quatre heures, Necker, Lessart et les autres membres du cabinet rejoignirent les tâches urgentes qui les attendaient. Ils avaient compté sans Fournier qui, voyant son audience s'effilocher, eut une idée féroce.

Enfourchant un cheval attaché à l'anneau d'une devanture il galopa jusqu'au champ de course de Vincennes et fit tant et si bien qu'il put parler au duc d'Orléans.

Alors que venait le crépuscule et que la manifestation se délitait, on vit revenir les carrosses de la Maison d'Orléans. Mais, cette fois, ce n'était plus le duc qui avait accepté sagement de se laisser détourner à la barrière du Trône, c'était la duchesse et sa suite.

Et, à la stupéfaction générale, le carrosse de Son Altesse, loin de suivre le faubourg Saint-Antoine, qui aurait représenté le chemin le plus direct pour se rendre de Vincennes au Palais-Royal, fendit la foule et tourna vers la rue de Montreuil.

Arrivée en face de la tontisserie Reveillon, la voiture se trouva arrêtée par la barricade.

— Dégagez ! crièrent les postillons aux gardes françaises, dégagez au nom de la duchesse d'Orléans.

Après un moment de flottement, les gardes taillèrent une brèche dans la barricade, le carrosse s'y engouffra, et la foule à sa suite.

En un instant, ce fut un horrible pillage de glaces brisées, de rampes descellées, de meubles jetés par les fenêtres, et brûlés en trois immenses bûchers qui flambèrent dans ce jardin. Le saccage fut tel que l'on abattit même les arbres du parc et que les Huns, les Vandales et les Goths se révélèrent des enfants de chœur comparés aux troupes de l'Américain.

Il fallut trois heures à la police pour dégager la place et un peu plus de la nuit pour éteindre l'incendie.

Craignant d'être prises en tenaille, et brûlées vives, les gardes françaises affolées tirèrent. Cela fit plus de trois cents morts dans le peuple de France, autant que l'on puisse évaluer ce nombre, beaucoup de corps ayant été déposés secrètement dans les catacombes de Paris.

Fournier et Lazowski se frottèrent les mains.

Danton les félicita. Ils avaient désormais commis l'irréparable.

Louis XVI, Necker et Lessart se réunirent dans la nuit.

— Il faut, dit le Roi, proclamer que toute nouvelle émeute sera sévèrement châtiée.

— Défiez-vous de ce procédé, Sire, répondit Necker. Le Roi doit dire, au contraire, que l'armée et la police ont tiré sans ordre, et par énervement.

— Il convient surtout, répliqua Valdec de Lessart, d'ordonner aux patrons de ne plus rien dire et leur octroyer tout de suite une subvention pour qu'ils augmentent de quelques sous le salaire de leurs ouvriers.

Le Roi fut hésitant, le ministre cassant, et Lessart implorant.

Il en résultat qu'il n'y eut point d'enquête et qu'on pendit le lendemain en place de Grève un porte-faix et un fabricant de couvertures qui passaient par hasard au faubourg Saint-Antoine et y avaient volé un pain.

13

Depuis près d'une semaine, huit cents députés étaient arrivés à Versailles. A Necker qui s'étonnait d'une pareille avance, les malheureux qui parvenaient fourbus du fond de leur baillage répondirent qu'on avait oublié de les prévenir que l'ouverture des États Généraux avait été reportée de huit jours.

Le Premier ministre, furieux, tempêta, et délégua Lessart qui se trouva bien empêtré car le Roi était à la chasse.

Plus exactement, le Roi était au chevet du Dauphin qui achevait de mourir à Meudon.

Cette agonie torturait le monarque. Il avait adoré cet enfant bien portant, violent dans ses colères, mais tendre et caressant. Puis, la maladie était venue. La taille du petit garçon s'était dérangée, ses vertèbres s'étaient mises en saillie, alors était montée la fièvre. Louis XVI sanglotait, implorant, impuissant, au bord du petit lit. Il affirmait contre toute apparence qu'il s'agissait d'une crise de croissance et que lui-même, aujourd'hui si robuste, avait été enfant très faible et maladif.

Mais le Dauphin ne guérissait pas.

Antoine-Claude, qui avait hérité de son maître Rousseau des conceptions particulières sur l'éducation qu'il avait d'ailleurs appliquées à sa fille, songeait devant la détresse de Louis XVI :

— Le désespoir du Roi est singulier. La petite Mme Sophie est morte à l'âge d'un an [1] et Sa Majesté n'a pas versé la moindre larme.

Mais il sentait le Roi bouleversé par ce qui se préparait, car Lessart ayant constaté l'état de l'enfant ne doutait pas un seul instant d'une issue aussi rapide que fatale.

Il lui semblait que le comportement de Louis XVI n'était plus guère cohérent et que le Roi tournait à vide. Sa Majesté lui demandait par exemple chaque soir pardon, avec une extrême gentillesse, et quelques larmes, des tracas qu'il lui avait causés durant la journée.

On ouvrit enfin les États Généraux.

Rien, dans la magnificence de la cérémonie ne saisit Antoine-Claude, rien si ce n'est qu'elle reprenait instant par instant, détail par détail, mot pour mot, l'étrange prédiction que sa mère avait faite et où elle l'avait vu si près du trône et si près de la mort.

Après que Necker, enroué, et vêtu comme elle l'avait prédit, en habit de ville, pluie d'argent sur fond cannelle, eut fait lire un interminable discours, dont on n'entendit rien, tant la salle de stuc et de bois était sonore, Antoine-Claude comprit que l'affaire était perdue d'emblée car chaque ordre contestait le pouvoir de ses membres. Le Tiers, notamment, s'était errigé en communes, par allusion et référence au Parlement d'Angleterre.

Louis XVI, bien que physiquement présent, ne semblait prendre aucun intérêt à la situation.

Necker, jaloux de son autorité, faisait grise mine. Il répétait au Roi :

— Sire, ne laissez pas les députés s'obstiner dans cette scission. Si les séances s'embourbent ou demeurent suspendues, on ne peut prévoir quelle sera la suite d'une semblable division.

Le Roi, affreusement las, haussait les épaules.

— Voyons, disait Lessart, il faut trouver une solution. Tout pourrait prendre au contraire une forme différente et même se terminer peut-être par une conciliation agréable aux parties opposées si les trois ordres, commençant par se séparer, les deux premiers examinaient d'abord l'importante question de leurs privilèges pécuniaires et si, confirmant les vœux déjà manifestés dans plusieurs provinces, ils se déterminaient d'un commun accord au noble abandon de ces avantages.

— Faites comme il vous plaira, dit Louis XVI. Conciliez donc, si vous le pouvez. Je vous nomme conciliateur des trois ordres aux États Généraux.

Après avoir conféré avec Loménie de Brienne, l'intraitable archevêque de Bordeaux, Lessart s'enferma avec le Tiers de cette province.

Il retrouva Guadet, Gensonné, Vergniaud, plus renfrognés que d'habitude.

— Je viens en ami, leur dit-il. Ne sommes-nous point du même pays ?

— Certes, répondit Vergniaud, mais nous ne sommes pas du même ordre.

— A mes yeux, tout cela est une bêtise, reprit Antoine-Claude, j'affectionne Guadet depuis l'adolescence, que j'appartienne au Tiers ou pas.

Les trois autres s'enfermèrent dans un mutisme, plein de réprobation.

— Mais enfin, s'écria Lessart, nous sommes ici pour construire une France nouvelle, et non pour nous regarder en chiens de faïence !

— Écoutez, dit Vergniaud, les phrases ça suffit. On sait où nous ont conduits celles de votre père le baron de Gascq. On ne nous roulera pas deux fois dans la même farine. Les États Généraux n'ont plus rien à voir avec vos parlements croupions, sachez-le.

— Réfléchissez, reprit Lessart, réfléchissez, je suis de votre bord, et je viendrai toujours vers vous en ami.

Le soir, il soupa avec Guadet de deux tranches de jambon et d'une bouteille de vin de Champagne, parce qu'il était minuit, qu'ils avaient travaillé jusqu'à cette heure, et qu'ils en étaient harassés.

— J'ai l'impression, dit Lessart, de jouer le Royaume à quitte ou double.

— Tu as déjà perdu, répliqua Guadet. Pour eux, c'est l'égalité ou la mort.

— Mais tu es fou ! s'écria Antoine-Claude. Peux-tu m'expliquer ce que cela veut dire ?

— Cela veut dire que l'Assemblée a besoin de vertu et qu'elle est en train de craindre, jusqu'à la folie, ou d'être corrompue, ou d'être réprimée.

— Comment veux-tu que je louvoie parmi ces déchaînés ?

— Tu ne peux rien faire, répondit sombrement Guadet. Personne ne peut rien faire.

Le Roi était parti pour Marly. Devant l'instance de Necker, il consentit à revenir à Versailles le dimanche et le mercredi.

— Mais qu'a donc sa Majesté ? demanda le ministre à Lessart. Vous n'avez point une idée ? Le Roi est devenu fou, complètement fou !

Le mercredi suivant, les régiments d'infanterie cantonnés a

l'orangerie firent savoir à Louis XVI qu'ils seraient flattés d'être passés en revue par le monarque.

Le Roi promit de venir et dirigea sa promenade d'un autre côté.

Depuis un mois, l'assemblée s'enlisait en vaines discussions. Chaque soir, Guadet retrouvait Lessart de plus en plus accablé.

— Vous n'avez trouvé que de misérables solutions à chacun de nos problèmes, grondait le girondin. Il nous faut un programme plus digne des Français qui se sentent des hommes.

Le 4 juin au matin, le Roi fit appeler Lessart à Meudon, d'où venaient depuis deux jours les nouvelles les plus alarmantes.

Quand le comte arriva, il trouva le Roi sans perruque, les yeux bouffis, étouffant de sanglots.

— Il est mort, dit Louis XVI.

— Quand ? demanda Lessart.

— Dans mes bras, à une heure du matin.

Et le Roi s'effondra en larmes.

Le comte, interdit, ne savait que dire, l'étiquette n'ayant guère prévu ce genre de situation. Alors le Roi eut ce mot étrange, il dit à Lessart :

— Restez avec moi, prince, et asseyez-vous.

Antoine-Claude s'assit sur un tabouret et resta muet devant l'immense douleur du monarque qui ne pouvait endiguer ses larmes et lui serrait convulsivement les mains.

Cette scène extraordinaire se prolongea durant une demi-heure à peu près au terme de laquelle Louis XVI sortit de son mutisme pour déclarer qu'il s'enfermerait pendant trois jours, dans un isolement absolu.

Antoine-Claude rejoignit Versailles, unissant désormais l'angoisse à la perplexité.

Le surlendemain, et malgré sa défense, les députés du Tiers forcèrent la porte du Roi pour l'entretenir de leurs vues politiques.

Alors, pour la première fois, Louis XVI se rebella et s'écria :

— Il n'y a donc point de pères parmi vous ?

Dès lors, tout alla très vite.

Louis XVI, blessé jusqu'à la moelle de l'irruption du Tiers, décida d'aller haranguer l'assemblée. Il prépara un discours qu'il fit lire à Necker, lequel sursauta à cette lecture et s'écria :

— Le Roi ne peut en aucun cas prononcer un tel texte ! Réfléchissez jusqu'à demain, Sire, et si vous persistez dans votre volonté, alors je me verrai au regret de ne point assister à la séance.

Le soir, le ministre dînait avec sa fille, la baronne de Staël. Il lui fit confidence de la journée et lui fit lire le double du discours qu'il avait conservé dans sa poche.

— J'irai tout de même, dit Necker. Car sans moi, tout est définitivement perdu.

— Comment, s'écria la baronne, le génie de M. Necker irait s'immoler devant une cour qui le méprise et défend une indigne conception de la monarchie ?

— Cela est vrai, concéda Necker. Mais si tu voyais le Roi, ma petite Germaine, il fait pitié.

— Eh bien ! s'écria Mme de Staël, si vous avez la faiblesse, la veulerie de vous rendre à cette séance et de cautionner ce discours, toute l'œuvre de Necker s'écroulera en lambeaux. Tout ce que vous avez construit, souffert, mené, sera réduit à néant. On saura que vous vous êtes laissé manœuvrer par la cour et on murmurera que vous avez été acheté par le petit Lessart. Assistez à cette séance, mon père, et je ne vous reverrai jamais de ma vie !

Alors, le lendemain, quand le Roi se rendit dans la salle des Menus Plaisirs, il se trouva seul.

Et, d'une voix bourrue qui dissimulait mal l'émotion, la colère et les larmes, Louis XVI déclara :

— Si, par une fatalité loin de ma pensée, vous m'abandonnez dans une si belle entreprise, je ferai seul le bien de mon peuple, me considérant désormais comme son unique représentant.

— Il est fou, commenta Guadet. Lessart a raison. Il est en pleine crise. Le décès de son fils lui a gâté l'esprit.

— Laisse donc, répondit Vergniaud. Et note plutôt que tu viens d'entendre les vraies paroles d'un tyran.

En rejoignant son cabinet, le Roi trouva Lessart effondré.

— Que se passe-t-il encore ? demanda Louis XVI.

— Une catastrophe, Sire, Necker a démissionné.

— Ah ! dit le Roi, tout est perdu. Une effroyable révolution va éclater et M. Necker ainsi que sa fille y auront puissamment contribué. Croyez-moi, Lessart, à partir d'aujourd'hui, il arrivera de grands désastres à la France !

— Que va faire le Roi ? demanda Lessart.

— Une lettre de cachet, dit Louis XVI en haussant les épaules.

— Je vous en conjure, Sire, ne faites pas cela. Demandez si vous le voulez à Necker de quitter la France, mais ordonnez-lui de conserver le silence le plus complet sur ce départ.

— Lessart, dit le Roi en s'asseyant pesamment, il faudra que vous témoigniez un jour de tous les sacrifices que j'aurais faits de tout mon cœur, et auxquels vous avez assisté [2].

— Alors, Sire, reprit Antoine-Claude, le Roi doit faire encore un nouveau sacrifice, il doit supplier Necker de rester.

A ce moment, on frappa à la porte du cabinet Royal.

— Mais qu'y a-t-il encore ? demanda le Roi.

— Ce sont les députés du Tiers, Sire, qui ne veulent point évacuer la salle des Menus Plaisirs, malgré l'ordre que leur a intimé M. de Dreux-Brézé, au nom de Votre Majesté.

— Ils veulent rester ? Eh bien, foutre, qu'ils restent ! soupira Louis XVI en refermant la porte.

Dans la soirée, Guadet vint passer un instant dans le cabinet de Lessart.

— Alors, demanda-t-il, Necker a repris sa démission ?

— Oui, répondit Antoine-Claude, grâce aux pleurs de la Reine.

— Il partira avant longtemps. Le règne de l'intrigue et du charlatanisme est passé. Vois-tu, malgré ces airs de taper du pied, M. Necker est dévoré du désir de rester en place.

— Tu sais, dit Lessart en avalant difficilement sa salive, le vaisseau de l'État est battu par la plus insolente tempête qu'il ait jamais essuyée, et il n'y a personne à la barre !

— Que veux-tu ? Il n'y a plus qu'une solution. Le Tiers n'a qu'à s'ériger en Assemblée nationale et délibérer seul !

— Non, répondit Lessart, ce serait affreux. J'aperçois dans votre assemblée de si mauvaises têtes et tant d'inexpérience et d'exaltation que votre réunion tournerait à l'aigreur et à la résistance.

— C'est possible, répliqua Guadet, mais reconnais qu'excepté toi et moi, tout le monde se déchire et se hait. Il faut se rendre à l'évidence : la guerre civile existe et, de plus, le pain manque !

Le pain manquait en effet ; aux barrières de Paris, on saisissait des fusils, cachés dans des tonneaux.

— Mais enfin, Sire, suppliait Lessart, il faut faire quelque chose !

— Résister, répondit le Roi, ce serait s'exposer à perdre la monarchie. Je crois plus prudent de temporiser, de céder à l'orage [3].

Les vociférations du peuple montaient maintenant jusqu'à Versailles. A Paris, rue Vivienne que l'on appelait le quartier des

Arabes, les filous se mêlaient aux marchands d'argent et les habiles aux brutaux.

Fournier et Lazowski étaient maintenant escortés de Marion Bouchut et d'une douzaine de ses pareilles. Elles avaient échangé leur état précédent contre celui de patriote.

— Voilà qui est bien, avait déclaré Fournier, bientôt, tout le monde pourra, s'il le veut, cuisiner, frotter, raser, coiffer, s'escrimer dans tous les genres.

A Versailles, l'Assemblée continuait de s'exaspérer et la Cour de se morfondre.

Un soir, qu'il se promenait dans le parc pour jouir de l'opulence de l'été, Lessart aperçut le Roi, méditant devant les jeux de lumière et d'ombre qui se reflétaient dans la pièce d'eau.

La douceur du crépuscule, après tant d'heures enfiévrées, avait quelque chose d'irréel, comme si l'harmonie qui émanait du jardin et qui se voulait une image éternelle de la France, semblait tout à coup anachronique.

Le Roi hâta le pas le long des margelles de marbre et rejoignit Antoine-Claude.

— Sa Majesté se promène sans gardes? demanda Lessart.

Louis XVI soupira avec une lourdeur puissante et méditative.

— Peut-être voyons-nous, Lessart, notre dernier coucher de soleil dans ce parc!

— Sire, reprit Antoine-Claude, si le Roi me permet un avis, il lui faut maintenant réagir au plus vite.

— Il est trop tard, Lessart, dit Louis XVI, je n'ai plus rien à faire en ce monde, je ne suis plus que l'ombre d'une ombre.

— Sire, s'écria Lessart, que le Roi me permette de lui dire qu'il se trompe. Les Français aiment leur Roi, à l'exception de quelques séditieux. C'est la Cour, qui est pleine d'aigris et de mécontents, ce n'est point encore le peuple.

— Prince, reprit gravement Louis XVI, il ne faut pas parler légèrement de ces choses comme vous le faites. Mon peuple est comme une femme, il a oublié pour l'instant la fidélité.

— Mais le Roi peut le reconquérir par quelques mesures habiles.

— Dites-vous bien, Lessart, que tout est fini. Et, quels qu'ils soient, mes successeurs trouveront la soupe froide. Ils sont venus trop tard.

— Mais enfin, Sire, s'écria Antoine-Claude stupéfait par le ton que prenait la conversation, le Roi n'a qu'un successeur possible, son fils, qu'il accepte ou non la constitution que l'on va rédiger.

Louis XVI partit d'un rire tragique qui s'acheva en sanglot convulsif.

Il laissait errer son regard sur l'emphase italienne des jardins, sur les escaliers, et les parterres pleins de divinités et de vasques.

— Vous croyez en Dieu, Lessart, malgré les philosophes ?

— Oui, Sire.

— Eh bien, remerciez-le chaque soir et chaque matin des chemins détournés qu'il a imposés à votre malheureuse famille. Remerciez-le de ne pas avoir eu à régner. Vous, au moins, vous pouvez pleurer en paix.

Antoine-Claude cherchait vainement sur le visage de Louis XVI quelque chose qui lui fût familier. Il semblait que tout s'écroulait sur cette figure, comme aux angles des bassins les statues montrant des fauves déchirés et des cerfs aux abois.

Devant eux, il y avait l'échappée du grand canal et la plaine. Le Roi fit quelques pas.

— Il faudra bien après tout, murmura-t-il, que j'en fasse la confidence à quelqu'un, et même que je lui en donne les preuves...

Interdit, le comte regardait Louis XVI. Le soleil était en train de se coucher, au-delà des margelles, voilant le parc dans un nuage de feu.

— Dites-vous bien, Lessart, reprit le Roi, que chaque goutte de mon sang en coûtera des torrents à la France. Mais je mourrais heureux si je savais que ma mort purgeait notre temps du mensonge.

Le monarque se rapprocha d'Antoine-Claude.

— Écoutez-moi, Lessart, il ne faut pas, il ne faut jamais, que le duc de Berry[4] monte sur le trône.

— Mais pourquoi, Sire ? balbutia Antoine-Claude.

— Parce qu'il n'est pas mon fils.

Louis XVI s'éloigna de quelques pas, comme s'il venait de se dégager d'un énorme fardeau.

— C'est mon fils qui est mort le 4 juin à une heure du matin, mon fils que l'on a enterré le 13. Celui-là, je vous le répète, était mon fils, pas l'autre.

Bouleversé, Lessart s'approcha du Roi.

— Comment Votre Majesté peut-elle être si péremptoire sur un sujet si délicat ?

— C'est bien simple, Lessart, lisez.

Et le Roi tira de sa poche un billet adressé au comte de Fersen sur lequel, sans qu'il l'ouvrît, Antoine-Claude avait reconnu l'écriture de la Reine[5].

— Sire, reprit le comte, je puis conserver ce billet si le Roi veut le déposer en lieu sûr, mais même s'il me l'ordonne, je ne le lirai pas. Je demande à Votre Majesté, si elle veut me confier cette lettre, qu'elle veuille bien la sceller elle-même et joindre à ce sceau les instructions qu'elle me fera l'honneur de me donner.

— C'est bien, dit Louis XVI. Je vous remettrai ce billet en effet, dès demain. Et si jamais il m'arrivait malheur, je vous dirai qu'en faire. Voyez-vous, Lessart, l'Histoire me jugera comme Roi. Vous pourrez au moins juger en tant qu'homme, et ne point me trouver lâche ou bien fou, si je cède à cette armée de brigands. Vous serez le seul à savoir que j'aurais tout fait pour sauver la France, mais rien pour maintenir un trône qui ne pourrait être, après moi, qu'occupé par un fourbe[6], un incapable[7] ou, pis encore, un étranger[8].

Et le Roi s'éloigna lentement vers les broderies de buis qui le ramenaient au château, laissant le comte de Lessart méditer seul son terrible secret.

14

Les sentiments qui liaient à Cathy le nouvel évêque d'Autun n'avaient cessé de s'exaspérer dans les dernières semaines. Tout ce que la Cour laissait filtrer de nouvelles repoussait Talleyrand vers la ville et l'Assemblée. Bien que Cathy ne l'ait point accompagné à Versailles, le prélat s'obligeait chaque soir à rentrer à Paris pour goûter durant quelques heures auprès d'elle le repos du législateur.

Chose étonnante : alors que cette époque enhardie appelait de partout la guerre, Charles-Maurice et Cathy avaient signé une sorte d'armistice.

Talleyrand ne s'indignait plus d'être trompé, et d'ailleurs il l'était à peine. Les revenus de son diocèse l'avaient conduit à ce triomphe, et la jeune femme, de culbute en caresse, lui faisait oublier dans les baisers la souffrance de sa boiterie.

Rien de sa gloire naissante, de l'ascendant qu'il prenait sur les députés, sur les salons, sur l'opinion, n'était comparable en saveur à cette suprême victoire que Charles-Maurice venait d'accomplir sur lui-même, victoire qu'il n'avait jamais osé se promettre, et qui, mieux encore que de le changer en Roi ou en Dieu, l'avait rendu tout à fait homme.

Le corps de Cathy avait atteint sur lui l'empire d'une drogue. La liberté qu'il prenait avec la jeune femme d'oser désormais être ou n'être pas en appétit lui semblait la plus douce satiété qui se puisse concevoir. De toutes les ambitions et de tous les conforts de l'âme, l'évêque possédait désormais le seul qui lui ouvrît le paradis.

Mme de Staël qui ne détestait rien autant que les choses arrangées se passionnait presque davantage pour la liaison de Charles et de Cathy que pour l'issue des États Généraux.

— Il flotte, disait-elle au prélat dont elle était la confidente, dans ces deux aventures un même vent de liberté. Seulement, on délibère moins dans la première que dans la seconde.

Dans la première, on délibérait fort en effet.

— Il faut, messieurs, proclamait Talleyrand, détruire le dogme de l'obéissance passive, et mettre tout à fait à découvert l'impuissance du gouvernement.

— N'est-ce point, renchérissaient les frères Lameth qui se prêtaient la parole plus agréablement encore que les femmes, la désorganisation du corps politique, les désordres et le manque absolu d'argent qui ont forcé à recourir à la convocation des États Généraux ?

— Que signifient, reprenait Vergniaud, les déclamations de tant d'hommes si empressés à recueillir les bienfaits d'une révolution, qu'ils ont l'air cependant de condamner par une hypocrisie intéressée ?

Chaque soir, Talleyrand, les Lameth et Vergniaud se retrouvaient dans le salon de Mme de Staël pour poursuivre leurs diatribes. Ils se déchiraient si fort en paroles que Germaine les interrompait en riant :

— Arrêtons, mes amis. Ce n'est plus un salon, c'est un hôpital politique[1] !

Guadet, dans le même temps, dînait avec le comte de Lessart.

— Qui a accoutumé le peuple aux attroupements et à la résistance ? demandait Antoine-Claude.

— Les Parlements, répondait Guadet.

— Qui a montré dans nos provinces le plus d'hostilité envers l'autorité royale ? reprenait Lessart.

— La Noblesse, répliquait Marguerite-Elie.

— Qui, enfin, achevait Valdec, a refusé avec le plus d'opiniâtreté de venir au secours du trésor et à employer le plus d'astuce pour se soustraire aux charges publiques ?

— C'est le Clergé, pardi, répondait l'écho Guadet en éclatant de rire.

Mais Claude de Lessart ne riait plus depuis qu'il avait compris quel terrible secret empoisonnait le Roi Louis XVI. Il ne savait comment aider le monarque à porter ce fardeau, et se sentait malgré tout une immense fraternité d'âme avec ce cœur souffrant et solitaire.

Aussi étrange que cela puisse paraître, cette circonstance politique le ramenait à Cathy par ces détours énigmatiques dont les amoureux possèdent seuls le torturant secret. Il se prit même un jour à songer à l'enfant qu'elle n'aurait pas de lui, et ce rêve niais lui fit honte.

Comme il avait conservé le bureau des subsistances, Antoine-Claude savait, mieux que quiconque, que le blé manquait partout. Un printemps pluvieux annonçait, même en Guyenne[2], une moisson tardive. Les battages, la mouture prendraient beaucoup de temps, il fallait donc s'attendre à des émeutes.

— Je ne crois pas, confessait-il à Guadet, que ces convulsions du désespoir et de la misère passeront d'autant plus rapidement qu'elles seront plus violentes. La faim du peuple est une catastrophe et je prévois les maux incalculables que cette catastrophe vomira sur la France.

Fournier-l'Américain et Lazowski avaient repris leurs pérégrinations. Ils s'agitaient du côté de Fougères, en arrêtant avec des haches, des bâtons et des faux des voitures chargées de grains.

Lazowski en avait assez de ces médiocres émeutes. Il trouvait que le temps était venu de porter le feu dans les châteaux pour y brûler les titres.

— La flamme et la licence, telles sont désormais les deux mamelles de la France, proclamait-il.

Les deux compères étaient rentrés à Paris au début du mois de juillet.

— Voilà les tartines que tu devrais faire servir à ton ami Lessart, disait Lazowski à Fournier en désignant des miches noirâtres, terreuses et amères que l'on se procurait à grand-peine après des heures d'attente devant les boulangeries et qui causaient des inflammations à la gorge et des douleurs d'entrailles.

En arrivant au Palais-Royal, ils virent un grand attroupement. Marion Bouchut, au premier rang, assistait au spectacle étrange d'une femme mouillée des pieds à la tête que l'on avait déculottée et que l'on était en train de fouetter en cadence.

— Par le Tiers États, lui demanda Fournier, qu'est-ce donc que cette mascarade ?

— C'est une femme de condition répondit Marion, qui a craché sur le portrait de M. Necker.

— Comment va ton commerce ? poursuivit Fournier, avec tous ces soulèvements...

— A merveille, répliqua Marion, avec ces fantassins, ces cavaliers, ces artilleurs, ces hussards[3] que les ministres ont fait acheminer par bataillons entiers vers Paris, le Palais-Royal est devenu le campement de Cythère.

Fournier et Lazowski se rendirent chez Danton. Le tribun régentait tout à la fois. Il se déclara satisfait de leurs services et ajouta :

— Maintenant, nous allons faire mieux et plus. Le peuple est prêt à nous suivre. Les soldats sont mûrs pour la désertion. Soixante-quinze hommes ont quitté le régiment de Salis-Samade[4] et leurs camarades ont fait le serment de dévisser les batteries de leurs fusils s'ils recevaient l'ordre de tirer sur le peuple.

— Qu'attendez-vous de nous ? demanda Fournier.

— C'est simple, d'entraîner les badauds à attaquer les couvents pour y prendre le blé, et les marchands de vin pour vous donner à boire. Ensuite, il faudra frapper les esprits. Il faut donc préparer une grande insurrection pour le 13 juillet, quelque chose qui ressemble à l'ouragan que nous avons connu l'année dernière.

— Vous voulez faire croire que ce cataclysme viendra du ciel ? observa Lazowski.

— C'est cela, répondit Danton. Il me faut de l'élan, de l'invocation, une conflagration universelle. Je veux que vous persuadiez le peuple de la hauteur de son sacrifice. Vous serez comptables de tout délai. Et c'est votre intérêt le plus grossier, la prudence la plus ordinaire, la sagesse la plus triviale que j'invoque en vous disant cela. Plus les convulsions seront brèves et violentes, et plus le couronnement de nos espoirs approche.

Ayant longtemps délibéré sur les premiers pillages à effectuer, Fournier et Lazowski se dirigèrent vers le faubourg Saint-Marcel où se tenait une tourbe redoutable.

A ces mendiants de race, à ces tireurs de bois flotté, ils dirent : « Voici le dernier jour des riches et des aisés. Demain, viendra notre tour de coucher sur l'édredon. »

Dans le même temps, Necker dînait[5] à Versailles, en compagnie de Lessart et de Mme de Staël.

— C'est singulier, dit la baronne, la passion qu'affiche Périgord pour sa Mme Grand. Qu'en pensez-vous, monsieur ?

— J'en pense, répliqua Lessart en regardant si fixement Germaine, qu'elle en baissa les yeux, j'en pense qu'il a mis dans tout cela un manège et une perfidie qui me l'ont fait prendre en horreur.

— En amour, observa Necker avec gourmandise, il est des

serments de cœur ou des serrements de mains qui valent à mes yeux tous les trônes du monde.

Un valet à cet instant, interrompit le service pour tendre au ministre un pli du Roi. Necker ouvrit la lettre, la parcourut, et, la mettant dans sa poche :

— On raconte que l'abbé de Périgord avait eu recours à Cagliostro pour raviver sa virilité et que l'élixir de cet imposteur n'a rien donné malgré ses frictions, ses grimaces et ses égratignures.

Lessart éclata de rire.

— Vous jugerez sans doute avec moi, mon cher Ministre, que peu de batailles sont perdues physiquement. Les batailles se perdent toujours moralement. Le véritable vainqueur, comme le véritable vaincu, c'est celui qui croit l'être.

— Eh oui, reprit Necker, j'observe qu'il en est de même en politique.

Après que l'on fut passé au salon et que Mme de Staël eut pris congé, au moment où Antoine-Claude s'apprêtait à faire de même, Necker mit sur son épaule une main paternelle.

— Disons-nous adieu, Valdec, nous ne nous reverrons sans doute jamais.

— Mais pourquoi ? balbutia le comte.

— Parce que le Roi m'a fait tenir tout à l'heure devant vous un ordre d'exil qui est mon congé.

— Mon Dieu ! s'écria Lessart, voilà la balourdise ultime. Je m'offusquais déjà des régiments accumulés, mais votre révocation... Elle va mettre le feu aux poudres !

— C'est probable, répondit Necker. Mais vous connaissez ma droiture. Je vais partir à l'instant sans rien dire à ma fille, ni à ma femme, et sans emporter le moindre bagage. Lessart, je vous estime assez pour que vous gardiez, du moins je l'espère, un souvenir favorable de moi.

— Je témoignerai, monsieur, de toute votre bonté et de toute votre noblesse, répondit le comte bouleversé. Vous êtes aussi grand qu'un héros de Plutarque.

— Adieu, Valdec, et souhaitons que Paris ne soit pas dès ce soir noyé dans le sang.

Antoine-Claude se jeta dans les bras de Necker. Une partie de lui-même s'arrachait avec le gros bonhomme. Il rejoignit son cabinet et se vit orphelin.

Il n'avait pas ressenti une solitude comparable depuis la mort du baron de Gascq.

On frappa à la porte : c'était Guadet.

— Tu es au courant ? demanda le député bouleversé. Il a renvoyé Necker.

— Comment le sais-tu ? s'inquiéta Lessart.

— C'est un bruit qui a couru. Tout le Tiers l'a appris et délibère.

Antoine-Claude prit sa tête dans ses mains et soupira. Depuis quelque temps, il ne portait plus la perruque et il avait fait couper court, sur le haut du crâne, ses beaux cheveux bouclés.

— Il y a des jours où j'ai envie de me déboutonner, s'écria-t-il. Si tu savais comme j'en ai assez de ces bêtises, de ces provocations, de ces injures ! Ce n'est pas d'hier que je t'affirme que le Roi est devenu fou !

— C'est un tyran, objecta Guadet gravement, un tyran qui exige des offrandes et foule aux pieds nos sacrifices.

— Non, protesta Lessart, c'est un homme dans le cœur duquel chaque orage a laissé une trace et qui ne peut plus rallier ses forces éparses...

Au moment où Antoine-Claude prononçait cette phrase, un gigantesque coup de tonnerre fit trembler tout le château. En un instant, l'orage qui avait menacé durant toute la journée se déchaîna avec des grondements terribles.

Le spectacle était si atroce, le ciel si hostile et si noir, que les deux amis ne purent s'empêcher de frissonner.

— A quelque chose, malheur est bon, remarqua Lessart, la pluie dispersera au moins les manifestations.

Mais il ne pleuvait pas à Paris, il faisait même encore une chaleur accablante et on promenait déjà, au Palais-Royal, le buste de Necker, voilé de crêpes noirs. Fournier et Marion Bouchut s'égosillaient dans la cacophonie. Ils sentaient que la tragédie allait courir les rues. La pluie avait resserré les émeutiers sous les arcades. On avait commencé à piller les boutiques. Victor Louis qui venait de boire un verre à la « Grotte Flamande » commença à trembler pour son bâtiment.

Il vit avec effarement une population d'orateurs, de femmes, d'incendiaires et de soldats mêlés, sortir en un instant des tripots et des débits de limonade pour s'élire lapidateurs, juges, bourreaux et émeutiers. Partout, des hommes montaient sur des tables et commentaient, malgré la pluie qui commençait à leur battre les flancs, les nouvelles d'une voix fiévreuse.

— C'est égal, songea Victor Louis, en entendant gronder le

tonnerre, tout se passe comme si le sol était miné et comme si ce bruit était celui d'un volcan.

Mais la foule entraînait l'architecte en criant « aux armes ». Il passa, chapeau bas, devant le buste de Necker qui circulait au-dessus des têtes, de main en main.

Dans la multitude, il aperçut François Garodeau.

— Regardez-les, ce sont les rescapés de chez Reveillon, observa le valet.

— Ce n'est rien, répondit l'architecte. Ce dimanche n'est pas comme les autres. Vous allez les voir cette nuit quand ils célébreront leur messe !

C'est à ce moment qu'ils virent passer une femme, poursuivie par une cohorte vociférante.

— Eh ! Garodeau, s'écria Victor Louis, regardez donc, c'est Mme Grand.

Le valet était parti à toute vitesse pendant que des coups de pistolet éclataient au-dessus de sa tête. Il courut du plus vite qu'il put, zigzaguant sous la pluie entre les arbres et les colonnes. Parvenu à hauteur de Cathy, hors d'haleine, il l'enleva dans ses bras comme une plume tout en continuant à courir.

Tandis que Victor Louis le suivait à distance, Garodeau se frayait de plus en plus difficilement un passage parmi les émeutiers.

Il avait, certes, semé ses plus immédiats poursuivants, mais le moindre geste de Mme Grand risquait de déchaîner à nouveau la colère du peuple.

La jeune femme, à moitié évanouie de frayeur, se serrait convulsivement contre lui.

— Mais lâchez-moi, Mordieu, criait Garodeau, toussant, suant, étouffant sous la charge.

Parvenu au coin de la rue Vivienne, il réussit à déposer Cathy, tout à fait évanouie, dans l'embrasure d'une porte et, profitant du désintérêt de la foule, déchira et arracha sa robe. Il roula le tissu en boule et le dissimula en paquet, serré contre la porte. Bien lui en prit, car la horde furieuse le rattrapait.

— N'avez-vous point vu, citoyen, une femme en robe bleue ?

— Non, répondit Garodeau, dont le cœur battait à se rompre. Je soutiens ma fiancée qui vient d'avoir un malaise.

Déjà la foule hurlante se précipitait vers d'autres combats et au milieu des cris crépitaient déjà quelques coups de feu.

Garodeau passa un bras de Cathy sur ses épaules. Victor Louis avait réussi à le rejoindre, son habit en lambeaux.

— Sombre dimanche, bougonna l'architecte. Le dépôt d'armes est pillé. On a brûlé les belles constructions de Ledoux[6]. On ne compte plus les femmes et les enfants piétinés.

— Aidez-moi, dit Garodeau.

— C'est la maîtresse de Lessart qu'ils ont mis dans cet état ? demanda Victor Louis. Nous serons tous roués vifs un de ces jours, si cela continue !

Soutenant Cathy du mieux qu'ils le pouvaient, les deux hommes se dirigèrent vers la rue du Sentier.

Place Louis-XV, les cavaliers du Royal Allemand commençaient à enfoncer la foule.

— Je me demande si vous avez eu bien raison de la sauver, observa Victor Louis au moment où ils atteignaient l'hôtel de Lessart.

— Monsieur, répliqua le valet, ce n'est point un simple cotillon que cette femme. Je crois bien qu'elle est pour mon maître ce qu'il a de plus cher au monde.

Les deux hommes délacèrent Mme Grand, l'étendirent, lui bassinèrent les tempes avec du vinaigre...

Malgré toute la réserve qu'elle lui inspirait, Victor Louis était aussi bouleversé par sa beauté que par l'harmonie d'un temple grec.

— Je vais la veiller, proposa l'architecte. Allez donc à Versailles pour voir si les affaires n'y prennent pas une tournure encore plus fâcheuse !

Garodeau partit pour rejoindre son maître et ne parvint au château qu'à minuit tant, sur la route, la foule de voitures, d'hommes et de femmes était dense.

Il trouva Lessart en proie à la plus vive exaltation.

— Le Roi s'égare, s'écria le comte. Il s'entoure de grands noms dispensés de talents.

— Ne vous inquiétez plus pour Mme Grand, dit le valet d'un ton uni. Je l'ai arrachée à la foule. Elle est à l'abri rue du Sentier.

— Comment ? rugit Lessart, Cathy, dans la foule, mais pourquoi ?

— Je l'ignore, monsieur, répondit Garodeau. Elle était tombée en pleine émeute, et j'ai pris sur moi de la secourir.

— Ah ! merveilleux ami, s'écria le comte. Tu es ma providence. Vite, vite, allons à son chevet.

— Doucement, reprit Garodeau, et votre service...

— Mon service attendra, répliqua Lessart. Allons à Paris, tout de suite.

— Je crois, monseigneur, qu'il serait plus prudent de prendre une voiture de louage...

Ayant quitté Versailles par une porte dérobée, le comte et le valet se mirent donc à courir après un fiacre qu'ils ne dénichèrent qu'à prix d'or et sur les deux heures du matin.

Cathy était revenue de son évanouissement.

Elle avait ouvert les yeux sur Victor Louis, l'avait remercié d'un sourire et lui avait ouvert les bras. L'architecte, à son grand étonnement, n'avait pas cédé à cette première avance. Il s'était contenté de lui baiser la main et de lui offrir un verre d'eau de Mélisse.

La jeune femme lui avait expliqué qu'elle se trouvait par hasard au Palais-Royal quand elle avait cru reconnaître une de ses amies parmi les émeutiers. Et comme elle regardait cette femme avec insistance, un grand diable dont elle avait déjà observé le manège plusieurs fois avait fendu la foule en criant :

— C'est elle, c'est une amie de l'Autrichienne, elle a craché sur Necker.

Aussitôt, la foule s'était ruée et, sans Garodeau, miraculeusement apparu à ce moment-là, Cathy aurait été mise en pièces.

Dans la rue du Sentier, on entendait encore des bruits sourds, des gémissements, des vociférations.

— Ce sera bientôt un privilège de rouer, de brûler, de pendre, de décapiter, observa Victor Louis. Écoutez comme le peuple tonne et rugit.

L'architecte se dirigea vers la fenêtre, la foule s'écoulait encore, misérable, entraînant ses blessés et ses morts. Il vit, au coin de la rue, une voiture sans armoiries qui se frayait difficilement un passage.

— Il faut madame, dit-il à Cathy, que M. de Lessart vous aime bien fort pour avoir bravé l'émeute. Je n'en aurais point fait autant pour ma propre femme si je m'étais trouvé à Versailles aujourd'hui.

Antoine-Claude entrait en effet dans la chambre, bousculant tout sur son passage.

Victor Louis et Garodeau se retirèrent en voyant passer dans ses yeux un éclair de folie.

Ils le surent traversé d'illusion, de passion.

La manière dont il avait saisi Cathy et dont, sans se soucier de leur présence, il l'avait serrée contre lui, ne laissait aucune interrogation sur l'engouement, la frénésie, et l'emportement que lui inspirait toujours la jeune femme.

Lessart venait de comprendre que certaines nuits valent toute une vie, même si elles sont brèves. Celle-là le fut particulièrement car déjà se levait l'aube du 14 juillet.

15

Lazowski, Fournier-l'Américain et Marion Bouchut avait couru Paris toute la nuit.

— A la lanterne, criait Fournier, cette caste orgueilleuse de soi-disant nobles qui s'arroge le droit de vexer et de tuer la multitude !

— Aux cris ! au sang ! hurlait Marion.

— Aux épées ! beuglait Lazowski.

En atteignant le jardin des Tuileries, le trio avait obtenu un succès fou, d'autant plus que les soldats du prince de Lambesc venaient d'y commettre l'acte affreux de massacrer sans raison un vieillard paisible et sans défense.

Malgré la pluie, les trois amis s'étaient évertués, sachant qu'aucun moment n'était à perdre.

Vers trois heures [1], Fournier avait réussi à s'introduire dans l'église Saint-Eustache et à y sonner le tocsin. Sortant de là, il avait ameuté la foule qui hantait encore la nuit et s'était fait proclamer commandant.

Commandant de quoi ? il ne le savait pas encore, mais il pensait qu'avec un grade Danton lui décernerait encore plus d'éloges et d'argent pour sa conduite et sa bravoure.

Dans l'espoir de trouver chez lui un verre de vin, Fournier et son escouade s'étaient donc remis en marche sous la pluie et avaient traversé la Seine.

Le tribun, toujours éveillé, lui avait ouvert les bras.

— Grâce à toi, avait-il déclaré, le peuple est parvenu à acquérir le sentiment de sa souveraineté.

— C'est bien vrai, avait répondu Fournier en vidant son verre.

La chaleur de la liberté est montée au plus haut point des thermomètres[2].

— Eh bien, avait repris Danton, cela ne suffit pas. Le moment de livrer combat est arrivé.

— Nous n'en avons point assez fait ? s'était exclamée Marion. Regardez-nous, nous sommes exténués. Le chapeau de Lazowski est percé d'une balle, je me suis fait mal à la jambe, Fournier ne tient plus debout. Allons nous coucher et, demain soir, il fera jour.

— Non, avait répliqué Danton, demain soir il fera nuit, et c'est demain matin que j'ai besoin de vous.

— Mais enfin, avait bougonné Lazowski, il me semble que nous avons pris assez d'exercice.

— Point assez à mon goût, avait répliqué Danton. Demain, vous prendrez la Bastille.

— La Bastille ! Mais il est fou ! s'étaient écriés les trois émeutiers. Pourquoi faire ? Nous allons nous exposer en vain !

— Écoutez, dit Danton, vous n'aurez qu'à passer du côté des cuisines, c'est le coin le moins périlleux. Pour le reste, vous aurez des balles, de la poudre, des fusils. On essaiera de tirer une pièce de canon de l'arsenal et l'équivoque de la garnison fera le reste.

— Mais allez-y donc vous-même ! s'enfiévra Marion Bouchut. On ne vous a pas beaucoup vu cet après-midi.

Le tribun balaya l'observation d'un geste.

— Il faut que le courage soit scientifique. Et puis, ajouta-t-il, tout est prêt pour vous aider. Un maçon de mes amis a déjà réuni plus de quatre cents ouvriers pour démolir la forteresse. Vous n'auriez qu'à crier « Vive la liberté, destruction des tyrans ! » et tout sera dit.

Marion, Fournier et Lazowski se retirèrent assez piteusement.

— La voilà la récompense éclatante de tes affreux services, rouspéta la jeune femme. Ton M. Danton ne souffre ni subterfuge, ni délais, il ordonne sur-le-champ, sans se soucier des réalités. Mais c'est lui le tyran !

— Vas-tu te taire, à la fin ! s'écria le créole en la pinçant. Tu n'es donc bonne à rien qu'à grognasser !

Ils avaient atteint le Palais-Royal, désert à cette heure, mais envahi de saletés et de carcasses immondes.

— Où vais-je travailler, demain ? s'exclama Marion. Elle est belle votre révolution ! C'est la Cathy qui a raison avec son évêque !

Fournier la gifla et Lazowski eut bien du mal à le calmer pendant qu'elle ravalait ses larmes.

Le comte de Lessart s'était allongé auprès de Mme Grand. La jeune femme s'était blottie contre son épaule et s'était mise à sangloter doucement. Antoine était resté ainsi un long moment à boire ses larmes et à caresser ses cheveux. Tout ce qu'il avait cru forger de retenue, de scrupules, de jalousie, de haine, avait fondu dans cet instant de tendresse.

Il murmurait : « Je ne veux pas te perdre », et la serrait de plus en plus fort contre lui. Pour la première fois, il voyait dans l'amour qui le portait vers elle autre chose que la frénésie de son sexe, et il en tremblait, bouleversé.

Elle penchait doucement la tête et il sentait la passion le reprendre, et il en éprouvait déjà les dangers.

— Jure-moi que tu ne sortiras pas demain, que tu ne t'exposeras pas. Je reviendrai dès que je pourrai.

Cathy s'abandonnait à cette force, à ces promesses, à ces serments qu'il lui faisait. Elle répondait « je t'aime », et peut-être alors le croyait-elle.

La peur que la jeune femme avait ressentie était si forte que son contrecoup avait fait naître en elle un commencement de tentation. Elle caressait doucement Lessart en murmurant de petits mots à son oreille ou se faisant implorante à mesure que montait en elle le balancement du désir. Elle balbutiait qu'elle avait dû mal se conduire, mais qu'elle n'aimait que lui seul et que chaque instant passé loin de lui la déchirerait désormais.

Et lui s'enfiévrait de sa chair, de sa peau, de son corps, et il savait qu'il se retrouvait devant elle aussi jeune et aussi neuf que la première fois.

Le jour s'était déjà levé sur un spectacle de désolation quand le comte de Lessart repartit pour Versailles.

Sa livrée le cherchait partout et l'on avait cru à sa perte.

— Je me suis inquiété de vous, Lessart, lui dit le Roi.

— Je me suis rendu à Paris pour rendre compte des événements à Votre Majesté.

— Que pensez-vous de ces émeutes ? demanda Louis XVI qui avait oublié de se faire friser et dont les cheveux étaient tout déroulés d'un côté.

— Je crains, Sire, que nous n'assistions au début d'un grand cataclysme.

— Il faudra envoyer d'autres troupes, répondit le Roi.

— Sire, en agissant ainsi, observa Antoine-Claude, Votre Majesté risquerait de voir le pays tout entier se soulever contre elle. Pis, le peuple serait escorté par les troupes qui pactiseraient avec l'émeute.

— Vous croyez vraiment cela, Lessart ? demanda le Roi visiblement inquiet.

— Hélas ! Sire.

— Mais, alors que faire ?

— Tirer la leçon des circonstances et damer le pion à la révolution en rappelant Necker.

— Necker, Necker, s'emporta le Roi, vous n'avez que ce nom à la bouche !

— Sire, dit doucement Lessart, ce n'est pas moi. C'est le peuple. Si Votre Majesté se rendait à Paris, ce qu'à Dieu ne plaise, elle entendrait le nom de Necker qui monterait vers elle, comme un murmure qui devient un vertige.

— Bon, dit Louis XVI, à demi convaincu. Mais si j'applique votre plan, je serai en peine ici de comprimer certains avis. Savez-vous qu'hier soir, M. de Breteuil, mon ministre, m'a demandé la permission de se mettre à l'abri si les événements tournaient à son désavantage ?

— C'est un peu triste, concéda Lessart.

— D'autant plus, ajouta Louis XVI, que tous ces gens qui m'abandonnent veulent toujours pouvoir compter sur mon amour.

La phrase du Roi fut couverte à cet instant par le bruit que faisaient des pelotons de gardes du corps qui passaient devant le château, au train de charge. On entendit tonner le canon.

— Sire, dit Lessart, je crains qu'il n'y ait de nouveaux troubles, Votre Majesté veut-elle que je retourne à Paris ?

— C'est inutile, dit le Roi, nous apprendrons tout ça bien assez tôt.

Pendant ce temps, Victor Louis et François Garodeau avaient suivi la foule qui défilait, partout acclamée, en cortège. Le mot d'ordre avait été de se porter vers la Bastille pour y recevoir des armes. Chemin faisant, l'idée avait couru que l'on pourrait oser attaquer la forteresse. Au milieu du bruit, de la fumée et de la poudre, on avait vu reculer les canons du vieux fort et on avait cru à cet instant que la garnison allait tirer sur le peuple. Puis la foule avait crié : « Nous voulons la Bastille, à bas la troupe ! » Une violente déflagration avait déchiré l'air. C'est alors que Fournier, Lazowski et quelques autres, montés sur les toits d'une boutique de parfumerie qui s'appuyait sur le chemin de ronde, avaient réussi à s'introduire dans la prison. Parvenus dans la cour, ils avaient abattu à coups de hache les chaînes des ponts qui s'étaient effondrés avec fracas. On tirait maintenant de toutes parts. On ne voyait plus dans la fumée que fusils, baïonnettes, poudres et balles. Des hommes passaient, couverts de sang. L'affaire dura jusqu'à cinq heures du soir, à peu près.

Victor Louis et François Garodeau s'étaient réfugiés chez un épicier où ils avaient leurs pratiques. Cernés par la foule, ils y demeurèrent au milieu des clameurs jusqu'à sept heures.

A ce moment, ils virent passer une cohorte vociférante, conduite par Fournier et que suivait Marion Bouchut. La jeune femme, échevelée, hagarde, couverte de sang, portait une fourche à deux brins. Victor Louis chercha à distinguer quelle masse informe pouvait bien être piquée sur les brins de la fourche et crut s'évanouir d'horreur en reconnaissant une tête humaine aux yeux exorbités.

— Ah ! ne regardez pas un pareil spectacle ! dit-il à Garodeau. Que n'ai-je ici du papier et des fusains pour en faire un croquis. On ne peut voir deux fois cela dans sa vie !

La foule s'écoulait en direction de l'hôtel de ville. Garodeau et Victor Louis laissèrent passer la meute.

— Je crois que le Palais-Royal est provisoirement sauvé, observa l'architecte.

— C'est Versailles qui ne l'est pas, répondit le valet.

Fournier et Lazowski s'étaient momentanément séparés de Marion Bouchut. Le commandant Fournier s'était institué tribun du peuple et pérorait, une bouteille à la main, sur les marches de l'hôtel de ville.

Marion, avec sa fourche, avait fait le tour du quartier. Mais la pluie avait commencé à tomber, lavant la tête, et faisant ruisseler le sang en traînées dégoûtantes.

La jeune femme eut l'idée de profiter de l'ondée pour rincer ses mains dans le caniveau. Cette première toilette étant accomplie, elle se dit que la tête aurait meilleur air si elle l'apprêtait de même. Elle se servit donc de la perruque comme d'une serviette et accommoda son macabre trophée du mieux qu'elle put. Puis, trempée jusqu'aux os par l'averse, elle se réfugia avec sa fourche dans une taverne.

Dès son entrée dans l'estaminet, elle fut entourée, fêtée, choyée par tous les buveurs qui jurèrent que, grâce à elle, c'en serait bientôt fini de la roue, des bûchers, des fouets et des bourreaux. Marion but quelques verres, puis fit payer dix sous le droit de voir la tête qu'elle avait placée sous une serviette empruntée au cabaretier. Quand tout le monde eut payé, la jeune femme se décida à affronter de nouveau la pluie pour donner de l'extension à ce commerce d'un nouveau genre qu'elle avait décidé d'instaurer dans tous les cafés du quartier.

A Versailles, et malgré ce que lui avait annoncé Lessart, le Roi avait appris avec stupeur la chute de la Bastille. Il s'était enfermé dans son cabinet et il réfléchissait. En l'absence d'autres responsables, le comte avait reçu l'ordre de signer en quelques heures plus de deux cents passeports.

— Je ne rencontre plus de cœurs qui m'entendent, lui avait dit Louis XVI.

— On a tort, Sire, lui avait répondu Antoine-Claude, d'accuser Neptune quand on fait naufrage une seconde fois.

— Mais ne parlez donc pas par énigmes, Lessart, lui avait dit le Roi en s'emportant. Que dois-je faire ?

— Rappeler Necker, Sire, et tout de suite !

— Mais savez-vous seulement vers où il est parti ?

— Pour Bruxelles, Sire, sous le nom de M. de Caupette[3].

— Eh bien, allez, ou plutôt envoyez des coursiers. Cela suffira-t-il ?

— Non, Sire. Le Roi doit aller à Paris.

— Pour se faire écharper, Lessart ?

— Non, Sire, mais pour montrer que la monarchie est bien vivante, éternelle, et dans toute sa dignité.

Louis XVI avait balancé une bonne partie de la journée. Dans la soirée, il fit appeler Lessart et lui dit :

— Prince, vous souvenez-vous de cette conversation que nous avons eue l'autre jour dans le parc ?

— Oui Sire, tout à fait.

— Eh bien, reprit le Roi, comme rien ne prouve que je ne serai point tué demain en allant à Paris, je veux vous confier dès ce soir le document que je vous ai montré.

Le Roi tira de son secrétaire la lettre que Lessart avait déjà vue. Le comte la prit en s'inclinant et, saisissant respectueusement une feuille de papier qui se trouvait sur le bureau du Roi, il y plia la lettre qu'il scella aussitôt.

La cire, en fondant, dégagea une petite odeur âcre. Le Roi le regarda faire, sans rien dire, et observa enfin :

— Voilà, Lessart, vous savez tout. Ou plutôt, vous en savez un peu plus que les autres.

Sur quoi, il le congédia.

Le comte rentra dans ses appartements. Il fouilla dans une armoire et y prit une cassette où était écrit dans le bois, près de l'anse, le nom du comte, suivi des initiales entrelacées A.C.V.L. [4]. Il y plaça la lettre de Louis XVI, referma la cassette avec soin et la dissimula dans un coffre secret qu'il avait fait creuser dans le mur de sa chambre.

Puis il rejoignit le Roi qu'il trouva occupé à classer, brûler, étiqueter de nombreux papiers.

— Votre Majesté aura-t-elle besoin de moi cette nuit ? demanda Lessart.

Le monarque regarda le comte avec une lassitude infinie.

— Vous pouvez aller à Paris, prince. Pour ma part, je communierai demain avant de m'y rendre. Nous avons chacun notre religion...

Le comte sauta dans son carrosse sur les portières duquel il avait fait effacer les armoiries à la hâte, n'y laissant subsister que sa devise qui lui semblait encore de circonstance : « Pro deo et libertate. » Il rejoignit Cathy.

16

Marion Bouchut avait fait le tour de tous les cabarets du quartier. Son pécule atteignait maintenant près de cent livres. Elle s'assit sur une borne, épuisée, sa fourche à côté d'elle.

Le commerce d'un nouveau genre qu'elle venait d'inventer avait fait merveille. Tous se pressaient pour voir la tête dont elle affirmait à tort qu'elle était celle du gouverneur de la Bastille.

Mais depuis des heures et des heures qu'elle trottait dans le quartier, Marion était fourbue. Elle réfléchit cependant que si elle conservait intacte sa marchandise, elle pourrait reprendre, dès le lendemain, son office et se mit à réfléchir sur les moyens d'y parvenir.

L'idée lui vint comme une illumination quand elle voulut aller rejoindre Fournier qu'elle supposait être encore à l'hôtel de ville. Elle se hâta vers le bâtiment, réveilla le concierge, et après moult parlementations assorties de quelques coups de fourche, elle se fit délivrer un reçu dûment tamponné contre sa tête patriotique qu'elle laissa en gage jusqu'au lendemain.

Elle réunit alors ses dernières forces pour rentrer au Palais-Royal et s'y endormit lourdement.

Claude de Lessart avait morigéné son cocher pour qu'il le conduise à Paris au galop. Le malheureux avait accompli des prouesses et le carrosse du comte était maintenant arrêté devant le petit hôtel de la rue du Sentier.

Cathy avait accueilli son amant avec une joie débordante. Elle lui avait paru chancelante, étourdie, confondue, éperdue, rachetant en une seconde de ces effusions de longues années d'inconstance.

La ferveur avec laquelle il l'avait prise ressemblait à de l'adoration. Mme Grand avait abusé de ces prières qui implorent et de ces agenouillements qui remercient. Elle avait aimé Lessart avec dévotion et le comte avait puisé dans cette volupté qui circulait dans sa tête et dans son cœur, plus encore que dans son corps, la force d'entreprendre tout ce qu'il savait devoir accomplir encore.

Malgré tous les dangers qu'il avait encourus pour la rejoindre, ou sans doute à cause de cela, il n'avait jamais aimé Cathy avec autant d'émerveillement, ni pris plus de plaisir à la séduction de cette chair nue et de cette peau blanche.

— Je ne serai plus jamais qu'à toi, répétait la jeune femme. Et il regardait leurs corps s'étreindre dans le miroir, et il lui semblait que son plaisir était décuplé par ces images qui inspiraient des tentations nouvelles.

Il la quitta vers midi, pour rejoindre le Roi à l'hôtel de ville. Paris était hérissé de cinquante mille baïonnettes.

Louis XVI gravit les degrés du grand escalier sous la voûte des croisettes [1], des épées et des sabres. On entendit beaucoup de discours et quelques coups de feu.

Le Roi déclara :

— Messieurs, vous me déchirez le cœur par les récits que vous me faites.

Et il ajouta :

— Le silence des peuples est la leçon des Rois.

Il accrocha à son chapeau une cocarde tricolore dont le Maire de Paris [2] lui affirma qu'elle était désormais le signe distinctif des Français.

Il rentra à Versailles à dix heures du soir, se fit porter des saladiers de fraises, réclama Lessart et s'enferma dans son cabinet.

— A-t-on retrouvé Necker ? demanda le Roi.

— Oui, Sire. Il revient, mais par petites étapes.

Des acclamations leur parvenaient par la fenêtre ouverte. Le Roi s'y montra une ou deux fois.

— Enfin, ajouta-t-il, nous avons évité le sang. Quelles autres mesures devrions-nous prendre ?

— Il me semble, Sire, répondit Lessart, qu'après tout ce dont nous avons été témoins, il conviendrait, pour assurer le retour de la tranquillité publique, d'ordonner la démolition de la Bastille [3].

Le Roi se redressa avec vivacité.

— Vous y allez un peu fort ! C'est tout de même un comble !

— Sire, la démolition de l'édifice a été entamée devant même que l'émeute ne soit achevée par des maçons venus d'on ne sait où[4].

— Puisqu'il en est ainsi, dit le Roi, chargez donc un architecte de surveiller cette tâche et veillez à ce que le maçon embauche, pour ce faire, les pauvres du quartier[5].

— Mais, ajouta malicieusement Louis XVI, vous n'avez qu'à envoyer un courrier à Paris. Il me semble inutile, cette nuit, que vous quittiez Versailles.

Lessart salua et sortit.

Il était, lui aussi, exténué. Il balança un moment entre le désir de retrouver Cathy et la volonté de suivre l'ordre du Roi. Le devoir et la fatigue furent finalement les plus forts et il se résigna, cette nuit-là, à dormir au Palais.

Charles-Maurice de Talleyrand s'était bien gardé, durant ces nuits d'émeute, de quitter son appartement. Au son assourdi des vociférations et des coups de feu, il avait préféré le doux ronronnement de « La paysanne pervertie » et de « Lucile ou les progrès de la vertu » dont il s'était fait la lecture à voix basse.

Quand il apprit que l'alerte était passée, il se décida à mettre le pied dehors. Tous ces marmitons qui cuisinaient la révolution comme des gâte-sauce l'énervaient au plus haut point. Il avait décidé, pour faire un geste, de faire parvenir six cents livres à ses grands vicaires pour distribuer de la farine à la classe la plus nécessiteuse d'Autun et déclara qu'il en avait ainsi assez fait pour apaiser les consciences.

Puis il écrivit à ses chanoines pour leur permettre de porter l'aumusse, un gris-gris ridicule que certains avaient la frénésie de se mettre sur le bras pour aller à l'office.

Ces bonnes choses étant accomplies, Talleyrand monta dans sa voiture et se fit conduire au Palais-Royal. Il ne trouva point Cathy dans le petit appartement qu'il avait fait aménager et comprit qu'il s'était passé quelque chose qui lui était défavorable.

Un pressentiment le poussa à se rendre rue du Sentier, et il constata avec déplaisir que ce pressentiment ne l'avait pas trompé.

Bien décidé à reprendre ce qu'il considérait comme son bien, l'évêque se fit introduire auprès de la jeune femme.

— Est-ce la peur des patriotes qui vous a conduite à vous réfugier ici ? demanda-t-il.

— Non, dit Cathy, c'est la bonté de M. de Lessart à mon égard.

— A quelle somme s'élève cette bonté ? demanda Talleyrand avec insolence.

— Elle est gratuite, monseigneur, répondit Cathy.

— Cela m'étonnerait, reprit l'évêque. Vous m'avez bien habitué à faire argent de tout.

— C'est vous qui m'avez appris à le faire, répliqua Catherine avec colère. Mais sur ce plan-là, je n'égalerai jamais mon maître, car vous, quand vous vendez votre âme au diable, c'est du fumier que vous échangez contre de l'or[6].

L'évêque partit furieux.

En rejoignant son appartement, il croisa sous les guichets du Louvre une foule en mouvement qui suivait une femme, portant une fourche. Il mit la tête à la portière et reconnut une prostituée du Palais-Royal.

Marion Bouchut s'approcha du carrosse épiscopal et cria :

— Vous me donnerez bien une livre, monseigneur, pour voir le bon Dieu en face ?

Talleyrand, mi-inquiet mi-curieux, tira l'argent de sa poche et le donna à la femme qui souleva le torchon dissimulant la fourche.

Alors, le prélat horrifié vit apparaître sous le linge une figure humaine ou plutôt ce qu'il en restait, car la chaleur du mois de juillet et les mouches avaient fait leur œuvre, accélérant la putréfaction des chairs.

Le prélat crut s'évanouir à cette vision immonde.

— Ce n'est point Dieu que je vois, s'écria-t-il, c'est l'enfer !

Le cocher fit écarter la foule et le carrosse s'éloigna parmi les rires. Périgord fut alors pris d'un tremblement nerveux qui ne se calma qu'au logis.

Il revoyait ce spectacle d'horreur et, pour la première fois de sa vie, se signa en récitant le Notre Père.

Pendant que ces événements se déroulaient à Paris, Necker revenait à petites journées. Il faisait halte dans les villages où on lui offrait des fruits et des bouquets de fleurs. Il fut enfin reçu à Versailles comme un maréchal ayant conquis dix-huit provinces et s'apprêtant à tapisser le château tout entier des drapeaux ennemis.

— Que pensez-vous de tout cela ? lui demanda Lessart.

— Il me semble, répondit Necker d'un air dubitatif, que je vais me replacer dans la carrière d'épines où je m'étais déjà engagé.

On vécut ainsi quelques jours. Il arrivait maintenant que le Roi dormît pendant le conseil[7]. Antoine-Claude se tenait éveillé grâce à des tasses de café qu'il buvait subrepticement, car cette denrée était devenue introuvable. Pour la première fois, il traitait son maître, Necker, non en allié, mais en rival, et lui parlait avec la désinvolture d'un élève émancipé vis-à-vis d'un vieux magister.

La passion qui l'attachait de nouveau à Cathy était si violente qu'il ne pouvait se retenir de passer toutes ses nuits auprès d'elle. Il se moquait finalement que la révolution de Paris ait gagné la province, tant que son corps était habité par cette révolution plus complète, qui tenait à l'amour fou qu'il avait de cette femme et qui l'immergeait tout entier.

Mme de Staël était rentrée à Versailles avec son père. Talleyrand lui avait confié sa rupture.

— Vengez-vous donc, monseigneur, avait conseillé la baronne. Ou soyez plus adroit en laissant la révolution vous venger.

Les frères Lameth, pris par la politique, dictaient à Tallien des projets de discours qui commençaient par ces mots : « De par la majesté du peuple ! »

Fournier-l'Américain et Lazowski avaient abandonné tout autre office pour devenir colporteurs de pamphlets. L'un d'eux, valant deux sous, et intitulé « la découverte du complot des aristocrates » était, bien qu'anonyme, la première œuvre littéraire de Tallien.

Marion Bouchut avait été la moins heureuse.

En apprenant la sorte de boutique ambulante qu'elle avait ouverte, Danton était entré dans une violente colère et s'était écrié :

— Des sottises pareilles déshonorent une révolution !

Marion avait pleuré, d'autant plus que l'avocat avait refusé de lui payer le prix convenu pour l'émeute. Comme elle protestait, Fournier l'avait battue, Lazowski l'avait pincée, et Danton l'avait chassée en ajoutant qu'il se priverait désormais des services d'une pareille mégère, juste bonne à faire la catin sous les arcades du Palais-Royal.

Si bien que Marion, qui sanglotait de plus belle, se retrouvait avec un avenir d'autant plus incertain, que Fournier s'était octroyé cent soixante-douze livres, huit sols et onze deniers, qui représentaient les trois quarts du revenu de la tête patriotique.

Quant au Roi, il croyait encore qu'il régnait à Versailles.

Lessart et Guadet se voyaient chaque jour, et parlaient de choses équitables.

— Je voudrais, disait Guadet, que l'on fît sans ostentation plus de sacrifices pour assurer le bonheur des Français.

— Bien sûr, répondait Lessart. Il faut convertir les dîmes en redevances pécuniaires, accueillir tous les citoyens dans la fonction publique, abroger la servitude dans tout le royaume, supprimer la vénalité des offices, abandonner les privilèges des provinces, abolir les droits de chasse, les annates, la pluralité des bénéfices.

— Et ne pas oublier les droits de fuie et de colombier, conclut Guadet, car, au bout de tout cela, nous sommes comme Catulle : nous n'avons qu'un moineau à offrir.

Les souhaits des deux amis furent comblés le 4 août, au-delà de leurs espérances.

Cette nuit-là, Antoine-Claude n'était pas à Versailles. Il avait quitté le château dans la moiteur de l'ombre. Comme chaque soir ou presque, il s'était rendu à Paris pour retrouver Cathy, parce qu'il l'aimait violemment, parce que le simple fait d'être séparé d'elle durant quelques heures exaspérait son attente, parce qu'il ne pouvait s'arracher à la chaleur de son corps, au moelleux de son lit, parce que les mots d'amour n'avaient plus dans sa bouche le parfum d'un refrain banal et parce qu'à travers elle, il élevait le péché au rang de sacerdoce.

Même si elle n'avait plus usé envers lui de coquetteries et d'étalages impudiques, il l'aurait rejointe tout de même pour vivre, rêver, s'éveiller auprès d'elle, en goûtant ces minutes comme si elles avaient été les ultimes instants d'un bonheur qu'il savait fugitif.

Et Mme Grand ne se contentait pas de répondre à son caprice ou d'aller au devant de ses sens. Elle avait abandonné la tentation pour la tendresse et palpitait, elle aussi, d'un amour que nul ne lui avait jamais inspiré. Impressions, sensations, révélations, tel était le cortège qui entourait une idylle qu'ils préservaient, non pour qu'elle fût secrète, mais pour qu'elle demeurât absolue. Et ce mystère, dans l'esprit d'Antoine-Claude tout au moins, ressemblait à la révolte de la pudeur. Il jugeait que Cathy avait été déchirée par sa vie antérieure et ne songeait plus qu'à panser ses blessures.

Son cœur s'attendrissait de la voir vivre, et de la découvrir autre. Il voulait parfois se dérober à son attendrissement, mais ne parvenait pas à éteindre en son cœur des tisons d'indulgence. Il se savait en contemplation, en adoration, en ensorcellement.

La passion avait remplacé le désir, l'affection étouffé le caprice. Il laissait publier son bonheur, sans se soucier des jalousies qu'impliquait cet engagement.

L'été se déroula dans cette divine langueur.

L'évêque d'Autun semblait avoir provisoirement renoncé à Cathy.

« Il avait, confiait-il à Mme de Staël, choisi l'Assemblée pour maîtresse. »

Mais la baronne demeurait incrédule.

— Je me demande, lui disait-elle, qui vous préférez, de Mme Grand ou de moi.

— Mais si, répliquait Talleyrand, je vous aime toujours.

— Mais non. Si Mme Grand et moi, nous tombions à l'eau, qui sauveriez-vous ?

— Mais vous savez nager, Germaine ! répliquait Talleyrand.

Au reste, le prélat était tout mitré de révolution. Les lumières que, par un miracle de l'Église, il avait acquises sur le fonctionnement des sociétés lui permettait de faire des déclarations capitales sur le salut du royaume. Il disait aux Lameth :

— Ceux qui, jusqu'à présent, ont élevé la voix n'ont eu que l'éloquence. Assez d'excitation par l'enthousiasme, il nous faut du raisonnement.

Il avait commencé par s'occuper de l'imprimerie, qui selon lui « frappait pour ainsi dire l'oreille de l'espèce humaine entière ».

— S'il n'y avait pas eu Gutenberg, confiait-il à Mme de Staël, nous en serions encore à nous époumoner sur les places publiques.

Il avait pris ensuite parti, avec Stanislas de Clermont-Tonnerre, pour les juifs et les comédiens.

— Cela a-t-il du bon sens, ronchonnait Talleyrand, de répéter comme l'abbé Maury que les juifs sont paresseux parce qu'ils ont cinquante-six fêtes de plus que nous et qu'en Pologne où ils ont des possessions, ils ont des chrétiens pour esclaves ; qu'ils sont incapables d'être soldats parce qu'ils refusent de se battre le jour du sabbat, et qu'ils ne peuvent enfin être agriculteurs parce que leur goût de l'argent les pousserait à agioter sur les céréales dans des provinces où leur culture est à l'honneur ?

Enfin, il s'enfiévrait chaque jour pour le problème soulevé par la nationalisation des biens du clergé qui lui semblait relever de faux scrupules de conscience.

— Eh quoi ? proclamait-il, le peuple est écrasé de six cents millions de charge. Les revenus des biens ecclésiastiques s'élèvent à cent cinquante millions. Réduisons cette somme à moitié et lançons les nouveaux biens dans le commerce. Nous trouverons toujours des capitaux disponibles pour les acheter !

Toutes ces choses le distrayaient un peu de l'exil de Cathy.

Le renouveau de sa liaison avec Lessart avait fait scandale au point, qu'assistant à une séance de l'Assemblée, le Roi avait été interpellé à ce sujet par le peuple [8]. Le monarque avait bougonné et haussé les épaules. Il savait bien que rien ne pouvait, dans ce domaine, fléchir la volonté de son conseiller.

Fournier-l'Américain, qui continuait à vendre pour deux sous « l'histoire du traître qui avait emporté le trésor public » [9], avait dénoncé à Danton le nouveau manège de Cathy !

— Cette foutue putain, avait-il déclaré, se partage entre le comte et l'évêque. Il faut qu'elle parle ou qu'elle vous en donne raison.

— Garde-toi bien de te mêler à cela, avait répondu l'avocat. Pas d'initiatives de cet ordre quand on a comme toi les pieds dans le sang et les lèvres en débauche. Contente-toi de vendre tes libelles cannibales et de te repaître de barbarie !

Fournier n'avait rien objecté, mais il avait tout de même rouspété dans sa barbe que la Cathy était une foutue gueuse, une vraie fille de lupanar et que c'était un peu fort pour un commandant patriote de la voir préférée ainsi à un honnête citoyen.

Danton l'avait laissé ronchonner à son aise.

Des ricanements, des clameurs sans trêve, des réflexions infâmes, il en subissait toute la journée. Il se contentait de faire comprendre à ses garçons d'échaudoirs qu'à la moindre peccadille, la sanction tomberait sur leurs têtes, impitoyablement.

Au reste, il n'avait plus guère besoin de ces professionnels de l'émeute. Le peuple avait si bien appris leurs leçons qu'il était partout soulevé.

Necker avait fait fondre la vaisselle royale, les comédiennes et les grandes dames avaient offert leurs bijoux, le ministre avait donné cent mille livres de ses deniers, trois gouttes d'eau dans la mer de la banqueroute.

Dans les premiers jours d'octobre, une immense clameur monta de Paris à Versailles. La France, la France entière était en marche. Quand on sut que le château allait être assiégé, Valdec de Lessart dit à Louis XVI :

— Sire, partons pour Rambouillet.

Necker fut d'un avis contraire. Le Roi balança :

— On me dit que l'Assemblée sera maîtresse des finances.

— Mais Sire, répondit Lessart, nous n'avons plus de finances !

— On me jure que les charrettes de grains s'arrêteront sur place si je m'en vais.

— Mais le Roi sait bien que nous n'avons plus de charrettes !

— On m'affirme que le passage de la Cour épuisera en quelques heures toutes les ressources des villages traversés.

— Que Votre Majesté parte sans la Cour. Qu'elle n'emmène avec elle que ses ministres et quelques conseils.

— Ah ! Lessart, il faudrait du courage !

— Mais enfin, Sire, si le Roi ne donne pas d'ordres, qui donc en donnera ?

Le Roi n'en donna pas. Le peuple ramena le monarque à Paris[10]. L'Assemblée le suivit. Lessart s'installa rue du Sentier. Il avait convaincu sa femme de repartir pour Mongenan. Elle s'y était soumise, sans douleur et sans drames.

— Je ne sais, monsieur, si je vous reverrai, lui avait-elle déclaré en le quittant. Nous n'avons plus grand-chose à nous dire. Durant toutes ces années, j'ai beaucoup réfléchi aux couples que forment parfois les hommes et les femmes de ce pays-ci. Rien n'est plus mal accordé. Tout commence par un malentendu : les unes possèdent des rudiments, les autres des notions. Loin d'encourager les découvertes utiles qui seraient le gage d'un destin heureux et simple, on s'applique, comme dans vos provinces, à partager le pouvoir entre l'un et l'autre. Il faut se mettre à la même langue et, ce qui est plus hardi encore, aux mêmes sentiments. Voilà donc la grande leçon proclamée de l'éducation domestique. Elle conduit, malgré vous, malgré moi, à l'ennui, à la fureur des jouissances et au dégoût de la vie commune.

— Vous ai-je rendue vraiment malheureuse ? demanda Antoine-Claude.

— Sans doute, mon ami, mais ce n'est point de votre faute, c'est la force du temps...

Lessart avait été bouleversé, plus qu'il n'avait voulu le laisser paraître, par ces remarques de son épouse. Il savait bien que Nicole avait exprimé en quelques mots la banqueroute de sa vie. Et il en éprouvait de l'amertume. Il songeait parfois qu'il était pétri, comme son père, d'une argile bien étrange, celle qui moule des êtres au cœur plein de renoncement.

Lorsqu'il s'interrogeait pour savoir s'il avait aimé ou non Mlle de la Sablonière, il répondait sans hésitation par l'affirmative. Mais le malheur avait voulu qu'il l'estimât en même temps. Et cette estime avait tué le désir comme le plus sûr des poisons. Il s'était découvert avec horreur comme appartenant à cette race d'hommes qui éprouve le besoin de mépriser pour aimer.

Dès lors, tout le ramenait vers Cathy et il découvrait aussi que les liens qui l'unissaient à elle étaient indéfectibles.

17

Depuis qu'il s'était installé chez les frères Lameth, Jean-Lambert Tallien avait pris une certaine importance. Il signait désormais Tallien de Bercy et racontait, à qui voulait l'entendre, que son goût pour les arts, seul, l'avait conduit chez Mme Vigée-Lebrun, son véritable métier étant d'avoir été successivement clerc de notaire et clerc de procureur.

En fait, depuis que les Lameth avaient été élus à l'Assemblée et qu'ils s'affirmaient comme les tribuns les plus habiles parmi les monarchiens, le jeune homme se trouvait à la source de tous les secrets.

Il courait d'un banquier à un imprimeur, d'un député à un conseiller, d'un dîner à un souper, et empruntait même parfois le carrosse des Lameth pour aller de Paris à Versailles.

En voyant s'agiter ce drôle, Charles-Maurice de Périgord avait fait observer à Alexandre de Lameth :

— Voilà bien la marque du siècle. Nos familles ont combattu l'infidèle dans les croisades. Votre ancêtre Robert était en 1212 écuyer de Baudoin, comte de Flandre et de Hainaut, Empereur de Constantinople, on retrouve vos aïeux au siège de Damas, à Courtray, à Crécy, à Azincourt, votre mère est une Broglie, vous jouez quand vous le voulez au billard avec le Roi Louis XVI, et vous allez puiser, comme je le fais moi-même, conseils, nouvelles et appuis dans la tourbe la plus vile, dans le taudis le plus immonde.

— Vous savez bien, monseigneur, que nous y sommes condamnés, avait répondu Lameth, qui avait persisté à prêter sa livrée à Tallien, lequel se prélassait dans un carrosse aux portières ornées de gueules à bande d'argent, accompagné de six croix recroisetées au fond fiché de même, le tout entouré de licornes portant en bannière la devise « sans redire ».

C'est dans cet équipage que M. Tallien de Bercy avait croisé un beau jour la marquise de Fontenay. Thérésia avait jeté les yeux sur la voiture, puis sur celui qui y était assis. Et comme elle avait pris l'habitude de parler à tous les hommes avec une grâce assaisonnée d'indulgence, elle avait souri à Tallien. Ce sourire avait été entouré d'une telle notoriété que l'Assemblée tout entière affirmait désormais, non sans raison, que le secrétaire des Lameth était encore plus habile que ses maîtres qui étaient cependant parvenus à établir le record jamais égalé de commander en même temps à quatre des plus beaux régiments de France.

En fait, la puissance de Jean-Lambert Tallien ne se limitait point à la procuration qu'en donnaient les Lameth. Audacieux, resquilleur, beau parleur, le nouvel amant de Thérésia appliquait à la lettre le conseil que lui avait donné à la légère Monseigneur l'évêque d'Autun :

— Corrompez donc, jeune homme, et vous finirez bien par réussir.

Aussi, à force de ramasser tout ce qui tombait dans les corbeilles à papier des Lameth, Tallien avait fini par se dire que ces modestes débris valaient peut-être quelque chose. Il les avait classés, étiquetés, en avait pris un double, puis avait été les présenter à Danton avec lequel il était déjà en affaires.

Le prix de l'avocat n'ayant pas suffi, Tallien avait rengainé ses archives, et, le bruit en ayant couru, il s'était trouvé le lendemain un des espions les plus demandés de Paris.

Pour ne pas risquer d'être pris en faute, le jeune homme donnait ses rendez-vous sur la terrasse des Feuillants. Sous les arbres, au milieu des enfants et des amoureux, il discutait gravement de la liberté, du despotisme et des aristocrates, avec les mystérieux envoyés des plus exotiques nations.

C'est alors que Danton, qui avait plus d'une livre dans son sac, s'était débrouillé pour approcher la petite marquise de Fontenay. Cet oiseau d'orage n'avait jamais ouvert ses ailes si grandes. Elle courait chaque jour au Manège, dans les tribunes de l'Assemblée Nationale dont elle échangeait subrepticement les billets que lui avait donnés Tallien contre ceux de l'Opéra et des Bouffes.

Thérésia voulait renouveler son mobilier. Le marquis de Fontenay faisait grise mine. Danton y avait pourvu, et avait gagné, avec deux psychés et trois trépieds à l'antique, l'essentiel des secrets soigneusement gardés par les frères Lameth.

Le piquant avait été que Thérésia se prît au jeu.

— Récitez-moi votre motion, disait-elle à Tallien.

— Mais à quoi cela servirait-il ? objectait Jean-Lambert puisque Alexandre de Lameth la prononcera.

— Cela ne fait rien, répondait Thérésia. Je veux entendre vos gestes, vos accents, pour que demain, pendant ma toilette, je puisse indiquer à mes femmes de m'en lire une partie.

Alors, Tallien déclamait. En la désirant comme un fou, il passait tout en revue, les biens du clergé et la caisse d'escompte, le club 89 et les projets du « Logographe » [1]. Il expliquait qu'entre les trois ordres, il fallait montrer les désirs d'un rapprochement.

Thérésia, alors, s'étendait tout à fait sur sa méridienne. Elle roulait en boucles les feuillets remis par Tallien et s'abandonnait à ses caresses. Parfois, elle confessait à Cathy n'y prendre qu'un plaisir mitigé.

— Je ne crois pas pouvoir me résoudre à l'aimer, disait-elle.

— A cause de sa tache de vin ?

— Cela ne fait rien à l'affaire. Tu aimes bien ton évêque avec sa boiterie et ton comte avec ses quarante-cinq ans.

— Cela n'a rien à voir, disait Cathy, l'un m'intrigue, l'autre m'émeut.

— Mais aucun des deux ne t'épouse, poursuivait Thérésia.

— Tallien non plus, répliquait Mme Grand.

— Oui, mais pour moi, concluait Thérésia, cela n'a pas d'importance, je suis marquise de Fontenay.

Les relations entre Thérésia et Cathy s'étaient d'ailleurs espacées, sans que Lessart ait à y mettre bon ordre.

Mme Grand avait appris les remontrances que le peuple avait faites au Roi. Avant cet événement, elle n'aurait jamais supposé pouvoir être à ce point dans la confidence d'un homme que les citoyens de France en prissent ombrage.

Depuis que le bruit de cette algarade s'était sourdement mais assez généralement répandu, elle avait regardé Lessart avec d'autres yeux.

Par un croisement de circonstances assez commun dans les affaires sentimentales, Cathy s'était mise à aimer Antoine-Claude au moment où il se lassait un peu de leur liaison. Elle montrait maintenant au comte de Lessart les sentiments qui l'animaient et qui n'étaient pas feints.

Le retour de la Cour à Paris lui avait fait espérer, contre toute attente, d'être reçue aux Tuileries. Antoine-Claude lui avait fait comprendre qu'il lui serait impossible de la faire admettre aux jeudis et aux dimanches où la Reine tenait cour[2]. Elle se contentait donc de se promener sur la terrasse des Feuillants où elle croisait Marie-Antoinette dans la joie bruyante, familière et indiscrète qui agitait la foule, et où, au milieu des gazons et des parterres, les gardes et les poissardes s'embrassaient à bouche que veux-tu.

Tout se passait comme si, dans cette période de trêve, l'amour qui liait Cathy au comte de Lessart s'était enraciné vers de vrais sentiments.

Opérant sans cesse la jonction entre l'Assemblée et le Roi, conférant chaque nuit avec les Lameth, Antoine-Claude était, plus que tout autre, en charge du Royaume.

Cathy lui pardonnait ses absences, parfois même ses emportements. Chaque soir, il venait la rejoindre, mais c'était de plus en plus tard. Il lui arrivait même de s'endormir à l'instant où il la prenait dans ses bras.

Alors elle le repoussait doucement, installait un coussin sous sa tête, songeait aux prouesses passées, et soupirait, telle une épouse sereine, après la virilité de ce mari qui n'était pas le sien.

L'apparence de ce bonheur, si complaisamment affiché, bien que le scandale n'y prenne plus de part, avait été connue de Danton.

L'avocat s'était fait annoncer rue du Sentier.

Mme Grand l'avait reçu avec une certaine crainte. Mais il s'était fait bon apôtre, le fauve cédant au négociateur.

— Je suis heureux, madame, avait-il déclaré, de ces moments de répit que la France accorde au comte de Lessart et qui ne sauraient être mieux employés qu'auprès de vous.

Cathy n'avait rien répondu. Danton avait alors poursuivi :

— Je ne doute pas qu'un jour prochain, le comte de Lessart et moi-même nous trouvions confrontés à des problèmes que, d'une manière ou d'une autre, nous aurons à réduire en commun. Aussi, pour préparer ces relations que l'enthousiasme du monde nouveau construit ensemble me font présager chaleureuses, je souhaiterais renouer l'amitié qui me liait à vous.

— Monsieur, avait objecté Catherine de sa petite voix flûtée, je n'entends rien à la politique et, depuis l'établissement de votre commerce, il est advenu quelque chose de neuf. J'aime le comte de Lessart, et je crois être aimée de lui.

— Mais, chère amie, s'était écrié Danton en lui baisant la main, le bonheur des hommes et des femmes, la satisfaction de leur penchant est le premier des articles qui régiront la société nouvelle que nous allons forger. Les hommes et les femmes y seront libres et égaux en droits, y compris dans celui d'aimer.

— Cela est vrai, avait conclu Cathy, mais Valdec est aujourd'hui si harassé qu'il s'endort dans mes bras sans avoir la force de rien dire.

Danton avait souri, et murmuré :

— Bientôt, une nouvelle race d'hommes mettra fin, je l'espère, à ce charlatanisme de la tendresse.

Cathy s'était bien gardée d'entretenir Lessart de cette conversation. Elle avait vu inscrit sur la couverture de gros dossiers les mots : « Caisse d'Escompte » et « Caisse de l'extraordinaire ». Elle avait ouvert les dossiers, par acquit de conscience et pour faire plaisir à M. Danton, mais les avait refermés aussitôt. Ils étaient pleins de chiffres auxquels elle n'entendait rien.

A dire vrai elle n'était pas la seule.

Ayant cédé à la curiosité, elle avait un jour demandé à son amant de quoi il s'agissait.

Il avait répondu qu'il venait de rééditer une invention souveraine : celle du papier-monnaie.

Épouvantée à ce discours, Mme Grand avait fait réunir toutes ses liquidités en or et les avaient dissimulées dans la cheminée. Au comte qui l'avait appris, elle avait répliqué :

— Eh quoi, mon ami, je préférerai toujours l'or au papier, même si ce papier est signé de vous.

Antoine-Claude avait commencé d'expliquer qu'il s'agissait de billets qui rembourseraient les emprunts faits par Calonne à la Caisse d'Escompte.

Sachant que M. de Calonne avait été l'amant de Mme Vigée-Lebrun qu'elle connaissait, Cathy, par cette procédure, avait suivi à peu près les sinuosités du raisonnement.

Puis, Lessart avait rappelé les difficultés dont il avait été la victime lors de l'agiotage sur les actions de la Compagnie des Indes et avait conclu au plus court en donnant un chiffre : deux cent quarante millions d'emprunts au Trésor par prélèvements secrets.

— Mais vous êtes des voleurs ! s'était exclamée Mme Grand.

— Si tu veux. Disons plutôt que quand tout va mal, la France vole la France. Maintenant, il s'agit de rembourser cette somme. Je prépare donc un projet de loi [3] qui définira différents cautionnements. On ne peut pas rembourser de l'argent sans en emprunter ailleurs, puisqu'on n'en a pas. Tu comprends ?

— Oui, avait soupiré Mme Grand.

— C'est pourquoi nous allons, pour en trouver, décider de la vente de cent soixante-dix millions des biens nationaux qui seront représentés par des billets gagés à cinq pour cent et appelés assignats. Tu me suis toujours ?

— Oui, oui, avait répliqué Cathy de plus en plus noyée.

— Tout se passe comme si, avait conclu Lessart, les biens du clergé, les biens de la couronne et toutes les recettes extraordinaires, composant la richesse de la France, formaient une énorme pile de billets dont les citoyens auraient chacun une part.

— C'est parfait, mon ami, avait objecté Cathy, tout à coup songeuse, mais combien aurai-je de billets ?

Lessart avait haussé les épaules. Il s'était contenté pour toute réponse d'embrasser Cathy dans le cou, sur les épaules, sur la gorge. Et il l'avait aimée avec frénésie, comme si ces caresses qu'il savait chaque jour plus dérobées et plus furtives avaient mille fois plus de prix à ses yeux que le montant des assignats-monnaie et la valeur présumée des biens nationaux.

Marion Bouchut était moins heureuse que Cathy. Dans l'automne finissant, elle l'avait aperçue, de loin, sur la terrasse des Feuillants, se promenant parmi les bambins qu'apprêtait encore le falbalas de l'étiquette. Elle n'avait osé lui parler, tant l'aventure du Palais-Royal[4] lui avait laissé de gêne et de trouble.

Marion se demandait si elle avait bien fait d'abandonner sa vie à Fournier qui se promenait maintenant vêtu en commandant, tricorne en tête.

Frappée quand il était ivre, habituée aux horions, aux injures et aux huées, la pauvre fille n'avait de répit que lorsqu'elle entendait battre la générale, appelant Fournier, comme il l'énonçait lui-même, « à faire chauffer le thermomètre de la Révolution ».

Depuis quelques semaines, le créole l'avait quittée pour courir la province. Il était parti à cheval avec Lazowski joignant Brive, Tulle, Moissac, Argentat et Martel. Partout, ils proclamaient que les bandits approchaient, qu'il fallait s'armer et sonner le tocsin. Ils avaient également couru les campagnes de l'Artois, y semant la mort et le pillage. A leur vue, les paysans, terrifiés, fuyaient les villages et se cachaient dans les forêts.

Fournier et Lazowski avaient gagné Le Mans à bride abattue, criant que quinze cents brigands sortaient d'Andouillé, égorgeant tout sur leur passage. En les voyant paraître, les gens couraient se confesser.

Les deux compères s'esclaffaient de cette épouvante surexcitée jusqu'au paroxysme. Ils distribuaient vieux fusils, sabres, épieux, fourches, faux, triques et bâtons qu'ils volaient aux uns pour donner aux autres.

Avec une faconde de conteur oriental, le créole affirmait avoir vu de ses yeux trente mille brigands, qui se comptaient cent mille dans le peuple avec la rapidité d'un écho.

Partout où se rendaient les deux escogriffes, les paysans se mettaient en course et en transe.

Au sortir de ces menées ténébreuses, Fournier s'offrait quelque repos aux côtés de Marion Bouchut que maintenant il terrorisait.

Il était reparti vers la Guyenne et était arrivé à Portets en pleine nuit. Réveillant le forgeron, il lui avait ordonné de confectionner deux cents hampes de piques[5], puis était reparti à francs étriers, et sans laisser d'adresse. Le malheureux artisan avait tout forgé dans la semaine. Au bout de quelques jours, se croyant ruiné, il était allé supplier Mme de Lessart qui avait pris les piques à son compte.

Mais fort intriguée de ce procédé, la comtesse avait écrit l'affaire à son époux, en disant notamment :

« Les paysans de France sont d'une nature insouciante. Ils sont encore sans armes et sans munitions. Nous leur avons confisqué leurs fusils pour prévenir le braconnage. Alors ils assaillent nos châteaux en hurlant aux voleurs et en réclamant des armes à grands cris. Les voilà donc transformés en soldats. Veillez donc, mon ami, je vous le conseille, à la peur de ces braves gens qui forment désormais une milice innombrable. »

Mais Antoine avait d'autres soucis en tête que se défier des piques et des cris : on venait de découvrir la conspiration du marquis de Favras.

18

Tout avait commencé par un petit billet du banquier Chomel que Valdec de Lessart avait reçu, non dans son cabinet au palais des Tuileries, mais à l'adresse de Mme Grand.

« Il me plairait, monsieur, écrivait Chomel, de vous entretenir personnellement et dans le plus grand secret d'une affaire fort urgente. Les hasards de mon office me l'ont fait connaître. Ne différez point, je vous prie, l'occasion que j'aurais de vous voir. »

Antoine-Claude qui avait de l'estime pour son ancien confrère ordonna sur-le-champ à François Garodeau de se rendre chez Chomel et de ramener le banquier sur l'heure, dans le petit hôtel de la rue du Sentier.

Chomel vint sans livrée, et, près s'être assuré qu'il était bien seul, et que la conversation pouvait se faire sans témoins, il déclara ceci au comte de Lessart :

— Comme je vous l'ai confié, monsieur, c'est l'affaire la plus urgente qui me place devant vous aujourd'hui. Je ne puis m'en ouvrir qu'à vous-même, et je laisse à votre conscience le soin de juger ou non s'il convient d'avertir Sa Majesté.

— Mais de quoi, mon Dieu ? s'écria Antoine-Claude.

— Du projet, monsieur, qu'ont forgé quelques insensés d'assassiner MM. de La Fayette et Bailly pour enlever le Roi plus à l'aise.

— Voyons, dit Lessart, en se levant du fauteuil où il était assis pour se rapprocher de Chomel, vous m'écrivez là, monsieur, une version nouvelle de « La Henriade ».

— Pas du tout, monsieur le Comte, j'ai moi-même reçu cette confidence de la personne chargée de mener à bien ce complot et qui est venue, bien imprudemment, me demander un financement pour cela.

— Bon, dit Lessart en se mettant à marcher de long en large dans la pièce, selon un protocole qui lui était familier quand il réfléchissait, vous parlez de complot. Plusieurs personnes sont donc impliquées ?

— Parfaitement, monsieur, je l'atteste.

— Pour envisager d'enlever le Roi, poursuivit Lessart, vos conjurés pensaient donc pouvoir obtenir des complicités à l'intérieur même du Palais ?

— C'est cela, répondit Chomel.

— Où ça ? s'écria Lessart en s'approchant. Parmi les proches serviteurs du Roi ?

— Plus haut, monsieur.

— Parmi les courtisans ?

— Plus haut, monsieur.

— Parmi les ministres ?

— Plus haut, monsieur, encore plus haut.

— Vous voulez dire qu'un prince de sang serait mêlé à ce complot ?

— Exactement.

Le comte s'assit pour réfléchir un instant et se mit à faire tourner dans ses doigts un coupe-papier.

— Chomel, dit-il en fixant le banquier, je ne crains rien autant que la manipulation politique.

— Je ne vous manipule pas, monsieur le Comte, protesta le banquier, je suis prêt à témoigner devant le Roi que tout ce que j'avance est vrai.

— Mais enfin, Chomel, s'emporta Lessart, qui accusez-vous donc ? Le duc d'Orléans ?

— Hélas, non, monsieur, dit sombrement le financier. Je vous ai dit de chercher haut et près, j'accuse Monsieur Frère du Roi, le comte de Provence.

Antoine-Claude se laissa tomber sur un fauteuil en roulant des yeux égarés. Il réfléchit un court instant, mais sa tête tournait à vide.

— Pour quand était prévu l'attentat ? demanda-t-il enfin.

— Pour le 25 décembre, monsieur le Comte.

— Bien, dit Lessart, je vais en parler à Louis XVI.

Le comte demanda son carrosse qui, d'ailleurs, demeurait constamment attelé comme il était d'usage lorsqu'il était premier gentilhomme de la Chambre à Versailles [1]. Il se fit conduire aussitôt aux Tuileries.

Louis XVI, depuis qu'il avait quitté son palais et s'était établi dans l'inconfortable demeure de Catherine de Médicis, avait pris possession des pièces du premier étage.

De sa fenêtre, comme il avait coutume de le faire depuis la bibliothèque de Versailles où il s'isolait souvent, le Roi suivait à la jumelle le manège des passants sur la terrasse des Feuillants.

Son appartement donnait de plain-pied avec les grands salons d'apparat situés côté cour [2] et qui constituaient, après la salle des gardes du pavillon central, la première antichambre.

Antoine de Lessart pénétra donc dans cette salle des Suisses et fut immédiatement introduit dans la seconde antichambre qui, par similitude avec Versailles, avait été baptisée du nom de l'œil de bœuf.

C'était après le dîner, et le Roi, comme il en avait pris l'habitude depuis la visite de son beau-frère Joseph II, faisait une sieste [3], la matinée ayant été occupée à une promenade à cheval au bois de Boulogne [4].

Devant la mine inquiète du comte de Lessart, le valet de chambre de Louis XVI, Lemoine, prit sur lui de pénétrer dans la chambre d'apparat au beau lit de brocart rouge brodé d'or.

Quelques instants plus tard, Antoine-Claude entrait à son tour dans cette première pièce pour rejoindre Louis XVI dans son cabinet.

Le roi ne dormait plus. Il était appuyé devant un vasistas vitré dont il avait lui-même forgé le loquet [5] et considérait d'un œil las les Parisiens qui se pressaient sur la terrasse des Feuillants.

— Que se passe-t-il, Lessart ? demanda le Roi, Lemoine me dit que votre agitation confine à l'emportement.

— Sire, répondit le comte, s'il ne s'était point agi d'un événement grave qui a trait à la sécurité de la France et à celle de Votre Majesté, je n'aurais jamais osé déranger le sommeil du Roi.

Louis XVI ajusta un lorgnon sur son nez, ce que lui interdisait toujours l'étiquette lorsqu'il se trouvait en public [6].

— Si vous saviez comme je suis épuisé des culbutes de ces agitateurs impénitents, de ces factieux professionnels, soupira le monarque.

— Hélas, murmura Antoine-Claude, ce n'est point vers l'Assemblée, vers les clubs ou vers les faubourgs que le Roi doit porter ses regards.

— Parlez, dit Louis XVI, tout à coup avide.

— Eh bien, Sire, un informateur en lequel j'ai malheureusement toute confiance, vient de m'apprendre qu'une conspiration visait à enlever Votre Majesté.

— Une conspiration ! s'écria le Roi, mais de qui ?

— Du marquis de Favras, Sire.

— Favras, dit le Roi, attendez, c'est bien ce besogneux chimérique marié à une princesse d'Inhalt, cousine de l'Impératrice Catherine II ?

— C'est cela, Sire.

— Et alors, Lessart ?

— Eh bien, ce malheureux a décidé de former une troupe pour enlever Votre Majesté.

Le Roi se mit à rire.

— Il a décidé cela tout seul ?

— Hélas, non, Sire. Le projet a été nourri en secret par plusieurs conjurés dont le frère de Votre Majesté.

Louis XVI ôta ses lorgnons de sur son nez et dit gravement :

— Lessart, il y a un sujet dont je ne parle à personne et que je vais évoquer devant vous. Ce sujet, c'est Provence. Le projet que vous me dévoilez ne m'étonne qu'à demi. J'ai acquis la conviction qu'au moins deux fois, par le passé, mon frère a tenté de me faire assassiner.

Le comte, stupéfait, s'écria :

— Quand donc ? A Versailles, Sire ?

— Oui, Lessart. Le meurtre devait avoir lieu dans un corridor sans fenêtre du Palais où les réverbères avaient été intentionnellement éteints[7]. Cette première tentative doit dater de 1775. Il en fit une autre, trois ans plus tard, dans la forêt de Sénart. Il marchait derrière moi. Je me suis retourné et je l'ai vu ajustant son fusil et qui s'apprêtait à tirer. Je l'ai alors désarmé en déviant son tir avec une branche d'arbre.

— Mais Sire, s'écria le comte, le Roi n'a jamais publié ce récit ?

— Non, Lessart, Provence est malgré tout mon frère. Et Dieu a voulu qu'à cet instant, je n'en aie plus besoin, car la Reine au même moment fut enceinte du Dauphin. Provence, perdant ainsi le premier rang dans l'ordre de succession au trône n'avait plus aucune raison d'attenter à mes jours.

— Mais alors, s'écria Antoine-Claude, en pâlissant, le complot que nous venons de découvrir révèle que Monsieur aurait appris aujourd'hui le terrible secret que Votre Majesté m'a fait l'immense honneur de me confier ?

— Tout me porte à le croire, reprit le Roi en ravalant douloureusement ses larmes. Je puis même vous dire qu'il a entrepris de faire rédiger un mémoire sur ce sujet qu'il souhaitait faire parvenir à l'Assemblée.

Éperdu par cette révélation, le comte de Lessart balbutia :

— Le Roi sachant cela doit-il faire emprisonner son frère ?

— Je ne l'ai point fait, répondit tristement Louis XVI, quand en 1785, il a tenté de faire empoisonner le Dauphin[8].

— Mais alors, Sire, s'écria Lessart, que peut faire le Roi ?

— Livrer Favras à la justice et prier Dieu qu'il ne donne pas ses complices.

Antoine-Claude rejoignit, songeur, son hôtel de la rue du Sentier. Il s'interrogea longuement sur la position du souverain et ne trouva aucune raison valable à ce qui ressemblait plus à la lâcheté qu'au pardon.

Il se fit communiquer la procédure que le Châtelet avait entamée et y trouva, parmi les déclarations de Favras, un élément qui le pétrifia.

On avait promis à cette tête à vent, en remerciement de ses services, cinq cent mille livres et la confirmation de son très douteux marquisat, par la Reine, devenue Régente, et dont le comte de Provence lui aurait affirmé qu'elle était dans la confidence.

Dans les semaines qui suivirent, Antoine-Claude n'osa plus évoquer cette affaire devant le Roi.

Louis XVI n'y revint point. Après que le Roi eut une conversation animée avec lui, le comte de Provence en appela finalement à l'Assemblée et à l'opinion publique.

On retint de l'affaire que Monsieur avait chargé Favras de solliciter auprès de Chomel une somme nécessaire à la gestion de ses dettes les plus criantes, ce que l'accusé, marchant au supplice sans s'exprimer plus avant sur le fond du complot, ne démentit point.

Le soir de la pendaison de Favras[9], l'évêque d'Autun soupait au Luxembourg avec le comte de Provence. On vint apporter au prince un petit billet qu'il décacheta et qu'il mit dans sa poche avec soulagement.

Devant la curiosité de M. de Périgord, le comte de Provence confia, au bout de quelques instants :

— Il a expiré sans rien dire.

Puis le prince se leva et ajouta :

— Allons, monseigneur, nous pouvons nous mettre à table et souper de fort bon appétit.

Relatant cette scène, le lendemain, dans le salon de Mme de Staël, Talleyrand conclut son récit en disant :

— Il veut la couronne, son frère lui fait obstacle. Il est possible qu'il tente encore de s'en débarrasser.

La baronne écoutait le prélat avec attention et lui dit dans un sourire :

— Monseigneur, depuis que vous voilà évêque, vous avez appris en un clin d'œil l'Histoire Sainte, au point de vous faire une nouvelle tragédie dans le goût de Voltaire des malheurs de Caïn et d'Abel.

Alors, Périgord leva son regard clair vers Mme de Staël. Son nez retroussé lui donnait tout à la fois un air espiègle et ingénu.

Il prit la main de la baronne qu'il porta jusqu'à ses lèvres en murmurant d'un ton narquois :

— N'oublions pas, Germaine, que nous nous sommes promis, vous et moi, d'écrire une pièce d'une autre dimension et dont la distribution est déjà établie : Abel, M. de Lessart, Caïn, M. de Narbonne.

Mme de Staël se renversa en arrière et éclata de rire. Talleyrand, voyant se gonfler cette poitrine offerte, se demanda pour la première fois s'il ne la désirait pas.

Mais cette interrogation n'était pas de saison. Mme de Staël aimait M. de Narbonne.

D'aussi loin qu'elle se souvînt, aucun homme ne lui avait jamais inspiré à sa chair une passion aussi vive. Cela n'avait plus rien du patelinage effronté de leurs premières rencontres. Ils avaient mis en commun, comme l'observait Périgord, « le protocole de l'adulation ».

Cela permettait à Germaine de faire avaler doucement à son amant l'aigreur des reproches et l'amertume des leçons qu'elle lui faisait sans cesse, de ne point être au pouvoir et de négliger cette distance qui le séparait de la gloire.

On affirmait qu'il n'avait pas besoin de ces sottes consécrations et que la réserve sert souvent davantage un homme politique qu'elle ne lui nuit.

Elle rêvait de régner à travers lui, de former les gouvernements, de devenir prodigue du bonheur des peuples.

Un jour qu'elle demandait à Talleyrand de s'unir à elle pour décider Narbonne au combat, elle s'attira cette réponse :

— Au fond, vous ne l'aimez pas pour lui-même. Vous n'aimez à travers lui que le son de votre propre voix.

A quoi Mme de Staël répondit avec rudesse :

— Je suis bien obligée, l'abbé, d'aimer à travers moi M. de Narbonne, puisque je suis enceinte de lui, je vous en fais la confidence [10].

Alors Talleyrand se pencha vers elle et murmura :

— Vous avez, ma chère, la naïveté du génie.

C'est à peu près au moment où Mme de Staël devint mère qu'une nouvelle révolte chassa M. Necker du pouvoir.

Le Premier ministre avait appelé Antoine-Claude, bien qu'il fût plus distant avec lui depuis quelque temps.

— J'aurais pu prendre ombrage, monsieur, observa-t-il, de la faveur dont vous entoure ostensiblement Sa Majesté. Je ne l'ai point fait.

— Il me semble, monsieur, répondit Lessart, que mon service n'a point souffert, en quelque domaine que ce soit, de l'auguste attachement dont j'ai su me rendre digne.

— Eh bien, monsieur, puisque vous osez vous flatter de l'amitié du Roi, vous saurez désormais, sans doute, vous accommoder à sa demande d'une dette d'un milliard neuf cents millions de livres, de la consommation complète des assignats et de la détresse de la France ?

A ce discours, Lessart haussa le ton.

— Il m'apparaît, monsieur, que vous me rendez responsable de l'aggravation du déficit, de la pénurie du trésor, et de l'agitation des fauteurs de troubles. Qu'y puis-je, en dehors de dresser dolemment le certificat de cette ruine si le grand Necker lui-même n'y a point pourvu ?

Le Premier ministre haussa les épaules avec impatience. Il en voulait à Lessart de ces fidélités obscures, et de cette attention que lui portait le monarque et en laquelle il prévoyait déjà une possible succession.

Un jeudi soir [11], le roi fit appeler Lessart qui était occupé à réduire à un petit écu au lieu de six francs la gratification patriotique des habitués [12].

Antoine-Claude se rendit aux Tuileries et trouva le monarque occupé à rectifier les menus qui lui étaient fournis par le Fourrier de la Bouche.

— Ah ! Lessart, dit le Roi, en ôtant son lorgnon, je vérifie tous les comptes : approvisionnements, fourrages, bougies, bois à brûler, huile pour les réverbères. Naguère, à Versailles, je m'enfermais pour le faire dans ma salle de bains que nous avions baptisée, vous vous en souvenez, à cause de cela, mon cabinet de la cassette [13]. Mais aujourd'hui, je fais tout dans cette chambre, et je veille personnellement à toutes les dépenses. Voyez, par exemple, il me faut indiquer le calendrier des jours d'abstinence, et ordonner moi-même, quand on me sert de l'esturgeon, que l'on me garde les restes pour le lendemain [14].

— Le Roi m'a-t-il appelé, demanda Antoine-Claude, afin que je l'aide dans ses comptes ?

— Non, répliqua Louis XVI, j'ai reçu la démission de M. Necker que la foule a chassé du Contrôle général. Je crois que ce ministre n'a pas su faire taire les clameurs. Mais, ajouta le Roi, quand la clameur est générale, il n'y a plus d'autre moyen de s'y soustraire.

Louis XVI se leva pesamment et prit un livre sur son bureau.

— Je lisais tout à l'heure, observa-t-il, dans cet ouvrage sur les mœurs des Japonais, qu'il existe chez eux des caractères, forts des droits de la première des légitimités, qui sont prêts à se passer un cimeterre dans le corps plutôt que de renoncer. Que pensez-vous de ces hommes, Lessart ?

— Qu'ils forment le plus beau type de l'espèce humaine, Sire.

— Eh bien, reprit le Roi, nous nous trouvons dans une de ces circonstances extrêmes. Demain, peut-être, viendra le jour où il faudra utiliser cette ultime ressource des hommes. Je cherche, pour apaiser les malheurs de la France, un homme d'un grand dévouement qui ne ménage ni son temps, ni son sang, ni sa peine. Je n'ai rien à lui offrir et ne veux, car ce serait un mensonge, enluminer de vains compliments la proposition que je lui fais d'entrer au ministère. Si je m'adresse à lui, c'est que je connais son caractère, ses vertus, son talent, mais aussi sa volonté, car le désordre règne et il faudra bientôt punir les perturbateurs du repos public.

Le roi s'arrêta un instant de parler, rajusta son lorgnon sur son nez et regarda le comte droit dans les yeux.

— En d'autres termes, Lessart, acceptez-vous de faire partie du nouveau cabinet ?

Antoine-Claude leva son regard vers le monarque, resta silencieux un instant et répondit :

— Un autre vous dirait, Sire, qu'il se conformera aux ordres que daignera lui adresser Votre Majesté ; je vous réponds, moi, que j'accepte parce que je mesure l'honneur et la confiance que me fait mon Roi en m'invitant à emprunter avec lui ce chemin d'épines.

Louis XVI s'émut un instant et dit, après un bref silence :

— A vous entendre parler ainsi, Lessart, je me plais à rêver de pouvoir encore établir la fraternité entre tous les Français.

19

C'est au sortir même du Cabinet du Roi [1], qu'Antoine-Claude rendit visite à sa mère pour lui annoncer la distinction dont il était l'objet. Il trouva la princesse occupée à relire des lettres. Rien dans son mantien ne paraissait indiquer qu'elle fût assaillie par les ans. Mme de Valdeck, à mesure que la Révolution se faisait plus ardente, semblait avoir recouvré toute l'ardeur de sa jeunesse. Son fils, qui lui était fort attaché, s'enchantait chaque jour davantage de l'enthousiasme politique qu'il voyait croître chez la vieille dame.

— Vous pourrez bientôt, lui dit-il, venir m'entendre à l'Assemblée, parler au nom du gouvernement.

Marie-Bonnaventure leva les yeux sur lui. En un instant, ils se remplirent de larmes.

— Mais qu'avez-vous donc, madame ? s'écria le comte de Lessart. N'êtes-vous point heureuse de mon bonheur ? Le Roi vient de me nommer ministre !

Marie-Bonnaventure saisit la main de son fils, la serra, et le força à venir s'asseoir auprès d'elle. En lui tenant toujours la main, elle lui dit sur un ton d'ineffable tristesse :

— Mon enfant, je te connais mieux que personne et je t'estime à ta valeur que je sais immense. Aussi ne te ferai-je pas le reproche d'avoir cédé aux sollicitations du Roi, et, sans doute aussi, celles de certains de tes amis de l'Assemblée [2]. Cela est ton destin et tu dois l'accomplir. Mais je suis ainsi faite que je ne crois pas à la liberté humaine. J'estime, tu le sais, que tout notre chemin nous est tracé par Dieu. A partir d'aujourd'hui, le tien sera bordé de pièges et de larmes.

— Madame ! s'écria le comte, vous me torturez. Vos craintes ne sont pas de saison. L'œuvre qui nous attend est, celle, immense de la construction d'un pays neuf. Songez à la Grèce de Démosthène et de Socrate. Voilà ce que nous allons faire naître par la force de notre raison et celle de nos lois. J'en suis si convaincu que, désormais, je n'aurai plus d'autre devise : « la constitution ou la mort »[3].

Marie-Bonnaventure étouffa un sanglot.

— « La constitution et la mort », Antoine, serait une devise plus juste, murmura-t-elle douloureusement. La pureté, la bonté, le courage forment d'ordinaire les qualités principales au cœur des hommes. Ce sont aujourd'hui, dans ton cas, trois vices et trois défauts. En croyant les forger, tu te trouveras cerné par des machineries implacables qui t'entraîneront malgré toi.

— Mais, enfin, madame, reprit le comte que le trouble de sa mère commençait à gagner, pourquoi me dites-vous cela ?

La princesse soupira.

— Parce que je le sais autant que je le vois, Antoine. Les pouvoirs que tu vas ramasser dans tes mains sont des pouvoirs démesurés. Tu n'as pas la carrure d'un despote.

— Madame, s'écria le comte en se levant, je ne veux plus rien entendre. Je fais mon devoir qui est de servir le Roi !

— Je le sais bien, répondit Marie-Bonnaventure en sanglotant, mais le Roi te trahira lui aussi et cette trahison ultime sonnera le glas de la monarchie.

— Ah ! madame, s'emporta Lessart, j'en ai assez de vos sottes prédictions. Continuez donc à vous faire des romans et laissez-moi gouverner à mon aise !

Antoine-Claude quitta l'hôtel de la rue Vivienne de fort méchante humeur. Il se sentait tout bourrelé de doutes. Le ferment d'angoisse qu'en quelques phrases sa mère avait su porter en son cœur n'affaiblissait cependant pas l'immense fierté qu'il éprouvait de pouvoir, enfin, être le maître. Il ne se souvenait pas qu'aucun bonheur de destinée ou de hasard lui ait jamais apporté une jouissance comparable. La griserie qui le prenait relevait d'une volupté nouvelle. Il songea aux vieux mythes grecs et n'en trouva aucun qui s'appliquât exactement à cette circonstance.

C'est avec un pays tout entier qu'il allait entamer une relation trouble, violente, amoureuse. Cette aventure partagée ne s'entourait d'aucun cérémonial. Il entrait dans le combat les mains nues et se trouva plus vigoureux de cette faiblesse. Il savoura cet instant d'émotion intense en jugeant qu'il s'agissait là de l'apogée de sa carrière. Pour la première fois, il possédait tout en même temps : la fortune, l'amour, le bonheur, le pouvoir. De toutes les fonctions qu'il avait exercées, celle de ministre de l'Intérieur était la seule vraiment taillée à sa mesure. Même s'il croyait perdues les contributions publiques sur lesquelles il avait si longtemps partiellement régné[4], il était désormais le seul homme en France à avoir la charge de correspondre avec toutes les autorités locales. Il déciderait des travaux publics, de la navigation, des hôpitaux, des assistances, de l'agriculture, du commerce, des fabriques et manufactures, des arts, enfin de l'instruction publique[5].

Décidément, la centralisation avait parfois du bon.

Il ordonna au cocher qu'on le conduisît rue des Petits-Champs, à l'hôtel du Contrôle général[6].

Il allait prendre possession du cabinet que Calonne avait somptueusement aménagé et que Necker avait déserté. François Garodeau, toujours attentif, devait déjà l'y attendre. Il choisirait quelques commis fidèles, parmi lesquels ce Félix Desportes dont on lui avait dit du bien.

Il emprunta le grand degré et croisa un jeune député du Nord de la France au nez éternellement chaussé d'un lorgnon ridicule, que l'on nommait malicieusement « la chandelle d'Arras » par opposition au marquis de Mirabeau qu'on appelait « la torche de Provence ».

Maximilien de Robespierre salua le comte de Lessart avec d'autant plus de courtoisie qu'ils avaient étudié tous les deux dans le même collège[7].

— Je suis charmé, monsieur le ministre, qu'un département aussi ambitieux vous ait été confié.

— Je tâcherai de m'en montrer digne, répondit le comte.

— L'agriculture, les fabriques, la navigation... peste, ajouta Robespierre, vous voilà bon à tout.

Puis, comme il s'éloignait avec un petit sourire pincé, Lessart l'entendit murmurer :

— Et surtout propre à rien[8].

Le ministre de l'Intérieur haussa les épaules. Ce n'étaient pas les réflexions acides du petit député d'Arras qui allaient l'affecter !

Le soir, il se rendit aux Tuileries, non pour parler au Roi, mais pour assister au couvert comme le voulait l'étiquette. Par une paradoxale renaissance, le protocole de Versailles avait survécu au déménagement. Les harangères et les poissardes serraient maintenant la main de Marie-Antoinette, mais on persistait à se découvrir en voyant passer les viandes du Roi que les valets de cuisines apportaient sur la table royale en traversant les antichambres. Seulement pour rappeler les convenances à ceux qui les ignoraient, ils criaient désormais à tue-tête : « chapeau bas, messieurs, chapeau bas ».

Le comte de Lessart se demanda quel univers étrange pourrait bien naître de ces mondes juxtaposés. Il songea à Fontenelle et à Leibniz.

Plus que jamais la France lui semblait composée de monades isolées.

D'après la Constitution, le Roi conservait le droit de choisir ses ministres, mais ne pouvait le faire parmi les députés[9].

Le monarque lui-même, dès qu'il les avait désignés, ne pouvait plus rien faire sans la signature de ses conseillers. Il nommait les ambassadeurs, mais ne pouvait signer les traités. Il choisissait les maréchaux, mais ne pouvait déclarer la guerre.

En quelque sorte, Louis XVI, recréé par la Constitution, devenait le colosse[10] aux pieds d'argile, « par la grâce de Dieu et la Constitution de l'État, Roi des Français ».

Le comte de Lessart, en le voyant souper de bon appétit, se demanda un instant ce qui pouvait bien se passer dans la tête de cet homme. Il le savait bon, et religieux jusqu'à la bigoterie. Il le jugeait équitable et malin, mais il ne l'imaginait pas retors. Il le regarda porter un morceau de faisan à sa bouche. Quel drame intime avait bien pu représenter pour lui le départ de Versailles, l'abandon de ce cabinet de l'horloge dont on racontait que l'admirable régulateur qui lui avait donné son nom marquerait grâce à son mécanisme basé sur le cycle lunaire les minutes les plus glorieuses de la France jusqu'au 31 décembre à minuit de l'année 9999[11] ?

Il comprenait aussi le déchirement de se priver d'une bibliothèque que le monarque affectionnait si fort, pouvant enfin y être à l'aise puisqu'il y portait le lorgnon, et où abondaient les livres d'histoire, de géographie et de théologie.

Pourtant, songeait Lessart, le Roi aurait eu mauvaise grâce à se dire prisonnier. S'il ne fréquentait plus Versailles, Compiègne, Marly, la Muette, Saint-Hubert ou Choisy-le-Roi[12], il avait cependant passé l'été à Saint-Cloud.

Mais quelque chose semblait brisé dans son ressort et celui du royaume. Lessart espéra vaguement qu'il parviendrait à réconcilier la nation et le Souverain. Après tout, l'Angleterre avait fait depuis longtemps de son monarque un fonctionnaire appointé et la dynastie de Hanovre s'en accommodait fort bien.

— Mais, se dit Lessart avec aigreur, c'est au Palais-Royal que l'on est anglophile, et non au Château des Tuileries.

En quittant le Palais, Lessart était allé rejoindre Cathy. Quand elle avait appris qu'il était ministre, la jeune femme avait battu des mains.

Elle voulait, pour célébrer cette circonstance, faire restaurer son hôtel, notamment le boudoir avec quatre grands panneaux d'arabesques fond vert anglais avec des camées roses et des pilastres peints[13].

Le comte céda comme d'habitude. Mais durant la nuit, Cathy le réveilla.

— J'y pense, puisque tu es ministre, il me faut une maison plus belle.

Lessart grogna, à moitié endormi. Il rêvait qu'il venait de trouver un moyen infaillible pour remplacer le paiement en espèces et Mme Grand venait d'interrompre ce songe.

Mais Cathy ne le laissa pas retourner au sommeil.

— Je te disais, murmura-t-elle en l'embrassant dans les cheveux, qu'il me faut une maison plus belle.

— Si tu veux, dit Lessart qui cherchait à ne pas se laisser réveiller tout à fait, déménage si cela t'amuse.

Il essayait vainement de retrouver, malgré le babil de Cathy, le trait d'illumination que lui avait apporté son rêve.

— J'ai rencontré Mme de Luckmantel, tu sais, la veuve de l'ambassadeur à Lisbonne. Elle veut louer son hôtel de la rue d'Artois, qu'en penses-tu ?

— Je n'en pense rien, dit Lessart, je dors.

— Ça ne coûte que quatre mille deux cents livres, dit Cathy, pour une maison construite à neuf, couverte en ardoise, avec deux vestibules, un grand escalier, trois étages, écuries et remises.

— C'est en effet pour rien, soupira le nouveau ministre à l'énoncé de ce prix astronomique.

— Dis-moi que tu veux bien, dit Cathy en l'embrassant sur la poitrine.

— Je veux tout ce que tu veux pourvu que tu sois heureuse, répondit Lessart qui, avec le réveil, sentait le désir monter en lui.

Il enserra la jeune femme et lui donna un plaisir vif. C'est en se rendormant qu'il put enfin renouer les fils dispersés de son rêve. Le silence l'ensevelissait, lui rappelait la vision qu'il avait eue des églises muettes après qu'il eut donné l'ordre d'en fondre les cloches pour fabriquer les billions [14] nécessaires à la paye des ouvriers.

Le matin, en arrivant au Contrôle général, il prit la décision que les songes de la nuit lui avaient apportée. Il ferait fondre une nouvelle monnaie appelée « médaille de confiance » [15].

Il convoqua Félix Desportes, qu'il avait nommé son directeur de cabinet et lui enjoignit de faire aussitôt le nécessaire. Il faudrait expliquer au Roi que les églises n'auraient plus de cloches et l'accommoder à ce carême qui ne connaîtrait plus jamais de Pâques. Mais qu'importe ! Si, grâce à cela, on pouvait payer les ouvriers.

— Que va représenter la frappe de ces nouvelles monnaies, monsieur le ministre ? demanda Félix Desportes.

— Je n'en sais rien, dit Lessart, je n'y ai guère réfléchi. En tout cas, vous n'aurez qu'à faire inscrire sur la tranche « la confiance augmente la valeur ». Voilà quel sera désormais le catéchisme de notre économie.

Le Roi fut courroucé de l'histoire des billions.

L'Assemblée se cabra. Lessart expliqua qu'on ne pouvait continuer à payer les ouvriers en assignats, ce qui revenait à diminuer leurs salaires. On publia dans les journaux qu'il avait distribué, faute de numéraire, aux employés de ses propres fabriques des étoffes en guise de paye [16].

Il ne releva pas l'offense. Le fait était véridique et pouvait être rapporté.

Mais le nouveau ministre ne s'attachait déjà plus à ces peccadilles. Chacun, désormais, osait instaurer sa propre monnaie. A Bordeaux, Louis Donatien Wallenberg de Vallemont avait mis le premier en circulation des billets de confiance qu'il substituait aux assignats.

Soixante-trois autres négociants des Chartrons avaient agi de même et se servaient de ces billets pour spéculer sur le sucre, le café, le rhum, le coton, la laine et le blé.

Tout cela entravait grandement l'action du ministère.

Lessart écrivit à M. de Vallemont :

« Il me semble, monsieur, que les liens qui nous ont unis dans le passé auraient pu laisser présager de votre part, à mon égard, une plus grande correction.

« L'émission de billets privés augmente, vous le savez, les difficultés du trésor et favorisera, à terme, de nombreuses banqueroutes. Au nom de l'amitié et de notre foi commune, je vous demande instamment de cesser à l'instant ce trafic. »

Le négociant bordelais ne répondit point par une lettre, mais par une demande d'audience qu'Antoine-Claude lui accorda aussitôt.

Quand il entra dans son cabinet du Contrôle général, Lessart comprit, rien qu'à sa mine, qu'il avait quelque chose de désagréable à lui apprendre.

Après les salutations d'usage, Vallemont dit au ministre :

— Je vous ai toujours estimé, monsieur, parce que je vous ai toujours aimé et connu. Que vous soyez devenu puissant ne modifie en rien ces sentiments premiers. Je voudrais que votre fonction n'entache pas, en retour, les sentiments que vous me portez.

— Monsieur, répliqua Lessart, j'éprouve à votre endroit, une estime qui ne s'est jamais démentie. Dites-moi, je vous prie, où vous avez pu croire que je vous ai manqué.

— Dans cette lettre, monsieur, et dans cette affaire des billets de confiance.

— Mais enfin, s'écria Lessart, la seule monnaie officielle doit demeurer la monnaie de l'État. C'est le fondement même de la chose publique.

Vallemont soupira et se leva pour exprimer son désaccord.

— Je m'étonne, monsieur, d'entendre ce discours, et dans ce cabinet.

— Et où voulez-vous donc, s'emporta Antoine-Claude, entendre un discours sur les finances si ce n'est dans le bureau du ministre, au Contrôle général ?

— Le malheur, observa Vallemont en se rasseyant, est que cette affaire des billets de confiance ne vient pas de moi. Elle m'a été dictée.

— Dictée ? répéta Antoine-Claude avec incrédulité.

— Oui, monsieur, dictée, comme à tous mes amis, et par un de vos prédécesseurs.

Valdec se leva si violemment que son fauteuil roula à terre.

— Qui, monsieur, qui, vous a mis cette sotte idée en tête ?

— C'est bien simple, répondit Vallemont, il s'agit de M. de Calonne qui rachète, à Londres, les billets de confiance avec prime dans le même temps qu'il fabrique, vous ne pourrez plus l'ignorer très longtemps, quantité de faux assignats.

Lessart se rassit, bouleversé par le nouveau coup qu'il venait de recevoir. Il se mit à sourire sans en avoir envie et murmura :

— Décidément, la trahison est partout.

Il remercia Vallemont de ses tristes nouvelles, et se fit annoncer chez le Roi.

Louis XVI était à sa correspondance.

— Qu'avez-vous à m'apprendre, monsieur le Ministre ? demanda-t-il.

— Hélas, Sire, quelques fâcheuses nouveautés.

— Bien, dit le Roi, je vous écoute.

— Eh bien, Sire, il paraît qu'il se fabrique en Angleterre de faux assignats et que l'ordre vient depuis ce pays de pousser les Français à établir des monnaies privées.

— C'est bien possible, dit Louis XVI, et qui dirigerait ce trafic ?

— M. de Calonne, Sire.

— Ah ! fit le Roi, je vois.

— Votre Majesté, demanda Lessart, n'est donc pas surprise ?

— Oh non, monsieur, répondit le monarque. Calonne se vautre dans l'ignoble depuis si longtemps que plus rien ne m'étonne de lui.

— Mais Sire, protesta Lessart, l'affaire est d'importance !

— Oui, dit le Roi légèrement. Elle ne l'est pas plus, à tout prendre, que les libelles de l'affaire du collier.

Et comme Lessart demeurait muet d'étonnement, le Roi se leva, fit jouer les mécanismes de son secrétaire et dégagea un tiroir invisible dont il retira une sorte de livre imprimé.

— Vous voyez cela, Lessart, eh bien, ce document va aller agrémenter la collection de pièces nécessaires à l'histoire authentique de ma vie et dont j'ai commencé à vous faire le dépositaire. Prenez cet objet immonde, et feuilletez-le.

Lessart prit le livre que lui tendait le Roi. C'était un exemplaire tiré à part des Mémoires de la comtesse de la Motte, publié à Londres. Le comte ouvrit le livre et vit ses marges surchargées de ratures et de corrections.

— Gardez bien cet objet, Lessart, il est précieux, reprit Louis XVI. C'est même une œuvre d'art unique. Il s'agit du bon à tirer des souvenirs de cette catin annoté de la main même de leur rédacteur qui n'est autre que mon ancien ministre aujourd'hui émigré, notre ami Calonne.

Lessart manqua laisser échapper l'ouvrage de stupéfaction.

— Mais alors, Sire, Calonne est pour la Révolution ?

— Eh non, dit tristement le Roi. Il est de la coterie d'Artois et de Provence, ce qui pour nous revient au même !

Louis XVI fit jouer un autre tiroir de son secrétaire et en tira une lettre.

— Tenez, lisez, Lessart.

Antoine-Claude déplia le billet.

Calonne écrivait :

« Il est de mon devoir de ministre de vous demander, madame, de rendre justice à mon action et à ma loyauté. Seuls peuvent aujourd'hui sauver le trône et la France les préparatifs que j'ai entrepris au-delà de nos frontières et que je continuerai de mener avec les sujets les plus fidèles et les plus dévoués de Votre Majesté. Puissiez-vous, madame, persuader le Roi du bien-fondé de nos démarches. Si Sa Majesté n'en estimait pas l'intérêt à son juste prix, il faudrait bien que la Reine en tire les conséquences qui s'imposent déjà à ses plus obéissants serviteurs » [17].

— Gardez cette lettre, Lessart, poursuivit Louis XVI. Un jour viendra où il me faudra bien révéler tout cela devant mon peuple et devant l'histoire, attester de la conduite de la Reine et indiquer quelles alliances elle noue, pour son propre compte, avec nos plus mortels ennemis.

— Mais Sire, s'écria Lessart incrédule, quelle navigation le Roi peut-il entreprendre si la Reine, elle-même, prête l'oreille à d'aussi effroyables conseillers ?

Louis XVI ôta son lorgnon, ce qui donnait à son visage un aspect tout à la fois doux et fuyant.

— Écoutez-moi, Lessart, ce n'est pas un hasard si vous êtes ministre. Je vous ai donné suffisamment de preuves de ma confiance et de mon attachement pour que vous ne vous interrogiez plus sur ce point. Sachez que je vous ai choisi parce que je voulais, dans l'état de détresse où je me trouve, et où se trouve la France, quelques rares conseillers dont je puisse être totalement sûr. La partie que je mène est difficile mais elle n'est pas perdue d'avance. Ne nous faisons pas d'illusions sur le nombre et la hauteur des obstacles. Nous avons contre nous la Reine, toute l'ancienne cour, tous les princes, naturellement les anciens parlements qui ont préparé les troubles depuis longtemps et les trois quarts de la nouvelle Assemblée. Comptons aussi les clubs et les loges. Le peuple est plus réservé mais dans la capitale, tout au moins, il est mené par les faubourgs. En province, nous pouvons compter sur l'Ouest, mais le soutien y sera maladroit.

« Le Berry et la Bretagne marcheront avec nous parce que j'y suis connu et aimé[18]. Mais la Provence et le Comtat[19] feront dissidence. La Guyenne sera frondeuse, heureusement plus en paroles qu'en action.

« A l'étranger, nous serons assassinés par l'Angleterre qui ne nous pardonne rien, ni le soutien apporté à votre famille, ni la politique si intuitive et féconde de M. de Vergennes. Comptons donc que M. Pitt nous réservera tous les coups bas.

« Les colonies, vous le savez mieux que personne, se soulèveront l'une après l'autre. L'Angleterre a payé assez cher pour cela et « Les amis des Noirs[20] » ont crié assez fort qu'il faut abolir l'esclavage pour être entendus, non des esclaves, mais de ceux qui ne le sont pas.

« Vienne continuera de conduire sa politique qui est hostile à la nôtre. Reste la Russie, l'Espagne, la Prusse et la Porte Ottomane avec laquelle vous aviez naguère noué des rapports. Je compte pour quantité négligeable la Hollande, fauteuse de guerre, la Suède, peuplée de songe-creux, et les États-Unis d'Amérique qui seraient bien en peine de nous rendre ce que nous leur avons donné. Quant au Pape, il sera peut-être, avec la grâce de Dieu, au moins moralement, notre meilleur rempart[21]. »

— Mais alors, Sire, dans ce concert funeste, quelle marge de manœuvre le Roi peut-il encore conserver ?

Louis XVI se leva et vint s'accouder contre son secrétaire. Bien que le meuble fût massif et surchargé de bronzes, le Roi semblait énorme et son visage avait conservé quelque chose de poupin qui lui donnait des traits d'une extrême jeunesse.

— Un roi ne doit pas être un instrument docile dans la main des princes, Lessart. C'est pour cela que j'ai accepté la Constitution et que je m'y conformerai loyalement. Mais il ne faut pas que, grâce à elle, mon pouvoir demeure théorique et que, de ce fait, l'administration du pays m'échappe totalement. Je dois donc en appeler au peuple qui, en dernière analyse et que le veuillent ou non ces beaux messieurs de l'Assemblée, demeure la France véritable. Pour cela, j'ai besoin de prendre, disons, un peu d'espace...

Lessart se rapprocha du Roi et dit à voix basse :

— Sire, je crains de comprendre. Le Roi voudrait quitter Paris ?

— Oui, Lessart, partir seul, ou avec un ou deux conseillers, vous peut-être, et m'établir durant quelques jours dans une ville de France qu'il conviendra de déterminer. Cela créerait un effet de surprise. De là-bas, je publierai une proclamation et je reprendrai les choses en main. Qu'en pensez-vous ?

— C'est risqué, mais c'est faisable, Sire. Seulement, il ne faut point manquer cette occasion puisque la Constitution prévoit que le Roi sera déchu par l'Assemblée s'il quitte le royaume sans sa permission.

— J'entends bien, Lessart, observa Louis XVI, mais il n'est nullement question de quitter la France, ni de le faire croire. Il est simplement question de s'éloigner de Paris pendant quelque temps.

Le ministre regagna, après cette conversation son cabinet du Contrôle général. Il emportait l'exemplaire corrigé de « La vie de Jeanne de Saint-Remy-de-Valois, comtesse de la Motte, écrite par elle-même » et des « Seconds mémoires justificatifs de la comtesse de Valois de la Motte », écrits par elle-même [22].

Il eut la tentation d'ouvrir le livre. Il le fit, lut quelques lignes au hasard et y renonça en constatant que la Reine y tutoyait le cardinal de Rohan et le complimentait sur ses « coups de boutoir ». Un immense dégoût lui monta aux lèvres. Il saisit la cassette dans laquelle il avait déjà emprisonné la lettre à Fersen et hésita un instant avant d'y placer les écrits de Calonne. Il imaginait que l'amour avait sans doute inspiré la première missive. Le second texte ne relevait en revanche que de l'ordure la plus vile.

Il exécuta cependant les ordres de Louis XVI et referma la cassette sur ces secrets, songeant qu'il composait la recette d'un bien affreux bouillon.

Puis il se rendit à l'Assemblée pour lui soumettre l'état prévisionnel des fonds destinés pour le mois à son ministère et ne regagna la rue du Sentier que fort tard dans la nuit.

20

Depuis quelques semaines, Claude Fournier-l'Héritier, dit l'Américain était réduit à l'inaction. Danton, tout occupé à gérer sa nouvelle fortune [1] et à élever le fils qui venait de lui naître, avait provisoirement abandonné ce qu'il appelait « son combat contre le tyran ».

Accusé par ses propres amis de prodiguer les récompenses avant même d'en avoir reçu le bienfait, il s'enfermait dans la nouvelle demeure qu'il avait acquise cour Saint-André-des-Arcs [2] et s'y livrait au bonheur domestique. Par lassitude, il avait même retiré la candidature qu'il envisageait de présenter [3] et se tenait à l'écart des Assemblées tumultueuses.

Ce repos de son patron le plus immédiat avait donc conduit le créole à une sorte de désenchantement dont il ne s'évadait qu'en déversant sur Lazowski des tombereaux d'injures cruelles.

Lorsqu'il avait achevé de rendre son compère responsable de tous les cataclysmes de l'univers, Fournier-l'Américain se tournait vers Marion Bouchut qui avait repris son commerce primitif. Seulement au lieu de l'exercer au Palais-Royal aujourd'hui déserté par sa clientèle habituelle, Marion s'était établie sur la terrasse des Feuillants où elle avait une entrée directe à l'Assemblée nationale.

Et là, dans les tribunes, elle se livrait à ses activités lucratives avec une telle frénésie que le président Alexandre de Beauharnais [4] qui n'était pourtant pas soupçonnable d'une vertu trop extrême avait fini par réclamer l'évacuation de la salle en criant à ses gardes « ôtez-moi donc ces sans-culottes » [5].

A la suite de cet incident, la malheureuse Marion avait été

contrainte de se limiter à la terrasse ce qui avait diminué d'autant la rondeur de ses revenus.

Fournier ne l'avait point entendu de cette oreille et l'avait battue si fort et si souvent que la pauvre fille avait été prise en pitié par un de ses clients, pauvre hère nommé Nicolas Perrin, cordonnier à Versailles où il tenait également, rue de l'Orangerie, une petite boutique de parapluies.

Le drôle s'était institué à son tour le protecteur de la dame, et avait juré de l'arracher aux griffes de Fournier.

Le créole, indolent comme tous ceux de sa race, avait fait mine de céder, puis avait attendu ledit Perrin dans un coin sombre et l'avait proprement assommé. Le cordonnier, crachant ses dents et un œil sorti hors de l'orbite, avait regagné Versailles, jurant à Marion qui l'avait pris en affection et qui l'avait pansé qu'il reviendrait pour l'épouser [6].

Cette scène avait grandement contribué à faire respecter dans le quartier le commandant Fournier qui se présentait maintenant avec un maintien d'autant plus avivé qu'il était plus patriotique.

Néanmoins, et malgré cette gloire relative, Fournier n'était pas heureux. Il avait tremblé de rage en écoutant le comte de Lessart faire son grand discours à l'Assemblée. Il avait même été jusqu'à pousser de sourds grognements en l'entendant proclamer :

« Le droit des hommes était méconnu, insulté depuis des siècles. Nous l'avons rétabli pour l'humanité entière.

« La nation avait perdu le droit de décréter les lois et les impôts, ce droit lui a été restitué.

« Vous n'étiez qu'États Généraux, vous êtes, messieurs, l'Assemblée générale.

« Nul ne peut aujourd'hui arrêter l'essor de votre volonté ni vous ôter l'honneur d'être des citoyens.

« Les privilèges détruits, la féodalité abolie, les ordres anéantis, les municipalités organisées, la justice modernisée, voilà, messieurs, les différents domaines que nous avons réformés selon vos vœux, autant qu'il était en notre pouvoir.

« Voyez, Français, la perspective de bonheur et de gloire qui s'ouvre devant vous. Il vous reste encore quelques pas à faire. Défiez-vous d'une impétueuse vivacité. Redoutez les violences et les désordres, funestes à la liberté. Chérissez cette liberté que je chéris autant que vous et que nous possédons maintenant tous ensemble.

« Songez aux trois mots sacrés qui la garantissent : la nation, la loi, le Roi. Jurons de leur être fidèles : je le jure pour ma part une nouvelle fois : la Constitution ou la mort. »

Un tonnerre d'applaudissements avait salué ces paroles, dans les tribunes, Mme Grand, plus éclatante et plus belle que jamais, la tête chargée d'un savant échafaudage de plumes tricolores, couvait du regard le comte de Lessart.

Fournier avait craché par terre et chiqué de dégoût sur la dentelle blanche qui ornait le bas de la robe de la belle Indienne. Cathy avait frissonné.

— Ce n'est rien, avait murmuré le créole avec un sourire terrible, répétons tous ensemble : « la Constitution ou la mort ».

En fait, et après ce discours qui avait connu une telle faveur que le pays tout entier s'en était trouvé charmé comme d'un sortilège, il était venu à Lessart l'idée toute simple de diviser les Jacobins en leur ôtant, dans l'enthousiasme, la moitié à peu près de leurs troupes.

L'affaire s'était tramée, puis conclue, par des conversations secrètes qui avaient eu lieu nuitamment chez les frères Lameth, et en présence de Tallien.

— La Révolution est achevée, avait déclaré Lessart. Il nous faut maintenant reconstruire. Après cette terrible secousse, le Roi a besoin de s'appuyer sur un parti fort et structuré.

Ce rouage utile à la monarchie avait peu à peu pris corps dans le creuset des sociétés patriotiques. La haine inspirée par l'émigration et la tourbe de la plèbe avait servi de ciment à ce nouveau parti.

Lessart avait insisté pour que les maçons y fussent nombreux, ainsi que les philosophes et les protestants.

— Nous aurons le Roi contre nous, avait protesté Alexandre de Lameth. Il est dévot comme un col-vert trempé dans l'eau bénite !

— Tant pis, avait répondu Lessart. Il faut mettre fin à l'empire de la religiosité. Je songe, moi, qu'il importe peu à l'État qu'un homme aille ou non à la messe. L'époque la plus heureuse sera celle où la tolérance indéfinie aura conduit le peuple à ne s'occuper ni des prêtres ni de la religion[7].

Malgré tout, c'est dans un couvent, celui des Feuillants[8], que fut établi le siège du nouveau parti[9]. Il fut doté d'un journal « Le Logographe » que Lessart finança en sous-main sur les crédits de son ministère. Par un paradoxe qui inquiéta fort Antoine-Claude, aucun de ses nouveaux amis n'était originaire de sa province, tous venaient du centre de la France.

Le Roi avait été fort heureux de cette nouvelle politique. Chaque minute passée au château des Tuileries apportait au comte de Lessart de nouvelles marques de faveur et d'amitié.

La Reine, en revanche, lui faisait grise mine.

Un jour que Louis XVI félicitait Lessart devant elle, Marie-Antoinette avait ostensiblement marqué son agacement.

— J'aimerais, avait-elle dit au comte, que vous justifiiez, monsieur le Ministre, de l'utilité de ce nouveau parti, qui est un gouffre d'or et ne formera jamais de bons citoyens.

— Il me semble, Madame, avait-il répondu en s'inclinant, que les Feuillants seront moins coûteux à la France que la famille Polignac[10] et plus fidèles, sans nul doute, au service et à l'amour que l'on doit à Votre Majesté.

Depuis cette algarade, la guerre était ouverte, et il n'était pas rare que, sur son passage, Lessart entendît la Reine murmurer à ses femmes : « Sauvez-moi de cette canaille enragée... ».

Abîmé dans l'énorme labeur que représentaient la vente des biens nationaux, la répartition de l'impôt entre les communes et la création des nouvelles municipalités, Antoine-Claude n'avait guère le loisir de s'interroger sur les sentiments qu'il portait à Marie-Antoinette. Une répulsion native l'avait d'ailleurs, même au temps de Versailles, toujours tenu éloigné de la Reine et de sa coterie. Il la frôlait parfois au jeu, ou dans les salons du comte d'Artois. Sa conversation la plus soutenue s'était déroulée sur le chantier de Bagatelle, au milieu des charrettes et des porte-faix, quand la Reine, venue inspecter les fondations du nouveau bâtiment, avait parié qu'il ne serait jamais achevé en temps voulu.

Depuis, rien dans ce qu'il savait, ce qu'il voyait, ce qu'il jugeait de la Souveraine, n'avait retenu Lessart. Et le vide qui s'était instauré entre eux avait pris la vastitude d'un océan.

C'est la rue qui, d'une manière funeste, la ramena vers lui. Un après-midi[11], vers deux heures, alors qu'il travaillait à rédiger un rapport sur les subsistances, en compagnie de Félix Desportes, son nouveau conseiller, dans son cabinet du Contrôle général, il entendit battre le tambour.

— Qu'est-ce encore que cela ? grommela le ministre.

Le jeune homme quitta la pièce, s'enquit et apprit que le faubourg Saint-Antoine était en marche.

Inquiet, Lessart fit prendre d'autres nouvelles.

On lui rapporta alors que, dans la matinée, des ouvriers s'étaient rendus au château de Vincennes pour démolir cette prison, comme ils l'avaient fait de la Bastille, alors que l'édifice devait au contraire être restauré pour servir à nouveau de geôle où l'on installerait plus confortablement une partie des malandrins entassés dans les autres prisons de Paris.

Cette promesse d'insurrection avait tant fait fureur sur tout son parcours que quatre mille personnes à peu près se trouvaient maintenant dans la cour de la forteresse et n'en voulaient point démordre.

Lessart donna l'ordre d'envoyer un détachement de cavalerie et la place fut libérée en quelques instants. Une dizaine de factieux, pour la forme, furent conduits sous bonne escorte à la Conciergerie.

Mais ce que le ministre ne comprit pas, c'est le bruit qui s'était répandu au faubourg Saint-Antoine qu'on voulait poignarder le Roi.

Il se fit conduire aux Tuileries, constata lui-même la présence du monarque qui le reçut avec son flegme habituel.

— Laissez cela Lessart, lui dit Louis XVI, je ne sais ce que me veut tout ce monde. Rien de tout cela n'est bien grave.

Et le ministre vit le Roi reprendre la besogne qu'il avait entamée, et qui était la rédaction de son journal, où il écrivit en face de la date du jour : « Rien. Train à Vincennes et aux Tuileries ».

Comme il ne pouvait se faire conduire au Contrôle général, ni rue du Sentier, toutes places que la foule avait envahies, Antoine-Claude s'installa dans un cabinet du palais qui donnait sur la terrasse des Feuillants et se mit à réfléchir. Malgré le grondement montant de la multitude qui avait maintenant envahi le jardin, il entendit le bruit d'une altercation assez vive provenant des appartements de la Reine[12].

Lessart tendit l'oreille et reconnut la voix de Louis XVI qui disait :

— Je suis lassé, Madame, sachez-le, de vos menées intempestives. Je ne veux quitter ni mon poste ni mon peuple, et ne les quitterai pas. Peu me chaut que vous tramiez avec l'étranger des conspirations indignes de votre rang, et que vos agents fassent courir dans Paris les bruits les plus énigmatiques, telle cette annonce de mon assassinat. Mais je finirai par mettre bon ordre à tout cela, et par révéler vos petites intrigues. Votre conspiration des poignards est grotesque. Vous n'êtes, une fois de plus, qu'une tête à vent. Veuille le ciel que vos élucubrations ne vous rendent pas un jour responsable d'une catastrophe qui nous ensevelirait tous les deux.

Le ministre, pétrifié, retint sa respiration pour ne pas montrer sa présence. Il distingua ensuite le pas lourd de Louis XVI qui quittait la salle en claquant la porte. Lessart craignit un instant que le Roi ne vînt de son côté, mais il l'entendit emprunter l'escalier et s'enfermer dans son cabinet.

Le ministre, alors, décida de quitter sa retraite. Il emprunta un habit ordinaire à un des chambellans qui se trouvaient dans l'œil-de-bœuf et décida de regagner à pied le Contrôle général.

La tentative n'était pas sans risque.

Lessart quitta les Tuileries par une porte dérobée et se coula dans l'émeute.

Il n'avait jamais vu d'aussi près les délires ni les convulsions de la foule. Il se trouvait au milieu d'une symphonie sauvage. Le peuple ne lui voulait pas de mal et ne faisait même aucune attention à ce citoyen ordinaire, mais il se sentait malgré tout aux abois, haletant, poursuivi par une meute à têtes d'hommes. Aucun peintre, jamais, n'avait peint ces visages sauvages, cette place fourmillante, ces femmes raillant, se moquant, vociférant, les seins passant à travers les chemises déchirées, des tortillons de pailles roulés autour des jambes, les mains dégoûtantes de sang.

Au milieu de la multitude, un homme raclait du violon. Lessart, violoniste lui-même [13], eut un haut-le-cœur en reconnaissant la tête immonde. C'était le créole de la Compagnie des Indes, l'assassin nommé Fournier-l'Américain.

Malgré lui, le ministre dissimula ses traits. La brute ne l'avait point vu. Il s'amusait de sarcasmes en buvant à la régalade.

Fournier hurla tout à coup à l'armée d'épauletiers, de coupe-jarrets, et de mouchards sur laquelle il régnait : « Aux Cordeliers ». Et il s'éloigna, porté par la marée humaine [14].

Lessart hâta le pas. L'émeute se dispersait. Le lendemain, il n'en resterait que des branches saccagées, des portes brisées et des étals renversés.

Il atteignit enfin le Contrôle général.

François Garodeau l'y attendait.

— Tout va bien rue d'Artois, monseigneur, mais nous avons eu peur pour vous.

Lessart sourit à son valet.

— Sans toi, je n'existerais pas.

Puis il retourna à son cabinet et mit un bon moment à comprendre pourquoi Félix Desportes le regardait avec stupéfaction. C'est en s'approchant d'un miroir que le comte s'aperçut que l'habit qu'on lui avait prêté était, sans qu'il s'en rendît compte, sorti de l'émeute en lambeaux.

Quelque temps plus tard, peu après les fêtes de Pâques qu'il avait voulu aller passer à Saint-Cloud, ce dont il avait été empêché par la populace, le Roi fit appeler Lessart.

Contrairement à son habitude, Louis XVI était en proie à la plus vive exaltation.

— J'en ai assez, dit-il au ministre, de ces calomnies brutales, de cette démagogie aussi stupide que destructrice, de ces insinuations éhontées, répandues sans répit. Le moindre de mes gestes est envenimé. On parle de mon état pléthorique. On me croit indignement compromis. Il n'y a pas de jour où l'on ne m'agresse, dans le jardin des Tuileries, sur le chemin même de la messe, pour me reprocher la vie que vous menez.

Lessart, très pâle, osa interrompre le Roi.

— Sire, si Votre Majesté me demande ma démission, je la lui remets aussitôt, en la suppliant de croire que je demeurerai à jamais son fidèle et obéissant serviteur.

Louis XVI se força à sourire.

— Il n'est point question de cela, Lessart. Sur un point, tout au moins, celui de la vie privée, nous ne nous ressemblons guère. Je n'aurais pas été capable d'emprunter le chemin que vous avez pris, mais quels qu'en soient les détours, le Roi voit son ministre heureux, et il s'en réjouit. D'ailleurs, si par malheur vous deviez quitter votre poste, ce ne serait point à cause de quelques racontars ni de quelques jupons.

Antoine-Claude respira.

— Je remercie Votre Majesté de la confiance qu'elle me porte où j'ose y voir, une nouvelle fois, la marque de sa droiture.

— En effet, Lessart, reprit Louis XVI. L'inquiétude qui m'occupe est plus grave. Je suis au bord de prendre, sans doute, la décision la plus importante de mon règne.

Craignant de comprendre à demi-mot ce dont il s'agissait, le comte balbutia :

— Le Roi ne peut-il différer ce choix ?

— Hélas non, répondit Louis XVI en soupirant. J'y suis acculé, et voici pourquoi.

Le monarque s'assit sur un fauteuil de damas vert dont il n'usait guère d'habitude et pria le ministre à faire de même sur un siège qui formait la paire avec ce premier fauteuil.

Lessart mesura à son juste prix cette marque d'attention tout à fait nouvelle et s'assit en face du Roi.

— La Reine envisage, dit Louis XVI avec une infinie tristesse, de quitter bientôt la France pour Bruxelles avec M. de Fersen, et d'emmener avec elle le duc de Normandie [15].

— Puis-je demander à Votre Majesté si la Reine elle-même lui a fait confidence de ce projet ?

— Non, Lessart, évidemment non, dit Louis XVI. Je l'ai appris par une indiscrétion bien involontaire de M. le comte de la Marck [16] qui le tenait lui-même de Mercy-Argenteau [17].

Lessart resta silencieux pendant quelques instants.

— Comme tout porte à croire que le Roi a fait une enquête, j'en déduis donc que ce projet est prévu pour bientôt.

— Je crois pour le début du mois de juin, reprit Louis XVI, encore que je sache seulement que la Reine a envoyé déjà tous ses diamants à Bruxelles, ainsi qu'un million et demi en or et des lettres de change provenant des achats faits à moitié avec M. de Fersen de certains biens du clergé [18]. Elle a, en outre, commandé un nécessaire de toilette en argent, pareil au sien qu'elle envisage, je suppose, de laisser à Paris.

— Sire, dit Lessart, je suis au service de Votre Majesté, mais aussi à celui de la France. Si le Roi envisage de quitter son pays, qu'il me le dise ouvertement et je le prierai aussitôt d'accepter ma démission. Votre Majesté m'a nommé au poste que j'occupe pour appliquer et défendre la Constitution, j'en ai fait le serment devant l'Assemblée, je ne saurais faillir à ce serment.

— Mais, Lessart, s'écria Louis XVI, il n'est nullement question pour moi de me rendre à Bruxelles ! Il me faut simplement empêcher la Reine d'y aller ! Parlons clair, voulez-vous ? Si elle part seule, arrivée à Bruxelles, protégée par les armées levées par Calonne, mes frères, les émigrés et les nations coalisées, elle publiera un manifeste où elle expliquera que je me suis volontairement constitué prisonnier de l'Assemblée, ce qui revient à me faire abdiquer de fait la Royauté. Avec dix têtes à vent de son espèce, elle formera un gouvernement en exil et les nations coalisées nous déclareront la guerre que nous perdrons sûrement car nous ne sommes pas en état de la livrer.

— Cela est exact, Sire, mais si le Roi se laisse entraîner, ou devient captif des factieux d'une manière ou d'une autre, il risque d'être déchu par l'Assemblée. Et la France tombera alors aux mains des révolutionnaires.

Louis XVI se pencha au-dessus de l'espace qui le séparait du ministre et s'approcha de lui autant que sa corpulence le lui permettait.

— Eh non, Lessart, c'est vous qui voyez mal les choses. Mes deux principaux ennemis sont aujourd'hui la Reine et le comte de Provence. La première, parce qu'elle veut mettre son fils sur le trône et régner en son nom avec l'aide de M. de Fersen. Le second, parce qu'il veut être Régent, donc, Maître du pays, ce qui lui permettra de travailler pour l'avenir en faisant aussitôt entériner par l'Assemblée le mémoire qu'il a fait rédiger et qui traite de la légitimité des enfants de la Reine. Dans les deux cas, si je laisse faire, je serai déchu, déconsidéré, si non pis.

— Mais alors, Sire, objecta Lessart qui voyait la marge de manœuvre du Roi se rétrécir à mesure qu'avançait la conversation, Votre Majesté ne peut guère que forger un projet parallèle à celui de la Reine afin, la prenant de vitesse, de la forcer à entrer dans ses vues.

— C'est exactement à cela, conclut Louis XVI, que nous allons travailler ensemble.

Les jours qui suivirent furent, pour Claude de Lessart, les moments les plus exaltants, mais aussi les plus occupés de sa vie. A Cathy qui s'étonnait du peu d'attraits que désormais elle lui inspirait, le ministre ne répondait que par des phrases évasives.

Il avait négligé de lui confier l'allusion que Louis XVI avait faite à leur liaison.

Mme Grand s'émerveillait des embellissements qu'elle avait fait réaliser dans sa nouvelle demeure de la rue d'Artois. Elle achetait des poêles, des glaces, des meubles, faisait habiller de neuf sa livrée, et répliquait à Antoine-Claude qui désapprouvait parfois le côté abusif de ces dépenses :

— Il faut bien que je me distraie pendant que tu travailles.

Depuis qu'elle aimait un ministre, Cathy s'était mis en tête de se cultiver pour lui faire honneur. Elle s'était abonnée aux Italiens, aux Français, à l'opéra. Elle recevait et s'astreignait à lire « Les Affiches de Paris » et « Le Journal de France ».

Elle avait même acquis les trente-deux volumes, reliés in-octavo et aux armes du Roi de l' « Histoire Naturelle » de Buffon, mais bien qu'elle aimât les animaux, elle s'était endormie dessus dès les premières pages.

Poussant le dévouement à l'extrême, elle qui écrivait sans vergogne « diament » et « bracelès » pour remercier qu'on les lui ait offerts avait maintenant embauché un maître d'écriture à douze livres par mois.

De la vie commune qu'elle menait avec Lessart, Cathy, désormais se faisait un songe : celui de cesser d'être aux yeux du monde une femme à côté, pour devenir comme elle le disait dans son vocabulaire exotique « une lady à part entière ».

Antoine-Claude était plus ému de ces marques d'affection qu'il ne voulait le laisser paraître.

Il y trouvait une nouvelle confirmation de cette doctrine morale que lui avait enseignée dans son enfance le vieil Hermann Wallenberg et qui tenait en cette phrase : « Tout n'est pas mauvais dans cette créature ».

Mais le projet du Roi Louis XVI l'inquiétait infiniment plus que les dépenses de Mme Grand. Il était entré plus avant dans les confidences du monarque et avait appris que le but du voyage serait Montmédy, la place forte la plus reculée vers la frontière Belge.

Son ancien titre d'intendant des Finances du comte de Provence lui permettant d'avoir quelque intelligence avec les émigrés, Lessart avait eu vent par ce canal des projets politiques de la Reine : envisager une banqueroute, former un ministère élargi dont la liste était paraît-il déjà prête [19] et publier, dès son départ, un manifeste tonitruant.

Quand il avait revu le Roi, Antoine-Claude ne lui avait rien confié de ces nouvelles mais lui avait dit fermement :

— Sire, plus je réfléchis à cette affaire, et plus je trouve d'inconvénient à tout.

— Allons, Lessart, avait répondu le Roi, la chose est trop engagée, nous n'avons plus une minute à perdre.

Et le monarque avait tiré de son secrétaire un plan de route qu'il avait fait examiner par Antoine-Claude.

— Sire, avait dit le ministre, après avoir longuement étudié le projet, je me dois de supplier Votre Majesté de ne pas appliquer ce dessein. Il ne peut pas fonctionner. Le Roi doit me croire. Pour avoir en charge les transports je connais parfaitement l'état des routes françaises. Si le Roi part de nuit, option contre laquelle je m'élève de toutes mes forces, on découvrira son départ à huit heures, au moment de son lever public. Dès lors, on se lancera sur sa trace, et on enverra des cavaliers. Compte tenu de la vitesse de ces hommes, et de celle, très relative, du carrosse de Votre Majesté, en admettant même que tout se passe à merveille, le Roi sera rejoint avant Montmédy. Il n'y a pas une chance sur un million pour que l'affaire puisse se dérouler selon le plan proposé à Votre Majesté [20].

Louis XVI avait soupiré :

— Vous m'ennuyez, Lessart. Comprenez une bonne fois pour toutes que je ne puis agir autrement et laissez-moi faire.

— Mais alors, avait supplié le ministre, que Votre Majesté permette au moins à deux de mes plus fidèles serviteurs, François Garodeau et Félix Desportes, de vérifier le parcours. Qu'elle ne confie pas son sort à des gens qu'elle ne maîtrise en rien.

— Non, avait répondu Louis XVI, je ne puis mettre personne d'autre dans la confidence. Au reste, je ne connais pas plus les agents que vous me recommandez que ceux qu'utilisera la Reine, je choisis donc de jouer cette carte et me place entre les mains de la Providence.

Le comte de Lessart soupira. Il avait décidé qu'il ne tourmenterait pas davantage le monarque.

Il lui restait à prier Dieu, contre toute attente, pour qu'un miracle se produisît.

21

Depuis qu'elle était mère, Mme de Staël entourait M. de Narbonne d'un soin si jaloux que ce fantasque amant s'en trouvait agacé. Les droits sur lui que semblait lui avoir donnés la maternité faisaient qu'elle songeait désormais plus à le surprendre qu'à lui plaire. Sa conversation était devenue un assaut, ses baisers un combat à outrance. Même s'il avait jugé, au début de leur liaison, qu'en conquérant Germaine, il avait pacifié un trésor, Louis de Narbonne se lassait un peu, désormais, de l'emportement de la pensée et des sens de sa maîtresse.

Réfugiée quelque temps en Suisse, à Coppet, Mme de Staël l'avait prié de venir animer sa solitude.

M. de Narbonne n'avait point cédé à cet appel. La baronne était donc revenue à Paris, malgré les inconvénients que représentait le voyage pour la fille d'un ancien Contrôleur général, aujourd'hui unanimement détesté.

— Le peuple brûle ce qu'il a adoré, maugréait Mme de Staël. Il brûlera bientôt le petit Lessart.

La vie de M. de Narbonne partait un peu à la dérive. Germaine, un instant, lui avait semblé un port de refuge, mais, désormais, il brûlait d'agir, et, las de courir les ruelles, il s'enfiévrait d'idées nouvelles qu'il comprenait mal et qu'il récitait à l'envers.

Sa fulgurante amie, tout au caractère absolu et entier de l'amour qu'elle lui portait, ne rêvait pas de demi-mesures.

Leurs retrouvailles à Paris, au milieu des cris de la multitude, furent une longue suite d'embrassements et d'embrasements.

Aucun homme n'avait jamais inspiré à la baronne un pareil

appel de la chair, et les dangers qu'elle avait bravés pour rejoindre M. de Narbonne, la pensée de l'enfant qu'elle avait eu de lui la poussaient à combattre pour ses couleurs, plus comme une tutrice ou une régente que selon les modes généralement accordés aux femmes amoureuses.

Dès qu'elle était rentrée à Paris, Mme de Staël avait convoqué le nouvel évêque d'Autun. M. de Talleyrand était accouru, malgré sa boiterie.

Il était très las et tout morose, car il avait pris un fort vilain plaisir à trancher dans la chair vive de l'Église.

Il avoua sa solitude politique, et ses désirs secrets de s'aller mettre au vert.

— Au vert, rugit Mme de Staël, quand résonne le canon d'alarme ?

— Allons, allons, Germaine, répondit Périgord en riant ! Ne soyez donc pas si bouillonne. Il est des instants, dans la vie d'un peuple, où il devient urgent d'attendre pour ceux qui veulent compter.

La baronne avait pris des rondeurs durant sa grossesse, et elle s'approcha de Talleyrand jusqu'à le frôler de sa gorge épanouie.

— Attendre quoi ? murmura-t-elle en détachant les syllabes.

Charles Maurice se fit évasif. Il venait d'adopter une nouvelle coiffure aux cheveux courts et bouclés qui lui donnait le visage d'un angelot baroque.

— Ce n'est point parce que vous êtes peigné en arêtes de poisson, s'enfiévra Mme de Staël, qu'il faut me faire vos petits mystères.

Talleyrand se mit à rire en retroussant ses lèvres dans une mine de chat courroucé.

— D'abord, je suis coiffé à la Caracalla, et ensuite je me dois de ne pas trahir les secrets qui m'ont été confiés par le comte de Provence.

— Vite, je brûle, s'écria Germaine, tout à coup langoureuse.

— Non, dit Talleyrand en minaudant, vous ne saurez rien.

— Je le saurai ! s'écria-t-elle en tapant du pied, je le saurai, dussé-je vous torturer pour cela.

Talleyrand rapprocha son fauteuil de la méridienne où Mme de Staël venait de s'installer. Il fit pivoter son siège de manière à se trouver du même côté que la baronne.

Il s'accouda sur le dossier et commença son récit.

— Ma chère Germaine, dit Périgord, le secret que vous brûlez d'entendre n'est point une affaire de petite fille ni de jolie femme. Vous m'objecterez que vous n'êtes ni l'une ni l'autre ce qui, dans un des deux cas au moins, sera faux, mais que ne ferait-on pas pour satisfaire sa curiosité ? Le secret que je vais vous dire, nous sommes bien peu à le connaître et parce que j'ai toute confiance en votre loyauté, je me livre ainsi à vous. Ce secret, le voilà : Monseigneur le comte de Provence a décidé de quitter la France.

Mme de Staël regarda Talleyrand incrédule, et fronça le sourcil.

— Je n'aime guère qu'on se moque de moi, l'abbé. Quel intérêt voulez-vous bien que représente pour moi votre petite histoire ? Artois s'est déjà éclipsé. Les Tuileries sont un désert. Le faubourg Saint-Germain est plus dépeuplé que les terres australes. Il n'y aura bientôt plus personne de fréquentable à Paris outre vous et moi. Que ce gros incapable s'en aille, ce n'est point une nouvelle.

— Si, c'en est une, reprit Talleyrand en plissant les yeux. Car, si M. de Provence envisage de partir, c'est pour contrer une autre personne qui doit partir également.

— Qui cela ? demanda Mme de Staël.

— Devinez.

— Un homme ?

— Non pas.

— Une femme ?

— Vous brûlez.

— La Reine ?

— Eh ! ma foi !

Germaine respira profondément comme pour remettre en place toutes les idées que cette nouvelle avait dérangées.

— La Reine, dit-elle en traînant un peu sur les mots, la Reine partirait seule ?

— Je ne crois pas, dit Talleyrand en faisant la moue. Ou, si elle partait seule, ce serait pour rejoindre quelqu'un.

— Quelqu'un, ajouta Mme de Staël, qui serait peut-être pour elle ce que M. de Narbonne est pour moi ?

— Exactement, dit Talleyrand en se frottant les mains. Je vois que votre exil à Coppet ne vous a rien enlevé de vos facultés déductrices.

— Dans ces conditions, dit Mme de Staël, je gage que la Reine emmènerait le bambino.

— Vous y êtes, dit Talleyrand en frappant ses mains l'une contre l'autre. Vous avez, ma chère Germaine, une tête politique.

Après un pareil compliment, Mme de Staël eut à cœur de

montrer davantage de zèle. Son impétueuse vivacité s'épancha en quelques phrases précipitées. Talleyrand la retint.

— Allons, Germaine pondération, lenteur, ordre et douceur. Hors de cela, l'aventure.

— Pardon, bouscula Mme de Staël. Si la Reine s'en va, c'est pour être nommée Régente. Si le comte de Provence la suit, c'est pour l'empêcher de le faire, mais l'aider dans un premier temps à faire déclarer le Roi incapable. Et je gage qu'il ne reculera devant rien pour cela.

— Je partage votre sentiment, dit Talleyrand en souriant. « Fer, exil, poison même. » Si l'une est peut-être Agrippine, l'autre est à coup sûr Néron.

— Parfait, parfait, dit Mme de Staël. Nous pouvons donc compter que, dans les jours qui viennent, ce gros niais de Louis XVI se trouvera empêtré dans une assez jolie conspiration.

— Oui, dit Talleyrand benoîtement. Il n'a que Lessart pour lui, c'est bien maigre.

— Et que pensez-vous qu'il adviendra, l'abbé ?

Talleyrand resta muet quelques instants et prit un front soucieux.

— Il adviendra, probablement, de grandes catastrophes pour la France car ni le comte d'Artois, ni le duc d'Orléans n'accepteront ce petit arrangement. Si la Reine gagne, elle aura donc contre elle Provence, Artois, Orléans, Lessart et l'Angleterre. Si Provence l'emporte, il devra s'expliquer avec l'Autriche, Orléans, Lessart et l'Angleterre. Dans les deux cas, la guerre sera déclarée, et le trône risquera de disparaître.

A son tour, Mme de Staël plissa les yeux.

— Vous pensez sincèrement la monarchie en danger ? demanda-t-elle.

— Je fais plus que le penser, Germaine, je le constate. Seulement, personne ne le veut et personne ne le sait. A dire vrai, c'est le trône de Louis XVI qui vacille, et non la royauté en elle-même.

— Ce qui veut dire ? balbutia Mme de Staël qui cherchait à toute vitesse à suivre le raisonnement de l'évêque.

— Ce qui veut dire que ce serait à mon sens une conclusion assez sage pour la France que de se débarrasser de ce régiment de têtes à vent en les laissant s'entre-déchirer, de leur livrer du même coup les politiciens grisés que nous voyons s'agiter de toutes parts, et d'imaginer pour ce pays quelque chose de neuf, une monarchie plus souple, un souverain qui n'aurait pas toujours Dieu à la bouche, bref quelqu'un de moderne, qui partagerait le pouvoir avec nous.

— Dites donc, l'abbé, objecta Mme de Staël, il faut trouver le candidat pour cela. Je crains de reconnaître, dans votre médaille, le profil du duc d'Orléans.

— Fi, dit Talleyrand d'un air dégoûté.

— Mais qui ? demanda Mme de Staël, nous n'avons personne de sang.

— Comment ? ma chère Germaine, s'écria le prélat en gonflant sa voix dans une emphase pleine d'onction, nous avons tout près de vous un prince tout désigné pour devenir Régent, un homme qui résume et rappelle toutes les vertus de son auguste père, le feu Roi Louis XV. Nous avons M. de Narbonne, être intuitif, entreprenant, courageux, que vous aimez, et qui sera assez confiant pour suivre la politique que je lui dicterai et dont il n'aura point à se plaindre.

— Mais vous avez raison, l'abbé, s'écria Mme de Staël en sautant au cou de Talleyrand dans un geste d'enthousiasme désordonné. Narbonne est l'homme qu'il nous faut. Il sera le Pontife de la nouvelle monarchie, le génie qui établira le principe d'une entente politique appuyée sur l'entremise des sciences.

— Doucement, Germaine, conclut Talleyrand. Ce n'est pas parce qu'on rêve, qu'il faut aussi déraisonner !

Au moment où se déroulait cette conversation dans les salons de l'ambassade de Suède, Valdec de Lessart travaillait avec Félix Desportes, dans son cabinet du Contrôle général au découpage des nouveaux départements.

— Nous n'y parviendrons, jamais, monsieur le ministre, soupirait Desportes qui, armé d'une toise, prenait des mesures sur des cartes de géographie.

— Mais si, souriait Lessart, courage. Nous avons déjà divisé la Bretagne en trois départements, la Normandie en cinq, cela est de bon augure. Il nous reste à abolir le chaos enchevêtré des baillages, généralités et gouvernements, à créer les districts, les cantons et les communes. Mais avec un peu de bonne volonté nous ferons tout cela en un instant et il sortira de notre mirepoix une France nouvelle pleine de noms poétiques empruntés aux fleuves et aux montagnes.

— La Villaine, tempêta Desportes, vous trouvez ça joli ?

Le ministre sourit du mot de son commis. Il aurait voulu s'évader du travail harassant qui le harcelait sans cesse. Il songeait à Cathy, qu'il rejoignait de plus en plus tard, pour des minutes brèves et des étreintes écourtées.

— Bon, dit Desportes, je n'en sors pas pour la Gironde. Monseigneur, vous connaissez votre diocèse. Quelles sont les villes que je dois ériger en chefs-lieux étant donné l'étendue du département pour que les habitants les plus reculés puissent cependant s'y rendre en une seule journée ?

Lessart se pencha sur la carte déployée et regarda la courbe sinueuse du fleuve. Mille parfums d'enfance montait à ses narines. Il se revoyait, chaussé de sabots et barbotant au ras du port de Portets, parmi les coureaux et les gabares dans l'eau glauque du fleuve. Il revoyait la charmille de Mongenan, et le cèdre que son père avait fait planter. Il imaginait ces collines, striées de vignes, violentes et rousses à l'automne, alanguies et sereines dans l'air léger du printemps. Reverrait-il jamais ces paysages ? Il se prenait à en douter, maintenant. C'est en souvenir de ces instants de bonheur qu'il avait voulu que son nouveau département soit le plus grand de France. Il savait que les futaies et les bois y étaient si nombreux qu'il convenait de découper largement. Mais il était fier de cette attention qu'il donnait au pays de sa naissance comme une caresse qu'on destine à une femme aimée.

Il rectifia quelques tracés. Il songeait qu'à travers ces pointillés et ces traits pleins, la France, échappant à ces vieilles frontières, prenait peu à peu le visage de la libre Amérique.

Tout à coup, il se sentit las.

Depuis quelques semaines, il tournait et retournait dans sa tête les confidences que lui avait faites le Roi au sujet de son évasion. Le découpage des cantons l'avait conduit à examiner de plus près le projet et il le jugeait de plus en plus irréaliste.

De quelque côté que l'on se place, Louis XVI ne pouvait qu'être trahi.

A maints agissements de la Reine, la fable du départ avait commencé à courir Paris. Lessart tremblait que cette nouvelle ne fût publiée, colportée, reprise.

Il congédia Félix Desportes et décida de s'arrêter un instant rue d'Artois avant d'aller souper chez les Lameth.

Il s'installa dans son carrosse, songeant au corps de Cathy, aux cheveux de Cathy, aux yeux de Cathy, aux lèvres de Cathy et se jugea stupide de se pencher sur les cantons quand il pouvait s'approcher de pareilles merveilles.

La jeune femme était au bain. Elle avait négligé d'adopter la mode des bains roulants, mise à l'honneur par Marie-Antoinette, et avait préféré en revenir au salon classique à deux baignoires [1] tel qu'il était pratiqué à Versailles. Lessart, par jeu, avait renoncé aux fresques inspirées de la Grèce antique pour décorer ce salon de tous les arts et découvertes de France. Si bien que se retrouvaient sur ses parois, pêle-mêle, les plantes et légumes nouveaux, les mouloirs et râpes à tabac, les cuves à magnétisme et l'étincelle de l'électricité [2].

Catherine avait relevé ses cheveux pour ne pas les mouiller dans une sorte de chignon souple et lâche qui descendait en boucles folles jusque sur son front.

Lessart la trouva exquise. Il la tira de l'eau, la serra contre lui, insensible aux protestations qu'élevait la jeune femme dont la peau laiteuse était griffée par les broderies de son habit.

Il la souleva comme une plume et l'emporta dans la chambre.

— Je t'aime plus que tout au monde, murmura-t-il en la caressant.

Alors, Catherine se redressa en prenant appui sur un coude et le regarda avec une infinie tristesse.

— Non, Antoine, protesta-t-elle, tu m'aimes moins que le pouvoir !

Les Lameth avaient entendu dire, eux aussi, que le Roi allait être enlevé. Ils évoquaient l'affaire à mots couverts avec des mines de conspirateurs. Le souper avait été gai, bien que Tallien y assistât, en bout de table, et sans rien dire.

Lessart n'aimait guère le petit commis à la tache de vin. Il avait assaisonné deux ou trois fois ses singeries d'une remarque piquante qui l'avait mis mal à l'aise. Il désapprouvait d'ailleurs que les Lameth apparussent toujours flanqués, comme une frégate sa chaloupe, de ce drôle aux mines patriotes et aux airs enfiévrés.

On avait parlé de tout et de rien, de l'estime qu'on doit au caractère, du retour de Mme de Staël, des tromperies qu'attire une confiance irréfléchie, de la mauvaise volonté de l'abbé de Périgord qui récriminait sans cesse, et promenait sa dégaine de Chat botté du Palais du Luxembourg jusqu'à l'Assemblée Nationale.

— Il est du complot de Provence, avança Charles de Lameth.

— Il est du complot de Fersen, affirma Alexandre de Lameth.

— Il est de tous les complots, railla Théodore. Il viendra même un jour où, après avoir trahi tout le monde, M. de Périgord se trahira lui-même en se vendant une fois de trop.

— L'heure n'est plus à la trahison, dit Lessart. Elle est à l'alliance. Seule une vaste concorde peut encore sauver le trône. Le peuple est las des factions qui le déchirent. Je suis persuadé que nous devrions organiser avec nos opposants des réunions fréquentes où se discuteraient les plus grands intérêts.

— Encore faudrait-il, objecta Théodore de Lameth, que l'on trouve parmi les députés des hommes de mérite. Bien que la modestie n'entrave guère ces messieurs, je ne vois parmi eux que hures grimaçantes et cervelles de vent.

— Mais pourquoi donc chercher parmi les députés ? dit Lessart. L'Assemblée Constituante a achevé son programme. Elle s'éteindra bientôt de son propre feu. Trouvons des hommes nouveaux, dans les districts, dans les clubs, dans les comités, qui seront les tribuns de demain, et attachons-les à notre œuvre par quelques mesures ou quelques promesses.

— Mais comment voulez-vous que nous les connaissions ? demanda Alexandre de Lameth. Nous ne fréquentons que les gens en place et les hommes en crédit.

— Je crois, moi, qu'il faut aller puiser hors des notables, dit Lessart. C'est là que nous trouverons les consciences vulnérables.

C'est alors que Tallien s'agita au bout de la table. Il leva un nez fureteur et dit, sur le ton d'insolence qui lui était natif :

— Ne cherchez pas plus loin, je crois avoir ce qu'il vous faut.

Les frères Lameth et Lessart se retournèrent, stupéfaits. Depuis le début du souper, servi en plats dormants afin qu'aucune oreille indiscrète ne puisse saisir une bribe de la conversation, on avait si peu entendu le jeune homme que les convives avaient tout à fait oublié sa présence.

— Qui connais-tu donc ? demanda Lessart.

— Un avocat bien malin, fort infiltré dans tous les comités, qui rêve de ravir la commune à Bailly et y parviendra sûrement. Il n'apparaît pas encore. Il n'est point élu, mais je lui crois un grand destin.

— Le nom de ce prodige ? demanda Lessart.

— Danton, Georges Danton.

— Oh ! dit Lameth, j'ai déjà entendu parler de ce robin. Il fricote avec l'abbé d'Espagnac, vous savez bien, l'agioteur de la Compagnie des Indes.

— Je ne vous propose pas une ursuline, dit Tallien avec colère, vous n'en auriez que faire.

— Va pour ton défroqué, dit Lessart, amène-moi Danton. Mais pas au ministère. Plutôt ici, et dès demain.

Danton, ce n'était pas la première fois que le ministre de l'Intérieur entendait évoquer ce nom. Il cherchait dans sa mémoire à quelle affaire il l'avait trouvé accolé.

Peut-être était-ce seulement cet art de saisir l'air du temps qu'Antoine-Claude avait hérité de sa mère et qui lui faisait sentir avec précocité les êtres et les choses qui importeraient dans sa vie.

Quand Danton entra le lendemain dans le salon des Lameth, il eut quelque mal à jauger le personnage. Un accoutrement de paysan endimanché, un tempérament fort soudain, une voix belle et pleine de flamme, un élan mâtiné d'astuce, voilà ce que distinguait Lessart sous le mufle de cet homme étrange, immense, prodigue de son verbe et de ses talents.

Danton s'assit, et comme il sentait Lessart le dévisager, il lui décocha cette flèche :

— Ai-je la face hypocrite, monsieur le Ministre ?

Antoine-Claude se força à sourire. La voix stentoriale de Danton, quand elle se faisait chatte, avait quelque chose de comique. Il gesticulait d'une manière large et pittoresque, remuant tout à la fois le front, les yeux, la bouche, la carrure et les bras.

— Ne craignez rien, ajouta-t-il, en tordant sa bouche fendue. Ma laideur est aussi une force.

Antoine-Claude cherchait à saisir ce drôle de bonhomme. Tandis qu'il parlait, il considérait les fortes bajoues, le nez puissant, les rictus de la bouche dont l'avocat jouait sans cesse, comme un mime de ses grimaces.

Contrairement à la mode du temps chez les personnes de qualité, il avait le teint éclairé, et des yeux surprenants, d'une lueur rouge qu'illuminait une sorte d'insolence audacieuse.

Soudain, Lessart comprit ce que l'homme avait d'étrange : il portait un costume écarlate qui ressemblait à une tempête. Le tissu paraissait s'être gonflé de partout, dans un emportement séditieux.

— Si vous avez voulu me voir, c'est sans doute pour que nous causions, dit Danton d'un ton mielleux.

— En effet, répondit Lessart. Il me semble qu'il serait temps de prendre des avis hors de l'Assemblée Constituante !

— Ne me parlez pas de ce croupion, hurla Danton, ni des traîtres qui la composent.

— Parfaitement, reprit Lessart, il me semble, monsieur, que la France doit avoir d'autres représentants.

L'avocat haussa les épaules.

— La France c'est Paris. Dans quelques mois, dans quelques semaines, le gouvernement sera aux mains de la nouvelle assemblée qui sera née des comités. Autrement dit, le gouvernement, ce sera moi.

— Ne fanfaronnons pas, reprit Lessart avec un geste d'apaisement. Si vous êtes ici, c'est que nous reconnaissons vos mérites. Nous sommes même prêts à nous les attacher.

— Qui ça, « nous » ? demanda Danton avec un regard sournois.

Lessart se fit évasif.

— Moi d'abord, on verra ensuite.

— Vous êtes la brèche par laquelle j'entrerai au château des Tuileries, parodia Danton. Seulement voilà, Prince, vous ne pouvez avoir d'espoir qu'en moi.

— Je ne nourris aucune espérance personnelle, dit sèchement Lessart.

— On dit ça, on dit ça, répondit Danton en s'éventant avec sa manchette, mais moi, je suis de ceux qui n'ont jamais calomnié la vie et je sais que l'espoir est une douce chose.

— Ma volonté, dit Lessart, est d'apporter le calme et l'abondance à la France. Rien d'autre.

— Écoutez donc, monsieur le Ministre, reprit Danton en s'échauffant. Nous n'allons pas finasser comme cela pendant longtemps. Je ne puis pas appliquer l'idée d'un homme de bien sur mon visage, cela ne convaincrait personne. Mais la différence entre vous et moi, c'est que je connais le peuple et qu'il m'aime. Alors, à moins de tenir derrière vous une troupe prête à m'assassiner, il faut me prendre comme je suis. Que voulez-vous de moi ?

— Je veux, en certain cas, dit Lessart, pouvoir compter, disons, sur votre éloquence et sur celle de certains de vos amis.

— Dans quel cas ? demanda Danton.

— Dans un cas que je prévois pour bientôt et où le Roi se trouvera probablement en danger.

Danton se renversa sur son siège.

— S'il s'agit de défendre le gros cochon, ce sera cher, parce que ce sera difficile.

— Ce sera le prix que vous me fixerez, dit Lessart, je comprends que vous ayez des frais.

— C'est vrai, je ne sais pas compter, dit Danton, mais je suis plus solide que les vendus et les scélérats qui hantent vos Feuillants.

Lessart respira. Il estimait à son juste prix d'avoir pu éviter les circonlocutions et les ménagements pusillanimes.

— Néanmoins, reprit Danton, si vous envisagez de me refaire la semaine prochaine le coup des chevaliers du poignard, il vaudrait mieux m'avertir tout de suite.

— Cela n'a rien de comparable, affirma Lessart, rassurez-vous.

Alors Danton s'approcha du ministre qui venait de se lever, indiquant par là que l'entretien s'achevait. Il colla son mufle contre le visage d'Antoine-Claude et dit à voix basse :

— Nous sommes maçons tous les deux, Lessart. Nous croyons tous les deux, non à l'égalité impossible des biens, mais à une égalité possible de droits et de bonheur. Pour la tranquillité publique, il nous faut un prince. Le Roi que nous avons ne convient guère.

— Et alors, reprit Lessart, vous voulez trouver un prince ailleurs, au Luxembourg, au Palais-Royal ?

— Ah ! Foutre pas cet eunuque de Provence ! rugit l'avocat, quant au Palais-Royal, je m'en suis détourné. Mais dans la descendance de nos Rois, il y a d'autres fécondités. Donnez-moi trente mille livres et j'expliquerai au peuple qui me comprendra que toutes les femmes se valent. Il n'y a pas de vertu plus solide que celle que l'on déploie toutes les nuits avec une femme.

— Où voulez-vous donc en venir ? demanda Lessart.

— Ah ça, vous êtes bien prudent, ministre. On cherche un prince, vous êtes prince, vous ne voyez pas le rapport ? De quelque côté que se tourne votre famille, elle est environnée de monarques comme une truffe dans un pâté. Vous êtes le candidat qu'il me faut, et en plus, vous êtes aux affaires. Trente mille livres, et vous voilà Régent !

— Je ne veux rien de tout cela, monsieur, répondit Lessart avec distance. Je vous demande simplement, pour la défense du Roi Louis XVI et de personne d'autre, d'être parfois, selon les circonstances, mon allié objectif.

Danton soupira avec un bruit de forge.

— Bon, j'avais déjà la fringale de la réussite et de la conquête. Tant pis, vous me plaisiez bien, mais vous n'êtes pas fourbe. Il me faudra peut-être vous abattre.

Puis il se radoucit.

— Ne craignez rien. Je pense sans ménagements. Je parle avec moins de ménagements encore, et je goûte la gaudriole. Il faut apprendre à m'estimer. Vous verrez, je suis gaulois jusqu'aux moelles.

Resté seul, Antoine de Lessart médita longuement cette conversation. Il sentait le tocsin sonner dans sa tête, mais ne voulait pas se résoudre à écouter cette alarme.

Il voyait que Danton cherchait à lui faire peur. Il ne devinait pas encore pourquoi.

La nuit, il rêva qu'il voyait le colosse courir sus aux despotes sur la terrasse des Feuillants les poches pleines d'assignats.

Il se demanda s'il ne venait pas de faire entrer aux Tuileries un supplément de révolution.

Il bougonna dans un demi-sommeil.

— Reste à savoir s'il serait avantageux d'en chercher un autre.

Puis un mot du tribun qu'il n'avait pas noté tout d'abord lui revint en mémoire : « Je suis insatiable de volupté. »

Alors, sans chercher davantage à se réveiller, il serra Cathy contre lui, passionnément.

22

Antoine de Lessart, contrairement à son habitude, quitta de bonne heure son cabinet du Contrôle général, dans la soirée du 20 juin 1791. Sans que le Roi, devant sa défiance manifeste, l'ait tenu plus avant au courant de ses projets, le ministre supposait que le départ du monarque n'allait guère se faire attendre plus longtemps.

Antoine-Claude ressentait une impression étrange : celle d'être une boule, sans cesse renvoyée en tous sens par des écueils successifs, et dont le destin ne pouvait plus guère s'arrêter que par la catastrophe.

Cathy s'étonna de ce retour inopiné. Elle avait passé sa journée à courir les enseignes, et Lessart s'amusa fort du présent qu'elle lui fit d'une cocarde et d'un nœud d'épée aux couleurs nationales.

Depuis qu'elle vivait rue d'Artois, Mme Grand n'empruntait plus les équipages du ministre sur les portières desquelles on avait cependant fait peindre la fière devise : « La constitution ou la mort. » Elle sortait à pied, accompagnée d'une de ses femmes ou de la Marquise de Fontenay et s'effrayait d'avoir ainsi usé en quelques mois quarante-six paires de chaussures[1].

Antoine jouait auprès d'elle un air d'étrange sollicitude. Mme Grand s'en inquiéta. Elle chercha sur le visage de son amant les marques d'une altération possible de sa santé et n'en trouva aucune. Elle se demanda si une nouvelle conquête n'était pas venue lui inspirer récemment de nouveaux déduicts, et répondit par la négative. Elle émit enfin l'hypothèse d'une possible disgrâce et ne trouva aucun indice qui puisse prêter à cette conclusion.

Le comte demeurait si empressé auprès d'elle qu'il proposa bientôt :

— J'aimerais, ce soir, ma chère, que nous nous rendions au théâtre.

— Au théâtre ! dit Mme Grand, mais vous n'avez jamais le temps.

— C'est que... ce soir je le prends pour vous plaire, répondit Lessart de plus en plus énigmatique.

Comprenant qu'elle ne saurait rien de plus, Cathy s'apprêta avec soin.

Durant les derniers mois, Mme Grand avait beaucoup changé. Les circonstances qu'elle avait traversées l'avaient mûrie. Parfois même, elle se faisait grave. Elle sentait peut-être confusément qu'allait se hâter vers elle un amour vêtu de deuil, et déjà elle en était soucieuse. Les minutes qu'elle passait avec Lessart lui devenaient plus chères, parce qu'elle croyait y discerner une surprise de sentiment, une folie de sacrifice. Et, sans vouloir se l'avouer tout à fait, elle tremblait pour lui jusque dans l'alcôve d'une fièvre ardente que nul, jamais, ne lui avait fait connaître.

Elle considérait chaque instant comme un dernier festin de tendresse et se dépêchait d'aimer dans de charmants épanchements.

Depuis quelque temps, elle avait totalement abandonné la poudre. Et ses beaux cheveux soyeux avaient repris leur teinte rousse. Elle portait désormais des bonnets de gaze, ornés de rubans des trois couleurs, et des robes à la circassienne, également tricolores qu'elle achetait chez Mlle Cafaxe, la grande faiseuse de la rue Saint-Honoré. C'est ainsi vêtue qu'elle se rendit au spectacle, ayant jeté sur sa robe un petit pierrot de satin feuille morte.

On jouait à la Comédie-Française[2] une fort belle tragédie du jeune auteur Marie Joseph de Chénier. Cependant Cathy bâilla à ce « Charles IX » et au récit des fatalités de l'Histoire. Antoine-Claude y bâilla aussi puis s'y endormit tout à fait.

Mme Grand voulut le réveiller. La représentation était bruyante, tumultueuse. On voyait, sur scène, le patriotisme enseigné par les arts du spectacle.

Le ministre ouvrit un œil au moment précis où l'acteur proclamait :

« Les attentats des rois ne sont pas impunis ! »

Et choisit de se rendormir.

Cathy eut beau le pincer, le caresser, l'interpeller, rien n'y fit, le comte de Lessart affichait aux yeux de la salle tout entière un sommeil semblable à celui du juste, et nourri de tels ronflements qu'il finit par gêner le spectacle.

C'était l'heure précisément où sonnait dans la pièce le tocsin de la Saint-Barthélemy au clocher de Saint-Germain-l'Auxerrois. Il allait être minuit, Lessart put s'éveiller enfin en entendant la célèbre réplique :

— Ce crime n'est point de la nation, c'est celui de nos rois.

Dans le fiacre [3] qui les reconduisait, Cathy se fit boudeuse.

— Tu m'emmènes au spectacle voir une tragédie où je ne comprends goutte et tu passes la soirée à ronfler.

— Pardonne-moi, mon amour, dit Lessart, mais il était important pour moi, ce soir, de dormir au théâtre.

Il pouvait être huit heures et demie le lendemain matin quand François Garodeau entra comme un fou dans la chambre où Antoine-Claude et Cathy étaient attablés devant le « petit pot ».

— Vite, vite, monsieur le ministre, Desportes vient d'arriver tout haletant du ministère. On vous réclame à l'Assemblée. Le Roi s'est enfui cette nuit !

Le comte acheva de boire sa tasse de café. Il plissa son front dans une mimique soucieuse, embrassa Cathy et murmura :

— A plus tard, ma chérie. Voilà les embêtements qui commencent.

Desportes l'attendait dans le hall, piaffant comme un pur-sang.

Lessart prit son maroquin et, en guise de salutation, déclara à son commis.

— Le cardinal de Retz avait bien raison de dire qu'il est des conjonctures dans lesquelles on ne peut plus faire que des fautes !

— Hélas ! soupira le commis.

— Vous avez d'autres nouvelles ? demanda Lessart.

— Le Roi est parti pour Montmédy !

— Comment le savez-vous ? s'écria le ministre, en proie au plus grand trouble.

— Eh ! pardieu, ce n'est pas difficile, répliqua Desportes. Monsieur [4], qui l'a suivi, a laissé cette consigne au personnel du Luxembourg. M. de La Fayette a envoyé des coursiers sur leurs traces. Et malheureusement, on a trouvé aux Tuileries ce texte de la main du Roi dont j'ai pu me procurer une copie avant qu'il ne soit remis à l'Assemblée.

Lessart monta en voiture et prit le papier d'une main tremblante. Il commença de lire et sa main trembla plus encore.

— Tout est perdu, murmura-t-il. Cette proclamation est stupide. Ce n'est jamais le Roi lui-même qui a pu écrire un pareil tissu d'insanités[5].

Le ministre retint de cette lecture hâtive que le Roi s'y plaignait de la précarité de son installation aux Tuileries, du manque de gardes du corps, de la modicité de ses revenus. Il signifiait aussi le refus qu'il apportait désormais de tenir l'Assemblée au courant des négociations qu'il allait entreprendre, enfin, il se livrait à une critique très violente de la Constitution.

L'interminable proclamation s'achevait par cette phrase, placée en post-scriptum après la signature :

« Le Roi défend à ses ministres de signer aucun ordre en son nom jusqu'à ce qu'ils aient reçu des ordres ultérieurs. Il enjoint à son garde du sceau de l'État de le lui renvoyer d'abord qu'il en sera requis de sa part. »

— Bon, dit Lessart. Cela ne peut pas être pire. Qu'en pensez-vous, Desportes ?

— C'est une catastrophe, monsieur le Ministre, répondit le commis.

— Il va falloir aviser avant d'aller à l'Assemblée, reprit Lessart. Grâce à Dieu, je ne m'occupe plus des finances[6]. Il me reste l'intérieur, ce qui veut dire que tout va me retomber dessus. Nous allons donc essayer de prendre tout le monde de vitesse. Ecrivez, Desportes : « Ordre de Monsieur le ministre de l'Intérieur à tous les départements d'arrêter ou de faire arrêter toute personne sortant du royaume ainsi que tous effets, armes, munitions, chevaux, voitures, espèces d'or ou d'argent. » Expédiez cette motion à tous les fonctionnaires publics, gardes nationales et troupes de lignes, immédiatement dans le sud, l'ouest et le nord de la France. Pour l'est, vous... Enfin, Desportes, vous ferez ça en dernier.

Un énorme bruissement montait déjà de tout Paris. La ville ressemblait à une immense fourmilière. On voyait s'assembler devant chaque étal des créatures enfiévrées.

— Allons à l'Assemblée, dit Lessart. Convoquez-moi un certain Danton, pour huit heures, ce soir, rue d'Artois. Qu'il passe par l'écurie. Je ne veux pas qu'on le croise dans la grande entrée. Vous le trouverez cour Saint-André-des-Arcs.

La voiture du ministre atteignit bientôt la salle du Manège. La foule était telle que Lessart et Desportes durent effectuer à pied, et entourés de gardes, les quelques coudées qui les séparaient de l'Assemblée.

Le comte chercha vainement dans la salle un visage de connivence. Il apprit que Charles de Lameth était déjà parti pour les Flandres défendre avec son régiment cette frontière entre toutes exposée.

Il s'assit au banc du gouvernement, où le rejoignirent bientôt les ministres de la Justice, de la Guerre, de la Marine et des Contributions publiques.

On lui apporta une lettre du ministre des Affaires étrangères [7] où celui-ci se plaignait d'être enfermé chez lui par le peuple.

Lessart griffonna un ordre de dégagement pour la force publique et le passa à son confrère de la justice pour qu'il le contresigne.

— Je ne peux pas signer, répondit l'autre [8], sur un bout de papier. On m'a retiré les sceaux.

— Eh ! merde ! s'écria Lessart, interjection qui résumait assez exactement l'opinion générale.

Après que la matinée se fut déroulée en vaines palabres et en incessantes palinodies, il fut décrété que le cabinet pouvait se retirer, et qu'il devait siéger sans désemparer au ministère de la Justice [9].

On n'avait rien appris de plus, si ce n'est de plusieurs côtés [10] la confirmation du projet de la Reine d'enlever le Dauphin et Madame Royale.

Quatre ou cinq fois, François Garodeau avait bravé l'émeute dont les hurlements parvenaient maintenant jusque dans la salle du Manège pour venir exprimer à son maître par des signes convenus qu'il n'y avait toujours rien de nouveau.

Vers quatre heures de l'après-midi, Lessart revint seul à l'Assemblée. Alexandre de Lameth montait à la tribune.

— Messieurs, déclara-t-il, les événements qui se succèdent depuis l'enlèvement du Roi...

— Évasion, cria la gauche déchaînée.

— ... Après l'enlèvement du Roi, poursuivit Lameth, événement qui fait suite à une longue série d'attentats multipliés par des factieux de tout bord et dont notre patrie apparaît aujourd'hui comme l'innocente victime...

— Bravo ! bravo ! cria-t-on à gauche...

— ... Le ministre de l'Intérieur se doit de proposer à l'Assemblée le projet d'un serment de fidélité à la nation et à la loi qui serait adressé par chaque département afin de garantir l'usage de la Constitution.

L'affaire du serment fit diversion pendant quelques heures après quoi, l'Assemblée, toujours sans nouvelles, et ne sachant que faire, passa tout simplement à l'ordre du jour.

On s'occupa donc de l'organisation de la marine, des travaux militaires du Havre-de-Grâce et de l'exécution du tarif des droits établis sur les marchandises coloniales.

Comme tout le monde était intervenu sur tout, le président, exaspéré, finit par s'écrier :

— Je déclare que je n'accorderai plus la parole à personne !

Et leva la séance.

Il était dix heures du soir. Antoine-Claude rentra à pied rue d'Artois. Les rues étaient désertes, les boutiques, les salles de spectacle, les cabarets étaient fermés dans une berne générale. Aux plaques des rues, sur les enseignes, on avait hâtivement effacé à la craie ou à la peinture tout ce qui pouvait être royal ou couronné. La place Louis-le-Grand avait été baptisée au bouchon noirci et par une main malhabile, « place des piques ». Au coin du Palais-Royal, d'un tripot encore ouvert, jaillissaient les cris d'une partie animée, Lessart entendit :

— Je fais six fiches, brelan de pouvoirs exécutifs.

— J'ai le vingt et un : As de cœur et veto de trèfle.

Il soupira. Une immense nausée lui montait aux lèvres. Comment sortir de tout cela ?

Il hâta le pas et atteignit la rue d'Artois.

Danton, fidèle au rendez-vous, l'attendait dans son cabinet.

— Pardonnez-moi, lui dit Lessart, mais la journée a été chaude.

Il sonna pour que l'on apporte deux verres et une carafe de vin de Champagne.

— Alors, le temps est venu ? demanda Danton.

— Je le crains, dit Lessart.

— Le Roi sera rattrapé dans quelques heures, si ce n'est déjà fait. Comment voyez-vous mon action ?

— Bon, dit Lessart, il va falloir le tirer de là, ce qui ne va pas être facile.

— Vous conviendrez, reprit Danton, qu'il s'est bien fourré tout seul dans la gadoue.

La porte s'ouvrit à ce moment. Mais ce n'était point le valet apportant les rafraîchissements, c'était Cathy qui, en reconnaissant

Danton, ouvrit de grands yeux d'épouvante et fut prise d'un tremblement convulsif.

— N'ayez pas peur, madame, dit le tribun en s'inclinant. J'ai un aspect un peu étrange, mais je ne goûte rien autant que le plaisir qui vient de m'être donné par M. le Ministre de découvrir enfin votre beauté que l'on m'a si souvent vantée.

A ce discours, Cathy respira enfin un peu plus librement.

— J'avais peur, pour vous, dit-elle en s'adressant à Lessart. Et je me suis enquise dès que je vous ai su au logis.

— Tout va bien, répondit Antoine-Claude en souriant. Ne vous faites pas de souci.

Cathy, rassérénée, les laissa seuls, adressant au ciel une prière ardente que Danton ne révélât rien de leurs précédentes conventions.

— Avez-vous un plan ? demanda Danton alors qu'on apportait le champagne.

— La version de l'enlèvement ne tiendra pas longtemps, mais il faut nous y accrocher au moins dans les mots, répondit Lessart. Les Lameth se battront pour cela, ils m'en ont fait le serment.

— Le problème, dit Danton, est d'éviter la déchéance. Car si la déchéance est proclamée, Orléans passe, c'est clair comme le jour.

— Tout dépend où l'on va rattraper le Roi, dit Lessart. A mon avis, ce sera entre Vitry-le-François et Sainte-Menehould. Entre Montfaucon et Dun-sur-Meuse, la route est si mauvaise que la berline mettrait un temps infini pour passer. J'ai même averti moi-même le Roi, qu'à mon avis, il ne franchirait pas cet obstacle.

— Je réfléchis en vous parlant, dit Danton qui retrouvait dans cette conversation ses réflexes d'avocat, que l'on défend en général beaucoup mieux son client en l'attaquant. Si vous en êtes d'accord, il me semble que vous pourriez plaider devant l'Assemblée nationale, ou faire plaider par ce qu'il reste du quatuor Lameth, ce qui me semblerait plus habile, que le Roi peut avoir commis un grand crime en s'enfuyant mais que seuls des calculs intéressés tendent à faire croire qu'il en est déchu pour autant. Et vous faites poser la question : le Roi est-il un traître ou un imbécile ? Comme tout le monde répondra que c'est un imbécile, et que cent voix s'élèveront pour l'attester, le tour sera joué.

— Vous êtes génial, monsieur, dit Lessart. Traître ou imbécile, le Roi ne peut régner. On choisit donc l'explication la plus indulgente. On évite ainsi la déchéance, ou le remplacement qui ne peut s'opérer puisque Provence est parti, Artois émigré, et que tout le monde sait que le Dauphin n'est pas le Dauphin. On le déclare interdit au sens juridique du terme, et après cela, on corrige la Constitution une fois que les esprits seront un peu calmés. Cela nous laisse le temps de nous retourner.

— Comptez sur moi, dit Danton. En ce qui concerne les clubs et les districts, j'en fais mon affaire. Les Lameth n'auront qu'à amuser demain l'Assemblée avec des effets dilatoires et vous, quand le moment sera venu, vous expliquerez la manœuvre aux Tuileries, ce qui ne sera pas la meilleure part.

Vers minuit, les deux hommes se séparèrent.

A la même heure exactement, à Varennes en Argonne, le Roi Louis XVI se réfugiait chez le chandelier Sauce, priant encore le ciel qu'un détachement militaire puisse venir le délivrer.

23

Ce n'est que le lendemain, à vingt heures, durant une suspension de séance, que l'on apprit dans la salle du Manège que la famille royale venait d'être arrêtée. La nouvelle se répandit comme une traînée de poudre sur la terrasse des Feuillants. Par les fenêtres ouvertes, les hurlements de joie de la foule assaillirent les députés.

Lessart et les Lameth comprirent que le moment était venu de se battre. Pendant que le ministre demeurait au banc du gouvernement, les trois frères se relayèrent à la tribune jusqu'à griser l'Assemblée de paroles.

— Allons, messieurs, s'écria Alexandre de Lameth, nous ne sommes pas de ceux qui mesurent aux besoins de la patrie le dévouement qu'ils lui doivent !

Lessart griffonnait sur ses genoux et passait des papiers aux Lameth pour qu'ils continuent leurs discours sans pour autant tourner en rond.

— Que M. le ministre de l'Intérieur ratifie, s'écria l'orateur, que quiconque applaudira le Roi sera bâtonné, quiconque l'insultera sera pendu. De la dignité, messieurs, de la dignité.

Par la fenêtre, arrivaient par bouffées les accents cannibales du « Ça ira ».

— Il faut d'abord assurer la sûreté du Roi et la sûreté nationale, essaya de hurler Lameth d'une voix si enrouée qu'il parvenait à peine à couvrir les chants et les murmures.

— L'urgence la plus extrême des circonstances ne changera rien à nos principes, la Constitution ou la mort, s'écria Lessart au banc du gouvernement.

— L'achèvement de la Constitution, l'assentiment de la nation et le bonheur du peuple seront notre récompense, reprit Lameth dans une ultime envolée.

Les applaudissements éclatèrent. Les clameurs et le tumulte étaient tels, sur la terrasse des Feuillants, qu'on ne s'entendait plus à l'intérieur de l'Assemblée. La séance fut levée.

— Le Roi sera à Paris demain vers les trois heures, dit Alexandre de Lameth à Lessart. Son retour nous réserve encore quelques voluptés, d'autant plus que, demain, c'est la Fête-Dieu.

— Bien, répondit Lessart. A chaque jour sa lourde peine.

Desportes vint le soir, rue d'Artois, pendant qu'exténué de chaleur, de poussière et de cris, le ministre était au bain. Son commis l'avertit que tout s'était déroulé dans les clubs conformément au plan fixé. Danton s'était égosillé et avait ressassé toute la journée une formule dont il n'était pas peu fier :

— La nation, renaissante à la liberté, est cet Hercule qui écrasera les serpents qui cherchent à la dévorer.

— Bon, dit Lessart, ce n'est pas cela qui donnera du pain au peuple et des fusils à nos soldats.

— Danton vous fait dire, reprit Desportes, qu'une pétition est prévue par les Jacobins au Champ-de-Mars.

Lessart émergea à demi hors de l'eau.

— Je ne veux pas d'une affaire pareille ! Cela peut tourner à l'émeute. Qu'il s'en tienne à nos conventions.

— Vous jugez donc son action achevée ? demanda Desportes.

— Tout à fait. Il faut lui payer ce qu'on lui doit et, pour éviter tout ennui, qu'il aille passer quelques jours à la campagne [1].

Antoine-Claude sortit du bain.

— Cathy, dit-il à Mme Grand, je n'en puis plus. Je suis...

Il n'acheva pas la phrase. A peine s'était-il allongé sur son lit, que, même en parlant, il s'était endormi.

La famille royale n'arriva aux Tuileries que le lendemain à sept heures. La foule, innombrable, resta muette au passage du cortège. Sur les murs du Manège, une main anonyme avait écrit : « Le sang impur des prêtres et des émigrés fécondera bientôt la terre de la liberté. »

Le Roi était souriant et comme absent. La Reine, raidie et dédaigneuse. Louis XVI eut un mot aimable pour chacun.

— Alors, dit-il à Lessart, comment le peuple a-t-il goûté ma petite plaisanterie ?

— Je crains qu'il ne l'ait trouvée fort saumâtre, Sire, répondit le comte, atterré.

Les jours suivants se passèrent dans l'effervescence. L'affaire du Champ-de-Mars avait fait grand bruit. Lessart fut obligé de faire arrêter par centaines les chefs de sociétés populaires. Il se félicita d'avoir envoyé Danton en villégiature et interdit à regret la plupart des journaux.

L'abbé de Périgord et Mme de Staël se frottaient les mains.

— Il s'use, il s'use, répétait Périgord. Nous voterons bientôt pour une nouvelle Assemblée, et c'en sera fini de ses petits jeux d'esthète.

Néanmoins, il faisait envers le ministre de nombreux travaux d'approche. Il s'inscrivit aux Feuillants et assista aux séances avec assiduité. Il s'était mis en tête de devenir évêque de Paris. Aussitôt, des libelles avaient fusé, l'accusant d'avoir perdu six à sept cent mille livres dans des maisons de jeu.

— Où va-t-on, avait maugréé Talleyrand en les lisant, si à la monarchie succède le règne de la vérité ?

Plusieurs fois, à l'Assemblée, ou dans quelques salons, il avait croisé Mme Grand. La jeune femme avait paru ne pas le reconnaître. Périgord s'était affecté de cet éloignement. Il avait constaté avec déplaisir qu'il songeait toujours à elle, et que, en dépit des autres conquêtes qu'il avait pu faire[2], il la désirait toujours aussi violemment.

En fait, tout à l'instant n'était que déplaisir dans sa vie. Loin d'être devenu archevêque de Paris, Périgord avait été suspendu de toute fonction épiscopale[3] et excommunié quarante jours plus tard. Dans le courant de l'été, après avoir digéré la nouvelle, il avait convié à souper Mme de Staël en ces termes :

« Venez me consoler. Tout le monde va me refuser le feu et l'eau. Ainsi, nous n'aurons ce soir que des viandes gelées et nous ne boirons que du vin frappé.

La baronne s'était rendue à cette invitation et avait à nouveau insisté pour que Narbonne fût ministre.

— Il faut, en politique comme ailleurs, lui avait répondu Talleyrand, ne pas engager tout son cœur, ne pas trop aimer, cela embrouille, cela nuit à la clarté des vues et n'est pas toujours compté à bien.

Cette excessive préoccupation d'autrui, ce dévouement qui

s'oublie trop soi-même, nuit souvent à l'objet aimé, et toujours à l'objet aimant qu'il rend moins mesuré, moins adroit, et même moins persuasif.

Mme de Staël avait accepté l'algarade, mais toujours sans se résigner. Une ardeur démesurée continuait à l'habiter. Mais, plus que jamais, depuis le retour du Roi, Lessart lui paraissait, hélas, inamovible.

Dans les premiers jours qui avaient suivi ce retour, Louis XVI avait évité son ministre. Il ne croisait ses yeux qu'avec un regard lourd de regrets.

Depuis l'affaire de Varennes, la vie aux Tuileries avait bien changé : peu ou pas de gens habillés au couvert du Roi, nul ne se rangeant sur le passage du monarque et Louis XVI, malgré sa myopie, avançait dans les salons à tâtons en prenant bien garde de ne bousculer personne.

Le dimanche suivant, Lessart avait assisté à la messe que l'on disait maintenant dans la galerie, par crainte que le Roi ne s'évade en allant à la chapelle, reliée au reste du Palais par deux galeries d'arcades ouvertes sur le jardin qui formaient en quelque sorte deux terrasses à hauteur du premier étage.

Bien que l'on ait établi un couloir en planches de sept pieds trois pouces de large, on avait retiré à Louis XVI le bonheur de méditer dans un lieu consacré.

Antoine-Claude regarda le monarque pendant tout l'office avec attention. On lui aurait donné cinquante ans bien qu'il n'en eût que trente-sept à peu près.

Son buste semblait énorme, proportionnellement à ses membres, ce qui lui conférait une allure presque anormale. Peu soucieux de son élégance, Louis XVI avait récemment adopté une coiffure aplatie qui lui faisait une petite tête, et se vêtait à l'ancienne mode d'une veste qui descendait du cou jusqu'aux cuisses. Cette veste de soie blanche, garnie d'une broderie semblable, était accompagnée de culottes courtes de soie noire, de bas blancs et de souliers à boucle d'or. Si bien, qu'en ce dimanche, le Roi semblait en deuil.

La Reine priait agenouillée au centre de la galerie. Son fils auprès d'elle, Mme Royale très en avant, comme le voulait l'étiquette.

Lessart aperçut des traces de larmes dans les yeux du Roi et fut saisi d'une immense pitié.

Quelques jours plus tard, le Roi le fit appeler.

— Regardez, Lessart, dit-il en lui tendant une dépêche.

Le ministre la lut. C'était l'annonce de ce que le comte de Provence s'était institué tout seul Régent du royaume et avait été reconnu comme tel par le Roi de Suède à la demande de Fersen. Il avait composé un conseil de six membres[4] et avait nommé le comte d'Artois lieutenant-général. M. de Calonne assumait la direction de ce véritable ministère.

— Eh bien, Sire, dit Lessart, maintenant, c'est complet.

— Comme vous le dites, mon ami ! répondit le Roi. Je pense chaque jour à la faute que j'ai commise en ne suivant pas vos conseils. Je réfléchis à ces relais qui n'étaient plus en place, à ces gardes que l'on avait levées. Lessart, j'ai le sentiment d'avoir été trahi.

— Je le crains, Sire, et n'avais point caché à cet égard mes soupçons à Votre Majesté.

Louis XVI laissa perler un rire amer.

— Provence est mon Narbonne, Lessart. Provence, c'est Caïn !

— Si je puis alléger la peine de Votre Majesté, dit Lessart pour faire diversion, je me permettrai de faire remarquer au Roi que M. de Calonne ne sera guère meilleur ministre à Coblence qu'il ne fut à Versailles. C'est un homme qui entreprend tout et ne termine rien, qui tente à la fois trois mille opérations contradictoires, qui se fait adresser des rapports auxquels il ne répond pas, qui reçoit des lettres qu'il ne prend pas la peine de lire et qui croit toujours, contre toute évidence, le succès aussi prochain qu'assuré.

— Cela est vrai, dit Louis XVI, mais il pourra cependant nous faire bien du mal.

— Nous aviserons, Sire, répondit Lessart en soupirant. Commençons donc par réviser la Constitution.

La chaleur sur Paris était accablante. Par les fenêtres du Contrôle général dont le ministre faisait garder les volets clos, elle entrait apportant une sorte de suffocation qui ne rendait que plus méritoire le travail que Lessart et Desportes étaient en train d'accomplir.

— Quand je pense que cet imbécile de Robespierre, l'homme d'une seule formule, proclame que je suis bon à tout et propre à rien, c'est un peu fort, ronchonnait Antoine-Claude.

— Allons, monsieur le ministre, un peu de courage. Il nous faut achever l'article 8 : Les membres de la famille royale seront susceptibles des places et emplois à la nomination du Roi, à l'exception des départements du ministère...

— Voilà un excellent article, commenta Lessart. Exit M. de Narbonne.

— ... Ils ne porteront d'autre nom que leur nom de baptême...

Antoine-Claude n'écoutait plus. Il était au-delà de la fatigue et de la résistance. Il avait été conclu qu'on devrait réviser la nouvelle Constitution le 1er juin 1800 et Lessart, qui calculait qu'il n'aurait que soixante ans à cette date, se sentait si épuisé qu'il estimait avoir peu de chances de vivre jusque-là.

— La Constitution ou la mort, dit-il à Félix Desportes, c'est bien vrai qu'elle nous aura tous achevés !

Ils avaient appris que le comte de Provence et Calonne se déployaient de toutes parts, allant même jusqu'au pape, pour réunir une conférence au cours de laquelle les chefs d'État les plus puissants auraient forgé un programme militaire commun.

Le Roi en était anéanti.

Durant une des soirées les plus chaudes du mois d'août, il en parla à Lessart, tout en décrochant lui-même une pancarte portant les mots « Logement à louer » que des gamins étaient venus placer sur la terrasse des Feuillants jusque sous ses fenêtres.

— Je suis à bout, Lessart, dit le Roi.

— Sire, répondit le ministre, l'affaire n'est pas si désespérée pour Votre Majesté qu'elle le semble au premier abord. Le Roi est aujourd'hui le seul garant des réformes accomplies depuis deux ans. Croyez-vous que les bourgeois qui gouvernent l'Assemblée veuillent tout perdre en vous renversant, et notamment leurs droits de propriété ? C'est de ce côté qu'il faut manœuvrer ! Quand le Roi aura accepté la nouvelle constitution, l'Europe ne pourra plus saisir ce prétexte pour nous déclarer la guerre.

— Bon, dit Louis XVI, quoi qu'il m'en coûte, allons !

Il fallut encore cependant, pour obtenir la signature de Louis XVI, de longues heures et de longues nuits de négociation au terme desquelles Lessart mettait chaque fois sa démission dans la balance.

Enfin, vint le jour [5] où le Roi accepta d'écrire à l'Assemblée : « J'ai pensé, messieurs, que c'était dans le lieu même où la Constitution avait été formée que je devais en prononcer l'acceptation solennelle. Je me rendrai en conséquence demain à midi à l'Assemblée Nationale ».

Partout éclatèrent les cris de « bravo » et de « vive le Roi ».

Lessart soupira d'aise, le plus dur était fait.

L'Assemblée, transportée d'enthousiasme, leva aussitôt la séance.

On dansa dans les rues jusqu'à huit heures du matin. Rentré à l'hôtel de la rue d'Artois, Antoine-Claude ne put cependant trouver le sommeil. Il se retournait dans son lit, l'esprit en tous sens.

Il avait vu le Roi pâle, les traits tirés, riant d'un éclat factice. Il entendait monter vers lui depuis la rue des clameurs, rouges du vin de cent mille lèvres.

C'était la liberté des cabarets, les saturnales de la Constitution. Des pétards éclataient dans les jambes des bourgeois, et le peuple riait de cette bombance.

Antoine se leva et alla jusqu'à la fenêtre. Le jour, déjà, se levait sur Paris...

24

Avec la dissolution de l'Assemblée Constituante, Marion Bouchut s'était en quelque sorte trouvée au chômage du jour au lendemain. Après l'affaire du Champ-de-Mars à laquelle il avait pris une part extrême, Fournier-l'Américain s'était, sur les conseils de Danton, évanoui dans la nature.

Bien lui en avait pris, car l'enquête effectuée par la police après les événements avait prouvé que le créole, portant une bannière, avait attisé son monde comme de coutume, criant à la « machination nationicide » [1], au massacre barbare, aux anguilles sous roche, à la trahison et à la compromission, bref à tout ce qui dans le règne animal, mental ou végétal pouvait créer un peu d'esclandre.

Marion Bouchut avait vu cette scène féroce d'une foule lapidée, de deux hommes décapités [2], bref de « l'égorgerie universelle », comme disait Fournier, et cela, malgré tout, lui avait fait froid dans le dos. Comme depuis son commerce de la tête patriotique, Danton se refusait à rémunérer ses services, la jeune femme avait conclu que le sentiment le plus immédiat de sa sécurité devait lui dicter de se faire oublier quelque temps. Elle s'était souvenue alors à point nommé de ce boutiquier de Versailles qui semblait avoir de l'émotion pour elle et, faisant un baluchon des quelques hardes qu'elle possédait encore, après que Fournier en eut vendu pour subsister la plus grosse part, elle était partie à pied pour Versailles où elle avait fini, après de longues et périlleuses pérégrinations, par retrouver son ami Perrin.

Le malheureux, après l'algarade du créole, avait perdu l'œil tout à fait. Marion avait jugé qu'en pareille occurrence, il valait mieux un cheval borgne que pas de cheval du tout, et avait commencé aussitôt à mignoter si fort ledit Perrin que celui-ci s'en était trouvé si ragaillardi, qu'elle trônait maintenant dans sa boutique, entre les chaussures et les ombrelles, puisque Perrin avait dédié sa vie à tout ce qui pouvait protéger de la pluie ou de la froidure depuis la tête jusques aux pieds.

Cette installation n'avait rien de comparable à celle que le comte de Lessart avait offerte à Mme Grand, mais c'était tout de même le plus bel établissement que l'on ait proposé de longtemps à cette tire-savates qu'était Marion Bouchut.

Thérésia de Fontenay connaissait également à la même époque quelques difficultés. Pour avoir perdu trente mille livres au jeu en une nuit, elle avait été la cible de deux libelles publiés par « la Chronique Scandaleuse » et le « Journal de la Cour et de la Ville ».

Son époux, le marquis de Fontenay, avait exigé qu'elle écrivît à ces publications une lettre rectificative. Mais hélas, la maladresse ou l'exactitude de ce texte lui faisaient reconnaître explicitement de si nombreux amants que l'infortuné mari s'en était trouvé affecté et qu'il avait estimé pouvoir prendre ombrage de cet incident. « Une muraille, avait-il dit à sa femme, me sépare désormais de vous et vous avez creusé un fossé profond par vos intrigues scandaleuses »[3].

Pour rendre décidément infranchissable la redoute formée de la muraille et du fossé, l'indigne compagnon avait installé au logis une fille de boutique dont il avait fait sa compagne et qui avait osé transformer la « Maison » Fontenay en hôtellerie.

Un malheur n'arrivant jamais seul, Jean-Lambert Tallien venait d'être congédié par Alexandre de Lameth qui l'accusait non sans raison d'être un fort mauvais drôle. Le petit commerce que Tallien avait imaginé à partir du contenu des corbeilles à papier des Lameth, des conversations qu'il pouvait surprendre, et des documents qu'il pouvait chaparder, allait donc cesser très rapidement d'être rentable et le triste jeune homme ne voyait d'autre solution à son désarroi que d'entrer dans la vie active, c'est-à-dire de se faire désigner ou élire à quelque poste que ce soit.

Dans un premier temps, il avait forcé la porte de la Société des Amis de la Constitution, et avait hérité par là même d'une subvention de trois cents livres par mois pour son journal « l'Ami des Citoyens ».

C'était maigre. Il avait ensuite dépensé son organe dans des

« conférences de morale et de Constitution », mais la fonction demeurait honorifique.

Son espoir était de devenir orateur devant l'Assemblée pour le compte d'un groupe de pétitionnaires. Mais depuis l'affaire du Champ-de-Mars, les pétitions se faisaient rares et le pauvre Lambert en avait été réduit à venir défendre un vicaire qui avait pris femme, plaidoyer aussitôt repoussé comme n'étant pas d'intérêt national.

Pendant tout ce temps, la seule qui fût heureuse demeurait Germaine de Staël. De plus en plus éperdue de M. de Narbonne, auquel la baronne trouvait toutes les vertus à l'exception de la fidélité, elle tissait en tous sens, avec la complicité de M. de Périgord, une gigantesque toile destinée à placer son amant sur les marches du trône.

— Pas si vite, Germaine, disait Périgord, vous allez tout gâter.

Mais Mme de Staël ne voulait rien entendre. Elle aimait, elle se croyait aimée et dispensait, par conséquent, sa furibonderie aux quatre vents.

— D'ailleurs, faisait-elle remarquer à Talleyrand, mon ardeur pour Narbonne n'a rien que de très juste.

Après tout, je demeure l'épouse de M. de Staël contre lequel ce freluquet de Fersen revendiqua naguère l'ambassade de Suède à Paris. En poussant mon amant au pouvoir, je ne fais que venger mon mari.

Périgord acceptait la justesse du raisonnement, mais doutait que le Roi s'y engageât.

Alerté de toutes parts au sujet de Narbonne, l'infortuné monarque avait fini, de guerre lasse, par le nommer Maréchal de camp[4].

Ce n'était point un ministère, mais c'était déjà un tremplin pour y parvenir. Le beau Louis paradait désormais devant trois régiments, soit neuf mille sept cent quatre-vingt-douze hommes et trois cent cinquante-huit officiers composant la garde soldée et Germaine se gonflait d'aise.

Malheureusement, une certaine malice qui, malgré sa myopie, ne faisait pas défaut à Louis XVI l'avait conduit à nommer M. de Narbonne à un poste prestigieux, certes, mais particulièrement exposé puisque la garde soldée était le corps qui avait été responsable de l'affaire du Champ-de-Mars et qui était, par conséquent, encore plus impopulaire que l'on ne saurait dire.

De tous ceux-là, le plus inquiet demeurait incontestablement

Valdec de Lessart. Il se sentait seul face à la Nation tout entière. Il avait hérité, en outre, du labeur d'organiser les nouvelles élections et il répétait à Félix Desportes, en manière de refrain : « Il me faut bien du courage, dans le malheur. »

Toujours présent aux côtés du Roi, il trouvait une douce et pure jouissance à le consoler et à le servir. Mais il savait que le répit qui leur était accordé serait de courte durée.

L'affaire ne tarda guère en effet. C'est durant un conseil des ministres[5] qu'elle éclata. Antoine-Claude en fut la cause.

— Je demande au Roi, déclara-t-il, que Sa Majesté veuille bien ratifier le projet de proclamation que j'ai rédigé contre les émigrés. Pour anéantir tous les doutes qui subsistent encore dans les consciences sur la sincérité du Roi, il serait important, à mes yeux, que Sa Majesté se déterminât à écrire de sa main une lettre ostensible aux princes, ses frères, pour les inviter à rentrer.

— Je ne sais pas ce qui se passe dans cette affaire, répondit Louis XVI. A vrai dire même, je n'y comprends rien. Tout se passe comme si une main mystérieuse après chacune de mes lettres en torturait le texte ou y rajoutait des paragraphes tels que le sens s'en trouve altéré du tout au tout. Ainsi, je donne des ordres à mes frères et ils me répondent que conformément à mes ordres ils ne les suivront pas. Vous m'avouerez que c'est bouffon.

— Ce n'est pas bouffon, Sire, c'est tragique, reprit Lessart. Et le Roi tient ici la preuve que quelqu'un, dans l'ombre, attaché à sa perte, a en effet le pouvoir de donner des ordres en son nom.

— Eh bien, monsieur le Ministre, répondit Louis XVI, si vous avez des soupçons, il faut venir m'en parler. Mais, d'abord, en particulier.

Antoine-Claude s'exécuta. Il trouva Louis XVI dans son cabinet, le front soucieux, qui lisait et relisait les dépêches.

— Je fais plus que partager vos soupçons, Lessart, dit le Roi. Je les affiche. Cette main qui corrige les lettres, qui biffe mes phrases, cette bouche qui enfreint mes ordres, je les connais : c'est la Reine.

— Sire ! s'écria Lessart, le grand-père de Votre Majesté, le feu Roi Louis XV, a déjà créé avec son cabinet secret une situation inextricable. Je vous supplie de ne pas retomber dans une erreur semblable !

— Je le sais bien, pardieu, dit le Roi. Mais que faire ? La Reine est ma femme, les exilés ma famille.

— Ah ! répliqua Lessart avec un soupçon d'agacement, je ne

suivrai jamais Votre Majesté sur ce terrain. Le Roi n'a qu'une seule épouse, une seule famille : la France.

— Fort bien, répondit Louis XVI un peu ébranlé. Vous me conseillez donc d'agir avec les émigrés comme Louis XIV envers votre infortuné aïeul Jacques II ?

— Exactement, Sire, et quoi qu'il vous en coûte !

— Alors, reprit le Roi, il va falloir mettre en place un nouveau cabinet car ce n'est pas M. de Montmorin qui accédera à cette vue politique. Prenez donc le portefeuille des Affaires étrangères, Lessart.

— Mais, Sire, je parviens à peine à gérer l'Intérieur ! Proposez-le plutôt à M. Barthélemi qui est ministre plénipotentiaire en Angleterre !

— On peut toujours le lui proposer, répondit Louis XVI. Mais je tiens à mon idée. Prenez donc ce portefeuille, au moins par intérim, et n'y revenons plus[6].

Antoine-Claude saisit donc le maroquin des mains de M. de Montmorin qui tremblait de colère.

Il se rendit compte très rapidement qu'il lui était absolument impossible de cumuler les deux ministères. Le Roi exigeant qu'il choisisse les Affaires étrangères, le comte de Lessart se vit contraint d'abandonner ses bureaux du Contrôle général, rue Croix-des-Petits-Champs, pour rejoindre, rue de Bourbon, les locaux affectés à ses nouvelles fonctions.

Il ne put se résoudre à être séparé de Mme Grand, fût-ce par la largeur de la Seine. Il lui fallait, pour vivre, pour respirer, pour travailler, pour espérer, sentir à chaque instant Cathy auprès de lui. Il s'évadait parfois l'après-midi, pour la serrer dans ses bras durant quelques minutes fiévreuses.

Mais le problème de déménagement du ministère se posait bel et bien. Lessart le résolut en achetant sur ses fonds propres deux hôtels contigus, rue d'Artois et en y installant à ses frais tous ses nouveaux services. Il dut expliquer à Louis XVI cette foucade qui lui semblait plus importante à ratifier que n'importe quel traité.

Le Roi hocha la tête, et sourit, finalement attendri par la passion toujours renouvelée qu'éprouvait son ministre. Il signa l'ordre de translation de sa petite écriture de magister[7].

Comme il n'aurait point été dans l'étiquette que Mme Grand résidât au ministère[8] et qu'il aurait été assez indigne que la comtesse de Lessart y revînt, Antoine-Claude préféra demander à sa mère de venir tenir sa maison.

La Princesse accepta et emménagea rue d'Artois avec des sueurs d'angoisse. Tout ce qu'elle avait prévu de la glorieuse carrière de son fils s'était désormais accompli. Le don qu'elle possédait de lire aussi clairement dans l'avenir que dans un livre ouvert l'incitait maintenant à redouter le pire.

Marie Bonnaventure jugeait, dans sa grande sagesse, que tout l'univers politique s'évertuait en actions vaines et sans objet.

— Vous êtes des ludions, disait-elle au ministre. Ce n'est point en sautant de bas en haut et de gauche à droite que l'on dompte les peuples et qu'on les gouverne. Le pouvoir perd dans vos entreprises le peu de dignité qui lui restait.

Si la nomination de M. de Lessart mettait la princesse de Valdec au supplice, elle avait mis Mme de Staël au bûcher et l'y faisait rôtir à petit feu.

La jeune femme avait reçu comme un soufflet la composition du nouveau cabinet dont M. de Narbonne était toujours exclu. Pour humiliante qu'elle fût, elle n'avait pas hésité à tenter elle-même une demande et s'était fait annoncer chez M. de Lessart.

Antoine-Claude travaillait précisément à cet instant avec Félix Desportes qu'il avait conservé auprès de lui sur le dossier des émigrés.

Un huissier annonça Mme de Staël.

— Et maintenant la Neckraille ! dit Desportes à mi-voix qui ne goûtait guère l'ambassadrice.

— Allons, Desportes, dit le ministre, votre humour vous perdra. Laissez-moi quelques instants, il faut que je la reçoive.

Mme de Staël entra, toute d'affabilité, mais sous cet abord aimable, Antoine la sentait tendue à se rompre.

— Mon père serait fort heureux, dit la visiteuse, de vous voir nommé à ce poste, qui correspond en tout point à votre naissance et... à vos mérites.

Lessart nota le ralentissement qui avait précédé la fin de la phrase et se contenta de sourire.

— J'en suis pour ma part fort aise, poursuivit Mme de Staël. Quel grand et beau ministère vous avez là !

Lessart souriait toujours.

— Si vous parvenez à vous entourer d'avis compétents, tel celui de M. de Périgord, et à vous assurer l'appui de quelques cours étrangères, vous pourrez même laisser un nom dans l'histoire : celui du ministre qui a déclaré la guerre pour assurer la paix.

De souriant, Lessart se mit à rire franchement. Il avait beau se retenir à quatre, un fou rire inextinguible le secouait. Il riait si fort qu'il en avait les larmes aux yeux.

Mme de Staël demeura interdite, mais son regard lançait des éclairs.

— Je voudrais bien savoir, monsieur, ce qui dans mon discours peut porter à l'hilarité ?

— Mais, répliqua Lessart, ce qu'il y a de cocasse et d'incongru à voir une jolie femme se mêler de vilaines affaires. La guerre et la paix, madame, ne sont point des ornements de salon. Elles mettent en cause le bonheur des peuples et leur survie même. Il ne faut point en disserter au coin du feu comme vous le faites, parce que cela n'a pas de sens.

— Monsieur, s'écria Mme de Staël, la guerre seule peut remettre le Roi Louis XVI sur le trône.

— Je fais, madame, répondit gravement Lessart, une analyse totalement inverse. Ce n'est pas quand un pays est exsangue qu'il peut déclarer la guerre, même si quelques sottes vanités le poussent à faire des moulinets d'étendards. Le Roi Louis XVI n'est point homme à monter à cheval. Ses généraux sont tous à l'ennemi...

— Pardon, interrompit Mme de Staël. Il lui reste M. de Narbonne. Vous devriez y penser.

— Et alors, madame ? s'emporta Lessart, quand bien même M. de Narbonne serait un César réincarné, mâtiné d'Hannibal, devrait-il pour autant franchir tout seul le Rubicon, quand je le crois tout juste bon à s'enliser dans les délices de Capoue ?

C'en était trop. Mme de Staël tapa du pied.

— Il suffit, monsieur ! Vous occupez ce poste indûment. Il revient de droit à M. de Narbonne !

— Et pourquoi donc, madame ? s'écria Lessart en se moquant tout à fait de la baronne qui suffoquait de rage. Serait-il plus bâtard que moi ? Votre Narbonne serait-il par hasard un enfant naturel de première classe, comme il en existe chez les grands d'Espagne ?

— Monsieur, répondit Mme de Staël en reprenant son souffle, avec toute la majesté que lui conférait son opulente poitrine, M. de Narbonne peut prétendre au ministère des Affaires étrangères pour la bonne et simple raison que mon mari est, à vie, ambassadeur de Suède en France.

— Alors là, dit Lessart, c'est le bouquet ! Ce n'est point assez, madame, que vous m'infligiez votre orgueil insolent et barbare, encore faut-il que, dans la folie de vos horribles vociférations, vous ayez l'impudence de venir, dans le propre cabinet du ministre, élever la haute trahison au rang de nécessité. C'est trop fort, madame. Sortez !

La baronne, fulminante, n'avait pas plutôt tourné les talons que deux têtes superposées jaillirent de l'entrebâillement de la porte du cabinet où Desportes et Garodeau s'étaient retirés.

— Mon Dieu, monsieur le Comte, je crois bien ne pas avoir entendu semblable séance depuis le créole de la Compagnie des Indes !

— C'est qu'elle m'a échauffé, reconnut Lessart. Avez-vous jamais vu pareille virago ?

— Elle est dangereuse, dit Desportes. Méfiez-vous, monsieur le Ministre.

— Oh ! ce n'est rien, dit Lessart, j'en ai vu d'autres, embrasés du feu de la liberté, armés du glaive de la plume et de la raison, qui menaçaient, si on les irritait, de changer la face du monde !

— Desportes a raison, monsieur, reprit Garodeau en se mêlant à la conversation. Cette femme est capable de tout pour vous nuire. Elle a dû en faire le serment !

Valdec de Lessart haussa les épaules. L'affaire Narbonne le chagrinait un peu car il aimait bien ce grand diable de libertin qui promenait dans les salons l'exquise débauche de l'inutilité.

Il regrettait, parfois, de ne point posséder ce détachement des êtres et des choses. Mais, on ne se refait pas...

Au reste, la situation était trop grave pour qu'il ait le temps de prendre à cœur les avanies de Mme de Staël.

Un soir, le Roi Louis XVI fit appeler son ministre. Bouleversé, le monarque était assis dans son cabinet et ses yeux rougis marquaient combien il avait versé de larmes.

Il tendit un pli à Lessart. C'était la réponse que venait d'adresser le comte de Provence à la demande que son frère lui avait faite de rentrer en France.

« Mon frère, écrivait Monsieur, si l'on nous parle de la part des constitutionnels, nous n'écouterons rien. Si c'est de la vôtre, nous écouterons, mais nous irons droit notre chemin. Ainsi, si l'on veut que vous nous fassiez dire quelque chose, ne vous gênez pas. Nos ennemis mêmes ont trop d'intérêt à votre conservation pour commettre un crime inutile qui achèverait de les perdre. »

Lessart en resta sans voix.

— On peut difficilement être plus cynique, commenta Louis XVI.

— Ou plus inconscient, ajouta Lessart.

Dans les jours qui suivirent[9], le comte de Provence écrivit à l'Assemblée une lettre insensée qui traitait les députés « de fous enragés dignes des Petites Maisons ».

L'affaire fit grand bruit. Partout, déjà, grondait la guerre.

25

Au sortir du cabinet de M. de Lessart, Mme de Staël s'était précipitée chez Talleyrand où l'attendait Narbonne. Haletante, éperdue, convulsée, l'ambassadrice avait mis bien longtemps à reprendre son sang-froid.

— Germaine, avait dit Périgord, en la grondant un peu, si vous suiviez mes conseils au lieu de n'en faire qu'à votre tête, M. de Narbonne serait déjà ministre.

— D'autant plus, renchérit Narbonne, qu'il m'est bien égal de l'être ou de ne pas l'être. Ne vous servez pas de moi, mon amie, comme d'un outil pour abattre M. de Lessart.

Mme de Staël hoquetait, le corps secoué de sanglots secs dans une méridienne.

— Écoutez, dit Talleyrand, ce n'est point ainsi qu'on mène les affaires. Je vais, moi, aller voir M. de Lessart et lui proposer mes services. Quand je serai dans la place, je vous ferai la courte échelle.

Le lendemain, Desportes avertit le ministre que M. de Périgord demandait à être reçu.

— Votre ami « Pied-Court » est dans l'antichambre, annonça le facétieux commis.

— Recevons le renard mitré, répondit Valdec qui affublait également Talleyrand du surnom de « Pied-Laid » pour faire bonne mesure.

Périgord entra de sa course glissante et chaloupée.

— Je comprends, monsieur le Ministre, que ma démarche puisse vous sembler au premier abord incongrue, mais nous sommes trop fins, vous et moi, pour nous arrêter à l'écume des choses. J'ai examiné, comme vous le pensez, la situation internationale, et si je ne me permettrais pas l'outrecuidance d'oser vous donner mon avis, j'aimerais cependant, si je puis le faire en quelques instants, vous entretenir de mes vues.

— Volontiers, dit Lessart, asseyez-vous.

— Eh bien voilà, poursuivit Talleyrand en installant confortablement sa jambe malade. Le moins que l'on puisse dire, monsieur le Ministre, c'est que, malgré tous vos efforts, la situation est confuse. Si l'on suit les révolutionnaires qui affirment « que les peuples libres forment entre eux une société d'assurance contre les tyrans », on s'apprête à déclarer la guerre, et la France est perdue.

— C'est également mon sentiment, dit Lessart.

— En revanche, reprit Talleyrand, si l'on considère le bonheur de la France qui, vous et moi, nous occupe, il me paraît, monsieur le Ministre, que l'on doit en revenir au droit public de l'Europe fondé sur des traités.

Or, que font apparaître ces traités ? Que la France a mené depuis Philippe le Bel une admirable politique d'influence en Allemagne, politique qui dérange au plus haut point la Prusse qui ne demande qu'à substituer sa « protection » à la nôtre, et l'Angleterre, puisque son souverain possède toujours le Hanovre et qu'elle veut également mettre la main sur ces territoires.

— Je partage exactement vos vues, répondit Lessart. C'est pour cette raison, et parce que la question allemande dépasse de beaucoup l'affaire des émigrés, que je ne veux pas ruiner des siècles de patientes entreprises en déclarant la guerre sur un coup de tête.

— Tant que l'Angleterre et la Prusse se balancent, poursuivit Talleyrand, nous n'avons rien à craindre. Si l'Angleterre lâche, la Prusse perdra la tête de la coalition des princes, et la France sera perdue.

— Il faut donc, répondit Lessart, que nous conservions à toute force ce coussinet protecteur que constituent les possessions des princes allemands en Alsace. La Constitution a jeté bas leur régime féodal. Il va falloir le reconstruire d'une manière ou d'une autre car ils sont notre meilleur rempart contre l'Angleterre et la Prusse.

— Il me semble, dit Talleyrand, que tout serait plus facile si nous négociions d'abord avec l'Angleterre. Je connais assez bien M. Pitt. Le hasard a voulu que je l'aie rencontré assez longuement en 1783, alors qu'il se trouvait à Reims. J'ai confronté beaucoup de mes idées avec les siennes et je crois pouvoir entrer tout à fait dans sa confiance.

— Je vais y réfléchir, dit Lessart. Votre idée est habile. Au fond, il est clair qu'il faut en revenir au plus tôt aux conceptions de M. de Vergennes qui est aussi malin que vous, à ceci près que son habileté découlait de l'honnêteté. Il faut que, par sa seule présence, les armes à la main, la France tienne en bride les ambitions intempérantes des princes allemands et des autres cours d'Europe. Mais il n'est pas question qu'elle fasse usage de ses armes. L'union avec l'Angleterre est en effet garante de la sagesse prussienne.

Ravi de cette conversation, M. de Talleyrand salua le ministre et sortit. Il avait avancé d'un grand pas. Mais le malheur voulut qu'il rencontrât Mme Grand quelque temps plus tard dans un salon. La beauté de plus en plus rayonnante de Cathy, l'élégance et la grâce qui étaient les marques distinctives, le charme profond et désormais serein qui émanait de sa personne ensorcelèrent de nouveau M. de Périgord.

Il ne put s'empêcher de s'approcher d'elle et de dire :

— J'ai le plus grand désir, madame, de voir mon offense oubliée de vous comme elle l'est de moi.

Surprise, Mme Grand laissa échapper un petit cri.

— Pourquoi craindrais-je de vous le dire, madame ? reprit Talleyrand. Vous continuez d'exercer sur moi un attrait irrésistible.

— Mais, protesta Cathy, je suis à M. de Lessart.

— Oui, dit Talleyrand, je sais, en caressant les rondes épaules de la jeune femme. Mais si j'ignore les vues de Dieu, je connais au moins celles des hommes et je sais que M. de Lessart a beaucoup d'ennemis. Le temps change la couleur des âmes, et s'il arrivait jamais quelque malheur que ce soit à M. de Lessart, je voudrais que vous sachiez, madame, que je serai toujours auprès de vous.

— Vous n'êtes point au courant de quelque conspiration, monsieur ? s'écria Cathy en pâlissant.

— Non, madame, mais M. de Lessart prend des risques. Il est puissant, il est ministre, que sera-t-il demain ? Moi, je ne suis rien, mais je puis être tout, puisque je vous aime, Kelly.

— Qu'est-ce donc que ce prénom dont vous m'affublez ?

— Rien, ma belle amie, un secret qui n'appartiendra à personne puisqu'il restera entre nous, à jamais [1].

Mi-heureuse, mi-inquiète de cette conversation, Mme Grand se garda bien d'en parler à Lessart, mais s'en ouvrit à Thérésia de Fontenay, qui, en femme avisée, se contenta de répondre :

— Laisse-le soupirer à son aise. Il est toujours bon d'avoir plusieurs hommes au lit comme on a plusieurs fers au feu.

Au reste, harassé de travail et de soucis, Antoine-Claude passait désormais le plus clair de ses journées avec Louis XVI dont la politique étrangère demeurait le domaine privilégié.

Narbonne était venu s'excuser auprès de lui des avances de Mme de Staël et Lessart avait accepté d'en rire de bon cœur.

— Vous êtes soldat, avait-il dit au visiteur. Pourquoi ne pas tenter d'obtenir le ministère de la Guerre ? Si vous voulez, j'en parle au Roi.

Antoine-Claude l'avait fait, comme il l'avait promis, et s'était attiré cette réponse :

— Je connais Narbonne mieux que vous, et je suis sûr qu'il n'est point du tout propre au ministère. Ce que vous pouvez faire de mieux pour lui, c'est de ne m'en point parler.

Lessart, bien ennuyé, avait rapporté en les adoucissant les paroles royales. Alors, Mme de Staël avait été rendre visite à Marie-Antoinette pour se plaindre du Roi.

— Madame, avait répondu la Reine, cette affaire a été menée avec une étourderie qui ne peut s'expliquer autrement que par votre caractère. Je n'ai jamais vu une intrigue plus forte et plus embrouillée [2].

Pas découragée pour autant, Mme de Staël avait alors attaqué M. de Montmorin [3], dont elle avait obtenu qu'il aille supplier le Roi de désigner M. de Narbonne.

Avant de s'y rendre, le malheureux, dans l'impossibilité de joindre M. de Lessart, s'était adressé à Félix Desportes pour demander l'avis de son successeur sur le sujet.

— Le ministre est d'idée, avait répondu Desportes, que l'on donne la Guerre à Narbonne pour avoir la paix.

Le côté péremptoire de cette affirmation n'avait point échappé à M. de Montmorin qui avait mis dans la balance le peu de crédit qui lui restait.

Comme Louis XVI n'avait pas d'autre candidat et que le poste ne pouvait guère rester vacant, Louis de Narbonne avait enfin fini par être désigné [4].

C'est alors que le nouveau ministre avait commencé à ruer en tout sens en allant déclarer devant l'Assemblée :

« Nos intérêts, nos ennemis sont connus, ce n'est pas s'acquitter qu'il faut, c'est réussir. »

Mme de Staël, dans les tribunes, affichait un maintien de plus en plus épanoui. Lessart, au banc du gouvernement, aurait souhaité plus de précaution. Danton, qui venait d'être élu triomphalement à la nouvelle assemblée [5], résuma l'opinion générale en tordant sa bouche dans un rictus sauvage et en s'exclamant : « Qu'est-ce donc que ce fanfarinet ? »

Le soir, le comte de Lessart raconta la scène à Cathy.

— Tu aurais vu Mme de Staël, dit-il en riant, ce n'était pas une mère poule, c'était la première mère coq que le règne animal ait connue !

— Antoine, dit Mme Grand, en voilant ses beaux yeux de nostalgie, je suis inquiète pour toi, tu sais.

— Mais pourquoi, Cathy ? Ce ne sont que des braillards. En criant plus fort qu'eux on les met dans sa poche.

— Non, Antoine, reprit Mme Grand en se blottissant contre lui, je te sens environné de conspirations, je sais que, dans l'ombre, des hommes cherchent à te nuire.

— Mais, c'est cela, le pouvoir, ma chérie, ses risques s'appellent l'envie, la jalousie, qui sont les leviers du monde, et la haine.

— Antoine, dit-elle, quelqu'un est venu me dire l'autre jour que tu étais menacé, et depuis, malgré moi, j'ai peur.

Lessart la prit violemment par les épaules.

— Qui est venu t'ennuyer, Cathy ? Qui a osé ?

— Oh, mon amour, je ne devrais pas te le dire, répondit Mme Grand, en sanglotant, tu vas être furieux. Mais je ne l'ai pas reçu ici, tu sais, je te le jure. Je ne suis pas allée chez lui, je l'ai simplement rencontré.

— C'est donc Talleyrand, dit Lessart sèchement.

— Oui, répondit Cathy. Il m'a dit des phrases : qu'il m'aimait toujours et que, tes ennemis t'ayant abattu, il serait toujours là. Tu sais, je ne l'ai pas cru, mais je ne voudrais pas qu'on te fasse du mal. Alors, même si tu es fâché, je préfère te prévenir.

— Ma petite d'Inde, dit Lessart, je ne suis pas fâché du tout parce que je t'aime et que ta frayeur pour moi est un mot d'amour bien doux à entendre. Mais tu as bien fait de m'en parler. M. de Périgord, pour avoir osé t'importuner, va apprendre de quel bois je me chauffe.

Le lendemain, quand il arriva au ministère, le premier soin de Valdec de Lessart fut de demander à Desportes de convoquer l'évêque excommunié.

— Voulez-vous que je vous ramène Pied-Court droit ou couché ? demanda le commis.

— Assis, si cela vous est plus commode, répondit le ministre, mais au galop.

Talleyrand accourut, en effet, de toute la vitesse que lui permettait sa boiterie.

— Je suis bien aise de vous voir, monsieur, reprit Lessart. Voyez-vous, entre gens d'esprit, tout rentre bientôt dans l'ordre. Votre ami Narbonne a la Guerre, et vous allez avoir une mission.

— C'est que, dit Talleyrand, cela me semble maintenant moins utile...

— Mais pas du tout, reprit Lessart, c'est essentiel. Vous allez partir pour Londres au plus tôt. Et comme je ne puis vous nommer autrement qu'officieusement mon plénipotentiaire, je suggère, et je veux que vous en soyez d'accord, que vous soyez accompagné là-bas par votre ami Lauzun[6].

— Mais monsieur le Ministre, cela n'a pas de sens ! Que M. de Lauzun parte seul ! Il sera meilleur que moi sur cette affaire.

— Je vous dit que non, répliqua Lessart. Je tiens à votre commerce avec M. Pitt. Rien de mieux que les relations entre hommes dans les périodes difficiles. C'est précisément parce qu'il est extraordinaire que vous alliez en Angleterre que vous y serez bon. On jugera à Vienne et à Berlin que nous avons véritablement l'intention de faire quelque chose et le travail que vous accomplirez dans ce concert jettera, j'en suis sûr, les bases d'une éternelle fraternité entre l'Angleterre et la France[7].

Périgord se mit donc en route avec, dans ses bagages, le duc de Lauzun qui, s'était déjà rendu célèbre trois ou quatre ans auparavant par plusieurs missions confidentielles en Angleterre qui avaient fort émerveillé le ministre d'alors, M. de Montmorin, par la perspicacité de son analyse concernant notamment l'influence que la perfide Albion exerçait contre la France dans les questions russes et turques[8]. Bien qu'il fût affligé d'une effroyable jaunisse que lui avait causée la rupture d'une union complaisamment vantée, Biron duc de Lauzun embarqua donc, flanqué de Talleyrand, dans ce qu'il croyait être le plus grand secret.

Les deux compères, malgré les recommandations que leur avait faites Lessart de prendre garde aux espions et de ne parler qu'à mots couverts, s'étonnèrent tout d'abord que les gazettes britanniques soient informées, avant même leur arrivée, de l'étendue de leur mission.

Lauzun ne s'en offusqua guère. Il retrouvait à Londres une

maîtresse tendrement aimée[9], et se préoccupait davantage de l'ardeur de ses états que du sens véritable de sa négociation.

Périgord, pour sa part, comprit dès sa première conversation avec M. Pitt qu'il était joué.

Le Premier ministre britannique lui parla de tout et de rien, mais refusa d'évoquer avec lui la question de Hanovre.

C'est au sortir même du cabinet de M. Pitt qu'il apprit qu'un coup fatal venait de lui être porté par Valdec de Lessart.

Biron, entre les bras mêmes de sa maîtresse, avait été arrêté pour dettes par la police anglaise. On l'avait conduit, sur la plainte vague d'un marchand de chevaux, dans la prison de Sponging House et c'est là qu'il se morfondait sans beaucoup d'illusion car sa faute était véritable et la justice britannique, courroucée, ne laissait aucun espoir sur sa possible libération.

Talleyrand se fit conduire à cette geôle.

— Que s'est-il passé, mon ami ? demanda-t-il à Lauzun.

— Il s'est passé, répondit M. de Biron, que tout me porte à croire que nous avons été honteusement trahis par M. de Lessart. Le sort m'accable d'autant plus que je crains de déceler dans cette manœuvre une sorte de relégation qui vous toucherait seul, mais qui, par ricochet, me bridera longtemps.

— Les faits dont on vous accuse sont-ils véritables ? poursuivit Périgord.

— Eh, pardieu oui, dit Lauzun, mais ils n'ont rien de singulier. J'ai joué comme tout le monde, j'ai perdu comme beaucoup, et j'ai emprunté de quoi me refaire à ce qu'on nomme ici un « Valet-Maître » et en France un croupier. Je croyais m'être délivré de ces dettes par quelques faux assignats de M. de Calonne, mais voilà que l'on me présente des billets à ordre que je n'ai pas signés, je vous le jure, et pour une somme astronomique. La loi anglaise est formelle. Sur toute l'étendue du territoire une sentence d'emprisonnement s'exécute envers quelque personne que ce soit, à quelque rang qu'elle appartienne. Même si j'étais roi d'Angleterre. Il me faudrait fournir, pour sortir de ce mauvais cas, une caution considérable dont je n'ai pas le moindre sou.

— Eh bien, dit Talleyrand, je vais écrire tout cela à M. de Lessart et quelques autres choses.

— Inutile, cher ami, de venir ici me porter la réponse, reprit Biron qu'étouffaient ses sanglots. Je vais être transporté à la prison de King's Bench où, paraît-il, le séjour est moins humide que dans ce cachot.

Périgord se retira fort abattu.

Il écrivit à Lessart en demandant son rapatriement. Le ministre fit répondre par Desportes qu'il fallait avant tout se soucier de Lauzun, poussant la méchanceté jusqu'à indiquer :

« M. de Lessart me prie de vous dire qu'il juge que l'intention de M. de Biron n'a pas été aussi infernale que sa conduite l'annonce. C'est seulement la marque qu'un défaut de caractère dans les grandes places entraîne avec soi tous les inconvénients de la perversité du cœur. »

Totalement paralysé, Talleyrand n'eut plus qu'à se résigner à l'exil. Il passa quelques mois d'une inaction totale et d'une tristesse infinie à courir les salons d'émigrés dont les rodomontades l'accablaient presque autant que l'ingratitude de M. de Lessart.

Il écrivit à Mme de Staël : « Je suis fatigué de compter sur l'avenir pour me combler. Il recule à mesure que j'avance, et je vois bien clairement que je suis destiné à marcher encore longtemps sans arriver. »

Germaine, elle, avançait à grands pas. Depuis que M. de Narbonne était nommé à la Guerre, elle avait franchi le premier échelon. Il lui restait à en faire l'égal français de M. Pitt, ce qui placerait définitivement l'infortuné bâtard de Louis XV à la même hauteur que la fille de Necker.

Point rebutée de l'algarade qu'elle avait reçue d'Antoine-Claude, elle choisit de lui écrire une longue lettre où, sur quatre pages, elle lui expliquait que son caractère, son âge, sa santé et son intérêt commandaient qu'il démissionnât au profit de M. de Narbonne.

La lecture de cette missive plongea Lessart dans une telle fureur qu'il fut pris d'une véritable crise de convulsions durant laquelle il envoya promener de l'autre côté de son cabinet, le bel encrier à Sphinges pour l'encre rouge et l'encre noire qu'il avait hérité de M. de Vergennes[10].

Si Desportes et Garodeau n'avaient point accordé leurs efforts pour le maîtriser, il est probable que le ministre en serait mort à l'instant de quelque geste d'absurdité.

Le lendemain était jour de conseil. Lessart y apporta la lettre de Mme de Staël et en fit la lecture au Roi et à ses collègues qui se partagèrent, selon leur tempérament, entre le rire et la sévérité.

Après que l'hilarité se fut apaisée, Lessart dit au Roi dans le plus grand silence :

— Je dépose ma démission aux pieds de Votre Majesté.

— Vous êtes fou, Lessart ! s'écria brusquement Louis XVI. N'ayez pas de mouvement d'humeur ! Je sais les liens qui unissent ma famille à M. de Narbonne. Les nôtres sont beaucoup plus proches. Je n'accepte votre démission ni ne l'accepterai [11].

Lessart salua et sortit. Dans l'après-midi, il fut convoqué à l'Assemblée car une pétition venant d'Avignon l'accusait de tous les maux du monde.

Il répondit :

— Je serais un démiurge ou un colosse si je pouvais à la fois et en même temps me dissimuler dans les nuages pour faire tomber la pluie, dans les charrettes pour en casser les essieux et dans les consciences des hommes afin qu'ils s'entre-tuent.

L'Assemblée unanime applaudit.

Le ministre quitta la tribune. Dans les couloirs, il croisa Maximilien de Robespierre qui l'interpella :

— J'ai appris, monsieur, la sotte algarade dont vous avez été l'objet. L'affaire est, à mes yeux, plus grave qu'un jupon. Pour se faire valoir, Narbonne veut déclarer la guerre sans savoir contre qui ni comment il la conduira. Je serai, sur ce point précis, votre allié objectif. Ne laissons pas faire cette linotte. Il y va du salut de la France.

Rentré au ministère, Lessart demanda à Desportes de lui trouver sur-le-champ un caricaturiste qui répandrait dans l'opinion cette image de M. de Narbonne : un gros oiseau à petite tête et long cou allumant des mèches contre la terre entière et se faisant péter la poudre à la figure [12].

Depuis qu'il avait été nommé ministre, Lessart n'avait guère eu le temps de revoir son ami Marguerite-Elie Guadet. Le Girondin se fit annoncer rue d'Artois à peu près à ce moment-là. Il avait la mine grave.

— Alors, dit-il à Lessart, tu prépares la guerre ?

— Je ne prépare rien du tout, répliqua Antoine-Claude. La guerre, dans les circonstances actuelles, est une absurdité. Nos officiers ont émigré, nos troupes sont peu ou pas formées. Nous avons des frégates, et pas de capitaines. Lauzun qui devait trouver des chevaux en Angleterre a trouvé le moyen d'y moisir dans une prison pour dettes. Si nous déclarions aujourd'hui la guerre, ce serait un suicide.

— Écoute-moi, dit Guadet, tu déclareras la guerre parce que la guerre est prête.

— Ce que tu dis n'a pas de sens ! s'emporta Lessart. Je suis bien placé pour te dire que nous avons un seul ennemi, l'Angleterre. Si nous déclarons la guerre aux nations coalisées à propos de ce casus belli ridicule des Princes possessionnés d'Alsace et de Lorraine, nous ferons éclater le savant assemblage qui, depuis Vergennes, nous permet de tenir les princes allemands en respect. S'ils s'unissent contre nous, Prusse, Hanovre, Wurtemberg, Saxe et Bavière, ils formeront non une famille d'ennemis, mais une puissance nationale redoutable. Pourquoi veux-tu que tous les duchés émiettés qui n'ont pas de frontières naturelles, mais qui parlent la même langue et professent la même foi se sentent moins allemands que ne se sentent français les Gascons et les Picards ? Si nous déclarons la guerre à tous ces gens-là en même temps, nous forgerons une conscience nationale et, sans recourir au ton prophétique, je puis t'assurer que nous aurons ainsi pour deux siècles au moins un redoutable adversaire.

— Tu as peut-être raison, dit Guadet, mais je te dis moi que l'on ne déclare pas la guerre quand les fusils sont chargés et prêts à tirer. On déclare la guerre quand on a la volonté de le faire. Si tu avais écouté Vergniaud aujourd'hui, tu l'aurais entendu répéter : « Périsse la nation plutôt que nos principes. »

— Eh bien, ton Vergniaud n'est qu'une tête à vent, dit Lessart. Je puis t'affirmer que les émigrés ne représentent pas un danger réel pour la France. Si le Roi était plus ferme, et si la Reine ne se mêlait pas de tout derrière son dos, il y a belle lurette qu'il n'y serait plus question des émigrés.

— Mais la Reine se mêle de quoi, au juste ? demanda Guadet.

— De tout, répondit Lessart. Elle désavoue les ambassadeurs que j'envoie, rature mes dépêches, écrit au nom du Roi, signe pour lui des lettres qu'il ignore, tisse en tous sens une toile insensée !

— Eh bien, c'est parfait, conclut Guadet. La guerre nous débarrassera d'elle. On la renverra à Vienne, avec ses bâtards, et on pourra s'offrir le luxe de garder le gros cochon qui n'est pas si mauvais.

Antoine-Claude réfléchit longuement, et, dans le secret de sa conscience, il compara ses droits et son devoir. Plus que jamais, dans aucune autre circonstance de sa vie, il se trouvait placé à la croisée du destin.

Après un long débat, enfin réconcilié avec lui-même, il choisit de répondre à ses ennemis par une manœuvre insidieuse. Le salut de la monarchie était à ce prix.

26

De quelque territoire de son existence qu'il s'agisse, la tentation du jeu ne quittait jamais le comte de Lessart. Un optimisme incorrigible le poussait à oser, à choisir les voies escarpées, à escalader les chemins de crête. Cet attrait pour l'insurmontable l'assaillait et le charmait comme une drogue.

C'est dans ces heures enfiévrées qu'il lui semblait goûter sa vie et éprouver les douces voluptés que le pouvoir lui avait fait apprendre.

Lorsqu'il s'interrogeait sur son destin, Antoine-Claude convenait qu'il n'avait rien d'ordinaire.

L'élève de Rousseau, qui herborisait sur les terrasses de Mongenan et partageait le pichadey avec les enfants du pays, avait su se forger un empire. La fortune lui était venue tout à coup et sans qu'il y prît garde, comme un cheval docile qui revient à ses anciens maîtres.

Cependant, il ne croyait pas avoir accompli rien qui chargeât sa conscience. Les agiotages sur les Indes ou sur les monnaies lui semblaient relever davantage de l'habileté que de l'usure.

Le seul domaine qui le chagrinât rétrospectivement était la manière dont il avait traité Mme de Lessart. Souvent, il y songeait avec un sentiment qui approchait de la honte. Mais, à travers ces bouffées, il était submergé par le parfum de Cathy, la douceur de Cathy, la chaleur de Cathy, par tout ce que sa langoureuse beauté avait su lui apporter d'inimitable.

Aurait-il pu lui résister ? Franchement, il ne le croyait pas. Il avait pensé, quand il l'avait vue la première fois, qu'il pourrait ruser avec son désir. Mais cet appel avait été plus fort que lui, plus fort que tout.

Il avait estimé ensuite que le dégoût que lui inspirait sa conduite saurait altérer la passion, et il s'était trompé. Le mépris qu'il en avait ressenti s'était mis à couler comme un poison subtil dans ses veines, et son attachement à Cathy s'était révélé avec d'autant plus d'ardeur qu'il voulait le combattre. Peut-être était-ce par orgueil, ou pour se vaincre lui-même, qu'il l'avait revue. C'est en tout cas l'explication qu'il se donnait. Il la savait mauvaise, mais ne voulait point en accepter une autre : l'attachement qu'inspirait le corps d'une jeune femme à un homme déjà vieillissant.

Dans la procédure qu'il allait entreprendre, Antoine-Claude balançait.

Son devoir et son goût du risque l'incitaient à combattre sur les promontoires les plus escarpés. Son amour pour Mme Grand, le déchirement qu'il allait ressentir d'être séparé d'elle le faisaient hésiter et reculer parfois.

Depuis quelques nuits, il se réveillait pour régler ce combat intérieur. Il sentait auprès de lui les courbes légères de la jeune femme. Il écoutait avec tendresse sa respiration si sereine dans le sommeil. Il ne pouvait se résoudre à perdre ou à quitter tout cela. Alors, il éprouvait l'envie de la réveiller et de la serrer contre lui comme un fou, de la bousculer si fort que quelque chose entre eux se brise ou se bronze.

Mais Cathy, doux oiseau des îles, semblable à ces paradis qui veillaient, à jamais immortels sous leurs cloches de cristal, dans son armoire de bois des Indes [1], était-elle femme à l'accompagner dans le malheur ?

Tout le succès de l'opération qu'il voulait monter résidait dans le secret dont il l'entourerait. Lessart ne pouvait se confier à personne, à elle moins qu'à quiconque ! Le fardeau devenait de plus en plus lourd à mesure que la situation politique se dégradait. Les libelles pleuvaient. Vergniaud s'égosillait. Il fallait combattre, ou se rendre.

Une chose inquiétait Antoine-Claude, aux prises avec les tourments de l'hésitation : la prédiction qu'avait faite sa mère et qui lui répétait : « Le Roi te trahira. »

Souvent, il avait été tenté d'en parler à la vieille dame. Mais pourquoi la tourmenter, en lui demandant de dévoiler cet avenir qu'elle jugeait depuis longtemps sombre et ensanglanté ?

Marie Bonnaventure épargna à son fils la douleur de la

questionner. Elle le reçut un soir, dans sa chambre, qu'elle avait tendue de toiles imprimées qui racontaient comment Neptune avait vaincu les flots en tenant les rennes du char de l'Aurore[2].

Elle tint son fils longuement embrassé, dans une demi-pénombre, lui disant quelques mots à mi-voix, des mots qu'elle n'avait pas su lui murmurer quand il était petit, et qu'elle lui confiait, maintenant, dans un dernier aveu.

Le moment était si doux et si poignant que les larmes leur vinrent aux yeux, pendant que Mme de Valdec serrait la main d'Antoine et la portait à ses lèvres.

— Notre chemin est écrit, mon enfant, dit lentement Marie Bonnaventure. Le Christ lui-même, en voyant sa Passion, et en éprouvant les sueurs de sang du Jeudi Saint n'a pu éviter le Golgotha.

La princesse avait réuni dans sa chambre tout ce qui lui rappelait le baron de Gascq. Elle achevait sa vie entourée des souvenirs de cet amour, plongée dans une fidélité posthume qui apparaissait bien étrange à ceux qui, jadis, l'avaient connue.

Comme pour répondre à la question muette que lui posait son fils, elle murmura :

— Le Roi te trahira. Mais Cathy ne te trahira pas, enfin... pas maintenant.

Le comte la sentait perdue dans ses visions et ses mirages. Elle dit, en fixant le portrait par Latour du baron :

— Mon enfant, tu es mille fois mieux que ne l'était ton père. Il se moquait suffisamment de tout le monde et de lui-même pour pouvoir échapper à toutes les situations. Je t'ai doté de la sincérité, c'est un lourd héritage, un mal dont on ne guérit pas...

— Le baron de Gascq était donc mon père ? demanda M. de Lessart.

— Probablement, Antoine, probablement, répondit Marie Bonnaventure. Si tu étais le fils du Roi, tu n'aimerais pas ainsi la France, ou tu n'aurais en tout cas aucune raison de la servir comme tu le fais.

Cette confidence réconforta Antoine-Claude.

On était dans les premiers jours du mois de mars 1792. Les jours allongeaient, pâles. On sentait, partout dans la nature, un turbulent éveil, un fougueux appétit.

Un soir, Guadet se fit annoncer. Lessart le reçut, mais le Girondin semblait bouleversé.

— Antoine, dit-il, Vergniaud prépare une attaque contre toi. Attends-toi à quelque chose de terrible.

— Je le sais, dit Lessart, j'en suis averti.

— Mais enfin, reprit Guadet, défends-toi, que diable ! Tu ne vas pas te laisser abattre sans réagir !

— Si, répondit Lessart, je suis fatigué.

— Antoine, cria Guadet, écoute-moi, fais quelque chose, Va-t'en. Qu'as-tu besoin de rester ici pour t'offrir au martyre ? Pars avec ta mère et Cathy, tu reviendras ensuite quand tout sera apaisé.

— Non, dit Lessart, ce n'est pas mon plan.

— Ton plan, c'est donc de te laisser abattre ? s'écria Marguerite-Elie en sanglotant.

— Non, dit Lessart, mon plan, c'est de sauver le Roi malgré lui, et même sans qu'il le sache.

Guadet, dans sa fureur, se mit à marcher de long en large.

— Écoute-moi bien, Antoine, tu te crois plus fort que tout le monde, mais tu n'arriveras qu'à une chose : te faire tuer.

— Laisse-moi, dit Lessart, je ne veux parler de cela à personne. Mais j'ai juste besoin d'un ami sûr. Peux-tu être celui-là ?

— Évidemment, dit Guadet. Qu'as-tu encore imaginé ?

— Eh bien, quand je serai attaqué par Vergniaud et Narbonne devant l'Assemblée, demande que l'on me déclare d'accusation.

— Comment, s'écria le Girondin, tu es fou ? C'est à moi, ton ami, que tu demandes de t'envoyer en prison ?

— Oui, dit Lessart, je te le demande du fond du cœur, comme je l'exigerais de mon frère.

— Bien, dit Guadet. C'est la chose la plus dure que tu pouvais me demander mais, puisque tu l'exiges, je le ferai.

Lessart serra longuement Guadet dans une accolade fraternelle.

Ensuite, il s'enferma quelques instants dans son cabinet et se mit à trier des papiers. Il tira de son secrétaire quelques-unes des pièces qu'il conservait depuis longtemps et qui faisaient trembler le monde, au temps de la Compagnie des Indes [3]. Il ouvrit la cassette où il avait enfermé les documents du Roi et y joignit ses lettres et ses relevés. Il hésita à joindre à ce dossier les dépêches de l'ambassadeur de France à Londres qui affirmait depuis longtemps déjà qu'un certain Danton touchait de l'or anglais. Il lut et relut les lettres de M. de La Luzerne et la phrase de Wallenberg lui revint en mémoire : « Tout n'est pas mauvais dans cette créature ».

Alors, il approcha les lettres de la flamme d'une bougie, les brûla une à une et en éparpilla les cendres. Il possédait, aussi, bien des lettres de l'Ambassadeur de France à Vienne, qui faisaient état des négociations parallèles de Marie-Antoinette. Ces lettres-là, il les cocha, les annota, y joignit avec le plus grand soin des fiches de commentaires et les plaça dans la cassette. Puis, il referma le coffret et reposa le tout dans son armoire de bois de campêche.

Alors, seulement, il rejoignit Cathy. La jeune femme dormait déjà. Il saisit une paire de ciseaux et coupa sans la réveiller une boucle de ses cheveux. Il plaça la mèche dans un portefeuille de satin blanc brodé d'or qui ne le quittait pas [4] et où sommeillait déjà un médaillon représentant le doux visage de Mme Grand. Puis il s'allongea doucement auprès d'elle et dans l'obscurité, vaincu par l'émotion, se mit à pleurer.

Le lendemain, vers les dix heures, le comte de Lessart se rendit aux Tuileries. Louis XVI était plus souriant qu'à son habitude.

— Quelles nouvelles, monsieur le Ministre ? demanda le Roi.

— La guerre, Sire, répondit Lessart.

— Ah ! bon, dit Louis XVI, et c'est pour quand ?

— Pour aujourd'hui et pour demain.

— Nous ne pouvons donc l'éviter ? demanda le monarque.

— Je crois bien que Votre Majesté n'en a plus le pouvoir et que je n'en aurais pas la force.

— Eh bien, tant pis, dit le Roi. Ils veulent la guerre, faisons la guerre !

Vers midi, alors qu'il travaillait avec Desportes, dans son cabinet du ministère, on vint porter un pli qui demandait à Lessart de comparaître à trois heures devant l'Assemblée.

— Il faut vous battre, appeler les Lameth, préparer une motion, dit Desportes.

— Non, répondit Lessart. Il faut me laisser faire.

Et comme le commis protestait, le comte lui dit :

— Écoutez, Desportes, je me connais peu de fidèles. Je crois que vous faites partie de ceux-là. Aussi, vais-je vous charger d'une mission sacrée.

— Je mesure, au danger qu'elle représente sans doute, l'honneur que vous me faites, répondit le commis. Sachez que je m'en montrerai digne.

— Eh bien, Desportes, vous viendrez ce soir à six heures chez moi, rue d'Artois. Vous viendrez seul.

— Bien, monsieur le Ministre, répondit le secrétaire, j'y serai.

Après cela, Lessart dîna de bon appétit d'une aile de faisan et d'une bouteille de ce vin de Champagne nature qu'il affectionnait si fort qu'il en faisait son ordinaire.

Puis, serrant dans son gousset la mèche de cheveux et le portrait de Cathy, il gagna en carrosse la salle du Manège.

Il s'assit au banc du gouvernement. Vergniaud monta aussitôt à la tribune et entraîna l'Assemblée dans une terrible philippique.

— Messieurs, s'écria le Girondin, vous croyez avoir face à vous un ministre français des Affaires étrangères qui, par bonté ou par habileté, se refuse à déclarer la guerre. Mais je dis, moi, que ce sont des faux-fuyants dont abuse M. de Lessart pour tromper l'Assemblée. Qui se cache, en effet, derrière ce nom qui n'est qu'un pseudonyme ? Un prince allemand, messieurs, le prince de Valdeck et, qui plus est, le petit-fils du Prétendant James II Stuart. Oui, messieurs, poursuivit Vergniaud dont la voix s'enflait en tempête, ce ne sont point les intérêts de la nation que M. de Lessart a défendus devant vous. Ce sont les intérêts particuliers des princes possessionnés du Saint-Empire Romain Germanique, dont M. de Lessart fait partie.

Un murmure terrible courut l'Assemblée.

A son banc, Antoine-Claude restait de marbre.

— Que signifie, messieurs, reprit Vergniaud, ces ambiguïtés et ces palinodies ? Elles signifient, je l'affirme et je le prouve, qu'une nouvelle fois, M. de Lessart tente, comme son grand-père l'a déjà fait avant lui, d'égarer la France sur le chemin de la haine. Pourquoi M. de Lessart s'acharne-t-il contre l'Angleterre ? Parce que le souverain de ce pays n'est autre que l'électeur de Hanovre qui a chassé honteusement sa famille du trône. Tremble tyran, hurla Vergniaud, te voilà démasqué. Le temps n'est plus où les peuples succombaient aux complots des despotes. La sagesse des nations saura bien déjouer les pièges des monarques. La guerre que nous allons déclarer va balayer toute cette clincaille ! je le répète une nouvelle fois : Périsse la nation plutôt que nos principes ! La fraternité ou la mort !

Pressé de se défendre, Antoine de Lessart monta alors à la tribune. Il avait choisi d'être vêtu ce jour-là d'un habit de velours noir à parements de jais. Des manchettes et un plastron en dentelles de Malines qu'éclairait, en épingle, un gros diamant en forme de cœur conféraient à ce costume un suprême raffinement.

C'est d'une voix posée et mélodieuse, contrastant étrangement avec le verbe tonnant de Vergniaud que le comte présenta sa réponse.

— Si je ne connaissais, messieurs, M. Vergniaud depuis l'enfance, je le plaindrais sincèrement pour au moins deux raisons : la méconnaissance qu'il a de la politique et les injures qu'il fait à la généalogie. Commençons, si vous le voulez bien, par la seconde remarque qui me semble plus singulière. Quand je vivais encore à Bordeaux, dans les circonstances que je vais vous dire, M. Vergniaud n'était qu'un avocat sans cause, passionné de théâtre. Il prêtait son médiocre talent aux saynètes et singeait dans tous les salons la Révolte des Parlements[5]. Alors, il tenait le rôle d'un grand magistrat, un des plus habiles et des plus intègres que la Guyenne ait connus. Ce magistrat, messieurs, je vais vous le nommer, c'était le président Antoine de Gascq, mon père !

Un murmure d'agitation parcourut l'auditoire.

— C'est faux, cria quelqu'un à gauche, Lessart est le fils de Louis XV !

— Voilà maintenant le feu Roi, s'écria le ministre en riant. On retrouvera bientôt la princesse de Valdec, ma mère, au fond du parc aux cerfs. Vous jugerez vous-mêmes, messieurs, du sérieux de ces accusateurs qui me veulent tant de bien qu'ils s'acharnent à me faire l'héritier de vingt-cinq trônes et trente-six dynasties !

Vergniaud, de sa place, hurlait : « Vendu, menteur, cannibale ! »

Le président agitait une sonnette qui, dans le vacarme donnait l'image ridicule d'une excitation décharnée.

Quand le tumulte se fut un peu calmé, Lessart reprit :

— La Constitution, messieurs, a rendu les ministres responsables devant l'Assemblée des manquements qu'ils pourraient commettre. Il est dommage qu'elle n'ait pas rendu l'Assemblée elle-même responsable de ses propres abus !

— A mort ! A mort ! cria-t-on sur la gauche.

— C'est aller un peu vite en besogne, répliqua Lessart. Attendez que j'y sois condamné !

Alors, Guadet de son banc s'écria :

— Au nom du peuple français et de la Constitution qu'il s'est donnée, j'exige, messieurs, afin que M. de Lessart puisse faire la lumière sur les accusations dont il est l'objet, qu'il soit renvoyé devant la Haute Cour d'Orléans !

L'Assemblée resta un instant indécise. L'orage était retombé, l'averse s'effilochait...

Lessart prit à nouveau la parole.

— Messieurs, vous allez déclarer la guerre. Vous le ferez

contre la volonté du Roi, contre ma volonté, contre la volonté de tous les Français de bon sens. Cette guerre, vous la perdrez, et la France entière avec vous.

— La guerre, la guerre, hurla Vergniaud. La fraternité ou la mort !

— La guerre, reprirent les députés de la Gironde, joignant aux cris de Vergniaud cinquante organes dans un mouvement de cataclysme.

— Mettons la guerre aux voix, cria le président.

— Bien, messieurs, dit Lessart, si vous décidez la guerre, je demande moi à être décrété d'accusation, et je rentre de ce pas au ministère pour y attendre les ordres de l'Assemblée.

Le comte salua et sortit, laissant la salle du Manège en proie au plus grand trouble qu'elle ait jamais connu.

Il était cinq heures à peu près. Il se rendit à son cabinet, dicta quelques lettres urgentes à son secrétaire, et rédigea un court billet d'adieu à l'attention du Roi.

« Sire, écrivait Antoine-Claude, le décret d'accusation dont je vais être l'objet dans quelques heures est la dernière preuve d'attachement que je doive fournir à Votre Majesté. Puisse le Roi de France, dont je reste le plus humble et le plus obéissant serviteur, mesurer à son juste prix le sacrifice qu'il m'en coûte. »

Puis, montant dans sa désobligeante rouge à l'intérieur en velours de soie cramoisi, le comte de Lessart se fit reconduire rue d'Artois.

Desportes l'y avait précédé, en proie à la plus vive exaltation.

— Vite, monsieur le Ministre, s'écria-t-il, il n'y a plus un instant à perdre. Prenez un peu d'or et partez. Je viens du Manège, ils vous ont décrété d'accusation !

— C'est bien, Desportes, dit Lessart. C'est ce que j'attendais.

— Partez, monsieur, je vous en conjure, reprit le commis. Ils vont vous jeter en prison !

— Ne vous mêlez pas de cela, répliqua Lessart avec force.

Il se dirigea alors vers son armoire en bois des Indes dont il fit jouer les mécanismes secrets. Il tira la cassette du meuble et dit :

— Desportes, je vous ai demandé hier si vous vouliez être chargé d'une mission dont vous me répondriez sur votre tête. Cette mission, vous l'avez acceptée. Vous y voilà confronté. En êtes-vous toujours d'accord ?

— Parfaitement, monsieur le ministre.

— Eh bien, reprit Lessart, il y a dans cette cassette des papiers de la plus haute importance pour l'avenir de la France et de la royauté. Cette cassette ne doit être rendue qu'à moi-même. Si je meurs, ou si je suis empêché, je vous ordonne de la garder par devers vous. Vous la léguerez à vos enfants qui la révéleront à l'Histoire. Si, comme tout me porte à le croire, je passe bientôt en jugement devant la Haute Cour d'Orléans, jurez-moi que vous vous trouverez à l'audience et que vous me rendrez alors seulement cette cassette en présence du tribunal.

— Je le jure, monsieur le ministre, répondit Desportes en s'inclinant.

— Bien, dit Lessart. Maintenant laissez-moi et souvenez-vous seulement que vous êtes désormais le dépositaire d'un fardeau sacré. Vous tenez entre vos mains la survie de la France et de la monarchie.

Desportes saisit la cassette. Il s'approcha du comte dont il baisa la main en l'inondant de larmes.

Lessart se rendit ensuite chez Cathy qu'il trouva révulsée.

— Je ne veux pas te perdre, hurla la jeune femme en sanglotant. Antoine, je t'en conjure, ne me quitte pas !

Le comte la prit dans ses bras et l'enlaça tendrement.

— Ma petite d'Inde, murmura-t-il, j'aurais voulu te faire un chemin de roses et le voilà bordé d'épines. Sache que je t'aurai aimée plus que tout au monde, et que ton souvenir ne s'effacera jamais de mon cœur. Mais tu me mépriserais si je n'accomplissais pas mon devoir de gentilhomme. Reste ici. Ton attente ne sera pas longue, quelques semaines, tout au plus quelques mois, et je viendrai te retrouver. Alors nous vivrons heureux, je te le promets. Sois forte, et aime-moi comme je t'aime.

Il serra très fort contre lui Mme Grand qui continuait à sangloter. Elle s'accrochait à lui, inondant de larmes ses cheveux, ses joues, les parements de son habit.

— Allons, mon amour, dit Lessart, un peu de courage !

Il l'embrassa longuement une dernière fois et la laissa aux soins de ses femmes, car elle s'était évanouie.

Il rejoignit enfin Mme de Valdeck.

La princesse l'attendait dans sa chambre, étrangement calme.

— C'est bien, mon fils, lui dit-elle, maintenant, tout est accompli. Tu entres librement dans l'Histoire et tu forges toi-même la destinée que tu as choisie. Je te respecte et je t'aime davantage d'assumer ainsi ton devoir. Je suis vieille, poursuivit Marie Bonnaventure, mais jusqu'à mon dernier souffle, je veillerai sur toi et sur celle que tu aimes. N'éprouve pas de crainte. Je saurai faire face.

Le comte embrassa sa mère qui le bénit et lui dit :

— Pars, mon enfant. Ne t'inquiète de rien, et que Garodeau t'accompagne. Je recevrai les Révolutionnaires.

Après avoir enlacé la princesse pour la dernière fois, et avoir reçu d'elle une ultime bénédiction, Lessart s'apprêtait à quitter la vieille dame quand celle-ci le rappela.

— Antoine, dit-elle, en ôtant de son annulaire une bague de diamants, cet anneau ne m'a jamais quittée. Il appartient à Jacques VI[6] d'Écosse, qui le tenait de sa mère Marie. Prends-le, je te le donne. Montre-toi digne de notre lignée.

Le comte, ravalant ses larmes, s'arracha enfin à sa mère. Garodeau l'avait précédé dans la cour.

Il avait déjà fait charger les malles dans la voiture. Il était minuit quand le carrosse s'ébranla en direction d'Orléans.

Mme de Valdeck rentra dans ses appartements et médita un instant. Elle ne se coucha pas et s'apprêta comme pour une fête funèbre.

Vers trois heures, la rue fut pleine de hurlements.

La foule s'amassait, criant sa rage et réclamant le ministre pour le mettre à mort.

La princesse ordonna alors qu'on éclaire l'hôtel à giorno. Quand la dernière chandelle de la dernière girandole fut allumée, elle fit ouvrir la porte à deux battants.

La foule s'engouffra dans la cour, bousculant les domestiques, fracassa la porte d'entrée et fit irruption dans le hall. En haut de l'escalier qui conduisait au grand appartement, éblouissante dans une longue robe de satin violet, couleur du deuil des Rois, les cheveux poudrés à frimas, couronnée d'un diadème d'émeraudes et de perles, se tenait immobile, la mère de M. de Lessart.

La gueusaille escalada quelques marches en désordre et resta interdite, tant cette scène, qui évoquait les antiques statues, portait en elle-même de rigueur et de dignité.

De bruyante, l'assemblée se fit aussitôt silencieuse.

Toujours muette, la vieille dame se contenta alors de regarder la foule. Un remous s'y produisit et un homme à la taille barrée de tricolore s'avança au premier rang.

— Je suis le commissaire de police, dit l'homme, et je viens m'assurer du citoyen Delessart. Où est-il, madame ?

— Il est à Orléans, libre, par-delà les prisons !

— Qui êtes-vous, citoyenne ? reprit le commissaire.

— Marie Bonnaventure de Fitzalan-Stuart d'Écosse, princesse de Valdeck.

L'énoncé des titres avait été fait sur un tel ton de majesté que la foule resta un instant interdite.

— Nous ne voulons pas vous faire du mal, madame, balbutia le commissaire. Nous en voulons simplement au citoyen Delessart. L'Assemblée a ordonné une perquisition. Mais, nous la remettons à demain, et à l'heure qui vous conviendra.

— C'est bien, messieurs, dit la princesse, je vous souhaite une bonne nuit.

Et aussi simplement et naturellement que si elle se fut trouvée dans une galerie de Versailles, Mme de Valdeck salua la meute et, sans attendre son départ, regagna ses appartements.

La foule s'écoula en silence. On referma les portes, on moucha les chandelles. Alors, seulement, Marie Bonnaventure se jeta sur son lit où elle sanglota jusqu'au petit matin.

27

Antoine-Claude de Lessart, escorté de François Garodeau, n'arriva à Orléans que dans le courant de la matinée [1]. Il se fit conduire au couvent des Minimes [2] pour les formalités d'incarcération. Il choisit un conseil [3] et s'installa le plus commodément qu'il put.

L'appartement qui lui fut concédé était spacieux sans être luxueux. François Garodeau y fit porter quelques meubles, des livres, plusieurs nécessaires et de l'argenterie de voyage. Il courut la ville pour trouver du vin, des chandelles et de la musique, car le comte avait eu le soin d'emporter son violon, qu'il n'avait gère eu le temps de travailler depuis que son bon maître Jean-Jacques Rousseau lui en avait appris les rudiments.

La Haute Cour d'Orléans avait été instituée lors de la réforme de la Justice par l'Assemblée qui avait abrogé la torture, le pilori, la marque, l'amende honorable, ne maintenant que le carcan, les fers, et la peine de mort, malgré les efforts que Robespierre avait dispensés pour sa suppression.

L'instance siégeant à Orléans était formée de juges du tribunal de Cassation et de hauts jurés. Indépendante du Roi et des ministres, elle ne devait juger que les délits politiques et les crimes contre la sûreté de l'État.

Cependant, les prévenus qui y étaient déférés n'étaient point, pour autant, condamnés à la calotte, ces pièces inconfortables où l'on reléguait jadis à la Bastille les très mauvais sujets.

Installé dans les anciens appartements des religieux, le comte de Lessart eut le droit de se promener de chambre en chambre, de prendre l'air dans le cloître entouré de sereines ogives, et de se livrer à tous les délassements que sa captivité permettait.

Le premier moment d'effroi passé, Antoine-Claude s'occupa donc de son aménagement qui fut long car Garodeau n'avait rien laissé au hasard pour améliorer le confort de son maître.

Il avait fait porter à Orléans trois cent trente-trois volumes et dix Atlas, un service complet de linge fin et d'argenterie, un lit de damas rouge brodé d'or, quatre tapisseries à sujet antique, deux glaces, deux paravents, deux fauteuils, trois chaises, une commode, un bureau, une table, un guéridon et une garniture de cheminée de cuivre [4].

— Que veux-tu faire de tout cela ? avait demandé Lessart, nous en avons pour quelques jours à peine.

— On ne sait jamais, monsieur le Comte, avait répondu Garodeau. Mieux vaut nous installer.

Et, pour faire bonne mesure, il avait fait venir de Paris le tailleur du ministre afin que celui-ci confectionnât quatre costumes : un de drap brun, un de drap d'or, un de moire rose et l'autre de satin blanc à parements bleus, ce qui sembla aux yeux du comte le vestiaire le plus adéquat pour un détenu politique [5].

Malgré la sérénité qu'il affichait, et le calme qui émanait toujours de sa personne, Antoine-Claude avait commencé de se torturer dès son arrivée à Orléans. Malgré lui, il était secoué de spasmes, et puis de fréquents vomissements que Garodeau éteignait tant bien que mal en faisant avaler à son maître quelques gouttes d'eau brune [6] qu'il avait pris la précaution d'apporter avec lui.

Dans les premiers jours, aucune nouvelle importante ne filtra entre les murs de la prison. Garodeau, en se rendant en ville pour les besoins de son service, apprenait par les journaux les quelques révélations qui formaient l'ordinaire.

Partageant bientôt l'inquiétude de son maître, le valet retourna à Paris et se rendit chez les Lameth.

Les trois frères, en proie à la plus vive fureur, accablèrent Garodeau de questions. Ils voulaient tout savoir de Lessart, de ses angoisses et de ses doutes.

Avant de leur répondre, le valet exigea qu'ils lui rapportassent tout ce qui s'était passé depuis son départ.

— Eh bien, dit Alexandre de Lameth, vous pourrez dire à votre maître qu'après sa mise en accusation, qui fut une chose honteuse, car Vergniaud affirma que le comte avait dérobé des documents, les avait falsifiés et avait refusé de les soumettre à l'Assemblée, mes frères et moi-même nous nous rendîmes chez le Roi.

— Nous eûmes alors une altercation assez vive avec Sa Majesté, reprit Charles de Lameth, lui représentant que son silence, dans une pareille occurrence, était pis qu'une trahison.

— Et qu'a répondu Louis XVI ? demanda Garodeau.

— Une chose inconcevable, reprit Théodore de Lameth, le Roi nous a dit : « Messieurs, depuis le début de la Révolution, je fais tout contre mon cœur. Alors, au point où j'en suis... »

— Mais c'est ignoble ! s'écria Garodeau scandalisé.

— Il s'en est pourtant tenu tout d'abord à ce raisonnement, reprirent en chœur les Lameth. Aussi lui avons-nous fait craindre aussitôt en représailles le sort de Charles 1er[7] : « Sire, lui a dit Alexandre, le Roi d'Angleterre avait abandonné honteusement son ministre Strafford dans des circonstances analogues à celles qui entourent actuellement notre ami Lessart. Si Votre Majesté ne dissout pas l'Assemblée et ne rappelle pas Lessart, elle aura le jugement et la mort comme prix de ses fautes. »

— Qu'a donc répondu le Roi ? demanda Garodeau.

— Il a hoché la tête répliqua Charles de Lameth, et a fini par avouer : « Sauver Lessart reviendrait à accabler la Reine. C'est pour cela que je ne ferai rien ! »

— Alors, reprit Théodore de Lameth, je lui ai dit : « Majesté, on accuse Lessart d'avoir tronqué et dissimulé la correspondance du Roi avec l'Autriche. Est-ce exact ? »

Louis XVI a secoué la tête. J'ai insisté : « Répondez, Sire, car si le Roi nous affirme que Lessart nous a menti, nous le lâcherons nous aussi. »

— Qu'a dit Sa Majesté ? s'écria Garodeau.

— Il s'est contenté de dodeliner et nous a simplement répété en nous congédiant : « Je ne puis rien faire pour M. de Lessart sans accabler la Reine, c'est pour cela que je ne ferai rien. »

— Alors, dit Garodeau, M. de Lessart est perdu ?

— Non, répondirent les Lameth, car nous avons prêté, au sortir même du Palais, un serment qui nous eût semblé indigne de notre rang, de notre nom, et de la simple humanité dans la minute qui avait précédé cette entrevue. Nous avons juré, quoi qu'il nous en coûte, de rendre coup pour coup, et de faire subir au centuple à Louis XVI les tourments qu'endurera notre ami Lessart.

— Vous croyez donc le comte en danger de mort ? poursuivit Garodeau.

— Pas encore, répondirent les Lameth. Mais nous n'oserions point parier cher sur son salut.

Le valet, bouleversé, se rendit alors rue d'Artois. Il trouva la princesse souffrante. La vieille dame, malgré son courage, accusait l'émotion qu'elle avait ressentie après la mise en accusation de son fils.

Elle tournait et retournait les cartes, y cherchant un espoir qu'elle n'éprouvait plus.

Garodeau la réconforta de son mieux, lui parla d'Orléans, lui décrivit les appartements du comte.

— Tout cela m'est inutile, mon bon Garodeau, répondit la princesse. Vous savez que je vois tout. Et que je sais que les jours de mon fils et les miens sont désormais comptés. Puisse Dieu lui octroyer cette faveur ultime de ne jamais pressentir le sort qui lui est réservé. Pour moi, je me prépare à cet instant funeste auquel, je le sais, je ne survivrai pas.

Très bouleversé par la révélation que venait de lui faire Mme de Valdeck, Garodeau se rendit chez Mme Grand en ayant bien du mal à lui cacher son trouble.

— Il est arrivé un malheur à M. de Lessart ! s'écria la jeune femme en le voyant si inquiet. Parlez, Garodeau, je le sens !

— Mais non, madame, s'écria le valet, j'en atteste sur ma vie. Mon maître, cependant, est accablé de votre absence... et sa solitude devient une torture.

Mme Grand se dirigea alors vers son secrétaire et tendit une lettre au valet.

— Pouvez-vous lui porter ce billet ? demanda-t-elle.

Garodeau plaça la lettre dans sa poche, et promit qu'il la remettrait.

Puis il reprit tristement le chemin d'Orléans.

Au couvent des Minimes, il trouva Lessart dans la plus grande mélancolie. Le comte, secoué de nausées, en était si accablé qu'il ne pouvait écrire.

Garodeau lui tendit le billet de Mme Grand. Antoine-Claude le déplia fiévreusement et lut :

« Mon aimé, rien ne me torture davantage que ton absence. Si, depuis que je t'aime et que je te connais, j'avais eu un premier reproche à te faire, c'eût été celui de m'avoir aujourd'hui abandonnée.

« Mme de Valdeck se porte bien, mais c'est pour ta santé que je m'inquiète. Je t'ai trouvé si pâle et si changé à ton départ que j'en ai eu le cœur étreint. Je songe aujourd'hui à ce que tu es pour moi. Le souvenir et le remord m'assaillent. Le bonheur que tu me donnes m'est plus nécessaire encore que l'air ou le soleil. Il ne se passe pas une heure sans que je pense à toi. Jure-moi qu'il en est de même.

« Adieu mon amour, je m'en vais me coucher.

« Mille baisers fidèles. Cathy. »

Tout ranimé par cette lettre, le comte demanda alors à son valet s'il avait d'autres nouvelles.

— Hélas, monsieur, répondit Garodeau, je dois maintenant vous parler de Sa Majesté.

Il raconta alors son entretien avec les Lameth.

Le comte de Lessart sombra dans une profonde tristesse. Dans toutes les constructions mentales qu'il avait échafaudées, la trahison avait souvent été présente à un endroit ou à un autre. Mais il s'était toujours interdit de supposer qu'elle vînt de Louis XVI. Et c'est avec un pauvre sourire que le ministre reçut la misérable marque d'attachement du Roi qui, dans la composition du nouveau cabinet, uniquement formé de Girondins, avait exigé que le nouveau venu à son poste [8] fît « fonction » de ministre, gardant ainsi en apparence sa place intacte au malheureux Lessart.

Antoine-Claude soupira. Il sentait se refermer sur lui les mâchoires du piège. Il n'avait, au fond de sa prison, plus d'autre espoir qu'en son courage et la justice de son pays.

Dès qu'il avait réussi à échapper aux geôles anglaises, Charles Maurice de Talleyrand-Périgord avait rejoint Paris au plus tôt. Aussitôt arrivé dans la capitale [9], il avait appris de la bouche de Mme de Staël l'arrestation du comte de Lessart. Un immense bonheur, une volupté à nulle autre pareille l'avaient alors envahi. Il se savait vengé et ne se souvenait pas d'avoir éprouvé, en quelque circonstance que ce fût, un bonheur comparable.

Après un instant de silence, M. de Périgord murmura, comme pour lui-même :

— Mais alors, elle est libre...

Mme de Staël éclata de rire.

— J'avoue, mon ami, que je puise assez de sel dans votre remarque. Il vous sied bien de me reprocher ma passion pour M. de

Narbonne quand vous même demeurez enfiévré si longtemps par une catin.

— Ne parlez pas de Kelly sur ce ton, Germaine, dit Talleyrand soudain sévère. Vous ne la connaissez pas.

— Ah ! l'abbé, soupira Mme de Staël, l'amour est une douce chose qui nous ferait croire à l'égalité. En sa présence nous voici, vous, moi, Narbonne, Lessart, Cathy, aussi niais qu'un quintette puceau !

— Oui, dit Talleyrand. Et cela m'embarrasse. Car la Révolution que nous avons lancée n'a, vous le savez, ni plan ni guide. Et si l'amour, seulement dans cette affaire politique avait dirigé nos passions en engageant la France ?

— C'est vrai, mon ami, concéda Mme de Staël. Mais nous ne sommes pas des gens ordinaires. Nous ne pouvons aimer comme le commun des mortels. Voyez l'Olympe. Tous les dégâts que l'amour y a fait !

Talleyrand se mit à rire.

— Votre esprit, chère Germaine, est une des preuves de l'existence de Zeus !

La baronne, cependant, était mélancolique. Elle prévoyait l'instant où M. de Narbonne devrait rejoindre son armée.

Le Roi venait, en effet de se rendre à l'Assemblée [10] pour déclarer sur le ton le plus indifférent la guerre au Roi de Bohême et de Hongrie [11].

A peine M. de Narbonne eut-il quitté Paris pour Metz, déclarant qu'il venait enfin d'obtenir le désaveu public de M. de Lessart, Charles Maurice de Talleyrand se fit conduire rue d'Artois.

Mme Grand y menait une existence de recluse, qui ne s'accélérait un peu qu'à la lecture des lettres du comte ou grâce aux nouvelles que François Garodeau rapportait d'Orléans. Bien que le printemps fût venu, la jeune femme portait, dans sa beauté même, cette tonalité nostalgique qu'accorde d'ordinaire la nature au repos des saisons. Malgré toute la confiance qu'elle s'acharnait à mettre en lui, le courage de M. de Lessart lui semblait aujourd'hui relever de l'illusion ou de la forfanterie. Cathy tremblait pour son amant en ouvrant les journaux où s'étalaient des proclamations vengeresses.

Un jour, sur les conseils de la marquise de Fontenay, elle était allée demander à Danton d'intervenir auprès de l'Assemblée afin d'obtenir l'élargissement de l'ancien ministre.

— Madame, avait répondu le tribun, votre jolie tête n'entend rien à la politique. Le Roi, par un coup de force qu'il aurait dû mener s'il avait eu sous sa perruque deux liards d'habileté, pouvait sauver d'un mot M. de Lessart. Je n'ai malheureusement aucune autorité pour cela. Si vous me demandez mon sentiment sur cette question, je puis vous conseiller de calmer vos alarmes. Lessart est un malin. Son arrestation n'est pas claire, et je soupçonne là dessous quelque imbroglio dont il a le secret. Mon avis est qu'il s'en tirera car le dossier que la Gironde prétend détenir contre lui est vide. Il comparaîtra devant des magistrats qui ne trouveront rien à lui reprocher et le relaxeront. En revanche, quelqu'un ne se tirera pas de l'affaire et cette personne, c'est la Reine !

Un peu rassérénée, Mme Grand avait regagné son hôtel de la rue d'Artois.

Elle errait comme une âme en peine dans l'appartement demeuré intact depuis le départ d'Antoine-Claude, admirant les estampes qu'il aimait, les sculptures qu'il avait commandées à Pigale, et cette collection d'oiseaux des îles dans son armoire de bois de campêche, auxquels il la comparait.

Elle promenait ses jolies mains sur les cuirs vénérables, caressait son encrier en forme de navire, cherchant à retrouver dans les miroirs le profil de cet homme auquel elle s'était attachée.

La venue de M. de Talleyrand ne l'avait pas surprise. Elle l'avait reçu avec courtoisie, mais avec une grâce si distante que l'ancien évêque s'en était trouvé mortifié.

— Je ne viens vous offrir que mon aide, Kelly, avait protesté le prélat.

— Je le sais bien, monsieur, avait répondu Mme Grand, mais je vous ai déjà dit que j'étais à M. de Lessart.

— Kelly, soyez raisonnable, avait repris Charles Maurice, vous ne mesurez pas les dangers que court Lessart. Vous les partagerez malgré vous. Nul n'ignore quels liens vous unissent et voyez la montée des périls. Ils ne vous épargneront pas !

— Monsieur, avait répliqué Cathy, constatez donc que toutes ces épreuves m'ont changée. Elles m'ont fait une autre femme qui vous étonne et que je reconnais à peine. Pour que j'abandonne M. de Lessart, il faudrait qu'il fût mort.

— Alors ! conclut Talleyrand, nous verrons.

La conscience de M. de Périgord demeurait encore fort indécise. La guerre, déchaînée, n'avait point apporté comme l'avait promis Narbonne une victoire prompte et décisive sur l'ennemi. Les armées, sans équipages, formées de volontaires indisciplinés, renâclaient à exécuter les offensives prescrites. Le peuple avait appris avec stupéfaction que la colonne de gauche, partie de Dunkerque, était arrivée devant Furnes où il n'y avait personne, et que, prise de peur, elle s'en était retournée aussitôt.

La colonne du centre, partie de Tournai, s'était précipitamment repliée à la vue de trois uhlans.

Elle s'était débandée et, dans la débâcle, avait mis à mort son général [12]. Quant à la colonne principale, qui s'était emparée du Quiévrain, elle avait aussitôt battu en retraite sans recevoir l'aide belge escomptée.

En vain, Robespierre hurlait à la trahison [13]. Les généraux démissionnaient [14], les officiers désertaient et des régiments entiers passaient à l'ennemi [15].

Devant un pareil désastre, M. de Périgord se demanda si le comte de Lessart n'allait pas triompher du simple fait de son absence et, pour ainsi dire, sans avoir combattu. L'idée de voir revenir son rival lui sembla encore plus odieuse que tous les malheurs du royaume. Il médita longtemps sur le parti à prendre. Chaque nuit, le clair visage de Cathy venait le harceler. Dès lors, plus rien ne le laissait en repos. Le corps de Cathy, la peau de Cathy, les yeux de Cathy le poursuivaient et leur souvenir le torturait au plus intime de lui-même.

Il songeait alors à Lessart et jurait qu'il obtiendrait vengeance.

Le comte s'était acclimaté comme il avait pu à sa captivité. Le violon ne lui ayant accordé que de médiocres satisfactions esthétiques, il s'était mis à réfléchir sur les causes profondes de la Révolution et en avait tiré certaines conclusions.

Tout cela l'avait conduit à élaborer plusieurs projets qui lui semblaient assez nouveaux, pour soulager les indigents et débarrasser le pays du fléau de la mendicité [16].

Ainsi, de la plume à l'archet les jours s'écoulaient-ils monotones.

Antoine-Claude qui n'avait jamais été accoutumé à l'inaction, s'était découvert une seconde nature. Au fond de lui-même sommeillait encore sans qu'il le sût le petit garçon qu'avait connu Rousseau. Dans les courtes promenades qu'il faisait dans le cloître, le comte s'émerveillait de voir croître un brin d'herbe, et se découvrait ému de la blancheur immaculée d'une valériane puisant au creux d'un mur sa maigre subsistance.

Peu à peu, d'autres prévenus étaient venus le rejoindre au couvent des Minimes. Le duc de Brissac [17], l'évêque de Mende, des officiers venant de Montpellier et quelques fonctionnaires[18]. Cette compagnie s'était accommodée comme elle le pouvait de sa détention, mettant en commun ses ressources pour tenter de se distraire.

De tous, Antoine-Claude était le plus pressé de passer en jugement. Chaque lettre de Cathy lui faisait mesurer l'attente, et il se demandait ce qui lui importait le plus, de défaire ses ennemis, ou de la serrer dans ses bras. Mais la justice, dans l'incapacité de réunir contre lui les pièces nécessaires au dossier d'accusation, demeurait immobile.

Dans le même temps, l'abbé de Périgord hésitait toujours sur le parti à prendre. L'inspiration lui vint, enfin, en rendant visite à Danton.

Depuis qu'il avait été élu, le tribun ne tenait plus en place. Avec le soleil de l'été, son débraillé rouge semblait l'éclabousser du sang d'un taureau furieux.

Son logis de la cour Saint-André, bien que réduit et incommode, était devenu une sorte d'antichambre où se croisaient voyous et marchands, écrivains et ministres, lavandières et duchesses en mal de tabouret.

Tout cela faisait rire Danton qui s'émerveillait de ses nouveaux pouvoirs et se comparait à Messmer.

— Voyons, l'abbé, comme mon banquet fait recette ! disait-il à Talleyrand en tordant sa bouche dans un rictus féroce.

— Votre banquet n'est qu'un affreux chaudron où mijotent de laides sorcières, répliqua en riant Périgord. Mais je juge de l'excellence de votre potion à la joie que vous mettez à la fondre.

— Eh, ma foi, répliqua Danton, la tournure n'est pas mauvaise. Les élus de la Gironde sont discrédités. La guerre qu'ils ont voulue pour tenir le pouvoir va les en éloigner à jamais. Si je croyais en Dieu, je dirais qu'il a mis le doigt dans cette conjoncture.

— Et vous, qui avez le diable à votre service, reprit Talleyrand, comment voyez-vous les prochaines semaines ?

— C'est bien simple, dit Danton, le pouvoir à la rue, c'est-à-dire à moi-même !

Talleyrand s'approcha de la fenêtre basse qui donnait sur la cour Saint-André. Il jeta un regard à travers la méchante vitre et contempla un instant les passants.

— C'est ainsi que vous voyez la France, soupira-t-il.

— Eh pardieu non ! répliqua Danton. Le pouvoir au peuple, cela veut dire le gros cochon destitué, Antoinette en Autriche, la

Constitution ravalée, et un Prince sur le trône qui me conviendra et que je manipulerai.

— Qui ? demanda Talleyrand.

— C'est que nous n'avons plus le choix, dit Danton.

— Vous ne songez plus à Narbonne ?

— Fi, ce niais, s'écria le tribun avec une mimique dégoûtée. Nous n'avons que deux candidats. A l'étranger il y a Brunswick [19], en France, il y a Lessart !

Au nom de Lessart, M. de Périgord sentit un abîme se creuser sous ses pieds.

— Vous perdez la tête ! s'écria-t-il.

— Et pourquoi donc ? reprit Danton. Voilà un homme habile, habitué à exercer l'autorité, qui sortira tout neuf de la cour d'Orléans. Il s'est fait décréter d'accusation pour se mettre en vacances, cela lui refait une virginité.

Talleyrand s'approcha du tribun et, baissant la voix, il dit à Danton en manière de confidence :

— Écoutez, mon ami, nous appartenons à la même loge. Nous nous devons aide et assistance. Alors, ma conscience me dicte de vous éclairer et je me dois de le faire.

Surpris, Danton se redressa dans le fauteuil dont il semblait déborder.

— Eh bien, l'abbé, j'écoute.

— Mon cher ami, reprit Talleyrand, je dois vous révéler, pour vous sauver, le piège que M. de Lessart avait forgé pour vous anéantir.

— Un piège, dit Danton, et lequel ? Il m'a toujours payé très honnêtement ce qu'il me devait. S'il veut aller raconter cela, je répondrai que je suis impayable [20].

— Non, dit Talleyrand. Ce n'est pas cela. Il pense vous tenir par un autre biais. Si vous le mettez au pouvoir, c'est vous qu'il fera décréter d'accusation, et il vous enverra à Orléans pour pouvoir agir en despote.

— Comment le pourrait-il ? objecta Danton, j'ai le peuple avec moi.

— Le peuple est une maîtresse infidèle, reprit Talleyrand. M. de Lessart possède contre vous des documents compromettants.

— Quels documents ? demanda Danton soudain inquiet.

— Des documents qui prouvent que, depuis longtemps, vous êtes salarié de l'Angleterre.

— Qui lui a donné ces documents ? rugit le tribun.

— Mais, M. Pitt, dit Talleyrand en souriant. Et la mission que j'avais à Londres [21] consistait à obtenir du Premier ministre anglais une seconde livraison. Mais j'éprouve tant d'estime et tant d'admiration pour vous, mon cher Danton, que je me suis bien gardé de donner ces preuves à M. de Lessart. Et, si j'étais sûr, que d'une manière ou d'une autre, il ne puisse plus jamais me les demander, je me verrais comme une obligation morale à vous les remettre.

Danton laissa échapper entre ses grosses lèvres un fort vulgaire sifflement.

— Vous êtes une fiente, l'abbé, mais vous m'êtes utile. Combien les documents ?

Talleyrand chassa la question d'un revers de main dont l'annulaire s'ornait encore de l'anneau épiscopal.

— L'indigence a des bornes. Je ne sollicite rien pour moi, mon cher ami, rien qu'une promesse et un début... d'exécution.

— C'est bien, l'abbé, conclut Danton soudain concentré. Nous allons voir ce que nous pouvons faire.

M. de Périgord salua le tribun avec une grâce surannée et quitta la cour Saint-André en époussetant ses revers comme s'il venait d'échapper à un bouge.

A partir de cet instant, tout s'accomplit très vite. Louis XVI ayant voulu frapper de son veto certains décrets de l'Assemblée [22], les ministres girondins lui refusèrent le contreseing. Alors, le Roi s'écria en plein conseil :

— Messieurs, vous m'avez contraint par vos manœuvres à abandonner M. de Lessart, maintenant, j'exige votre démission [23] et je n'aurai de cesse de l'avoir obtenue !

Dans les faubourgs, le peuple se mit à gronder [24]. Danton ne tenait plus en place et menaçait de faire tirer le canon contre les Tuileries. Les imaginations enfiévrées commencèrent à rêver à d'épouvantables supplices. La fureur et le sang bouillonnèrent. On parla d'échafaud, de potences, de cœur et de lèvres arrachés, de viscères pendants, on décida de brûler le voisin avec une torche ardente avant de l'avoir pendu et étranglé.

Toutes les bouches mugirent des imprécations, improvisèrent des chants de haine et de vengeance !

De mille gueules immondes jaillirent les tempêtes et les

hurlements. La rage de Danton avait des prosélytes. Son amplification chargeait déjà les charrettes de l'agonie.

Au début du mois d'août, le soleil du crépuscule illumina dans son firmament rouge les cliquetis de la ferraille et le galop des chevaux. On devint friand de la mort comme d'une mode. On se gava de cris, de sueur et de sang.

Danton s'étonna lui-même du déferlement qu'il avait déclenché. Fournier-l'Américain et Lazowski étaient partout à la fois, répandant les coups et les insultes, traînant les hommes dans la boue et les femmes dans le fumier. Ils déployaient au-dessus des têtes de sanglants oriflammes, courant les rues avec leurs conjurés et déchaînant sur Paris la fureur du carnage.

Armés de pierres, de fusils, de couteaux, de poignards, les deux égorgeurs et leur bande, pleins des fumées du vin qu'ils avaient bu, mirent à profit leurs coupables desseins. Leurs crimes ne connurent plus d'entraves. Ils tuaient d'autant plus volontiers et dépeçaient avec plus d'acharnement qu'ils avaient obtenu un droit au pillage que Danton, dépassé, aurait été bien en peine de leur interdire.

Au matin du 10 août, ils encerclèrent les Tuileries.

De la fenêtre de son cabinet, le Roi Louis XVI regarda s'enfler l'émeute. Jusqu'à l'horizon, il n'apercevait que le moutonnement des têtes, couvertes de bonnets rouge sang et les gueules noircies par la poudre. Section des Gravilliers, bataillon du faubourg Poissonnière, bataillon du faubourg Montmartre, voilà l'Arsenal et Saint-Gervais avec deux mille six cents fusils, et les forces des Quinze-Vingt en trois colonnes entourant deux canons, et les bataillons de l'Ile Saint-Louis, de Saint-Etienne-du-Mont, des Thermes de Julien. Voici les Petits pères et les filles de Saint-Thomas, et ceux du faubourg Saint-Antoine, et les sections de l'hôtel de ville.

Tous hurlaient « Vive la Nation », « à bas le Veto ».

« A bas le Roi » « Vivent les sans-culottes ».

La foule envahit et piétina la terrasse des Feuillants. Les canonniers criaient « à bas le traître » « Vive Fournier » « Vive Danton ».

Le souverain prêta l'oreille et comprit, au milieu des voix, qu'on réclamait sa déchéance.

Il avait veillé ainsi toute la nuit, la perruque de travers, vêtu d'un costume violet, brodé d'or, que l'attente avait fripé comme un pan de chemise.

Il soupira.

— L'action est inutile et la résistance impossible.

Alors, le monarque se décida, suivi de la Reine et des derniers fidèles, il quitta le Palais et traversa pour la dernière fois la terrasse des Feuillants.

En le voyant paraître, la foule le conspua.

— Français, dit le Roi, j'emmène ma famille.

Juché sur un canon, le créole Fournier brandit alors son violon en guise d'étendard. Entraînée par le son maigrelet de l'instrument, l'énorme symphonie de la foule déchaîna le « Ça ira ».

Profitant du tumulte, Marie-Antoinette murmura à son oreille :

— Abdiquez, Monsieur, abdiquez en faveur du Dauphin.

Le gros homme accorda un dernier regard à la foule hérissée de piques qui hurlait sa joie et sa fureur. Et, tandis qu'on le mettait en joue, il haussa les épaules et entra à l'Assemblée Nationale.

Au même moment, la foule se répandit dans Paris pour y poursuivre les massacres.

De ses fenêtres, Mme Grand perçut les voix confuses, les crachats, les cris, les ricanements, les clameurs, sans miséricorde ni trêve. Elle sut qu'on l'appelait dans un long chant de mort qui, avant de tuer son corps, lui crucifiait son cœur.

Elle se précipita dans l'appartement de Mme de Valdeck, se jeta aux pieds de la vieille dame, la supplia de la cacher. La princesse était calme.

Elle regarda d'un œil détaché cette ordure et cette barbarie. Elle réconforta Cathy, la consola.

— Calmez-vous, mon enfant, lui dit Marie Bonnaventure. Ne vous exposez pas en vain.

— Mais, madame, ils vont entrer ici. Ils nous tueront.

— Ils ne vous tueront pas, répondit Mme de Valdeck, parce que vous partirez cette nuit pour l'Angleterre. Il est des instants, mon enfant, où le sacrifice devient superflu.

— Mais M. de Lessart, madame, s'écria Cathy en se tordant les mains.

— Il ne saura jamais que vous êtes partie... soupira la princesse en laissant rouler une grosse larme le long de sa joue.

M. de Talleyrand, M. de Narbonne et Mme de Staël se trouvaient réunis au même moment à l'ambassade de Suède, qui bénéficiait encore de l'exterritorialité.

Par la fenêtre de la rue du Bac, M. de Périgord regardait passer l'émeute.

— Que voyez-vous, l'abbé ? demanda Mme de Staël.

— Rien d'autre que mon espoir et que mon repentir, répondit Talleyrand.

— Ils me cherchent, s'écria Narbonne, ils vont me massacrer !

— C'est probable, reprit Périgord, vous ne serez pas le seul dans ce cas.

— Cachez-moi ! s'écria Narbonne.

— Où ça, dit Talleyrand en haussant les épaules, à la chapelle ?

Mme de Staël se dressa aussitôt.

— Charles, quelle idée merveilleuse ! Vite, vite, monsieur, suivez-moi.

L'ambassadrice se précipita vers le lieu saint, suivi de Talleyrand et de Narbonne. Aidée de l'évêque qui riait sous cape, elle ôta la nappe et les ornements de l'autel et, armée d'un crucifix, parvint à desceller le marbre sur un des côtés.

M. de Narbonne se glissa dans la cachette improvisée [25] et, plus mort que vif, y retint sa respiration, craignant le retour du chapelain, ardent révolutionnaire.

Revenue au salon, Mme de Staël demanda à Talleyrand :

— Quand nous aurons sauvé M. de Narbonne [26], que ferons-nous ?

— Nous nous sauverons aussi, répondit Périgord.

— Mais comment cela ?

— Je négocierai avec Danton...

28

Le tribun était rentré à quatre heures, écrasé de fièvre et de sang. La lave qu'il avait répandue continuait à s'écouler dans les rues. Les hurlements au Salut Public l'avaient accompagné jusqu'à la cour Saint-André comme un tragique et effrayant cortège.

Même aux petites heures du matin, la chaleur était accablante. Toute la nuit, Georges Danton avait poursuivi les discours homicides et les négociations secrètes. Tallien l'avait rejoint, arborant un bonnet phrygien. Il renseignait à chaque instant celui qu'on nommait maintenant le « cyclope » sur l'état de l'émeute et celui de la foule qui, désormais, le poussait au pouvoir.

Accablé de tant d'émotion et de tant de frayeur, Danton s'était assoupi. Le bruit le réveilla quelques instants plus tard. Il rêvait, et craignit un instant pour sa vie. C'était Tallien qui hurlait dans l'antichambre :

— Il est ministre, qu'on lui dise qu'il est ministre !

L'avocat se leva d'un bond et alla jusqu'à la fenêtre. La rue était gonflée de populace aux joues noircies de poudre, aux mains rougies de sang.

Tallien l'avait rejoint.

— Vous avez la justice ! cria-t-il.

Danton partit d'un rire énorme qui lui secoua l'œil, la bouche, la crinière.

— Moi, ministre !

Il se jeta de nouveau sur son lit et s'y roula en tous sens en riant.

— Je te prends à mon cabinet, secrétaire-greffier de la

Commune, articula-t-il entre deux hoquets, tu t'occuperas de la jonction avec l'extérieur.

La foule, au-dehors, hurlait Danton.

Il parut à la fenêtre et se mit à crier :

— Citoyens, la Nation française, lasse du despotisme, a fait une révolution. Elle va maintenant rentrer dans ses droits. C'est là que commence l'action de la justice.

Il referma la fenêtre et fit une rapide toilette.

Tallien était parti chercher une voiture. Danton, en fiacre, fit quelques instants plus tard une entrée éclatante place Vendôme.

Théodore et Alexandre de Lameth ne s'étaient couchés qu'au matin, eux aussi, sans pouvoir s'endormir.

— Nous avons tout perdu, reconnut Théodore. Et il va falloir fuir.

— Quand on veut vaincre ou périr, répondit Alexandre, on doit brûler ses vaisseaux et n'attendre le salut que de son dévouement. Nous avons abattu le Roi[1]. Nous n'avons pas sauvé Lessart.

M. de Périgord, bravant l'émeute, s'était fait annoncer.

— Eh bien ! constata Théodore de Lameth, au début de la révolution, il eût suffi d'un peu d'astuce et de quelques misérables sacs d'écus. Aux États Généraux, il fallait couper trois têtes pour obtenir la paix. Après tant de plans et d'ardeur, voyez notre défaite !

Talleyrand soupira.

— Si cet imbécile avait fui seul, et à cheval !

Le tocsin sonnait toujours sur la ville, répandant jusque dans les maisons un bruit terrible, effrayant.

— Tenez, voilà pour vous distraire, dit Périgord en tendant un journal.

Alexandre de Lameth le prit et lut :

« Grande arrestation de Charles Lameth qui va aller faire un petit tour à la guillotine. »

— Mon Dieu ! s'écria-t-il, notre frère est donc arrêté ?

— Sans doute, dit Périgord, sans doute. Il faut fuir, et vite.

— Oui, mais comment ? demandèrent les Lameth.

— En achetant Danton, répondit Talleyrand.

Le nouveau ministre avait pris depuis quelques semaines possession de son ministère qui abondait encore en commis poudrés à frimas. Vêtu de son éternel habit rouge, le tribun s'était installé dans le bureau de M. de Lamoignon. Constatant que sa pendule marquait l'heure avec une fleur de lys, il avait pris l'aiguille entre ses doigts et l'avait arrachée.

Vaincu par la chaleur, il avait ôté son habit qu'un huissier avait voulu suspendre. Alors le ministre, terrible, s'était écrié :

— Prends garde ! Il est rouge du sang des aristocrates.

Le malheureux huissier avait lâché la veste, épouvanté. Le cyclope avait ri et s'était mis ensuite à explorer son nouveau domaine.

Quand Talleyrand se fit annoncer, Danton rentrait tout juste de cette expédition.

— Ah ! vous voilà, l'abbé, s'écria-t-il, avec vos machines infernales ! Voyez ce que j'ai trouvé dans mes armoires : un calice, un ciboire et un crucifix. Prenez-les donc, je vous les donne !

— J'en serais bien empêtré, répliqua Talleyrand, vous savez bien que je ne sais pas m'en servir [2] !

— Vous me plaisez, l'abbé, dit Danton en riant. Que puis-je faire pour vous ?

— Je viens chercher un passeport, dit Talleyrand sur le ton uni de la conversation.

— Eh ! Quoi ? dit le ministre, vous avez peur ? Mais vous ne faites que commencer. J'ai besoin de faire peur pour gouverner, besoin de créer la panique pour exiger du peuple le sacrifice que réclament mes grandes entreprises.

— Je n'ai pas peur, dit Talleyrand, mais je veux m'en aller.

Danton se mit à rire.

— J'aime les fripouilles courageuses, dit-il, quand il se fut calmé. Vous reviendrez me voir, l'abbé, et vous ne partirez qu'une fois le combat terminé.

Talleyrand regarda le ministre en souriant.

— Mon cher ami, lui dit-il, je veux ce soir même quatre sauf-conduits, et je les obtiendrai. Car, vous savez parfaitement que si vous ne me donnez pas ces passeports, j'ai de quoi vous empêcher aussitôt de mener la carrière que vous voulez entreprendre.

Danton fixa l'évêque comme s'il avait devant lui un serpent. Bien calmement assis dans son fauteuil, Talleyrand regardait le ministre en souriant.

— Vous êtes la plus belle fiente que j'ai jamais vue, dit Danton. Vous êtes un crachat, une ordure, une saleté repoussante !

— Oh ! dit Talleyrand, au point où en sont les rues, je vais assez bien avec le paysage.

Le ministre posa sur le prélat un œil dégoûté.

— Vous avez les documents ? demanda-t-il enfin.

— Les passeports d'abord, cher ami, reprit Talleyrand. Donnez-les-moi et je vous remettrai les documents ensuite. Le petit Tallien, par exemple, n'aura qu'à m'accompagner.

Danton ouvrit son tiroir et en tira quatre sauf-conduits qu'il signa et scella. Il les tendit à Talleyrand.

— Vous avez peu de cœur, l'abbé, vous n'assisterez pas à votre triomphe ! Vous me laisserez donc abattre seul M. de Lessart ?

— M. de Lessart est déjà mort pour moi, répliqua Talleyrand. Pour la partie technique, mon ami, je vous fais toute confiance.

Le prélat se leva, salua et sortit.

Escorté de Tallien, il se rendit à l'ambassade de Suède où Mme de Staël et les Lameth l'attendaient avec anxiété.

Il pria Tallien de le suivre jusqu'à un coffre-fort dont, devant eux, la baronne fit jouer les mécanismes.

Elle tira de l'armoire de fer un dossier scellé aux armes d'Angleterre, le tendit à l'évêque qui le remit à Tallien.

— Vous direz à votre maître, observa Talleyrand, que s'il lui prenait la curiosité d'ouvrir ce pli avant demain, notre marché se trouverait caduc.

Tallien rentra au ministère, portant le message et le fameux paquet, comme s'il se fut agi de l'exemplaire exclusif de la Déclaration des Droits de l'Homme. Il répéta à Danton la phrase de Talleyrand et le garde des Sceaux, par écœurement ou par crainte, se résigna à n'ouvrir que le lendemain l'enveloppe de M. Pitt.

Quand il en brisa les cachets et défit l'emballage, il ne trouva à l'intérieur qu'un paquet de faux assignats adressés à Lessart avec les respectueux compliments de M. de Calonne.

Dans le couvent des Minimes, à Orléans, le bruit des émeutes du mois d'août avait percé la paix gothique.

La ville était calme, comme ensevelie sous la chaleur de l'été.

Le comte de Lessart, dont le sort demeurait accroché à

quelques nouvelles extérieures, suivait dans son appartement la marche de la guerre. Partout, les troupes françaises étaient enfoncées. Malgré l'héroïsme et les enrôlements, les Prussiens avançaient, inexorables. Les terribles soldats de Frédéric appuyés par un corps autrichien et la tumultueuse armée des Princes prirent Rédange, Lille, Longwy.

— La France est dans Paris, criait Danton.

Quatre-vingt mille hommes, vingt-cinq mille Autrichiens, quatre mille émigrés, dix-sept mille impériaux, cinquante mille soldats de l'armée de Condé poursuivaient leur attaque, répandant sur leur passage l'invasion et la mort.

— Courons nous réfugier à Blois, à Tours, en Auvergne, en Corse, sanglotait Vergniaud.

— La France restera à Paris, hurlait Danton, on ne fait bien la guerre que dans l'enthousiasme. Il faut faire peur aux royalistes, mettre trente mille traîtres sous la main de la loi. Nous organiserons nous-mêmes la terreur et le massacre ! De l'audace, toujours de l'audace.

Dans l'après-midi du vendredi 7 septembre, le tocsin se mit à sonner sur Orléans. De toutes les rues entourant la place du Martroi, jaillit une foule énorme, précédée de canons, de fusils et de piques. Cette horde était commandée par un immense créole, qui, le violon à la main, chantait le « Ça ira ». Alors que les habitants d'Orléans fermaient précipitamment leurs volets et se terraient au fond de leurs demeures, Fournier-l'Américain fit enfoncer à coups de bélier la porte du couvent des Minimes.

— Qui êtes-vous ? cria le guichetier.

— La patrie ! répondit Fournier, la patrie en danger !

Et, pendant que la meute se répandait dans le couvent en pillant tout sur son passage, le commandant Fournier se fit indiquer la cellule de M. de Lessart. Quand il ouvrit la porte, il trouva le comte assis, en train d'écrire. Celui-ci leva les yeux au-dessus de la table et dit simplement :

— Je vous attendais.

Fournier referma la porte et s'assit.

— J'ai ordre de Danton, citoyen-ministre de la justice, de vous transférer à Saumur où vous serez en sécurité.

— Aucun trouble n'agite Orléans, répliqua Lessart, et j'attends dans le calme d'y être jugé.

— J'exécuterai les ordres, répondit Fournier en roulant des yeux terribles ou, selon votre attitude, je les devancerai.

— Ce qui veut dire, reprit Lessart que vous allez me massacrer ici ?

— Pas tout de suite si vous êtes compréhensif.

La porte s'ouvrit alors violemment, révélant des scènes de carnage.

— La paix ! hurla Fournier, on voit bien que je cause.

Il alla refermer le battant et revint s'asseoir en face du comte qui n'avait pas bougé.

— Valdec, dit-il, tu te souviens de ce que tu me dois depuis notre conversation de la Compagnie des Indes ? Tu es moins fier maintenant dans ta prison. Paye mon assurance, je ne te demande rien de plus, et je réponds de ta vie et de ta liberté.

— Je veux bien payer, répondit Lessart, car tout cela n'a pour moi plus aucune importance, mais tu n'as plus en ton pouvoir de m'accorder la grâce. Toi et tes pareils, vous avez déchaîné des forces qui maintenant vous dépassent. Si tu me sauves, tu seras toi-même dévoré par les cannibales que tu as instruits dans le crime.

— Je te dis, répliqua Fournier, paye et je te sauverai ! Le tocsin qui sonne, ce n'est pas le signal d'alarme. C'est la charge aux ennemis de la Patrie. Je vais vider cette prison et, sur la route de Saumur, je te laisserai t'évader.

— Bon, dit Lessart, essayons !

Il se dirigea vers un coffret qu'il ouvrit et dont il tira plusieurs billets à ordre.

— Combien dis-tu que te doit la Compagnie ? demanda le ministre.

— Quatre cent mille livres, plus soixante-dix-huit mille livres en vingt-deux articles dont j'ai les preuves.

— Ce qui fait à peu près six cent mille livres avec les intérêts, reprit Lessart. Eh bien, tu vois je ne discute pas !

Il tendit les billets[3] à Fournier qui les fit prestement disparaître dans sa poche.

Dans le couloir, on entendait la voix de Garodeau, qui hurlait :

— Voleurs, scélérats, assassins, au secours, à l'aide !...

— Pour ce prix-là, tu pourrais aussi sauver mon valet, remarqua le ministre.

Fournier ouvrit la porte et, désignant Garodeau qui se défendait comme un beau diable, bien qu'il fût déjà ceinturé par trois assassins.

— Au nom du peuple, cria-t-il, laissez cet homme, il m'appartient !

Garodeau pénétra dans la pièce et alla se ranger aux côtés de Lessart.

— Nous partons, dit le comte, nous partons pour Saumur.

Déjà, la meute de Fournier entassait sur des carrioles les glaces, les tables, les vivres, les effets, la vaisselle et l'argenterie [4].

On fit monter les détenus dans des voitures. Lessart et Garodeau se trouvèrent dans la première, en compagnie du duc de Brissac.

— Nous n'en sortirons pas, monsieur le Ministre, dit Brissac. Voilà une bien sotte fin. Nous aurions mieux fait, vous et moi, de mourir à Versailles !

Les voitures s'ébranlèrent. Dans sa poche, Lessart serrait la mèche de cheveux de Cathy et s'efforçait malgré les mugissements de la foule de se concentrer sur ce souvenir.

Les voitures gagnèrent les quais et longèrent la Loire.

— Regardez, monsieur le Comte, nous n'allons pas à Saumur, s'écria Garodeau en voyant que l'on ne traversait pas le fleuve. Nous allons à Paris ! Cet ignoble créole nous aura joués encore une fois !

— Priez, dit Brissac, il n'y a plus rien d'autre à faire.

— Ah ! si, monsieur le Duc, répliqua Garodeau extirpant de sa poche un énorme coutelas. Il faut en égorger quelques-uns, avant de mourir écharpés !

Précédée de Fournier, montant à cru un cheval noir, la file des voitures avançait maintenant aussi vite que le lui permettait l'énorme cohorte qui la suivait avec son cortège de canons et de piques.

Chaque cahot de la voiture, chaque grincement des roues bousculait les Pater récités par M. de Brissac.

Garodeau, roulant des yeux fous hors de la tête, semblait prêt à se défendre seul contre la foule innombrable de ses assaillants.

Antoine de Lessart, vêtu d'un costume de satin blanc à parements bleus, laissait errer un regard vague et peut-être déjà mort, sur cette nature de fin d'été qu'il croyait voir pour la dernière fois.

Par bouffées, les chants du « Ça ira » venaient les gifler comme une insulte.

Quelques voyous dépenaillés s'agrippant à la portière venaient cracher à l'intérieur de la voiture.

On entendait :

— On t'arrachera le cœur, on le fera rôtir, on offrira à ta catin un collier de tes tripes !

Le cortège avançait toujours dans les vociférations et les haines.

C'est ainsi qu'à la nuit tombante, on atteignit Étampes où Fournier décida que l'on s'arrêterait dans les écuries du ci-devant duc de Mouchy[5].

Il s'approcha des prisonniers, qui demeuraient toujours dans les voitures et leur dit :

— Nous resterons ici.

Puis, plus bas, s'adressant à Lessart :

— Demain tu seras libre, demain sonnera le grand jour de ta liberté !

Le comte sortit du carrosse et fit quelques pas. La nuit était douce et calme. Il songea qu'une des dernières images qu'il emporterait de la vie serait sans doute ce paysage paisible de chevaux détachés pour brouter et dormir dans un coin d'écurie. L'archevêque de Mende recevait la confession de M. de Brissac.

— Je n'ai pu communier, dit le duc, monseigneur n'avait pas d'hostie.

— La communion, qu'est-ce que ça peut faire ? Elle est dans notre cœur, dit Lessart.

Garodeau avait trouvé un peu de pain et de cervelas qu'ils se partagèrent.

Le comte mangea quelques bouchées en silence, abîmé dans ses pensées.

Soudain, dans un coin de la grange, il aperçut une silhouette qui venait d'entrer et, reconnut Tallien. Il se leva et se précipita vers le jeune homme.

— Ah ! brave ami, s'écria Lessart, vous venez à point nommé nous apporter quelques secours !

Jean-Lambert ne répondit rien et se contenta de hocher la tête.

— Mais enfin, s'écria Lessart, vous avez au moins le pouvoir de nous faire libérer ?

— Non, répliqua Tallien sur un ton de haine infinie. Tremble devant ton sort, misérable ! La postérité te jugera selon tes crimes, comme le peuple vient de le faire !

— J'ai donc été jugé par contumace et condamné pour crime de « lèse-nation »[6] ? demanda Lessart.

— Le peuple n'a pas besoin de juges, s'exclama Tallien, il lui suffit d'avoir des bourreaux.

Fournier-l'Américain, prévenu de la présence du jeune homme, entra dans la grange à ce moment-là.

— Citoyen, dit Tallien, je suis venu, au nom de la Commune, pour vérifier que tout était en ordre.

— J'obéis aux lois de la justice, répondit Fournier, non aux décrets de la Commune.

— Ah ! vil coquin, s'écria Tallien. C'est Danton qui m'envoie. Et j'ai l'ordre de t'égorger si tu n'exécutes pas ce qu'il t'a prescrit.

Fournier attira Tallien dans un coin et commença à lui parler à voix basse. De confuse, la discussion fut bientôt animée. Et il parvint à Lessart les mots d'ordre, d'acompte et de massacre.

Le comte vit Tallien ouvrir la sacoche qu'il portait et en extraire des planches entières d'assignats qu'il remit à Fournier.

En un bond, Lessart s'approcha de ce couple tragique.

— Ne t'ai-je point assez payé ? hurla-t-il à l'adresse de Fournier. Tu veux d'autre argent ? En voilà !

Et il gifla le créole d'un paquet de billets à ordre qu'il avait encore dans sa poche.

— Assez, rugit Fournier, en poussant Tallien au-dehors, va dire à ton maître que je respecte toujours mes engagements et je rends la monnaie avec usure.

Antoine-Claude rejoignit alors Garodeau et Brissac qui avaient assisté, interdits, à la scène.

— Tout n'est point encore consommé, dit le duc. Vous avez payé assez cher pour plusieurs !

— Eh ! Pardieu, dit Lessart, j'ai payé pour toute une armée. Mais cela lui suffira-t-il ? C'est une autre affaire !

Il s'allongea sur la paille. La litière faisait monter à ses narines les odeurs abolies de l'enfance. Il ferma les yeux en songeant à sa mère et au potager de Mongenan qu'il ne reverrait pas.

A travers les tuiles du toit filtrait déjà l'aurore. On fit lever les détenus qu'on entassa dans les voitures.

La cohorte reprit la route. Le soleil s'était levé. C'était un dimanche de septembre, simple et presque gai. Devant les portes des maisons fleurissaient les vendangeuses roses et blanches. En passant auprès d'une haie, Lessart crut distinguer le doux parfum du chèvrefeuille.

Les voitures roulaient lentement, entourées par une foule énorme.

On traversa l'Essonne, puis les villages de Corbeil et de Palaiseau.

— Monsieur le Comte, s'écria Garodeau, nous n'allons plus à Paris, nous allons à Versailles !

Le cortège atteignait maintenant les premiers faubourgs de la ville. Il était une heure après midi [7].

— Nous mourrons à Versailles, dit Brissac. Je le souhaitais hier, mon vœu est exaucé !

La file des voitures s'engagea dans la rue de Satory. Elle avançait très lentement. Aux fenêtres, les Versaillais regardaient la scène, inquiets ou indifférents.

Soudain, des carreaux situés derrière la rue de l'Orangerie jaillirent, armés de pioches et de coutelas, une centaine d'émeutiers [8].

Fournier, qui marchait en tête du cortège, fit écarter son cheval. Il hâta le pas et entra dans l'orangerie du château.

Tout à coup, de la fenêtre de la voiture, Garodeau reconnut parmi la multitude Félix Desportes qui fendait la foule pour se trouver au plus près du carrosse. C'est alors qu'un grincement terrible lui glaça le sang. Les grilles rouillées de l'orangerie, poussées par mille mains féroces, tournaient lentement sur leurs gonds, emprisonnant les carrosses dans un implacable lacet.

Les émeutiers criaient :

— Donnez-nous le ministre et Brissac, nous nous moquons des autres !

— Lessart, Lessart, pour les autres nous faisons grâce !

Les émeutiers enserraient déjà la voiture dont Garodeau et Brissac tentaient de tenir la portière fermée de toutes leurs forces [9].

— Adieu, messieurs, dit Lessart. Il faut mourir, maintenant. Rendez-vous en enfer ou au paradis !

— Pas encore, monsieur, s'écria Garodeau qui, agrippant son maître pour le maîtriser, ouvrit la portière qu'il arracha de ses gonds.

— Vous voulez le ministre, cria-t-il, le voilà ! Je suis son valet depuis quinze ans, nul mieux que moi ne connaît ses turpitudes. Laissez-le-moi, il mourra devant vous, de ma main !

Alors, saisissant le coutelas qu'il avait dans la poche, il en porta un coup violent au comte de Lessart, déchirant son habit mais entamant à peine les chairs.

— C'est une fripouille, un vaurien ! criait Desportes en

fendant la foule. Laissez-nous le massacrer, le mettre en charpie. Tous les supplices lui seront trop doux !

Partout, la bataille faisait rage. Le duc de Brissac avait fini d'arracher la portière de la voiture et assommait plusieurs de ses assassins. L'archevêque de Mende, lardé de mille coups dans le second carrosse, récitait encore, pendant qu'on le dépeçait, la prière des agonisants.

De toute sa force, Garodeau, toujours hurlant, toujours gesticulant, tentait de desserrer l'étau qui, maintenant, l'étranglait.

Lessart, malgré la protection de son valet, avait été transpercé de plusieurs coups de piques, à l'épaule et au bras.

Enfin, au bout d'une interminable seconde, les deux hommes parvinrent à rejoindre Desportes qui, lui aussi, hurlait toujours au meurtre et au carnage.

C'est alors que, de son cheval, Fournier-l'Américain qui regardait la scène, comprit la manœuvre. Il leva son sabre au-dessus de sa tête et trancha d'un seul coup le poignet gauche du comte de Lessart.

Le malheureux poussa un hurlement terrible. Garodeau et Desportes, inondés de son sang, saisirent le corps mutilé et l'entraînèrent. Le créole, impavide, se contenta de détourner les yeux.

Le duc de Brissac venait de succomber. On dépeçait son cadavre, détachant la tête contre le marchepied du carrosse. Une femme, jaillie de la foule, avait entrepris de le déshabiller et découpait ses parties intimes.

Quand elle eut achevé ce travail, on la vit fourrager parmi le monceau immonde de cadavres qui jonchaient le sol. Ayant relevé ses jupons pour ne pas les souiller dans le sang qui coulait en rigoles, Marion Bouchut escaladait le tas de chair humaine que les émeutiers avaient entassé au carrefour de la rue de Satory et de la rue de l'Orangerie [10]. Elle plongeait à pleins bras parmi les membres arrachés et les viscères.

Soudain, avec un hurlement de triomphe, elle ramena sur le dessus l'objet qu'elle cherchait : elle brandit une main où s'accrochait encore une bague superbe.

Elle s'assit alors dans la fange, à même le pavé, et entreprit de détacher la bague du doigt.

Mais, meurtries par le coup reçu et l'amoncellement des cadavres, les chairs avaient gonflé, rendant cette opération difficile. Marion Bouchut saisit alors un canif et, aussi froidement que si elle se fut trouvée dans sa cuisine, se mit en devoir de trancher l'annulaire du malheureux Lessart.

Elle était si absorbée dans ce travail de chirurgie qu'elle ne vit pas Fournier-l'Américain, toujours monté sur son cheval, qui s'approchait. Le créole se pencha sur elle et la saisit brusquement par les cheveux.

La douleur fit lâcher à Marion le doigt, la main, le canif et la bague.

— Citoyenne ! s'écria le créole, tu déshonores la Révolution !

Marion regarda alors son ancien amant d'un œil si sournois que Fournier en conçut quelque méfiance.

— Fournier, lui dit-elle à mi-voix, si tu ne me laisses pas prendre cette bague, je te dénoncerai pour avoir laissé s'échapper Lessart.

Le créole balança un moment, puis fit écarter son cheval. Marion Bouchut ramassa alors le canif et la main qui avaient roulé à terre. Elle acheva de détacher le doigt, mit la bague dans sa poche, et retourna à la boutique du citoyen Perrin.

Elle chercha du fil de fer et attacha dans sa devanture à l'aide de cette potence, parmi les ombrelles et les galoches, le doigt du ministre supplicié, qu'elle baptisa « doigt patriotique » grâce à un écriteau de papier afin de rappeler la tête si courageusement extorquée aux ruines fumantes de la Bastille. Mais Versailles n'était pas Paris. Le commerce morbide échoua lamentablement.

Et bien que l'annulaire restât suspendu dans la boutique jusqu'à ce qu'il soit tombé en poussière, cette enseigne improvisée ne rapporta pas un assignat à Marion Bouchut.

La troupe de Fournier-l'Américain, son forfait accompli, avait inondé la ville, répandu terreur et mort sur son passage. A la fin de la journée, les tape-dur, ivres de vin et de sang, avaient réussi à se faire ouvrir les guichets de la prison. Ils entrèrent dans la geôle et dépecèrent tout vifs, dans des hurlements d'agonie, les voleurs et les assassins qui y étaient enfermés[11].

Tard dans la nuit, alors qu'une noria de carrioles emportaient les cadavres dépecés[12] jusqu'à la mairie où l'on avait institué une chapelle ardente, et que les Versaillais hébétés lavaient à grande eau le pavé du carrefour, Fournier-l'Américain, escorté de Lazowski et de ses assassins, vint faire son rapport à Danton.

Le garde des Sceaux était dans son cabinet, place Vendôme, en compagnie de Tallien, tous les deux avaient bu.

Bousculant les huissiers, Fournier, ivre lui aussi de carnage et de sang, força la porte du ministre.

— Citoyen, s'écria le créole, la mission dont vous m'avez chargé est accomplie.

Danton posa un regard lourd sur Fournier.

— Citoyen ministre, poursuivit ce dernier, il faut parler maintenant aux patriotes qui ont accompli cet acte de bravoure.

Georges Danton se leva pesamment et se dirigea en titubant vers la fenêtre. Il l'ouvrit et regarda avec horreur les infâmes voyous qui avaient barbouillé de sang et de boue le visage de la liberté. Il détailla ces figures hideuses, aux barbes hirsutes, aux haillons déchirés d'où montait, jusqu'à ses narines, l'odeur écœurante de la mort.

Il fit un énorme effort sur lui-même, et cria :

— Citoyens, vous avez rendu un immense service à la patrie. Vous avez purgé la nation de bien grands criminels. Ce n'est pas le ministre de la Justice, c'est le ministre de la Révolution qui vous félicite.

Épuisé, il referma la fenêtre. Il se retourna alors, regarda Fournier, et vomit sur le beau tapis de la Savonnerie.

Puis, après avoir calmé ses hoquets, il revint s'asseoir à son bureau, couvert de sueurs froides.

— Il faudra me donner une rallonge, constata Fournier qui s'était assis. L'affaire était difficile et les patriotes ont bien travaillé.

— Oui, dit Danton, je te ferai payer par Roland [13]. As-tu bien tout nettoyé à Orléans ?

— Évidemment, citoyen ministre. Les meubles de Lessart ont été vidés et dirigés sur Paris.

— Tu n'as trouvé aucun document, aucune cassette ? insista Danton.

— Non, dit Fournier. Si j'avais trouvé des papiers ou de l'argent, je vous les aurais remis.

Danton regarda Fournier avec incrédulité et se contenta de répondre :

— Bien, puisque tu l'affirmes...

— Il n'y a plus rien là-bas, répéta Fournier. Vos ordres ont été scrupuleusement exécutés.

— Va-t'en ! cria Danton, va-t'en !

Et il s'effondra sur son bureau, en proie à de terribles tremblements.

Fournier quitta le ministère et s'employa à disperser ses

troupes. Lorsqu'il se fut assuré que plus personne ne pouvait le suivre, il se rendit rue d'Artois et tambourina si fort, qu'au bout d'une demi-heure, il parvint à se faire ouvrir.

— La citoyenne Lessart est-elle au logis ? demanda-t-il au portier en roulant des yeux terrifiants.

Comme le malheureux domestique balbutiait quelques mots, Fournier-l'Américain le jeta à terre et pénétra de force dans la cour.

Au bruit que fit cette algarade, une fenêtre s'ouvrit, à l'étage et le visage très pâle de Mme de Valdeck apparut à la croisée.

— Citoyenne ! cria Fournier, j'ai à vous parler.

La princesse, de blanche, devint blafarde et dit seulement :

— Montez.

Fournier gravit l'escalier quatre à quatre et se heurta en haut des marches à la vieille dame qui avait jeté un pierrot sur sa robe de nuit.

— Citoyenne, je suis Claude Fournier-l'Héritier dit l'Américain.

— Vous n'avez pas besoin de me décliner votre qualité, répondit la princesse, je sais qui vous êtes, vous êtes l'assassin de mon fils.

Surpris par le calme de Marie-Bonnaventure, le créole avala sa salive et protesta enfin :

— Citoyenne, il y a bien eu un attentat, mais j'ai protégé le ministre, comme l'honneur l'exige. Et à l'heure où je vous parle, il est vivant...

Envahie par un immense et fol espoir, Mme de Valdeck s'écria :

— Dieu puisse vous entendre, monsieur, entrez ici, tout de suite.

L'Américain suivit la princesse dans sa chambre et lui raconta l'émeute.

— Il était convenu avec M. de Lessart que je le laisserais s'évader. Mais les patriotes qui m'accompagnaient ne me l'ont pas permis. Il m'a fallu attendre l'ultime instant pour le faire sauver par deux hommes dévoués, et j'ai bien cru, tant la foule était menaçante, que je ne pourrais y parvenir.

— Et Garodeau ? demanda Mme de Valdeck.

— Il est sain et sauf, madame, avec son maître.

— C'est singulier, reprit Marie Bonnaventure, je ne sentais pas la chose comme cela, mais puisque vous me dites, monsieur, que ce miracle s'est produit, j'en rends grâce à Dieu et ne demande qu'à vous croire. Vous êtes donc venu sur ordre de mon fils, pour m'annoncer cette bonne nouvelle ?

— C'est-à-dire, citoyenne, reprit Fournier, que le ministre m'a chargé de quelques billets pour vous.

— Une lettre, dit Mme de Valdeck en tressaillant, donnez, vite...

— Ce n'est pas une lettre, dit Fournier sur un ton détaché, ce sont des billets, mais des billets à ordre.

— Ah ! dit Marie-Bonnaventure, mon fils aura acheté sa liberté et vous lui aurez fait chèrement payer, combien vous dois-je ?

— Six cent mille livres.

— Eh bien ! s'écria la princesse en soupirant, ce n'est pas donné ! Mais, puisque mon fils a signé, qu'il soit mort ou vif, je respecte sa signature.

Elle se leva et se dirigea vers la porte.

— Attendez-moi un instant, dit-elle.

Resté seul, Fournier regarda attentivement ce qui se trouvait dans la pièce. Il vit une montre en or sur la coiffeuse et, à tout hasard, l'empocha.

Marie-Bonnaventure revint à cet instant.

— Voilà deux cent mille livres en or et quatre cent mille en assignats, dit-elle.

— C'est que, reprit Fournier, il était convenu avec M. de Lessart que j'aurais tout en or.

La vieille dame le regarda en souriant et répondit :

— Mon brave, je ne puis mieux faire. Au reste, vous aurez ma montre en pourboire. N'omettez pas de la porter chez un horloger car elle avance et je serais bien fâchée qu'elle marquât trop tôt l'heure de votre châtiment.

Pris d'une peur panique, le créole arracha prestement un tapis de table, dont il se fit un baluchon renfermant les six cent mille livres, puis il dévala l'escalier et se perdit aussitôt dans la nuit.

Alors, Marie-Bonnaventure s'agenouilla auprès de son lit et se mit à prier. En sanglotant, elle suppliait Dieu du plus profond d'elle-même qu'Antoine-Claude ne fût pas mort, mais tout, dans son raisonnement, se rebellait désormais contre cette espérance.

29

Félix Desportes et François Garodeau, eux-mêmes atteints de plusieurs blessures, avaient réussi à traîner hors de l'émeute le corps mutilé de Valdec de Lessart.

Leur fuite s'était interrompue dans une impasse, à plusieurs carreaux du drame. Les deux hommes avaient alors déposé à terre leur fardeau, et, sans se soucier de leurs propres douleurs, avaient entrepris de sonder les plaies de leur maître. Le cœur battait encore, mais le torse hâché en plusieurs endroits et le poignet tranché saignaient abondamment.

Garodeau et Desportes arrachèrent ce qui restait de l'habit, et déchirèrent la chemise en lambeaux pour tenter de garrotter le bras. Mais la manœuvre se révéla peu efficace et l'hémorragie reprit de plus belle.

— Il va se vider, constata Desportes. Il faudrait cautériser.

— Inutile d'espérer un médecin, ni même un barbier, répondit Garodeau. Peut-être trouverons-nous un charron. Et après cela une voiture.

— Vous rêvez, répondit Desportes, comment voulez-vous sortir d'ici ? Toute la ville est cernée. Si nous échappons à cette bande d'assassins, nous n'échapperons pas à la force armée.

— Écoutez, dit Garodeau, si j'avais écouté le comte, je serais mort et lui aussi. Pour l'instant, nous sommes vivants, c'est déjà un bon point. Nous allons le cacher dans cette remise. Vous resterez avec lui, et je reviendrai, à la nuit, avec ce que j'aurai pu trouver.

Grâce au coutelas qui ne l'avait pas quitté, le valet força la serrure d'une grange. Par bonheur, un tel fouillis s'y entassait qu'à l'exception des poules qui picoraient dans un coin et que les hommes effrayèrent, nul n'aurait pu y discerner la silhouette des fugitifs.

Desportes installa le comte sur un matelas constitué avec ce qui restait de leurs habits et se mit en devoir de comprimer sa blessure avec les doigts.

Le malheureux resta ainsi près de six heures, réglant sa respiration sur celle de son maître qui geignait faiblement.

Il n'osait pas bouger et regardait par instant avec effarement, ses mains, rouges du sang de Lessart mêlé au sien. Il entendit du bruit à plusieurs reprises et craignit pour sa vie. Mais Versailles, en état de choc, n'avait jamais été aussi calme. Aucune voix, aucune clameur ne trouait le silence, hors les murmures et les craquements naturels de la vie.

Vers sept heures, à peu près, autant que Félix Desportes qui avait perdu sa montre et se cachait dans l'obscurité puisse en juger, le comte de Lessart poussa un gémissement. Le secrétaire eut alors l'idée de lui nettoyer le visage avec l'eau sale que buvaient les poules et le ministre ouvrit les yeux.

— Ah ! Monsieur, s'écria Desportes en fondant en larmes, le ciel soit loué ! Vous n'êtes pas mort !

Lessart regarda son commis, sembla le reconnaître, mais replongea aussitôt dans son évanouissement.

Quelques heures plus tard, Desportes entendit un bruit de charrette qui approchait. Il pria le ciel en quelques minutes fulgurantes que ce ne fût point le propriétaire de la grange, venu remiser son matériel, mais il reconnut soudain Garodeau qui l'appelait à voix basse.

Le commis et le valet saisirent alors le corps du ministre et, laissant sur place leurs habits compromettants, se mirent en devoir de l'installer dans la petite carriole.

Ils dissimulèrent le blessé sous une sorte de bâche et parvinrent ainsi à quitter Versailles au cœur de la nuit.

Dès qu'ils furent en rase campagne, Garodeau arrêta le cheval.

— Il va falloir nous séparer, dit-il à Desportes. Mais auparavant, il faut le soigner.

Il dégagea le visage du comte et ajouta :

— Allez, Desportes, du courage, avant de partir il faut m'aider à cautériser les plaies.

— Je ne pourrai jamais, s'écria le commis, posez le fer rouge sur moi si vous voulez, mais ne me demandez pas de le lui faire subir ! J'en suis incapable.

— Ah ! Desportes, ça suffit ! dit Garodeau impatienté. C'est ça ou la mort, nous n'avons pas le choix ! Allumez du feu. Allez, ouste !

L'infortuné commis des Affaires étrangères se mit à ramasser des branches et des feuilles. Il les mit en tas et alluma le feu. Garodeau avait transporté le comte tout près du brasier. De la carriole, il avait extrait une pièce de fer, qui était sans doute un marchepied brisé. Il confectionna pour son outil une sorte de manche rustique en creusant au couteau dans une branche et mit son fer au feu.

Desportes soufflait sur le foyer de toute la force de ses poumons. Quand le métal fut aussi rouge que la braise ardente, Garodeau ordonna :

— Allez, tenez-le.

Et, saisissant le fer rouge en se brûlant lui-même affreusement, il l'appliqua vivement sur le bras mutilé.

Lessart poussa un hurlement sauvage et revint à lui aussitôt.

— Il est sauvé ! s'écria Desportes, qui se tordait les mains, révulsé d'horreur.

Le ministre reconnut Garodeau et chercha à articuler une phrase.

Le valet alla tremper son mouchoir dans le ruisseau et baigna le visage du comte. En remettant le mouchoir dans sa poche, il sentit sous ses doigts le flacon d'eau brune de son maître et, écartant ses lèvres blêmes, y versa la liqueur opiacée.

Au bout de quelques instants, Antoine-Claude reprit tout à fait connaissance.

Desportes, accroupi à quelques pas, pleurait silencieusement.

— Les documents ? Desportes, demanda le ministre en ouvrant les yeux. Où sont les documents ?

— Ne craignez rien, monsieur, répondit Desportes. Ils sont en lieu sûr, et je vous suivais depuis Orléans pour vous les remettre.

— Ah ! brave ami, s'écria Lessart, c'est bien plus important que ma vie, sauvez-les.

— Je vous en réponds sur la mienne, monsieur le Ministre, répondit le commis. Quoi qu'il arrive, vos instructions seront exécutées.

— Bon, dit Garodeau, assez d'effusion, maintenant, Desportes, il faut éteindre le feu qui peut dénoncer notre présence, replacer monsieur le Comte dans la carriole le plus confortablement possible, et nous séparer ici.

— Je veux rentrer à Paris, murmura Lessart.

— Il n'en est pas question, répliqua Garodeau. Permettez à votre valet, monsieur, de vous donner des ordres.

— Je veux rentrer à Paris, répéta Lessart, pour ma mère et... Cathy.

Le valet et le commis se regardèrent. Enfin Desportes articula :

— J'ai veillé, monsieur le Ministre, à la sécurité de Mme Grand. Elle doit être déjà arrivée en Angleterre, d'où elle vous écrira dès qu'elle le pourra.

— Si vous l'avez fait partir avant moi, Desportes, dit Lessart, c'est que vous saviez que j'allais mourir.

— J'avais en effet appris, monsieur le ministre, qu'un attentat se préparait. C'est pour cette raison que je me suis rendu à Orléans et que j'ai suivi le convoi.

— Sans Desportes, vous seriez mort, constata Garodeau. Seul, je n'aurais rien pu faire...

— Bon, dit Lessart, je consens à vous suivre. Mais où voulez-vous m'emmener ?

— Je ne vois guère qu'un endroit, dit Garodeau. Votre terre de Mongenan.

Le comte soupira, et ses yeux se remplirent de larmes. Il sentait dans cette nuit tranquille l'odeur de la mousse humide et du regain coupé. Il pensa aux dernières heures et à la nostalgie qui l'avait envahi en songeant aux rives douces de la Garonne, et à ce pays tant aimé qu'il ne reverrait pas.

Il se sentit désarmé devant une émotion inconnue et qui le submergeait comme une ivresse.

— Oui, François, je t'en supplie, dit-il à Garodeau qu'il tutoyait pour la première fois. Essayons d'arriver jusque-là.

Les deux hommes saisirent alors le ministre sous les aisselles, en tentant d'éviter les parties de chair vive, mais les blessures étaient telles qu'ils ne purent y parvenir et lui arrachèrent de longs hurlements.

On allongea Lessart dans la carriole, Garodeau étendit la bâche sur son corps et le recouvrit de quelques branchages. Et, après un dernier adieu à Desportes, la petite charrette s'éloigna en direction de la Guyenne.

Ce long voyage ne fut qu'un atroce calvaire. Garodeau se privait de manger et de boire pour réserver au comte la nourriture qu'il pouvait glaner çà et là. Chaque hameau représentait un risque, chaque village, une frayeur. Le cheval, épuisé, avançait avec peine. Antoine-Claude, que la fièvre avait gagné, délirait sous la bâche et gémissait à chaque chaos de la charrette. Garodeau cheminait même la nuit, mais, égaré par la pénombre, il se trompa plusieurs fois de route et craignit à plus de cent reprises, d'être découvert.

Chaque jour, le comte de Lessart s'affaiblissait. Il souffrait comme un damné malgré les gouttes d'eau brune que son valet lui distribuait maintenant avec parcimonie. Après les avoir absorbées, il tombait dans une léthargie qui durait quelques heures, puis l'atroce douleur se réveillait et Garodeau entendait ses plaintes sous la bâche.

Ayant sacrifié son dernier argent à l'achat de la carriole, le valet avait été contraint de voler, pour se vêtir et pour vêtir son maître, deux chemises qui séchaient dans une cour de ferme. Il en avait tant bien que mal recouvert les blessures du ministre et la chemise avait été aussitôt souillée de pus et de sang.

Au bout de six jours et de sept nuits, la carriole atteignit enfin Lormont. Il était neuf heures du soir et un cortège de vendangerons voletait autour de la charrette.

Garodeau s'arrêta tout en haut du village.

Il écarta les branches et la bâche, et souleva Lessart qui, écrasé de fièvre, délirait en répétant des mots incohérents.

— Regarde, lui dit Garodeau, regarde. C'est Bordeaux. A peine quelques heures, et tu seras à Mongenan.

Le ministre usa ses dernières forces en tentant de se redresser pour apercevoir la Garonne mais il ne put y parvenir.

— Wallenberg, murmura-t-il, Wallenberg, aux Chartrons.

Comprenant que son maître allait mourir, Garodeau rabattit prestement la bâche. Il fit rouler la carriole jusqu'au bord du fleuve et avisa le marinier qui servait de passeur.

— Je veux traverser, dit Garodeau, et vite.

— C'est cent billions, payés d'avance.

— Cent billions ! tu vas voir, misérable ! s'écria le valet qui saisit son coutelas et le mit sur la gorge du marin.

L'homme, plus mort que vif, eut tôt fait de larguer les amarres de son coureau et la barque plate se trouva bientôt au milieu du fleuve sans que Garodeau ait desserré son étreinte.

— Chez Wallenberg, aux Chartrons, criait-il au marinier, sans se rendre compte que, dans sa fureur et dans sa précipitation, il lui entamait les chairs avec son coutelas.

On atteignit enfin l'autre rive et Garodeau quitta le navire pendant que le marin hurlait de terreur et de rage en le maudissant.

En quelques secondes, il fut à la porte de l'hôtel Wallenberg. Il frappa et cria si fort que le battant finit par s'ouvrir. Le valet réussit à faire pénétrer sa carriole sous le porche.

Quand Louis Donatien de Vallemont arriva, il vit cette scène atroce, d'un homme, accroupi sur une charrette, qui sanglotait comme un enfant en serrant contre lui un cadavre mutilé.

Antoine-Claude de Valdec de Lessart avait cessé de vivre.

Écartant ses domestiques qui s'affairaient, Wallenberg ordonna qu'on les laisse seuls. Il aida Garodeau à dégager le corps qu'ils portèrent dans une chambre.

Puis, écrasés par une même peine, les deux hommes qui ne pouvaient retenir leurs larmes entamèrent la toilette funèbre.

Ils revêtirent le comte de Lessart d'un habit de velours noir à broderie de jais, et passèrent à son cou le collier du 33e degré de la Franc-Maçonnerie.

— Où allons-nous l'inhumer ? demanda Vallemont. Sous un escalier comme les huguenots d'autrefois ?

— Jamais ! monsieur le Comte, s'écria Garodeau. Il voulait mourir à Mongenan, il reposera à Mongenan.

— Mais c'est impossible ! dit Wallenberg. Comment voulez-vous traverser Bordeaux ? La ville est tout entière aux Girondins. Nous serons découverts, arrêtés, et mis à mort. On vient d'acheter une guillotine qui sera dressée place Nationale[1] !

— Ça ne fait rien, répéta Garodeau. M. de Lessart sera inhumé à Mongenan, quoi qu'il en coûte et même si je dois y laisser la vie !

— Bon, dit Wallenberg, j'ai une idée. Mon ami Victor Louis vient d'établir dans le quartier un chantier de construction. Nous chargerons une voiture avec des pierres qui forment un mausolée, et nous essaierons de traverser Bordeaux ainsi. Seulement, il nous faut un cercueil, et nous n'en avons pas.

— Ce serait trop risqué d'en faire confectionner un, observa le valet. Trouvons dans la maison quelque chose qui puisse en faire office.

Les deux hommes se consacrèrent à cette recherche et choisirent enfin une baignoire de marbre blanc.

Ils passèrent la nuit à veiller M. de Lessart dont le beau visage avait repris son apparence naturellement apaisée.

Au petit matin, Wallenberg sortit pour réaliser le plan qu'il s'était fixé.

Vers midi, il revint avec l'architecte escorté de deux porte-pièces qui conduisaient une énorme charrette de chantier.

Garodeau et Wallenberg placèrent le corps dans la baignoire, le recouvrirent d'un linceul, et confièrent le cercueil improvisé aux porte-pièces qui le descendirent et le déposèrent sur le chariot comme s'il se fut agi d'une plume.

Alors, les deux hommes qu'accompagnait Victor Louis montèrent dans la charrette et le lourd attelage s'ébranla pesamment en direction de Mongenan.

Ce n'est qu'à la nuit tombante qu'ils atteignirent le domaine de M. de Lessart. Ils pénétrèrent dans le parc, et firent avancer les chevaux jusqu'au coin le plus reculé. Victor Louis choisit un emplacement sous des tilleuls placés en triangle.

Alors, silencieusement, les trois hommes se mirent à creuser le sol. Leur travail dura une bonne partie de la nuit. Quand il fut achevé, l'architecte, aidé par Garodeau, dégagea la charrette de ses pierres. Enfin le valet fit avancer les chevaux et détacha lentement les harnais. Le plancher du chariot se cabra, libérant la baignoire de marbre, qui glissa tout doucement dans la fosse et s'immobilisa.

Alors, Victor Louis se mit à réciter le rituel de la tenue funèbre :

— Mes frères, en présence de ces emblèmes de notre douleur et de nos regrets, sous cette voûte céleste, muet témoin de notre hommage à celui que nous pleurons, prêtons le serment d'oublier les injures et les offenses que nous avons reçues. Que les querelles s'effacent devant la mort et que seule demeure la concorde à jamais établie sur le monde.

Les trois hommes, en pleurant silencieusement, reprirent leur pelle et leur pioche. Quand ils eurent terminé ce travail, le jour se levait déjà.

François Garodeau eut un dernier regard pour le petit mausolée que Victor Louis, inventeur de tant de palais, avait édifié de ses mains.

Il remercia l'architecte de son aide et lui dit :

— Je ne sais ce qu'il faut concevoir pour sauver l'âme et l'œuvre d'un homme. Mais au moins, grâce à vous, la tombe de celui-ci sera bientôt recouverte des narcisses de la connaissance.

Puis il salua les deux hommes et s'éloigna, solitaire, vers les terrasses de Mongenan.

Mongenan
9 septembre 1984-11 février 1985.

Épilogue

Si le roman de Valdec de Lessart s'achève avec sa mort, l'itinéraire des personnages que nous avons croisés dans ce récit appartient désormais à l'Histoire.

Que leur arriva-t-il après ce mois de septembre 1792 ?

Mme Grand, après avoir quitté Paris précipitamment le 10 août 1792 — nous avons la preuve de cette précipitation par une note de couturière conservée aux Archives Nationales, qui se plaint que sa cliente n'ait jamais pris livraison des robes commandées le 2 août —, arriva à Douvres quelques jours plus tard n'ayant plus que douze louis dans sa poche. Un jeune aspirant de marine, M. Nathaniel Belchier, tomba alors sous son charme et réussit, au péril de sa vie, à lui faire passer en Angleterre ses bijoux et sa vaisselle d'or.

A Londres, Mme Grand fit la connaissance d'un diplomate de la république de Gênes, M. Cistoforo Spinola, déjà marié à une fille du maréchal de Lévis-Mirepoix.

Elle rentra ensuite à Paris où Talleyrand la rejoignit. Il la sauva alors des griffes de la police qui l'accusait, non sans raison, d'être ou d'avoir été une espionne à la solde de l'Angleterre. Dans une lettre restée célèbre, datée du 3 germinal An 6 (23 mars 1798), il fit l'aveu de son amour pour elle en écrivant à Barras :

« Citoyen directeur,

On vient d'arrêter Mme Grand comme conspiratrice (...) je vous demande intérêt pour elle. Je l'aime et je vous atteste à vous, d'homme à homme, que, de sa vie, elle ne s'est mêlée et n'est en état de se mêler d'aucune affaire. »

Barras dut, pour sauver Mme Grand, et accessoirement Talleyrand, mettre tout son poids dans la balance car ses collègues Reutell et Merlin de Douai s'exclamèrent :

« Ce misérable défroqué est le plus vil des libertins ! Il ne pouvait se satisfaire en France où cependant il ne manque pas de catins. Il fallait qu'il en allât chercher en Angleterre ! »

Malgré cette opposition, Barras, « déclamant, tonnant, vaticinant, les yeux hors de la tête », c'est en tout cas ce qu'il raconte dans ses mémoires, finit par enlever la partie et Mme Grand sortit alors de prison.

A la stupéfaction générale des salons, la duchesse d'Abrantès en témoigne, Talleyrand l'épousera le 22 fructifor An 2 (9 septembre 1802) à quatorze heures, soit dix ans, jour pour jour, heure pour heure, minute pour minute, après l'attentat qui avait coûté la vie à Valdec de Lessart.

M. Louis de Narbonne était le témoin du marié. Il est difficile de ne pas voir un signe dans ces deux coïncidences. La mariée frisait les quarante ans, elle avait beaucoup grossi et portait maintenant perruque.

Enfin admise aux Tuileries où Louis XVI ne l'avait jamais acceptée, Cathy ne fut guère mieux reçue par Napoléon Bonaparte qui dit en la voyant paraître :

— Je souhaite que la conduite de Mme de Talleyrand fasse oublier celle de la citoyenne Grand.

A quoi elle répondit :

— Comme celle de l'Impératrice des Français saura faire oublier, j'en suis sûre, la conduite de la citoyenne Beauharnais.

Bien qu'elle fût faite Altesse Sérénissime et Princesse de Bénévent, Mme Grand ne fut pas heureuse.

Talleyrand attribuait « au désordre et à l'égarement général de l'époque » de l'avoir épousée. C'est l'excuse qu'à son lit de mort il adressera au souverain pontife, pour obtenir l'absolution.

Mme de Staël, qui avait été entre-temps sa maîtresse, vint diriger, dans le propre salon du ministre, une coterie anti-Kelly. Elle lui reprocha ouvertement sa bêtise et sa vanité car la petite d'Inde n'était plus occupée que de protocole et de généalogie.

En 1808, parce qu'elle avait eu une liaison avec le duc de San Carlos, Mme de Talleyrand vit définitivement se fermer devant elle la porte des Tuileries.

Elle n'accompagna pas son mari au congrès de Vienne et fut définitivement répudiée en 1815. Talleyrand lui consentit une pension annuelle de soixante mille livres.

Elle se fixa à Londres, puis revint à Paris d'abord à Auteuil, enfin rue de Lille.

Le 7 décembre 1835, Monseigneur de Quelen, archevêque de Paris, lui donna les derniers sacrements. Elle confia alors à son confesseur une cassette et mourut « en demandant pardon à Dieu et aux hommes des scandales qu'elle avait pu causer ».

Après un service à Saint-Thomas-d'Aquin, son corps fut enseveli au cimetière Montparnasse. Talleyrand n'avait pas assisté à ses obsèques et ne s'y était même pas fait représenter. Il intercéda cependant auprès de l'archevêque pour qu'on lui rende les papiers de Mme Grand. Monseigneur de Quelen refusa et nul ne sut amais ce qu'ils contenaient.

Après avoir quitté Valdec de Lessart sur la route de Bordeaux dans la nuit du 9 au 10 septembre 1792, Félix Desportes rentra tristement à Paris.

Il reprit son travail au ministère et fut élu maire de Montmartre. Dès ce moment, il devint l'objet de perpétuelles pressions de la part de Danton qui cherchait toujours à récupérer la cassette que lui avait confiée l'ancien ministre.

Desportes résista à tout, honneurs, prison, corruption.

Il fut nommé ambassadeur à Deux-Ponts, et la duchesse régnante accepta d'être la marraine de la fille qui naquit à ce moment-là et qui deviendra Mme Louis Bertrand de Boucheporn.

Après avoir été nommé préfet du Haut-Rhin sous l'Empire, Félix Desportes demanda un jour audience à l'Empereur. Il voulait remettre à Napoléon la cassette de Valdec de Lessart.

L'Empereur la refusa en disant au préfet :

— Je sais ce qu'il y a dans cette cassette et j'ai jugé les Septembrisards pour ce qu'ils valaient. Ces documents n'ont plus d'intérêt pour moi. Ils ont une valeur affective pour vous. Gardez-les. Au reste, si vous voulez mon jugement sur M. de Lessart, il aurait évité bien des malheurs en menant une vie moins dissolue.

Un peu douché par cet accueil, Félix Desportes rentra chez lui. Le lendemain, il était arrêté sous prétexte d'une fraude financière manipulée de toutes pièces.

On le radia même de l'ordre impérial de la Légion d'honneur. Les Archives Nationales conservent encore les preuves de toutes les démarches que l'infortuné accomplit à ce moment-là pour rentrer dans ses droits.

Enterré à Montmartre en 1836, Félix Desportes laissait plusieurs enfants dont Mme de Boucheporn qui hérita de la fameuse cassette. Le personnage de cette femme n'est pas indifférent dans l'Histoire car l'Empereur Napoléon III lui doit la vie.

Dame d'atour de la Reine Hortense, et unique témoin d'un accouchement aussi difficile que précipité, Mme de Boucheporn eut l'idée de tremper le futur empereur des Français, qui s'était étranglé avec le cordon ombilical, dans un bain de vin chaud. Ainsi le futur Napoléon III fut-il ranimé.

La cassette de Valdec de Lessart ne quitta pas cette famille dont le dernier descendant s'éteignit à Saint-Dié en 1918.

Toutes les recherches que nous avons pu effectuer, tant dans les archives qu'auprès de personnes privées, sont à ce jour restées vaines. C'est un grand dommage, car l'Histoire de la Révolution et celle de la Restauration des Bourbons seraient singulièrement éclairées par la découverte des documents confiés par Louis XVI à son confident.

Bombardées pendant les deux dernières guerres, les archives de Saint-Dié ont disparu. Et peut-être, avec elles, la fameuse cassette.

Quant à Fournier-l'Américain, il n'arrêta pas avec les massacres de septembre sa carrière de condottiere. Danton obligea effectivement Roland, ministre de l'intérieur, qui renâclait, à payer double prime aux assassins de Valdec de Lessart et à leur chef. Roland, averti que cet assassinat se préparait, avait tenté de l'empêcher, en écrivant la veille plusieurs billets, notamment au maire de Versailles, Hyacinthe Richaud, qui s'interposa courageusement — l'hôpital de Versailles porte encore son nom aujourd'hui en souvenir de cette action d'éclat — et au président du tribunal de Saint-Germain M. Alquier (qui fut en d'autres temps maire de La Rochelle).

Ce dernier, n'écoutant que son devoir, força la porte du garde des Sceaux et demanda à Danton d'interdire le massacre qui allait se commettre !

— Ne vous mêlez pas de cela, répliqua le ministre. Certains, parmi les prisonniers d'Orléans ont commis de bien grands crimes.

— Peut-être, répliqua le procureur, mais votre langage est indigne d'un ministre de la Justice. Quand les prévenus auront été jugés, on pourra parler comme vous le faites. Pour l'instant, au regard du droit et à mes yeux, M. de Lessart est toujours réputé innocent.

Fou de colère, Danton, après une scène violente, congédia Alquier qui rentra tristement à Versailles.

Mais cet homme étrange avait la justice chevillée au corps. Le 4 Messidor An III, il fit rouvrir l'instruction sur la mort de Valdec de Lessart qui avait été suspendue le 8 février 1793. S'étant procuré la feuille d'émargement signée par les assassins, il convoqua les voyous un à un et les interrogea. Hélas, au moment où cette procédure avait lieu, fut votée la loi d'amnistie du 4 Brumaire An IV. Fournier-l'Américain échappait donc à la justice.

Alors Alquier se vengea tout de même sur quelqu'un. Ayant appris l'histoire du doigt patriotique de Marion Bouchut, il la fit arrêter ainsi que son mari pour vol, délit que ne couvrait pas la loi d'amnistie.

Jugés et reconnus coupables, le 25 Thermidor An III, les époux Perrin furent condamnés à mort. Il fut ordonné qu'il serait sursis à l'exécution à l'égard de la femme Perrin qui se disait enceinte. Le lendemain, Nicolas Perrin tenta de se trancher la gorge dans sa cellule mais n'y parvint pas. On le soigna et il monta au supplice, place Hoche à Versailles, le 3 Fructidor. Sa femme fut exécutée elle aussi, le 25 Fructidor an III.

Fournier-l'Américain n'en avait pas fini pour autant avec la justice. Dénoncé par Marat comme détrousseur de cadavres et accusé, dans « l'Ami du peuple », d'avoir volé les billets à ordre de Lessart, il fut décrété d'arrestation le 12 mars 1793. Marat s'acharna sur lui, l'accusant notamment dans « le Publiciste de la République Française » du 9 mai 1793, d'être « un ambitieux, un espion, et un parasite ». Le journaliste demandait à Fournier s'il avait bien payé avec les billets à ordre de feu Valdec de Lessart la maison qu'il avait achetée à un certain Pasquier, marchand de vin rue de Thionville à Paris, et qui était située à Verneuil (Seine-et-Oise).

L'affaire fit grand bruit, mais après l'assassinat de Marat par Charlotte Corday, la Commune de Paris passa l'éponge et chargea Fournier — oh ironie du sort ! — d'une mission sur les subsistances qui consistait en l'achat de grains dans les départements du Puy-de-Dôme et de la Haute-Loire.

Sans doute le créole fut-il à cette occasion une fois de plus indélicat, car il fut, dès son retour, enfermé à l'abbaye du 12 germinal au 1er Vendémiaire An III (22 septembre 1794). Arrêté de nouveau le 19 Ventôse An III (9 mars 1795) il resta en prison jusqu'à l'amnistie du 4 Brumaire An IV.

Allait-il enfin devenir dans sa propriété de Verneuil un cultivateur honnête ? Pas du tout.

Après avoir signé en Fructidor An VII une pétition contre la nomination de Sieyès, on retrouve le créole mêlé à l'attentat de la rue Saint-Nicaise le 3 Nivose An IX.

Le premier consul qui devait emprunter cet itinéraire pour se rendre à l'opéra de la rue de la Loi où se donnait la première audition de l'oratorio de Haendel : *Saül,* échappa par miracle à la mort.

Bonaparte, qui connaissait décidément très bien son monde, ordonna dès son arrivée dans la salle de spectacle que l'on arrêtât Fournier l'Américain qui louait indistinctement ses services aux Républicains et aux Chouans.

Mais l'homme de main parvint à se soustraire aux recherches en devenant jardinier à Villejuif.

Retrouvé deux ans plus tard, il fut enfermé au fort de Joux, le 20 août 1803. Au mois de novembre suivant, il était embarqué pour Cayenne.

Libéré par les Anglais, il revint en France en 1809 mais on le relègua à Auxerre où il organisa aussitôt des émeutes. Napoléon le fit enfermer au château d'If en juillet 1811.

De retour à Paris après Waterloo, il s'installa rue Perdue numéro 6, en compagnie d'une femme épousée jadis à Saint-Domingue.

Louis XVIII le fit arrêter le 1er novembre 1815 et incarcérer à la Force. On le libéra le 16 août 1816, et il adressa au Roi une lettre qui donne une haute idée de son inconscience ou de son effronterie : il réclamait une pension que Louis XVI lui aurait accordée en 1785 à la demande de Lessart.

Il osa même adresser un mémoire en 1822 à la Chambre des Députés réclamant le paiement de la fameuse assurance sur la Compagnie des Indes.

Ce mémoire resta sans effet et Claude Fournier-l'Héritier dit l'Américain mourut à Paris, dans son lit, Esplanade des Invalides, numéro 28, le 27 juillet 1825. Il venait d'avoir quatre-vingts ans.

Quant à Louis de Narbonne, il connut lui aussi une bien étrange destinée.

Mme de Staël le rejoignit en Angleterre et, sans doute poursuivi par le remord, il intervint alors auprès de Pitt pour sauver le Roi Louis XVI. Le Premier ministre anglais n'accéda pas aux désirs du fils naturel de Louis XV. Mais Mme de Staël jugea cette intervention outrageante et le couple se sépara. Elle écrivit alors son traité « Des Passions » et accabla M. de Narbonne de lettres furibondes.

Il eut cependant la faiblesse de la rejoindre en Suisse, à Coppet et, après avoir entrepris une liaison avec Mme de Laval que, tout comme Mme de Staël il partagea avec Talleyrand, il revint à Paris en 1800.

De 1800 à 1809, Narbonne essaya vainement d'entrer dans la familiarité de l'Empereur dont Talleyrand, par de multiples manœuvres, réussit à le tenir éloigné.

Devenu ambassadeur à Vienne, il négociera à ce titre le mariage de Napoléon et de Marie-Louise. Nommé aide de camp de l'Empereur, il eut enfin avec le monarque une explication décisive. A partir de mars 1812, l'intimité des deux hommes deviendra telle qu'il fut le plus proche confident du souverain. Hélas, Napoléon ne suivra pas les conseils de Narbonne pendant la campagne de Russie, ce qui n'empêchera pas le comte d'avoir une attitude héroïque pendant la retraite.

Comprenant que l'Europe coalisée voulait de toutes parts la guerre contre la France, Narbonne exercera paradoxalement auprès de l'Empereur le rôle que Lessart avait tenu envers Louis XVI. Nommé second plénipotentiaire au congrès de France, puis Gouverneur de Torgau, Narbonne mourra du typhus le 17 novembre 1813 à neuf heures du matin. Il était âgé de cinquante-huit ans.

En mourant, il prononcera cette prophétie qui était également un terrible retour sur lui-même : « La compression des espérances généreuses de la Révolution, l'abus de la force et de la guerre, perdront un jour la stabilité en Europe sans y ramener la liberté. Et longtemps, peut-être, elles ne laisseront plus au continent que le rêve alternatif des grandes insurrections et des grandes armées. »

Les frères Lameth connurent, eux aussi, un destin mitigé.

Théodore qui, par la suite écrira ses mémoires, réussit après le 10 août à gagner l'Angleterre qu'il atteignit après bien des tribulations. N'écoutant que son courage, au mois de décembre suivant, alors qu'on allait juger Louis XVI, il rentra en France pour tenter de sauver le Roi. Reconnu, il se cacha seul dans les bois de Pontoise durant quatre-vingt-dix jours. Traqué par l'armée, il parvint à gagner la Suisse et ne rentra en France que sous le Consulat.

Totalement ruiné par la perte de ses possessions coloniales, l'infortuné se résigna à solliciter une pension après le coup d'État du 18 Brumaire. Napoléon qui ne l'aimait guère lui fera attendre ce secours jusqu'au 17 Ventôse An IX.

Alexandre accueillit alors ce vieux célibataire dont on dit que, tel Louis XVIII, il ne connut jamais la femme.

Il se réfugia également chez Mme de Girardin à Ermenonville et se promena mélancoliquement dans la campagne jusqu'au fief de Lessart, distant de quelques kilomètres. Le bonheur de retourner à l'armée lui fut toujours refusé. La Restauration réduisit son traitement à neuf cents francs et il mourra simple maréchal de camp. A quatre-vingt-trois ans, il deviendra le chevalier servant de Mme Récamier et achèvera sa vie à quatre-vingt-dix-huit ans le 19 octobre 1854 sourd, aveugle, mais toujours conscient et passionné de politique. Il repose au Père-Lachaise.

Son frère Charles, qui avait fait décréter d'arrestation le marquis de Bouillé après la fuite à Varennes, devint maréchal de camp dans l'armée du Nord. Arrêté, comme nous l'avons vu au moment du 10 août, il parvint à s'échapper et émigra à Hambourg où il devint prosaïquement négociant. Nommé par Napoléon 1er gouverneur de Wurtzbourg puis de Santona, en Espagne, il devint lieutenant-général et député sous la Restauration et défendit sous Louis-Philippe la cause du parti conservateur. Il mourut en 1832, à l'âge de soixante-quinze ans.

Quant à Alexandre, il fut également décrété d'accusation. Mais il se rapprocha de La Fayette et gagna l'armée du Nord où il partagea sa disgrâce. Fait prisonnier par les Autrichiens, il resta trois ans captif et rentra en France en 1799. Il devint alors préfet et fut élu député sous la Restauration. Il rédigea alors une « Histoire de l'Assemblée Constituante » qui raconte jour par jour, son amitié et son combat pour Valdec de Lessart.

Il mourut en 1829, à l'âge de soixante-neuf ans.

Si nous ne citons que pour mémoire les personnages connus de tous tel Necker qui mourut dans la retraite et la solitude de Coppet le 9 avril 1804, ou bien Mme de Staël qui, après avoir perdu ce père dont elle disait « c'était mon frère, mon enfant, mon mari », connut bien des déboires tant politiques avec l'Empereur qui la détestait, que sentimentaux avec Benjamin Constant comme en témoigne une œuvre littéraire foisonnante, ou encore Talleyrand, dont l'itinéraire fut largement commenté, arrêtons-nous sur quelques fantômes dont le visage hante encore la grande et la petite histoire.

Thérésia Cabarrus s'enfuit de Paris le 5 avril 1793.

Elle venait de divorcer de M. de Fontenay, formant tout d'abord le projet de se réfugier en Espagne, elle s'arrêta finalement à Bordeaux où ses frères exerçaient le négoce, rue Neuve.

On lui connut alors deux amants, Édouard de Colbert et Étienne Auguste de Lamothe qui se battirent en duel pour ses beaux yeux et se blessèrent assez sérieusement.

Tallien, pour sa part, fit son entrée à Bordeaux le 16 octobre 1793 en tant que Commissaire de la Convention.

Il installa ses bureaux dans le Grand Séminaire de la rue du Palais-Gallien que l'on avait hâtivement rebaptisée rue de la Raison.

Il intervint aussitôt en faveur de Thérésia qui vivait à l'époque dans l'ancien hôtel Franklin, actuellement Cours de Verdun numéro 23, et fit prendre à son endroit une décision favorable le 23 Brumaire An II.

A partir du 10 décembre 1793, Thérésia accorda ouvertement ses faveurs à Tallien tout en s'octroyant une passade avec le futur général Brune.

La Terreur régnait sur Bordeaux. Thérésia et Tallien entreprirent alors de monter un fructueux commerce de grâces et l'on vit celle qui allait se décerner toute seule le titre de « Notre Dame de Thermidor » négocier avec son amant à l'entracte des spectacles du grand théâtre la tête des condamnés promis au couperet le lendemain matin.

Une troisième personne était impliquée dans cette entreprise, la femme Frenelle, servante de Thérésia.

Robespierre apprit ce commerce et s'en émut. Il envoya un inspecteur à Bordeaux, Marc Antoine Jullien, qui lui fit un rapport accablant. L'Incorruptible fit alors arrêter la Frenelle, réfugiée à Fontenay-aux-Roses, et fit appréhender Thérésia à Versailles le 12 Prairial An II (31 mai 1794).

Conduite la Petite Force, ainsi que sa domestique, Thérésia y demeura jusqu'au 7 Thermidor, vouée à une mort certaine. C'est alors que, dans un dernier recours, elle écrivit à Tallien la lettre suivante : « L'administrateur de police sort d'ici. Il est venu m'annoncer que demain je monterai au tribunal, c'est-à-dire à l'échafaud. Cela ressemble bien peu au rêve que j'ai fait cette nuit. Robespierre n'existait plus et les prisons étaient ouvertes. Mais grâce à votre insigne lâcheté, il ne se trouvera bientôt plus personne en France capable de réaliser mon rêve. »

Comprenant qu'il allait perdre la femme qu'il aimait plus que tout au monde, Tallien, dans un terrible sursaut, trouva la force d'accuser Robespierre et de former en une journée la conjuration du IX Thermidor.

M. de Robespierre, vaincu par cette attaque, fut décrété d'accusation et monta le lendemain dans les effroyables circonstances que l'on sait, sur cet échafaud où il avait cru pouvoir envoyer Tallien et sa trop séduisante maîtresse.

Mais Thérésia, qui n'avait que vingt et un ans, ne s'attacha pas pour autant à son sauveur. Elle l'épousa cependant à Paris le 26 décembre 1794, et le couple s'installa dans cette maison de l'allée des Veuves (aujourd'hui le Rond Point des Champs-Élysées) que Thérésia avait eue en dot pour son premier mariage. Elle y mena une vie éclatante et luxueuse, faisant suppléer Tallien par Barras et le banquier Ouvrard dont elle eut un enfant. Elle s'installa alors en l'hôtel de Chavaleilles, rue de Babylone, et répudia Tallien. En 1805, elle épousait M. de Caraman qui faisait d'elle la respectable princesse de Chimay.

Qu'allait donc devenir Tallien ? Le malheureux fut inconsolable. Bonaparte l'expédia en Égypte et il embarqua... comme savant, lui qui ignorait tant l'orthographe ! Nommé consul à Alicante, il y perdit un œil, ce qui acheva de le rendre fort laid. Au commencement de la Restauration, il habitait toujours l'allée des Veuves, mais il n'occupait plus la maison des maîtres. C'est dans celle du maraîcher qu'il allait achever sa vie auprès d'une unique servante, seul, oublié de tous, aveugle et se souvenant.

Devenu goutteux et podagre, Tallien ne sortait plus que pour vendre sur les quais un objet à la sauvette quand il lui fallait trouver quelques sous pour manger. C'est là que le baron Pasquier le rencontra un jour de 1820, tentant de négocier à un bouquiniste une collection complète du journal qu'il avait fondé « l'Ami des Citoyens ». Le ministre s'émut de l'infortune de l'ancien Président de la Convention et lui fit l'aumône d'une pension de cent louis octroyée par Louis XVIII sur sa cassette personnelle.

Le régicide accepta le don du frère de Louis XVI et mourut seul et dans l'indigence le 16 novembre 1820 à six heures du matin. Ses obsèques où nul ne se pressa eurent lieu en l'église Saint-Pierre-de-Chaillot.

Le malheureux avait revu Thérésia une seule fois. Quand la fille qu'il avait eue d'elle épousa le comte de Narbonne-Pelet, fils du général de Narbonne, lui-même cousin de notre personnage. La princesse, à l'issue de la cérémonie, le raccompagna dans son carrosse allée des Veuves. Tallien bouleversé s'enferma ensuite dans sa petite chambre. Il ne conservait plus alors de l'impétueuse Thérésia que deux méchants rideaux de taffetas jaune, brûlés par l'usure du soleil.

Peut-être, dans ces derniers instants, revoyait-il le visage de Guadet que comme tant d'autres il avait, à Bordeaux, contribué à envoyer à l'échafaud.

Le Girondin avait réussi à fuir Paris, en effet, le 2 juin 1793 après l'exclusion et la mise en arrestation des députés de la Gironde.

Comme son ami Lessart, il entreprenait un long voyage qui devait le ramener à la terre promise, mais son calvaire fut plus long que celui du ministre.

Ce périple lamentable l'amena d'abord avec les autres Girondins fugitifs, Pétion, Valady, Louvet, Buzot, Salles et Barbaroux en Vendée où ils furent poursuivis, sans guides, errant de grange en grange, les pieds en sang. Guadet parvint à regagner Saint-Émilion où son père le cacha une première nuit. Mais le pays tout entier conspirait à sa perte. Le 12 octobre 1793, une brave femme, Mme Bouquey, accueillit enfin les fugitifs.

Elle les cacha dans son puits, profond de trente mètres, qui donnait dans une sorte de grotte. Là, avec deux matelas et deux chaises pour sept, les Girondins s'installèrent souffrant de la faim, car la nourriture était contingentée et du froid, car la grotte était si humide qu'on ne pouvait y allumer du feu.

Un mois plus tard, Tallien menaça la ville tout entière d'affreuses représailles si elle ne livrait pas les Girondins.

Les malheureux durent quitter leur retraite et se séparèrent. Salle et Guadet retournant chez le père Guadet, dans une cachette pratiquée sous le toit. Le 17 juin 1794, au matin, le village de Saint-Émilion se réveilla, bloqué par le dixième bataillon de la Gironde. L'agonie des Girondins commençait.

On découvrit Salles et Guadet que l'on garrotta, on arrêta M. et Mme Bouquey, le père de Guadet, le frère de Guadet et même une servante pour faire bonne mesure. Dans la charrette qui les conduisait au tribunal, Marguerite-Elie sanglotait : « Mon père, mon père, nous allons au supplice et c'est moi qui vous tue ».

En effet, toute la famille Guadet montait le 19 juin 1794 courageusement à l'échafaud.

Nulle phrase ne s'échappa à cet instant des lèvres de Guadet pour passer à la postérité. Le Girondin était moins éloquent que Danton qui, le 16 Germinal, avait crié au bourreau Sanson qui s'apprêtait à officier : « Tu montreras ma tête au peuple, elle en vaut la peine ». Les témoins racontent que le tribun eut alors un sanglot et murmura : « Ma bien-aimée, ma bien-aimée, je ne te verrai donc plus ! »

Danton, lui aussi, avait donc sa Mme Grand !

De tous ceux-là, un seul eut finalement un destin qui s'accomplit, si l'on peut dire, sans histoire.

François Garodeau, ayant enseveli son maître, rentra à Paris et, sur l'ordre de Mme de Valdeck, se rendit à Versailles le 28 octobre 1792, afin d'obtenir un certificat de décès de Valdec de Lessart. Il reconnut à cette occasion plusieurs objets tombés durant l'émeute des poches de l'ancien ministre : une montre en or de Courieult dont le mécanisme s'était arrêté à l'instant même du drame, une clef en forme de médaillon à secret, renfermant le portrait de Mme Grand, un flacon d'or long et aplati, une boucle de col et deux boucles de chaussures brisées et tachées de sang. François Garodeau identifia en outre un morceau de papier bleu que le comte avait dans sa poche et qui, souvenir bien émouvant, appartient aujourd'hui aux archives de M. le maire de Versailles. Il le reconnut formellement comme étant de la main de son maître car cette note, tachée de sang, renfermait les comptes du ministre pour le mois d'août 1792. Le règlement d'un projet de l'architecte Victor Louis pour la petite maison de Mongenan où est maintenant installé le Musée de Lessart y figurait notamment.

On délivra donc au valet les pièces nécessaires et on put commencer à dresser le lundi 12 novembre 1792 l'inventaire après décès.

L'opération fut longue et fastidieuse car l'ancien Directeur de la Compagnie des Indes laissait une énorme fortune.

Outre ses deux navires, le « baron de Bender » et le « Dauphin », l'ancien ministre possédait en propre l'hôtel de la rue d'Artois, d'autres maisons à Paris, à Bordeaux, à Portets, la terre de Mongenan et un petit fief, acheté le 21 juillet 1761 au Prince de Condé. Les rentes, les comptes de Mme Grand, l'argent prêté, les pensions que Valdec de Lessart avaient consenties, notamment à Jean-Jacques Rousseau, se retrouvent dans cette pièce conservée aux Archives Nationales.

La succession du baron de Gascq et les difficultés qui en

résultèrent avec les familles de Piis et de Gombaud sont également relatées dans ce texte.

On y apprend que Lessart avait fondé pour gérer les biens immobiliers et les terres du baron, notamment l'hôtel de la Paroisse Saint-Seurin à Bordeaux, les baronniers de Portets, de Razac, et de Castres, ainsi qu'une gravière indivise avec la famille de Saluces, une Société de gérance où il intervenait pour les quatre cinquièmes, un cinquième étant réservé à M. Ségalié, avocat au Parlement de Bordeaux.

Ce dernier gérait à ce titre notamment les vignes de graves, ayant à charge de revendre le vin en fûts à François Garodeau qui en assurait à Paris la distribution en bouteilles. Ce petit négoce était installé dans la cave même de la rue d'Artois.

C'est grâce à lui que François Garodeau passa sans encombre la période de la Terreur. A Bordeaux, l'ancienne propriété du baron de Gascq était entourée des rues Valdec et Delessart. La rue Valdec existe toujours. La rue Delessart, débaptisée en 1792, devint la rue Ça-ira, avant de devenir la rue Ségalier, célébrant le souvenir d'un homonyme de l'associé de Garodeau, qui était au XIXe siècle le tenancier d'un manège installé précisément dans l'ancien parc du baron de Gascq.

De l'œuvre de l'ancien ministre, il ne restait rien d'autre qu'une énorme poussière de lois.

Son ami le Maçon Victor Louis, bien qu'il ait construit dans la pierre ne fut guère plus heureux. Le théâtre de Bordeaux témoigne seul aujourd'hui du talent de ce magique architecte des fêtes. La salle qu'il avait édifiée au Palais-Royal, notre actuelle Comédie-Française, brûla au début du XXe siècle. Quant à son chef-d'œuvre, le théâtre du Square Louvois, il fut rasé en manière d'expiation sur la demande de l'archevêque de Paris après que Louvel y eut assassiné le duc de Berry.

Et comme si une main anonyme s'acharnait à détruire son œuvre, les archives de Bordeaux qui conservaient les dessins originaux de l'architecte brûlèrent en 1870.

Ses paysages sont conservés au cabinet des dessins du Musée du Louvre, mais ils sont attribués à Hubert Robert dont Victor Louis fut l'ami et le nègre.

Il devait mourir à Paris, impécunieux et oublié, le 2 juillet 1800. Pas un journal n'annonça le décès de celui qui avait été l'architecte du duc de Richelieu, du duc d'Orléans et du Roi de Pologne.

Mme de Valdeck ne sut rien de tout cela. Car elle avait rejoint son fils, au matin du 21 janvier 1793. Quand sa femme de chambre vint lui annoncer que l'on avait guillotiné le Roi Louis XVI, la vieille dame resta muette et mourut à l'instant de saisissement.

L'auteur tient à exprimer sa gratitude à

M. Michel BOUILLE

qui l'a aidée dans ses recherches aux Archives Nationales.

Les autres sources archivistiques proviennent :

— Du ministère des Affaires étrangères
— Des Archives Départementales des Yvelines
— Des Archives de la ville de Versailles
— Des Archives Départementales du Loiret à Orléans
— Des Archives Départementales de la Gironde
— Des Archives Départementales de Seine-et-Marne à Meaux
— Des Archives de la Capitainerie du port de Lorient
— Des Archives privées du Musée de Mongenan
— Du Fond manuscrit de la bibliothèque de Versailles (Fond Fromageot)
— Des Archives Municipales de Bordeaux.

La bibliothèque municipale de Bordeaux a fourni les nombreux volumes qui ont nourri cette étude.

VALDEC DE LESSART

Chronologie, par Michel Bouille

25 novembre 1741 : naissance de Claude Antoine Nicolas Valdec de Lessart

1752 : 2e prix d'histoire sacrée au collège Louis-le-Grand

1753 : 4e prix *solutae orationis latinae*

12 juillet 1759 : bachelier en droit

23 août 1759 : licencié en droit

Juillet 1761 : avocat au parlement de Paris

21 juillet 1761 : achat du fief de Lessart

15 septembre 1761 : testament du baron Antoine de Gascq, instituant Valdec de Lessart son légataire universel

De 1763 à 1784 : directeur-syndic de la compagnie des Indes

16 mars 1768 : conseiller à la cour des aides de Paris

30 novembre 1768 : maître des requêtes (avec dispense d'âge)

De 1777 à 1786 : Surintendant des finances de Monsieur (comte de Provence)

1784 : intendant au département des municipalités
membre du bureau des affaires du commerce
membre du comité pour les affaires d'administration
membre de la commission pour l'administration des monnaies

4 janvier 1789 : rapporteur de la commission de convocation des états généraux

Juillet 1789 : conciliateur des trois ordres aux états généraux

4 décembre 1790 : contrôleur général des Finances

25 janvier 1791 : ministre de l'Intérieur et contrôleur général des Finances

Mai 1791 : ministre de l'Intérieur, contrôleur général des Finances, ministre de la Marine

16 novembre 1791 : ministre des Affaires étrangères

14 mars 1792 : déclaré d'accusation

Du 16 mars au 6 septembre 1792 : détention au couvent des Minimes à Orléans

9 septembre 1792 : massacre à Versailles des prisonniers d'Orléans et date présumée de la mort d'Antoine de Lessart.

NOTES A L'INTENTION DES CHERCHEURS ET DES CURIEUX

Pour cerner un peu mieux encore la personnalité d'Antoine-Claude de Valdec de Lessart dont deux portraits seulement nous sont parvenus, un pastel par Latour et un physionotrace par Quenedey, examinons avec attention ce que nous apprend sur ses goûts son inventaire après décès.

Dans le domaine des arts, le ministre de Louis XVI était collectionneur d'estampes. Les murs de son cabinet s'ornent de seize gravures sous glace représentant les conquêtes de l'Empereur de Chine. On trouve également des décors de grotesques et des paysages mythologiques.

Les meubles, tous de l'ébéniste Jacob, sont en acajou avec garniture de cuivre, à l'exception du bureau même du ministre qui est de Boule héritage du baron de Gascq.

Sur ce bureau, un objet étrange : l'encrier qui est une jonque chinoise en terre à pipe.

Alors que, par profession, le Directeur de la Compagnie des Indes importe des porcelaines chinoises, pas une assiette de cette provenance ne se trouve dans son intérieur. Il leur préfère la porcelaine anglaise, Minton, marqué à son initiale et Wedgwood. Ce goût de la porcelaine étrangère peut, sans doute, être considéré comme un hommage posthume à Antoine de Gascq. Le baron, en effet, avait lutté pour qu'une manufacture de porcelaine, inspirée de Meissen et de Dresde, soit instituée à Bordeaux. Il se plaint, dans une lettre au maréchal de Richelieu, que les jurats aient préféré à son candidat « un fabricant de pots de chambre, le faïencier Hustin ».

Les meubles de Valdec de Lessart sont, outre l'acajou, en bois des Indes, c'est-à-dire en bois de campêche, un arbre tinctorial importé en Europe à l'époque pour la teinture des étoffes et que le ministre fit découper par son ébéniste pour obtenir des bois de placage rouge sang.

Dans la bibliothèque, fort abondante, on retrouve naturellement toute l'œuvre de Necker et de Rousseau (édition de Lausanne). Mais aussi l'intégrale du théâtre grec, les trente-deux volumes de l' « Encyclopédie », le « Dictionnaire » de Bayle, l' « histoire de la décadence des Empires » par Gibbon, vingt-deux almanachs royaux, les œuvres de Tite-Live, Suétone, Quinte-Curce, Virgile, Juvénal, Catulle, dans la langue originale, ce qui montre que l'ancien élève des jésuites lisait encore le latin à livre ouvert.

La langue anglaise qu'il pratiquait tout aussi bien est représentée par d'innombrables ouvrages dont les trente volumes de Werks sur l'histoire de la guerre et de la rébellion d'Irlande.

Viennent encore les trente-six volumes de l' « histoire naturelle » de Buffon, des traités de taille des arbres fruitiers, des herbiers qui rappellent que le Directeur de la Compagnie des Indes fonda le jardin botanique de Calcutta et commanda un inventaire exhaustif des plantes de la côte de Coromandel. Descartes, Métastase, La Bruyère, Voltaire en soixante-neuf volumes, trente-quatre volumes de généalogie anglaise, trente-quatre autres volumes anglais sur le déclin de l'empire romain, dix-sept volumes d'une collection unissant Piron et Le Tasse, Machiavel et Térence, Corneille et Molière, l'Arioste et Mme de Genlis, Crébillon et les Capitulaires de l'Église Gallicane figurent également à l'inventaire.

Viennent ensuite des relations de voyages et des mémoires signés Bassompierre, Montpensier, Brantôme, Montaigne. L'œuvre de Mirabeau voisine avec les dix volumes de l'Histoire de la Maison de Bourbon et les œuvres complètes de Frédéric II.

Plusieurs Atlas, cadeaux de Louis XVI, enserrent le Nouveau Testament et le manuel du chrétien, seuls volumes religieux de cette énorme bibliothèque où l'on a dénombré plus de deux mille sept cents volumes.

L'examen de la garde-robe est aussi édifiant :

Un habit de drap gris, un autre habit de drap gris, un surtout de drap marron, un surtout de drap cannelle, un habit de drap vert, un autre de soie rose, un habit de drap brun, un habit à fil mordoré, un autre gorge-de-pigeon, un surtout de couleur lie-de-vin, des culottes de soie, un habit et culotte de velours rayé, deux autres de velours d'hiver, deux de velours de printemps, une culotte de musulmane, une veste et culotte de velours d'Italie, un habit de velours trois couleurs et vingt-sept habits noirs en différents tissus.

Vingt-sept habits noirs ? M. de Lessart avait beau être blond, qu'est-ce que cela signifie ? Eh bien, il s'agit de vingt-sept habits politiques, commandés dans les années 1791-1792 où les monarchiens affichaient par leurs habits noirs le regret qu'ils avaient des fastes de la royauté.

Ne poursuivons pas l'énumération des innombrables chemises brodées D. L., des tabliers, des peignoirs, des cravates, des manchettes de mousseline, de manchettes garnies d'effilet, de manchettes en vraies Valenciennes, de celles en Malines ou brodées au point d'Angleterre.

Aucun vêtement pour la nuit — en quel appareil dormait-il donc ? — et aucune perruque, alors que le pastel de Latour le réprésente en portant une.

Cela veut dire que l'Étiquette a bien changé et que l'on peut désormais se présenter devant le Roi aux Tuileries sans porter la perruque. Le ministre Roland osera même en 1792 assister au conseil avec des chaussures à lacets, horrifiante entorse au protocole pour ceux qui n'acceptaient naguère que les chaussures à boucles.

La cave de Valdec de Lessart donne également une idée de ses goûts. Le vin de Champagne nature ou pétillant y abonde. Viennent ensuite le vin de Bordeaux à quarante livres la bouteille, le tokay à quatre-vingt-dix livres, le vin de Cerise, les vins d'Espagne et du Rhin, le vin de Chypre, le vin de Beaume à cent vingt livres, le Malaga, le vin de Graves blanc (Sauternes ?) à deux cent quarante-cinq livres, le Xérès, deux cent cinquante-quatre bouteilles de Champagne millésimé 1775 à trois cents livres, du Barsac, du vin de la Commanderie, du vin de paille, de la Côte-rôtie, du Muscat, du Marsala et du vin de port. Les foudres, on le sait, appartenaient à Garodeau.

Épargnons-nous la batterie de cuisine, les verres, et la vaisselle plate, toute au poinçon de Paris, et faisons enfin un tour dans l'écurie.

Nous y trouvons une diligence anglaise, une désobligeante sur son train, une berline à l'anglaise, et une jument hors d'âge.

Où Valdec de Lessart est-il inhumé ?

La vérité historique nous oblige à confesser que rien ne prouve qu'il le soit à Mongenan. Pour les actes officiels, et bien que le répertoire de la paroisse Saint-Louis, conservé aux archives de la mairie de Versailles, ne donne aucune identité pour les corps ensevelis, le ministre repose bel et bien dans une fosse commune du cimetière Saint-Louis à Versailles.

C'est là que la Restauration a fait édifier contre un mur un chiche et hideux monument. Les victimes du 9 septembre y reposent sous une colonne tronquée, surmontée d'une fleur de lys en zinc.

Sur une plaque de marbre noir, on lit cette inscription :

« Hic Jacent Quadraginta quatuor corpora eorum quos aurelianensi carcere versalias abductos advenae sicarii municipum frustra reluctante manu mactaverunt die nefasto IX septemb. Anni 1792. »

Pourtant, tout porte à croire, et les travaux d'Albert Mathiez en particulier, que Valdec de Lessart ne mourut pas à Versailles, mais de ses blessures, ailleurs et plus tard.

Parvint-il à rejoindre Mongenan comme la tradition familiale l'affirme ? Nul ne saurait le dire.

La voie ferrée Bordeaux-Sète amputa au XIXe siècle ce coin du parc. Du petit mausolée, bel et bien édifié, mais aujourd'hui écroulé, il reste à peine quelques pierres. Seul un champ de narcisses sauvages, symbole maçonnique, fleurit encore au printemps la tombe présumée du dernier ministre des Affaires étrangères de Louis XVI.

C'est néanmoins dans ce coin de Gironde qu'il faut aller chercher son souvenir. Un petit musée, géré par l'Association des Amis de Mongenan, est ouvert au public depuis 1983. Il retrace, à travers des manuscrits, des objets personnels, des insignes maçonniques et des souvenirs divers, la trajectoire étonnante de ce grand inconnu de l'Histoire de France.

NOTES

CHAPITRE 1.

1. Noir africain destiné à l'esclavage.
2. Auzon d'après H. Doniol, un de ses biographes dans « l'Art et l'archéologie en Province ». T. 9 p. 72.
3. Phrase extraite des « Mémoires Secrets » de Fournier-l'Américain, publiés par Aulard en 1890.
4. En fait, rapport de police du 20 mars 1816. Archives Nationales.
5. Phrase extraite des « Mémoires de Fournier-l'Américain ».
6. Voir « Les derniers feux du plaisir », du même auteur, chez le même éditeur.
7. Voir « Si Dieu ne manque », du même auteur, chez le même éditeur.
8. Laquais destinés sous la Régence au seul plaisir des dames.
9. Nous adopterons deux orthographes pour ce nom, Valdeck, lorsqu'il s'agit du titre de comte allemand, érigé en principat hollandais et Valdec anagramme de Claude lorsqu'il s'agit de la seconde partie de la vie de M. de Lessart.
10. Il était né à Portets, Gironde, le 25 novembre 1741.
11. Archives de la Seine, dossier de M. Grand, émigrée : copie de son contrat de mariage avec M. Grand.
12. « Narrative of the life of a gentleman long resident in India » (Cape of Good Hope, Printed for the Author 1814) British Museum. Il s'agit, paraît-il, du premier livre en langue anglaise publié au Cap de Bonne Espérance. Ajoutons que M. Grand venait de surprendre sa femme en flagrant délit d'adultère.

CHAPITRE 2.

1. L'immeuble existe encore aujourd'hui. Ses plans appartiennent aux Archives de France.
2. Archives Nationales. Col. C 2 47 F F 255/260.
3. Faussement baptisé triangulaire.
4. Quintal.

5. Esclave noir importé par la Compagnie des Indes.
6. Voir à ce sujet son herbier, conservé au Musée de Mongenan et « Michel le jardinier au jardin de Jean-Jacques Rousseau » de Michel Lis et Florence Mothe, éditions Mengès.
7. On possède de Valdec de Lessart deux visages : un portrait par Quenedey, au Musée Carnavalet et un portrait attribué à Latour, au Musée des Beaux-Arts de Bordeaux, en plus des deux autres portraits appartenant aux collections du Musée de Mongenan.
8. Voir Jean Orieux, « Talleyrand. »
9. Il prétendra ensuite faussement l'avoir rencontrée à Hambourg en 1796 ou encore chez lui en novembre 1797.
10. La vente aux enchères publiques des biens de Talleyrand, 31 mars 1795, révèle incontestablement cette tendance fétichiste.
11. Elle était née le 21 novembre 1762, mais ne l'avouait pas.
12. Dont les portières étaient à ses armes : de lions d'or couronnés d'azur, et à sa devise : « Ré que Diou ».
13. Voir collections du Musée de Mongenan.
14. Édition très remarquable, publiée en 1745, qui fut prêtée au Gouverneur Morris par Talleyrand.

CHAPITRE 3.

1. Voir André Poey, table chronologique de 400 cyclones.
2. Période comprise entre le 15 juillet et le 15 octobre.
3. Territoire consacré à l'exploitation de la canne à sucre.
4. Résidu fibreux de la canne.
5. Suc de la canne.
6. Séparation du vesou et de la bagasse.
7. D'où naquirent les fameuses toiles de Beautiran, dont les collections sont conservées au Musée de Jouy, au British Museum, au Musée de Mongenan à Portets et au Musée d'Aquitaine à Bordeaux.
8. Celle de la Concorde Universelle. Rite Écossais ancien et rectifié.
9. Le plus haut grade.
10. Lervis Golds-with, « Histoire Secrète du Cabinet de Napoléon Bonaparte et de la cour de Saint Cloud » (Paris et Londres 1814 T. 1, p. 233).
11. Lacour-Gayet, « Talleyrand », 3 vol. éditions Payot 1979.
12. Lors de l'Assemblée du Clergé de 1785.
13. Il s'en est du moins vanté, mais rien n'est moins sûr.

CHAPITRE 4.

1. Voir à ce sujet le « Talleyrand », de Jean Orieux, éditions Flammarion. Et la note du bijoutier conservée aux Archives Nationales.
2. L'ambassade de Suède était située à l'angle de la rue de Grenelle et de la rue du Bac.
3. Il s'agit d'un personnage fort touchant, Marie Emmanuel Bayon, qui était, en fait, compositeur de musique. Victor Louis l'avait épousée en 1768. Un

contrat passé devant Me Blanchereau, notaire à Bordeaux en 1771 nous renseigne sur l'impécuniosité du jeune ménage. Mme et M. Louis vécurent à Bordeaux de 1776 à 1779. Mme Louis composa au moins deux opéras : « Fleur d'Épine » et « l'Avare amoureux ». Mais on lui doit surtout d'avoir mis à la mode le forte-piano qui, ancêtre de nos pianos modernes, allait connaître la fortune que l'on sait.

CHAPITRE 5.

1. Voir « Les derniers feux du Plaisir ».
2. 220 000 livres par an.
3. Publication en 1781, avec l'assentiment du Roi, des comptes de la nation, comptes falsifiés qui portaient en rentrée sûre le fruit des emprunts et furent qualifiés de « contes bleus de M. Necker. »
4. Et auquel Bachaumont fait longuement allusion dans ses mémoires. Créé en 1672, le « Mercure Galant » est le plus ancien hebdomadaire de France. Racheté par Panckoucke, l'éditeur de l'Encyclopédie de 1788, il emploiera Tallien et enfin le journaliste Mallet du Pan dont Valdec de Lessart achètera la plume et le talent et qui a laissé sur toute cette époque d'intéressants mémoires.
5. Valdec de Lessart avait en effet des intérêts dans un quotidien, le « Journal de Paris ». C'est par le biais de cette publication, et sous forme de piges, qu'il tenta de soulager la misère du philosophe J.-J. Rousseau. Mais l'auteur de l' « Émile » comprit la manœuvre et interrompit sa collaboration. Cabanès raconte l'affaire en détail dans « Le cas Rousseau ».
6. Voir à ce sujet la remarquable thèse de J. Tarride « Le Commerce colonial de la France à la fin de l'Ancien régime » P.U.F. La contrebande entre les Antilles françaises, anglaises et la partie espagnole de Saint-Domingue était en effet la conséquence du Traité de Versailles du 3 septembre 1783, mettant fin à la guerre d'indépendance américaine. La France, au terme de ce traité avait conservé l'île de Tabago que l'Angleterre ne cessait de réclamer et que Talleyrand d'abord, Danton ensuite, tentèrent d'échanger à Pitt contre la tête de Louis XVI.

   On a, en effet, la preuve que le premier ministre anglais prit une part active à la condamnation et à la mort du Roi.

   La contrebande, qui faisait s'effondrer le prix des denrées coloniales et permettait en outre par un système de fausses factures de bénéficier de taxes et détaxes à l'importation et à l'exportation, portait également sur les armes.

   Les révoltes de Saint-Domingue furent très vives au moment de la Révolution. Le girondin Brissot défendit grâce à son club l'Ami des Noirs le combat anti-colonialiste.

   Cet épisode que nous avons volontairement exclu de ce roman est néanmoins très important car il explique en partie la haine de la Gironde pour le parti Feuillant, conduit par Valdec de Lessart et les frères Lameth qui possédaient les plus grandes plantations de Saint-Domingue et que Brissot de Warville accusait, semble-t-il à tort, de mener la politique à leur profit exclusif.
7. Arrêt du 30 août 1784, réformant les décisions de 1767 et rétablissant un

régime antérieur à la guerre d'indépendance des États-Unis pour le commerce maritime des colonies d'Amérique et des Indes. Il avait précisément pour but de lutter contre la contrebande.

8. On sait, qu'au XVIIIe siècle les personnes de qualité ne signaient pas, mais scellaient leur correspondance.
9. Voir « Si Dieu ne manque » et « Les derniers feux du plaisir. » Il n'est pas douteux que Valdec de Lessart était bien le fils d'Antoine de Gascq. Mais le père et le fils, en entretenant l'ambiguïté de la naissance, tirèrent les plus grands profits de la bâtardise royale supposée.

CHAPITRE 6.

1. Cette réception eut bien lieu le 22 février 1787.
2. Voir à ce sujet les « Mémoires », de Mallet du Pan tome 1. Jacques Mallet du Pan, publiciste suisse, était né à Genève en 1749. Ce fils de pasteur avait commencé sa carrière aux « Annales ». Accusé par son patron Linguet de contrefaçon, il fonda son propre journal. Royaliste, il est poursuivi après l'affaire de Varennes pour avoir émargé sur la liste civile, budget de corruption géré par Lessart. Porte-parole des Émigrés, Mallet du Pan mourra en Angleterre en 1800.
3. En grande partie de la plume de Mirabeau à qui le Clavières les commandait.
4. Scène rapportée dans le « Nouveau Paris » vol. 6. Il s'agit bien sûr de la condamnation de Louis XVI au Manège des Feuillants le 17 janvier 1793 pour laquelle les tricoteuses avaient organisé une loterie.

CHAPITRE 7.

1. Honteuse décapitation après un procès non moins inique du Gouverneur de l'Inde après l'expulsion des Français du Carnatic en 1760.
2. En fait ce tableau fut peint en 1781. Après avoir appartenu à M. Jacques Doucet, il fait aujourd'hui partie des collections du Metropolitan Museum. Deux répliques existent, une au château de Valençay, l'autre au Musée de Mongenan.
3. Et aussi pour donner à manger aux pauvres.
4. Héritée de Richelieu, le grand Cardinal, et comprenant notamment des toiles de Titien, Van Dyck, le Tintoret, Véronèse, Mignard, et sept tapisseries des Gobelins.
5. Marteaux : forme de perruque en vogue sous Louis XVI.
6. Plus communément appelés « vales ».
7. Sur les trente-sept mille en circulation, trois mille restant la propriété de Valdec de Lessart.
8. Par la suite défenseur d'office de Marie-Antoinette.
9. Notamment de Mirabeau.
10. Qui fut tout de même contraint de s'exiler à Montargis, après avoir échappé aux recherches de police, dont Calonne avait averti l'abbé de Périgord. (Cf. Gomel, Causes financières de la Révolution française).

11. Alexandre, Charles, Théodore et Victor. Chez les Lameth, les enfants portaient tous les mêmes prénoms accolés. Les quatre qui nous occupent étaient nés respectivement le 20 juin 1755, le 24 juin 1756, le 6 octobre 1757 et le 19 octobre 1760. C'est Mme de Lameth, que la Reine félicitait sur sa fécondité qui avait confié, selon son fils Théodore, à Marie-Antoinette « quelques moyens infaillibles pour être enceinte ». Ainsi naquit, neuf mois après cette conversation, le premier dauphin le 22 octobre 1781.
12. Le beau Dillon. Édouard Dillon, assistait également à ce souper, voir à ce sujet les « Mémoires », de la Comtesse de Boigne T. 1.
13. Plat dormant.

CHAPITRE 8.

1. Récit de Napoléon Bonaparte sur sa soirée à l'hôtel de Cherbourg le 27 novembre 1787. A ce propos, ne nous étonnons pas que le futur Empereur des français ait été si bien renseigné sur les tarifs de la prostitution parisienne et le passé de Mme Grand. Il habita lui-même l'hôtel de Cherbourg tenu par un nommé Vedrine à partir d'octobre 1787. Il était alors sous-lieutenant et occupait ses loisirs à écrire un roman par lettres « Théodore Ier Roi de Corse ». L'œuvre ne fut jamais achevée et l'hôtel de Cherbourg rasé dans l'agrandissement des Halles.
2. Tout le monde, au début de la Révolution, croyait Danton anglais, à commencer par notre ambassadeur à Londres, M. de la Luzerne (lettre à Montmorin du 26 novembre 1790, Archives des Affaires étrangères Londres, Vol. 571).
3. Par un taureau à l'âge de sept ans.
4. En fait, paraît-il par un troupeau de cochons qu'il avait voulu battre à coups de fouet.
5. Celle de Me Huet de Paisy, le 12 juin 1787.
6. Tarif pratiqué d'ordinaire par Danton. Voir à ce sujet « Views of the French Revolution », T. 1 p. 426.
7. Phrase effectivement prononcée par Danton et relatée par Sybel dans « Histoire de l'Europe » T. 1 p. 96 et par Chateaubriand dans « Les mémoires d'outre-tombe ».
8. Lilia pedibus destrue, devise maçonnique signifiant « foulons les lis aux pieds » et qui peut se lire aussi « Louis Philippe d'Orléans ».
9. Graffiti confirmé « par les auteurs les plus sérieux » voir notamment « Danton » par H. Wendel (Payot) p. 25.
10. « Mémoires », de la Comtesse de Boigne p. 281.
11. *Ibidem* p. 50.
12. « Madame Tallien » par Jules Bertaut, éditions de Paris 1946, p. 19.
13. Le jeudi 21 février 1788, dans la chapelle privée du duc de Penthièvre.
14. 30 juillet 1787.
15. Voir « Les derniers Feux du plaisir », déjà cité.
16. Réflexion faite en 1789 à M. de Coigny et rapportée par Grimm dans sa correspondance (1788-1789).

CHAPITRE 9.

1. Voir, du même auteur, chez le même éditeur « Les derniers feux du plaisir » déjà cité.
2. Il en fut ainsi pour de nombreux négociants bordelais, notamment Pierre de Kater (août 1743), Dominique Cabarrus (avril 1789), Jean Dutasta (janvier 1785), Isaac Mirieu de Labarre (septembre 1781). Voir à ce sujet Communay, « Les Grands négociants bordelais du XVIIIe ».
3. Lettre du 7 février 1784.
4. Voir « Si Dieu ne manque », déjà cité.
5. Qui ne fut jamais réalisée et devint hélas la place des Quinconces, la plus grande d'Europe.
6. Voir « Les derniers feux du plaisir », déjà cité.
7. Celle de secrétaire général de la ville en 1787.
8. Voir à ce sujet Archives Nationales F 7 2517.
9. Les intendants des Finances réglaient, auparavant, l'administration des subsistances. On les remplaça par des intendants du Commerce, mais en juin 1787, le Roi tenta d'abolir cette fonction.
10. Conclu par les accapareurs, du moins l'a-t-on prétendu, en 1775.
11. On sait que Louis XVI imposa la pomme de terre en 1776 en la faisant cultiver à Sablons après avoir lu le rapport de Parmentier qui l'avait convaincu.

CHAPITRE 10.

1. Y assistaient notamment Bertier de Sauvigny, d'Ormesson, la Luzerne et Montmorin.
2. Voir collections du Musée de Mongenan.
3. Voir à ce sujet les « Mémoires » de Mme Roland, dont le mari, avant d'être ministre, était dans la même branche.
4. On sait que l'on empruntait surtout au XVIIIe siècle, sur la tête des « Demoiselles de Genève », 400 000 livres sur la tête du Roi, 20 000 livres sur celle de Marie-Antoinette, 250 000 sur le Duc d'Orléans. Ces différents emprunts seront abrogés par Danton en septembre 1792 (voir à ce sujet, les Collections du Musée de Mongenan).
5. Le 17 avril 1762, le parrain étant le futur Louis XVI, alors Duc de Berry.
6. Le 27 très exactement.

CHAPITRE 11.

1. Voir à ce sujet les cahiers de doléances du Musée de Mongenan.
2. Où le Duc fut accusé peut-être à tort par la Cour, ce qui causa la rupture, d'avoir suivi la bataille du fond de la cale de son navire.
3. Lettre à Mme de Staël.
4. Voir à ce sujet la comtesse de Bohn, « Les prisons de 1798 ».
5. Archives Nationales A D' 108.
6. L'article 12.
7. Il affirme désormais dans ces lettres ce nouveau patronyme et signe Delessart.

On retrouve cette signature dans les actes datant de 1764. Il la conservera jusqu'à sa mort, bien que ses objets personnels soient marqués D. L.

8. Le 2 exactement.
9. La cannelle était, on s'en souvient, une des principales sources de revenus de la Compagnie des Indes.
10. C'est en ces termes choisis que, selon Mme de Flahaut, il faisait l'aveu de son impuissance.

CHAPITRE 12.

1. L'éditeur de l' « Encyclopédie » et du Compte rendu de Necker.
2. Cette affaire ne sera toujours pas réglée en 1792. L'inventaire après décès de Valdec de Lessart évoque cette histoire d'extraction de graves avec la famille de Saluces.
3. On ne votait pas par bulletins comme aujourd'hui, mais en assemblée. Autant qu'on puisse en juger, la participation fut d'environ cinquante pour cent des Français.
4. Cf. Archives Nationales Y. 15110 - 13454 - 13582 - 12218 et « La prise de la Bastille », par Jacques Godechot, NRF.

CHAPITRE 13.

1. Le 19 juin 1787, elle était née le 9 juillet 1786.
2. Voir à ce sujet « Enquête sur le procès du Roi Louis XVI » de Paul et Pierrette Girault de Coursac, éd. de la Table Ronde.
3. Lettre du 13 juillet 1789 au comte d'Artois.
4. Le futur Louis XVII ou l'Enfant du Temple.
5. Un paquet de lettres de Marie-Antoinette à Fersen avaient, en effet, été remises au Roi par une main anonyme en forêt de Sénart. Il les avait lues et de nombreux témoins assurent l'avoir vu interrompre la chasse et pleurer. C'était, semble-t-il, le comte de Provence qui avait réussi à détourner cette correspondance.
6. Le comte de Provence.
7. Le comte d'Artois.
8. Le Duc d'Orléans, vendu selon Louis XVI à l'Angleterre.

CHAPITRE 14.

1. Phrase rapportée par la duchesse d'Abrantès dans ses Mémoires.
2. On se souvient à ce sujet de la lutte que durent soutenir Montesquieu ainsi que le baron de Gascq pour avoir le droit de planter de la vigne dans cette région réputée céréalière.
3. En tout trente mille hommes sous la direction du maréchal de Broglie.
4. Régiment de Suisse originaire des Grisons.
5. C'est-à-dire déjeunait le vendredi 11 juillet 1789.

6. Les barrières édifiées par Claude Nicolas Ledoux, le plus génial architecte du XVIIIe dont ne subsiste que les Salines Royales d'Arc-et-Senans en Franche-Comté.

CHAPITRE 15.

1. Voir les « Mémoires » de Fournier-l'Américain *op. cit.*
2. *Ibid.*
3. Du nom de sa propriété, Coppet.
4. L'existence et la description de cette cassette sont attestées par une lettre de Valdec de Lessart écrite à Étampes le 9 septembre 1792. Mortimer-Ternaux cite ce texte dans son « Histoire de la Terreur », T. 3, p. 565.

CHAPITRE 16.

1. Épées particulières utilisées dans les cérémonies maçonniques. Cette scène, strictement historique, atteste la participation des loges à la Révolution.
2. L'astronome Bailly.
3. Conversation attestée par Alexandre de Lameth dans son « Histoire de la Constituante », T. 1, p. 57.
4. Il s'agissait de l'équipe de Palloy qui, signant dès lors, le patriote Palloy vendit des objets de piété et fit, grâce à la Bastille une fortune énorme. Palloy mourut ruiné en 1835.
5. Palloy embaucha en effet cent chômeurs, voir Romi, « Le livre de raison du patriote Palloy », Paris 1962.
6. Lettre de Mirabeau à Talleyrand du 28 avril 1787.
7. Malouet, « Mémoires », T. 1, p. 342. Louis XVI fera, par la suite, de ces siestes impromptues un mode de contestation et de gouvernement.
8. Les séances étaient, on le sait, publiques, à d'autres reprises, notamment à la Messe à Paris, Louis XVI sera interpellé sur le même sujet. cf. « Le duc de Lauzun et la cour de Marie-Antoinette », par G. Maugras.
9. Cf. Pierre Jolly, « Necker », p. 297 et « Écrits contre Necker », Paris 1791.
10. Le 6 octobre 1789.

CHAPITRE 17.

1. Le journal ne sera finalement fondé grâce à l'argent de la Cour qu'en 1791.
2. « Marie-Antoinette », par le marquis de Ségur.
3. Votée les 19 et 21 décembre 1789.
4. Le 13 juillet 1789.
5. Voir collection, du Musée de Mongenan.

CHAPITRE 18.

1. Cette haute fonction était occupée à la fois par plusieurs gentilshommes selon des tours de garde déterminés à l'avance. Cet emploi permettait, lorsqu'on se

trouvait être de service lors de la mort du Roi, d'hériter de tout son ameublement personnel. Ainsi le château de Mongenan conserve-t-il par exemple une commode de Criaerd exécutée pour Philippe d'Orléans, Régent de France.

2. On sait que c'est du Palais des Tuileries et plus particulièrement de sa salle de spectacle que nous viennent les mentions encore usitées dans toutes les scènes de France, côté Cour et côté Jardin. Le théâtre construit en 1660 par Louis XIV fut remanié en 1763 par Soufflot et Gabriel. On y joua « Castor et Pollux ». Rameau, 82 ans, assistait à son apothéose.
3. La sieste avec la Reine était, en effet un des conseils d'harmonie du couple donné par Joseph II et qui fut opérant.
4. Louis XVI se remit à cheval à la fin de 89. Il allait chaque jour au bois et revenait par la rue Saint-Martin où le peuple l'applaudissait en disant : « Tiens, regarde donc passer ce brave homme » cf. « Révolutions de Paris » N° 46, p. 435.
5. Lenôtre « Les Tuileries », Paris 1933.
6. Louis-Philippe sera le premier monarque à oser renverser cette coutume et à avouer sa myopie. Celle de Louis XVI confinait, pour un œil au moins, à la cécité.
7. Duc de Castries, « Louis XVIII », Paris Hachette 1970, et Labreli de Fontaine, Archives Privées, fond Castries.
8. Cf. « Mémoires » de la duchesse d'Abrantés.
9. Le 18 février 1790.
10. « Journal » du maréchal de Castellane, T. 1, p. 339. L'enfant naquit en septembre 1790. Ce fut Auguste de Staël.
11. Le 2 septembre 1790 très exactement.
12. Décret du 8 septembre 1790.
13. Le lieu existe toujours, mais il est aujourd'hui rendu aveugle par la construction d'un escalier.
14. « Correspondance secrète » (Lescure) II 54, 26 mars 1791.

CHAPITRE 19.

1. C'est par une élision bien naturelle dans un ouvrage de fiction que nous n'évoquons pas le court ministère dont Valdec de Lessart ne fit pas partie et qui fut nommé après la démission de Necker le 2 septembre 1790. Antoine-Claude ne fut ministre que le 20 octobre. Le cabinet était ainsi constitué : Duportail, ministre de la Guerre, Montmorin, ministre des Affaires étrangères, Duport-Dutertre ministre de la Justice, Delessart devenant le premier ministre de l'Intérieur que la France ait connu.
2. Notamment La Fayette.
3. Ce leitmotiv fut répété dans tous les discours du ministre qui avait fait fondre des plaques de cheminée portant sa nouvelle devise. Voir à ce sujet les collections du Musée de Mongenan.
4. La constitution partageait, en effet, en deux ministères distincts l'ancien contrôle général, mais la retraite de M. de Saint-Priest contraignit Lessart le 25 janvier 1791 à assumer les deux départements, cf. Lameth, « Histoire de la Révolution Française », T. 4, chap. 37. Il fut donc à la fois simultanément

ministre de l'Intérieur et des Finances. On lui confiera même pendant un temps le ministère de la Marine.

5. Cf. Mathiez « La Révolution Française », T. 1, p. 111.
6. Le ministère de l'Intérieur fut transféré après la Révolution à l'hôtel de Brissac, rue de Grenelle. Ce n'est que bien plus tard qu'il s'installa place Beauvau.
7. Louis-le-Grand, où Valdec de Lessart avait été un très brillant élève, mais où Robespierre avait eu la charge de réciter un compliment à Louis XVI sous une pluie battante, et en latin.
8. Cf. Frédéric Masson *in* « Le département des Affaires étrangères », éditions Plon 1877.
9. Essentiellement pour lutter contre la corruption, cette lèpre du XVIIIe siècle.
10. Au sens propre du mot puisqu'il mesurait 1,90 m.
11. Cet objet fait toujours partie des collections du château de Versailles.
12. Châteaux où le Roi se rendait fréquemment, notamment pour la chasse.
13. Devis 1 370 livres, rien que pour la peinture (Musée de Mongenan).
14. Les salaires étaient payables en écus et billons. Le billon était une monnaie composée d'un alliage d'or et d'argent. Elle fut, ensuite, en cuivre.
15. Voir collections Musée de Mongenan.
16. Il protégeait, on s'en souvient, la manufacture de toiles de Beautiran qui se trouvait dans sa baronnie.
17. Si le texte de cette lettre est évidemment apocryphe, il convient de le rapprocher du texte, historique celui-là, de la lettre écrite de Londres par Calonne à Louis XVI le 9 avril 1790 et retrouvée dans l'armoire de fer (Archives Nationales).
18. Louis XVI était duc de Berry et avait fait de nombreux voyages officiels dans ces provinces où la morgue du comte d'Artois avait été, en revanche, fort mal perçue.
19. Avignon, État du Pape.
20. Association présidée par Brissot.
21. Après le rattachement d'Avignon à la France et la constitution civile du clergé, le pape devint carrément hostile.
22. Ces deux textes furent publiés à Londres en 1789, et repris à Paris dans une édition datée de l'An I.

Ils ont servi à une édition moderne, publiée à la bibliothèque des curieux à Paris en 1911. Le livre était réactualisé par Jean Hervez.

CHAPITRE 20.

1. Une étude très précise de la fortune et des comptes de Danton a été menée par Albert Mathiez dans les chapitres 4, 5 et 6 de « La Conspiration de l'Étranger », ainsi que dans les chapitres 2 et 3 des « Études Robespierristes ».
2. Ou des Arts.
3. A la mairie de Paris où il reçut 49 suffrages sur 14 010 votants, 12 550 de ces votes se portant sur l'astronome Bailly.
4. Les présidences étaient tournantes de 15 jours en 15 jours, si bien que l'on

retrouve, par exemple, et successivement à ce poste les noms de Talleyrand, Virieu, Sieyès, Le Pelletier de Saint-Fargeau, Barnave, etc.

5. On le voit, l'appellation de « Sans-culottes » désignait tout d'abord des femmes appartenant d'ailleurs autant à l'aristocratie qu'au peuple. Ce n'est que bien après que ce terme s'appliqua exclusivement aux patriotes.
6. Ce qu'il fit en effet, cf. Acte d'Accusation II Thermidor An III et Archives de Seine-et-Oise (aujourd'hui des Yvelines) L IV (il n'y a pas de table de concordance pour la nouvelle cote).
7. Rapport du 18 février 1792.
8. Qui se situait non loin de la terrasse du même nom.
9. Les Feuillants se comptèrent 160 lors de leur création en novembre 1791 et 250 à la fin du mois de décembre.
10. On sait que la famille de Polignac, protégée par Marie-Antoinette, était la Maison la plus pensionnée de France. Elle fut la première à émigrer en 1789.
11. Le 28 février 1791, très exactement.
12. Situés également au rez-de-chaussée et sur le jardin, ils comprenaient une antichambre, une salle de billard, un salon de compagnie et enfin, la chambre de la Reine où couchait le Dauphin.
13. Son instrument, dont il se servait encore dans sa prison, est conservé au Musée de Mongenan.
14. Récit attesté par les « Mémoires » de Fournier-l'Américain. Lequel se trompe d'ailleurs de date et raconte cette scène comme datant de 1789.
15. Autrement dit le Dauphin. On se souvient que le Roi ne désignait pas autrement le petit Prince.
16. Exécuteur testamentaire de Mirabeau.
17. Ambassadeur d'Autriche.
18. Ces achats, évidemment scandaleux pour une Reine de France, sont attestés par plusieurs lettres à Fersen, aujourd'hui publiées.
19. Breteuil au Contrôle général, la Guerre à La Jalissonière, la Marine à du Montier, les Sceaux à Barentin, les Affaires étrangères à Bombelles, les Finances à l'évêque de Pamiers et Paris à Laporte. Lettre de Fersen à Marie-Antoinette citée par P. et P. Girault de Coursac « Enquête sur le procès du Roi Louis XVI », p. 253.
20. Cf. les travaux de P. et P. Girault de Coursac, « Découverte », n° XVIII à XX.

CHAPITRE 21.

1. L'une pour se laver, l'autre pour se rincer, et à eau courante chaude et froide.
2. Qui figure également dans le salon de chaises de Louis XVI à Versailles.

CHAPITRE 22.

1. Raymond Guyot, Mme Grand à Paris in « Feuilles d'Histoire », 1909.
2. L'actuel Odéon.
3. La circulation des carrosses fut interdite dès 1790 par les patriotes du Faubourg Saint-Germain.

4. On sait que le comte de Provence partait, lui, directement pour la Belgique, mais par une autre route.
5. Nous possédons l'original de ce texte qui est en fait un brouillon, semble-t-il, « oublié » par Louis XVI dans la précipitation du départ. On y voit deux écritures. Celle du monarque et les corrections du comte de Provence qui s'est d'ailleurs vanté dans ses Mémoires d'avoir bâti ce manifeste en de longues soirées « où la plume lui tombait des mains ».
6. Tarbé, premier commis au département des impositions, avait été nommé au ministère des Contributions publiques le 28 mai 1791.
7. Montmorin.
8. Duport-Dutertre.
9. Place Vendôme.
10. Notamment par M. de Gouvion.

CHAPITRE 23.

1. Danton se rendit d'abord en Angleterre, ce qui légitima beaucoup de soupçons, et ne s'enferma qu'ensuite à Arcis-sur-Aube, pour échapper aux conséquences de l'affaire du Champ-de-Mars qui fit de nombreuses victimes innocentes, fusillées sans sommations sur ordre de La Fayette.
2. Notamment Mme de Flahaut dont il eut un fils qui devint l'amant de la Reine Hortense et le père du duc de Morny.
3. Par le bref charitas, le 13 avril 1791.
4. Les ducs d'Uzès et de Villequier, les marquis de Laqueille de Robien, de Frondeville et de Jaucourt.
5. Le 13 septembre 1791, très exactement.

CHAPITRE 24.

1. « Mémoires » de Fournier-l'Américain *op. cit.*
2. Que l'on avait surpris cuvant leur vin sous la table supportant la pétition.
3. « Gastine, La belle Tallien », éd. Albin Michel, p. 173.
4. Narbonne accéda finalement à ce grade, après bien des péripéties, le 4 septembre 1791 à la 17e division militaire.
5. Celui du 16 octobre 1791.
6. Novembre 1791.
7. En fait, le ministère des Affaires étrangères occupait deux immeubles rue de Bourbon, actuellement rue de Lille. Mais chose curieuse et probablement unique — Valdec de Lessart ne put se résoudre à s'éloigner de Mme Grand qui habitait, à l'époque, rue d'Artois, devenue ensuite rue Cerrutti et aujourd'hui rue Laffitte. C'est dans un immeuble contigu au domicile de sa maîtresse qu'il fit déplacer, à ses frais, le ministère tout entier. La Convention nationale, par la voix de Robespierre, s'émut après sa mort de cet abus de pouvoir et réclama à la succession le solde des frais de déménagement. (Archives nationales).
8. Ce qu'elle fera tout de même plus tard avant d'être mariée à Talleyrand.
9. Le 6 décembre 1791.

CHAPITRE 25.

1. Talleyrand n'appellera jamais plus Cathy que Kelly. Voir à ce sujet le « Talleyrand » d'André Castelot, Librairie Académique Perrin.
2. Lettre à Fersen du 7 novembre 1791.
3. Ancien ministre des Affaires étrangères.
4. Le 7 décembre 1791 après un an et demi d'efforts !
5. Député de Paris par 638 voix sur 700 votants.
6. M. de Biron, duc de Lauzun, était entré dans la diplomatie dès 1774. Spécialiste de l'Europe de l'Est, il fut nommé en 1778 colonel des volontaires étrangers de la marine. Il participa à la conquête du Sénégal et à la guerre d'Amérique. Élu aux États Généraux, nommé amiral, Lauzun combattra avec l'armée du Rhin avant de monter à l'échafaud en 1793.
7. Voir à ce sujet le « Talleyrand » de Lacour-Gayet, *op. cit.* Cette scène se déroula le 5 janvier 1792.
8. Août 1787-juillet 1788. Archives Nationales T. 1527.
9. Mme de Coigny, émigrée.
10. Et que se transmettent encore, tel un talisman, tous les ministres successifs des relations extérieures.
11. Louis XVI écrivit un billet dans les mêmes termes dont l'original est conservé aux Archives du ministère des Affaires étrangères.
12. L'estampe appartient aux collections du Musée de Mongenan.

CHAPITRE 26.

1. Voir en annexe l'inventaire après décès de Valdec de Lessart.
2. « Le char de l'Aurore » toile à succès de la manufacture Petit-Pierre à Nantes, copiée ensuite à Beautiran. Voir à ce sujet les collections du Musée de Mongenan.
3. Un procès, postérieur à la mort de Valdec de Lessart, rendra d'ailleurs public les malversations contre la Compagnie. Il a été étudié en détail par Albert Mathiez dans « Un procès de corruption sous la terreur », éditions F. Alcan (Paris).
4. Ses objets appartiennent aujourd'hui aux collections du Musée de Mongenan.
5. Voir « Les derniers feux du plaisir » du même auteur, chez le même éditeur, et « Le salon de Madame Duplessis et la société bordelaise sous Louis XV », de A. Grellet-Dumazeau, Éditions Féret et Fils 1897.
6. Jacques VI d'Écosse, fils de Marie Stuart et de François II Roi de France, Il succéda à Élisabeth Ire d'Angleterre sous le nom de Jacques Ier d'Angleterre.

CHAPITRE 27.

1. Le 12 mars 1792. Le décret d'accusation se fit un peu attendre. Il eat daté du 14 mars.
2. Devenu aujourd'hui les archives départementales du Loiret.

3. Me Moreau le jeune avocat à Orléans qui devait défendre également Brissac et dont, hélas, nous n'avons pu retrouver les archives. Celles des notaires seules doivent être déposées.
4. De nombreux libelles révolutionnaires s'élèveront d'ailleurs contre les conditions de confort jugées scandaleuses de cette détention. Elles ne l'étaient pas dans l'esprit du XVIIIe siècle. Ce système pénitentiaire était celui en vigueur à la Bastille. Il fut conservé pour les détenus politiques dans les prisons françaises jusqu'aux années 1930. Le dernier à en bénéficier fut Charles Maurras, détenu à la prison de la Santé.
5. Ce vestiaire est aujourd'hui conservé à Mongenan.
6. On appelait « eau brune », dans la pharmacopée du XVIIIe siècle, un médicament surtout employé pour traiter les affections aiguës des yeux et composé de 10 g de borax de soude, 5 g d'extrait de jusquiame et 180 g de décoction de guimauve. Mais ce terme désignait aussi une solution opiacée proche de l'élixir parégorique qui calmait, comme son nom l'indique, les douleurs d'entrailles.
7. Charles Ier Stuart 1600-1649, marié à Henriette de France, fille d'Henri IV. Il tomba sous la coupe de Buckingham qui avait déjà été le favori de son père. Après la signature de la Convention de 1640 avec les presbytériens, il se laissa forcer la main et convoqua le « long parliament » qui condamna son ministre Strafford à la décapitation. Après deux ans de guerre civile le Roi, reconnu « tyran, traître, meurtrier et ennemi public », fut décapité devant le Palais de Whitehall.
8. Dumouriez.
9. Le 17 mars 1792.
10. Le 20 avril 1792.
11. Cette guerre ensanglantera l'Europe pendant vingt-huit années consécutives. Des traités qui l'achevèrent naquirent les situations qui conduisirent aux conflits de 1870, 1914 et 1939.
12. Théobald Dillon.
13. Qui était tout à fait incontestable puisque Marie-Antoinette avait livré à l'ennemi les plans de campagne.
14. Notamment Rochambeau.
15. Les hussards de Saxe et de Bercheny ainsi que le Royal Allemand le 6 mai 1792.
16. Voir archives, Musée de Mongenan. Valdec de Lessart avait imaginé un système de couverture sociale avec phalanstères ouverts aux familles démunies, et gratuité totale de soins. Il écrivait notamment : « Pourquoi faire payer les tisanes de médecine puisque les plantes nous sont fournies par la nature et que l'eau nous est donnée par Dieu ? »
17. Hercule-Thimoléon de Cossé, duc de Brissac, lieutenant-colonel des Cent Suisses et gouverneur de Paris, est une figure fameuse. Né en 1723, il conservait à cinquante-neuf ans une carrure si athlétique qu'il avait obtenu de faire peindre en noir les murs de sa prison d'Orléans pour pouvoir y poursuivre son entraînement au jeu de paume où il était champion. Cette force physique lui permettra avant son massacre d'arracher les portes de la voiture cellulaire où il se trouvait et d'assommer trois de ses agresseurs. Il fut, après la mort de Louis XV, le second amour de Mme du Barry sur les pieds de laquelle on jettera sa tête au soir du 9 septembre.

18. En tout cinquante-quatre personnes.
19. Charles Guillaume Ferdinand, duc de Brunswick, 1735-1806, qui signa le manifeste publié à Coblence le 25 juillet 1792, était le chef de la coalition anti-française. Grand Maître des Francs-Maçons allemands, il inspira à ce titre à Danton et à Mme de Staël le projet de le voir porté au pouvoir en France. Cet espoir ne se réalisa pas, mais les auteurs les plus sérieux affirment qu'il se laissa volontairement battre à Valmy, bataille qu'il qualifia de « Pétarade ». Danton l'avait fait accéder à cette rédition en lui offrant des sommes considérables que Dumouriez lui avait remises et notamment le diamant de la « Toison d'or » qui figure à son inventaire après décès. Sa liaison avec Danton sur bien d'autres points n'est pas douteuse. Brunswick mourut, vaincu par Davout à Auerstedt.
20. C'est en effet ce que Danton plaidera lors de son procès.
21. En fait, la mission de Talleyrand à Londres consistait à offrir une île des Antilles, Tabago à l'Angleterre contre les mains libres en Allemagne. Lessart lui avait-il vraiment ordonné le marché ? On ne saurait exactement le dire malgré la publication de leur correspondance diplomatique par G. Pallain, Plon 1889. Néanmoins, la haine et le mépris qui se dégagent de ces textes révèlent que Lessart avait forgé avant d'être emprisonné un nouveau piège pour confondre Talleyrand. Il lui écrivait en le rappelant le 8 mars 1792 : « Je vous invite à venir passer quelques jours à Paris. Vous pourrez ensuite retourner à Londres où le petit séjour que vous aurez fait ici vous mettra d'autant plus à portée de servir la chose publique. Je serai charmé pour mon compte d'avoir une occasion prochaine de vous révéler mon inviolable attachement ». On ne peut trouver plus sournois.
22. Concernant le licenciement de sa garde.
23. Il obtint celle de Roland, Clavière et Servan qui étaient respectivement ministre de l'Intérieur, des Finances et de la Guerre.
24. D'autant plus fort qu'avait été publié entre-temps le manifeste de Brunswick.
25. Voir le récit de cet épisode burlesque, dans « le Comte de Narbonne » d'Émile Dard, p. 121 et suivantes.
26. M. de Narbonne quitta le lendemain Paris pour Douvres, déguisé en charretier. Il arriva sain et sauf à Boulogne le 20 août 1792. Trois jours après il était à Kensington, le but de son voyage.

CHAPITRE 28.

1. Qui était depuis la veille à la prison du Temple, après avoir été suspendu par le décret qui instituait la Convention nationale.
2. On se souvient que Mirabeau, qui avait été enfant de chœur dans ses jeunes années, avait appris in extremis à Talleyrand les rudiments de la messe sur une cheminée déguisée en autel, dans le salon de Mme de Staël, la veille même de la fête de la Fédération où Talleyrand devait officier.
3. Voir à ce sujet un exemplaire de ces fameux billets à ordre dans les collections du Musée de Mongenan et le fond F 7 des Archives Nationales.
4. Qui prirent directement la route de Paris et ne furent jamais retrouvées. Sénart, dans ses « Révélations » prétend qu'un certain Felhemesi s'est approprié tout cet énorme chargement. Felhemesi est en fait l'anagramme de

Mehée Fils, plus connu sous le nom de Chevalier de La Touche. Ce personnage douteux avait été employé auparavant par Valdec de Lessart pour des missions d'espionnage à l'étranger.

5. Qui n'était autre que le neveu du maréchal-duc de Richelieu, parrain de Valdec de Lessart, exécuteur testamentaire du baron de Gascq et héros des « Derniers feux du plaisir » même auteur, même éditeur.
6. C'est la seule accusation, à vrai dire pitoyable, que l'on avait réussi à formuler contre Valdec de Lessart.
7. Tout fut consommé à 14 h 30, le 9 septembre 1792.
8. Nous possédons l'identité des hommes de main qui ont signé sur la feuille d'émargement de Fournier.
9. Ces voitures, à mi-chemin du carrosse et du chariot, ressemblaient à des voitures cellulaires. On peut se faire une idée assez exacte de ces véhicules et de la scène que nous décrivons en regardant le dessin anonyme à la plume reproduit dans « Vieilles Maisons-Vieux Papiers » Tome 1, de G. Lenôtre, Librairie Académique Perrin, p. 97.
10. Une plaque, à cet endroit, commémore encore aujourd'hui ces événements.
11. Notamment le célèbre bandit « Fleur d'Épine », lieutenant du non moins célèbre Mandrin.
12. Il y eut en tout 44 victimes inhumées dont on ne put déterminer les identités sur les 53 personnes détenues à Orléans, 9 furent donc sauvées. On sait que 2 de ces personnes s'enfuirent dans la nuit de l'infirmerie où elles étaient soignées. 3 autres, officiers du Régiment de Cambresis, furent conduites à Paris. On est donc sans nouvelles de 4 disparus, mais l'état des corps était tel que l'on fut incapable de dire si ce chiffre est exact ou non.
13. Ministre de l'Intérieur. Voir, dans l'épilogue, comment se passa ce règlement.

CHAPITRE 29.

1. On avait commencé à exécuter à Paris dans les journées du 10 août. La guillotine fut montée à Bordeaux le 17 décembre 1792 sur la place Dauphine, devenue aujourd'hui place Gambetta.

Achevé d'imprimer le 12 avril 1985
sur presse CAMERON
dans les ateliers de la S.E.P.C.
à Saint-Amand-Montrond (Cher)
pour le compte des éditions Robert Laffont
6, place Saint-Sulpice - 75279 Paris Cedex 06

Dépôt légal : mai 1985.
N° d'Édition : L354. N° d'Impression : 558-334.